JENNY LAWSON

— THE BLOGGESS —

DAS IST NICHT WAHR, ODER?

Aus dem amerikanischen Englisch
von Wolfram Ströle

METROLIT

Die Originalausgabe unter dem Titel
LET'S PRETEND THIS NEVER HAPPENED
(A MOSTLY TRUE MEMOIR)
erschien 2012 bei Amy Einhorn Books
Published by G. P. Putnam's Sons
A member of Penguin Group (USA) Inc.
New York

MIX
Papier aus verantwortungsvollen Quellen
FSC® C083411

ISBN 978-3-8493-0050-0

1. Auflage 2013

Einbandgestaltung studio grau, Berlin
Innengestaltung und Satz Manja Hellpap, Berlin
Gesetzt aus Proforma und Bebas Neue
Druck und Bindung CPI – Clausen & Bosse, Leck
Printed in Germany

www.metrolit.de

Dieses Buch ist eine Liebeserklärung an meine Familie. Es handelt von der erstaunlichen Entdeckung, dass die schlimmsten Momente im Leben eines Menschen – also die, die wir eigentlich nicht wahrhaben wollen – genau die sind, die uns zu dem machen, was wir heute sind. Ich habe für dieses Buch die allerbesten Geschichten aus meinem Leben ausgewählt ... um zu feiern, was in unserem Dasein fremd und bizarr ist, und dafür zu danken. Weil wir uns dadurch definieren, wie wir mit den unvollkommenen Momenten des Lebens umgehen. Und weil es so viel Freude bringt, sich der schieren Absurdität des Lebens zu stellen, statt schreiend vor ihr davonzulaufen. Ich danke meiner Familie, dass sie mich diese Lektion gelehrt hat. Und zwar nicht zu knapp.

Ich möchte mich bei allen bedanken, die zu diesem Buch beigetragen haben, nur nicht bei dem Typen, der mich damals, als ich acht war, im K-Mart angebrüllt hat, weil er fand, ich wäre »zu laut«.

Sir, Sie sind ein Arschloch.

Doch, doch,
mein Wahnsinn
hat Methode.

INHALT

EINLEITUNG

Dieses Buch ist absolut wahr, bis auf die Stellen, die es nicht sind. Es ist im Grunde dasselbe wie UNSERE KLEINE FARM, nur mit mehr Kraftausdrücken. Ich weiß, jetzt denken alle: »UNSERE KLEINE FARM war aber doch absolut wahr!«, aber nein, sorry, überhaupt nicht. Laura Ingalls war eine notorische Lügnerin, da hat niemand die Fakten geprüft, und wenn ihre Mom heute noch leben würde, würde sie wahrscheinlich sagen: »Keine Ahnung, wie Laura auf die Idee kommt, sie hätte als kleines Mädchen in der Prärie gelebt. Wir haben in New Jersey gewohnt, zusammen mit Tante Frieda und unserem Hund Mary, der blind war, seit Laura ihm mit Bleichlauge einen Blitz auf die Stirn ätzen wollte. Und woher sie das mit dem Erdloch hat, in dem wir angeblich gelebt haben, weiß ich auch nicht, obwohl, wir waren wirklich mal mit ihr in den Carlsbad Caverns.«

Eben deshalb bin ich besser als Laura Ingalls. Weil meine Geschichte zu neunzig Prozent stimmt *und* weil ich wirklich mal in einem Erdloch gelebt habe.[1] Und meine Memoiren sind nur deshalb *größtenteils* wahr statt *absolut* wahr, weil ich keine Lust habe, verklagt zu werden. Außerdem soll meine Familie ruhig sagen können: »Nein, *das* ist nie passiert. Wir haben sie doch nicht aus einem fahrenden Auto gestoßen, als sie acht war. Das ist so ein Hirngespinst, das einfach nicht stimmt.« (Und sie haben recht, in Wirklichkeit war ich neun. Ich saß bei meiner Mom auf dem Schoß, als mein Dad plötzlich eine scharfe Linkskurve machte. Die Tür flog auf und ich wurde wie ein Sack voller Katzen nach draußen geschleudert. Meine Mom bekam mich zwar noch am Arm zu fassen, was auch geholfen

1 **Ich habe nie in einem Erdloch gelebt. Aber in den Carlsbad Caverns, da war ich wirklich.**

hätte, wenn mein Vater *gebremst* hätte, aber er hat anscheinend nichts gemerkt oder vielleicht gedacht, ich würde schon nachkommen, jedenfalls schleiften meine Beine über einen Parkplatz, der bestimmt mit Scherben und gebrauchten Spritzen gespickt war. Ich habe daraus dreierlei gelernt: *Erstens* wurde Kindersicherheit im Auto Ende der Siebziger nicht besonders großgeschrieben. *Zweitens* sollte man immer abhauen, bevor die Sanitäter kommen, weil das orange-bräunliche Zeugs, das diese Sadisten einem drauf tun, höllisch brennt und viel mehr wehtut als jede Schürfwunde, die man kriegt, wenn man von einem Auto mitgeschleift wird. Und *drittens* hat die Drohung »Jetzt ist Ruhe, oder ihr könnt was erleben« nichts zu bedeuten, es sei denn, der betreffende Vater ist schon stundenlang mit zwei schreienden Kindern im Auto unterwegs und wird auf einmal ganz still. In diesem Fall sollte man schleunigst die Tür verriegeln oder wenigstens daran denken, beim Aufprall draußen gut abzurollen. Ich sage ja nicht, dass er mich absichtlich aus dem Auto geworfen hat, es hat sich einfach nur die Gelegenheit ergeben und mein Vater ist ein gefährlicher Mensch, dem man nicht trauen darf.)[2]

Hat jemand gemerkt, dass etwa die Hälfte dieser Einleitung in Klammern steht? Das geht jetzt die ganze Zeit so weiter. Ich entschuldige mich im Voraus dafür und auch dafür, dass ich meine Leser vor den Kopf stoße. Sie werden sich das halbe Buch lang über irgendwelche wirren Kommentare zu Hitler und Abtreibung und Armut amüsieren und die verklemmten Spießer belächeln, die sich immer gleich auf den Schlips getreten fühlen und über keinen bescheuerten Witz lachen können, bis *Sie* auf eine Stelle stoßen, bei der *Sie* hochgehen und (obwohl jetzt alle anderen Sie für hysterisch halten) denken: »Das geht aber wirklich zu weit.« Also, ich entschuldige mich für diese eine Stelle. Keine Ahnung, was ich mir dabei gedacht habe, ehrlich.

2 **Ich bin immer geschockt, wenn Freunde mich bei dieser wahrsten aller Geschichten fragen: »Moment mal, das ist jetzt nicht wahr, oder?« Geändert wurden hauptsächlich Namen und Datumsangaben, aber die Geschichten, die alle für vollkommen unmöglich halten?** Das sind die wahren Geschichten. **Die schlimmsten Geschichten sind wie im wirklichen Leben die wahrsten. Und wie im wirklichen Leben gilt auch das Gegenteil.**

BRANDSTIFTERIN MIT DREI JAHREN

Nennt mich Ismael. Ich reagiere zwar nicht darauf, weil ich nicht so heiße, aber es klingt viel besser als die meisten anderen Dinge, die man mich nennt. »Nennt mich *Diese-verrückte-Type-die-ständig-rumflucht*« wäre wahrscheinlich treffender, aber »Ismael« hat irgendwie mehr Klasse und klingt auch viel seriöser als der Anfang, den ich ursprünglich geplant hatte, wie ich nämlich vor Kurzem bei Starbucks meiner Gynäkologin begegnet bin und sie einfach an mir vorbeigesehen hat, als würde sie mich nicht kennen. Ich stand da und überlegte, ob sie das tut, um ihre Patientinnen nicht in Verlegenheit zu bringen, oder ob sie mich ohne meine Vagina tatsächlich nicht erkennt. Egal wie, es ist einigermaßen irritierend, wenn Leute, die schon in deiner Vagina waren, deine Existenz ignorieren. Ich sollte auch gleich noch klarstellen, dass »ohne meine Vagina« nicht heißt, dass ich sie nicht dabeihatte, sondern dass ich sie bei Starbucks nicht ... na ja: nicht herumgezeigt habe. Was sich vermutlich von selbst versteht, ich dachte nur, ich kläre das, weil es das erste Kapitel ist und der Leser noch nicht viel über mich weiß. Also nur der Klarheit halber, ich habe meine Vagina *immer* dabei, genau wie meine American-Express-Karte. (Insofern, als ich nie ohne sie aus dem Haus gehe. Zum Einkaufen verwende ich sie nicht.)

Dieses Buch enthält die wahre Geschichte von mir und meinem Kampf gegen die Leukämie und *(Spoilerwarnung)* am Ende sterbe ich. Man könnte also nur diesen Satz lesen und so tun, als hätte man das ganze Buch gelesen. Aber Pech gehabt, irgendwo in diesem Buch steht ein Codewort, und wer nicht alles liest, findet es nicht. Und dann wissen alle aus eurem Lesekreis sofort, dass ihr an dieser Stelle aufgehört habt zu lesen und nur miese Lügner seid.

Also gut. Das Codewort ist »Schappi«.
Ende.

Immer noch dabei? *Gut.* Das Codewort lautet natürlich nicht »Schappi« und ich weiß nicht mal, wie man »Leukämie« buchstabiert. Das war nur ein spezieller Test, mit dem man herausfinden kann, wer das Buch wirklich gelesen hat. Wenn also jemand in eurem Lesekreis von Schappi oder Leukämie spricht, lügt *er* und ihr solltet ihn rauswerfen und davor am besten noch filzen, weil er vielleicht was vom Tafelsilber geklaut hat. Das wirkliche Codewort ist »Gabel«.[3]

Ich bin als armes schwarzes Mädchen in New York aufgewachsen. Man muss nur »schwarz« durch »weiß« ersetzen und »New York« durch »ländliches Texas«. Das »arm« kann bleiben. Ich wurde in Austin, Texas geboren, bekannt durch die populäre Kampagne »Haltet Austin sonderbar«, und weil ich mein Leben lang für alle das »sonderbare Mädchen« war, passte ich schließlich perfekt dorthin *und wenn ich nicht gestorben bin, lebe ich dort noch heute. Ende.* So hätte mein Buch wahrscheinlich geendet, wären meine Eltern nicht aus Austin weggezogen, als ich drei war.

Ich weiß von Austin so gut wie nichts mehr, aber laut meiner Mom wohnten wir in einer Wohnung ohne Aufzug in der Nähe des Militärstützpunkts und spätabends stellte ich mich in meinem Gitterbett auf, zog die Vorhänge zur Seite und winkte den Soldaten auf der Straße zu, weil sie in mein Zimmer

3 **»Gabel« ist nicht das wirkliche Codewort. Es gibt gar keins. Weil das hier ein Buch ist, Leute,** kein beschissener Agentenfilm.

raufkommen sollten. Mein Vater gehörte damals zu diesen Soldaten, und als meine Mom mir als Teenager die Geschichte erzählte, meinte ich, sie hätte mir doch dankbar sein sollen, dass ich ihn von der Straße holen wollte. Stattdessen rückten meine Eltern das Gitterbett vom Fenster weg, weil sie befürchteten, ich könnte ein Talent für diese Art von Gewerbe entwickeln. Die Umstellung muss mich sehr verstört haben, denn gleich in der nächsten Woche steckte ich im Wohnzimmerofen einen Besen in Brand, rannte damit kreischend durch die Wohnung und schwenkte ihn wie eine brennende Fackel über meinem Kopf. *Angeblich.* Ich kann mich an nichts erinnern, aber wenn es wirklich so war, habe ich den Besen wahrscheinlich für eine Art patriotische Fackel gehalten. Bei meiner Mutter klingt es, als hätte ich sie damit bedroht wie die aufgebrachten Dorfbewohner Frankensteins Monster. Sie spricht von meiner ersten Brandstiftung, ich spreche von einer Lektion in Sachen Einmischung, und warum es für alle Beteiligten gefährlich ist, die Möbel von jemand anders umzustellen. Wir sind übereingekommen, dass wir uns auf den genauen Wortlaut nicht einigen können.

Kurz nach diesem Vorfall packten wir und zogen in die absolute Provinz, ein Dorf namens Wall in Texas. Meine Eltern behaupteten, der Grund dafür wäre das Ausscheiden meines Vaters aus dem Militärdienst gewesen. Außerdem wäre meine Mom mit meiner kleinen Schwester schwanger gewesen und hätte in die Nähe der Familie ziehen wollen. Ich habe den Verdacht, sie hatten die Hoffnung, aus dem sonderbaren Kind würde in der kleinen west-texanischen Stadt, in der sie schon selber aufgewachsen waren, ein normales Mädchen werden. Das war einer ihrer vielen Irrtümer. (Andere Irrtümer waren: der Glaube an die Existenz der Zahnfee, an die zeitlose Schönheit von

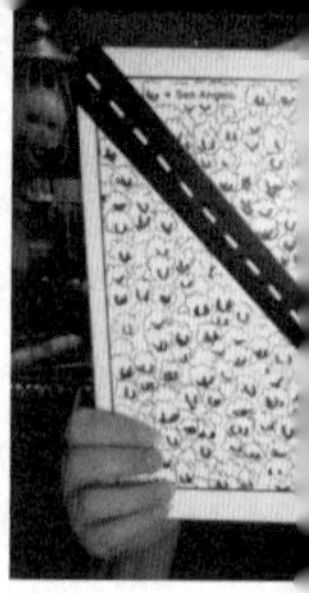

Wandverkleidungen aus Holzimitat und die Entscheidung, eine Dreijährige mit einem Strohbesen und einem Ofen allein zu lassen.)

Wenn man das Wall von heute mit dem Wall meiner Kindheit vergleichen würde, würde man es kaum wiedererkennen, denn das Wall von heute hat eine Tankstelle. Und wer glaubt, eine Tankstelle wäre jetzt auch nicht der Brüller, gehört wahrscheinlich zu den Menschen, die in einem Ort *mit* Tankstelle aufgewachsen sind, und das ermuntert die Schüler immerhin nicht, mit dem Traktor zur Schule zu fahren.

Wall in Texas ist ein eher sehr kleiner Ort und es gibt dort ... hm ... Dreck und Erde? Davon gibt es wirklich viel. Und Baumwolle. Und Gin, aber nicht den guten. Wenn die Menschen in Wall von Gin sprechen, meinen sie die Cotton Gin, die Entkörnungsmaschine, den einzigen richtigen Betrieb vor Ort, eine Art Fabrik, die Baumwolle in ... in etwas anderes umwandelt. Ich habe wirklich keine Ahnung, in was. Vielleicht *andere* Baumwolle? Es hat mich nie wirklich interessiert, weil ich davon ausging, dass ich dieses Nest binnen weniger Tage verlassen würde. So habe ich dann ungefähr die nächsten zwanzig Jahre verbracht.

Unser Jahrbuchthema war einmal einfach »Wo liegt Wall?«, weil man das jedes Mal gefragt wird, wenn man sagt, dass man dort wohnt. Die Frage hatte ursprünglich – *und noch passender* – »Wo zur Hölle liegt Wall?« gelautet, aber der Jahrbuchlehrer hatte das »zur Hölle« gleich wieder gestrichen mit der Begründung, altersgemäße Sprache wäre wichtig, auch auf Kosten journalistischer Genauigkeit.

Wenn ich gefragt wurde, wo Wall liegt, antwortete ich immer mit einer vagen Handbewegung: »So in dieser Richtung.« Und ich lernte schnell, wenn ich nicht sofort das Thema wechselte und den anderen aus seinen Gedanken riss (mein

persönlicher Standardsatz: »Sieh mal! Ein Seeungeheuer!«), folgte darauf unweigerlich (und oft ungläubig) die Frage: »Warum Wall?« Man wusste dann nie genau, ob damit gemeint war, warum zur Hölle man dort wohnte oder weshalb man einen Ort »Wall« nannte, was aber eigentlich egal war, weil es auf keine der Fragen eine gültige Antwort zu geben schien.

Die Dinger auf dem Rückumschlag sind Baumwollkapseln. Wirklich, Leute.

Leider war das mit dem Seeungeheuer weder sehr originell noch besonders glaubhaft (zumal wir auf allen Seiten von Land umgeben waren), sodass ich dazu überging, mir zum Ausgleich für das bräunliche Allerlei von Wall interessante Geschichten auszudenken, die niemand überprüfen konnte. »Ach, *Wall?*«, sagte ich etwa mit einem, wie ich mir einbildete, herablassenden Lächeln. »Dort wurde die Hundepfeife erfunden.« Oder: »In Wall spielt FOOTLOOSE. Wir verehren hier alle Kevin Bacon.« Oder: »Dass Sie Wall nicht kennen, überrascht mich nicht. Es war Schauplatz eines der furchtbarsten kannibalistischen Gemetzel der amerikanischen Geschichte. Aber darüber reden wir nicht. Ich hätte gar nicht davon anfangen sollen. Wir wollen nie wieder davon sprechen.« Ich hatte gehofft, mir dadurch eine geheimnisvolle Aura zuzulegen und meine Zuhörer mit unserer grässlichen Geschichte zu beeindrucken, aber stattdessen machten sie sich nur Sorgen um meinen Geisteszustand. Als meine Mutter schließlich von meinen Geschichten hörte, nahm sie mich zur Seite und sagte, niemand kaufe sie mir ab und der Ort wäre höchstwahrscheinlich nach jemandem benannt, der mit Nachnamen zufällig Wall geheißen hätte. Ich meinte darauf, er hätte vielleicht nur so geheißen, weil er die Wand erfunden hätte, worauf sie ungeduldig seufzte und sagte, es wäre schwer vorstellbar, dass ein Mann die Wand erfindet, wo die meisten Männer doch nicht einmal auf der Toilette die Tür hinter sich zumachen könnten. Als sie merkte, wie enttäuscht ich darüber war, dass sich so gar nichts zugunsten unseres Dorfes anführen ließ, räumte sie halbherzig ein, der Name käme ja vielleicht von einer symbolischen Mauer, die uns vor etwas schützen sollte. Vor dem Fortschritt, vermutete ich. Meine Mutter hatte mehr an Baumwollkapselkäfer gedacht.

Manchmal frage ich mich, wie es wohl gewesen wäre, *nicht* meine Kindheit gehabt zu haben. Ich habe keine solide Vergleichsgrundlage, aber wenn ich andere frage, stelle ich fest, dass in ihrer Kindheit im Allgemeinen weniger Blut fließt und dass es ihnen unangenehm ist, über ihre Kindheit zu sprechen. Aber über was bitteschön soll man denn sonst sprechen, wenn man in der Wein- und Spirituosenhandlung ansteht? Kindheitstraumata scheinen eine naheliegende Wahl, sie sind schließlich der Grund, warum die meisten von uns überhaupt dort anstehen. Ich habe allerdings festgestellt, dass viele offener über ihr eigenes Leben sprechen, wenn man selbst mit gutem Beispiel vorangeht, deshalb habe ich immer eine Elf-Punkte-Liste von Dingen parat, die in meinem Leben schiefgegangen sind und an denen ich meine Gesprächspartner dann teilhaben lasse. Ich lasse sie meist auch an einer Flasche Tequila teilhaben, weil Alkohol die Nerven beruhigt und auch weil ich aus dem Süden komme und wir in Texas Fremde auch dann zu einem Drink einladen, wenn wir in einem Laden für alkoholische Getränke anstehen. Wir sprechen in Texas von »südländischer Gastfreundschaft«. Die Besitzer des Ladens sprachen von »Ladendiebstahl«. Wahrscheinlich, weil sie Yankees sind.

In diesem Laden habe ich jedenfalls Hausverbot.[4]

4 Anm. d. Verf.: Meine Lektorin meint, dass es sich hier nicht um ein eigenständiges Kapitel handelt, weil nichts Wichtiges passiert. Ich habe ihr erklärt, das liege daran, dass dieses Kapitel im Grunde nur die Einleitung zum nächsten ist und wahrscheinlich mit ihm verbunden werden sollte, dass ich es aber abgetrennt habe, weil ich kurze Kapitel besser finde. Man ist schneller damit durch und fühlt sich dann gut. Und wenn man die ersten drei Kapitel für den Englischunterricht lesen soll, ist man schon mit den beiden ersten fertig und kann in zehn Minuten einen Film mit sexy Vampiren sehen oder was ihr Kinder heute eben seht.
Außerdem solltet ihr euch bei eurer Englischlehrerin dafür bedanken, dass sie euch dieses Buch zum Lesen gegeben hat, das ist supercool. Ihr solltet ihr wahrscheinlich eine Flasche ganz hinten aus der Minibar eurer Eltern mitbringen zum Dank dafür, dass sie den Mut gehabt hat, dieses Buch auszuwählen und nicht *Die rote Tapferkeitsmedaille.* Irgendeinen Single Malt.
Gern geschehen, Englischlehrer. Ihr seid mir dafür noch was schuldig.
Halt, wartet. Gerade fällt mir ein, wenn die Englischlehrer das Buch zur Pflichtlektüre gemacht haben, heißt das, die Schulen mussten Massen davon kaufen, also schulde ich eigentlich euch was. Nur dass mir jetzt einfällt, dass ich diese Bücher ja mit meinen Steuergeldern bezahle. Ich zahle also im Grunde dafür, dass die Leute mein Buch lesen, und weiß jetzt nicht, ob ich mich darüber ärgern soll oder nicht.
Diese Fußnote hat sich zu einem ziemlichen Problem ausgewachsen.
Ach, scheiß drauf. Schickt mir einfach die Hälfte des Malt, den ihr von euren Schülern kriegt, und wir sind quitt.
Und war das jetzt die längste Fußnote der Geschichte überhaupt?
Antwort: wahrscheinlich.

MEINE KINDHEIT: DAVID COPPERFIELD TRIFFT AUF GUNS & AMMO

Ich kann einige entscheidende Unterschiede zwischen meiner Kindheit und der von praktisch allen anderen Menschen auf dieser bescheuerten Welt benennen. Dabei spreche ich von *»elf Dingen, die die meisten Menschen nie erlebt haben und sich auch gar nicht vorstellen können, die mir aber absolut passiert sind, offenbar weil ich in einem früheren Leben etwas Schlimmes angestellt habe, für das ich jetzt immer noch bestraft werde«*.

— NR. 1 —

DIE MEISTEN MENSCHEN HABEN NIE IN EINEM TOTEN TIER GESTANDEN, es sei denn, man zählt Luke Skywalker mit, der in dieses Tauntaun gekrochen ist, um nicht zu erfrieren. Ich lasse das nicht gelten, weil STAR WARS kein Dokumentarfilm ist. Wer sich leicht ekelt, dem empfehle ich, die folgenden Abschnitte zu überspringen und bei Kapitel fünf weiterzulesen. Oder sich vielleicht ein anderes Buch zu kaufen, das nicht so unappetitlich ist wie dieses. Zum Beispiel eins über Katzen. Oder Völkermord.

Noch dabei? Wunderbar! Also weiter. Ich weiß noch, wie ich als Kind im Fernsehen der Cosby Family beim Abendessenmachen zugesehen habe und dachte, seltsam, dass niemand im Blut schwimmt, denn bei uns ging es abends so zu: Mein Vater, ein leidenschaftlicher Jäger mit Pfeil und Bogen, stapfte mit einem Reh über der Schulter ins Haus. Er warf das Reh auf den Esstisch und dort zerlegten es meine Eltern und holten alle brauchbaren Teile heraus wie aus einer Art Piñata des Grauens. Es war eklig, aber ich kannte kein anderes Leben und nahm an, dass es in anderen Familien genauso zuging.

Merkwürdig war nur, dass ich als einziger Bewohner des ganzen Hauses beim Geruch von Rehblut Brechreiz bekam. Meine Eltern wollten mir einreden, Blut rieche nicht, aber sie sind elende Lügner. Sie haben auch schon behauptet, Milch *rieche*, und das ist nun wirklich albern und ich bin schockiert, dass ihre Lügen sich schon so weit verbreitet haben. Milch riecht nicht, Blut schon. Und ich glaube, ich reagiere deshalb allergisch auf den Geruch eines toten Rehs, weil ich mal versehentlich in eins reingerannt bin.

Ich war ungefähr neun und spielte mit meiner Schwester Fangen, während mein Vater ein Reh aufbrach.

Ich unterbreche hier für einen kleinen, lehrreichen Exkurs darüber, was es heißt, ein Reh »aufzubrechen«:

»REH AUFBRECHEN« FÜR EMPFINDSAME MENSCHEN UND MITGLIEDER DER TIERSCHUTZORGANISATION

Man beschafft sich warmes Wasser und Shampoo, das nicht in den Augen brennt, und reibt das Reh vorsichtig damit ein. (Einarbeiten und spülen, aber nur einmal, auch wenn auf der Flasche etwas anderes draufsteht, das ist nur ein Trick, um mehr Shampoo zu verkaufen.) Auf niedriger Stufe trockenföhnen und mit Heißkleber eine Schleife auf die Stirn kleben. Dann in den Wald zurückschicken, damit der Bock dort eine nette jüdische Geiß kennen lernt. Weiter zum nächsten Kapitel.

»REH AUFBRECHEN« FÜR NEUGIERIGE, WERTFREIE LESER, DIE WIRKLICH WISSEN WOLLEN, WIE'S GEHT (UND NICHT PETA-MITGLIEDER SIND, DIE NUR SO TUN, ALS WÄREN SIE NEUGIERIGE UND WERTFREIE LESER, IN WIRKLICHKEIT BEI AUTOGRAMMSTUNDEN ABER AM LIEBSTEN MIT BLUT AUF MICH WERFEN WÜRDEN)

Zum Aufbrechen befestigt man das tote Reh mit allen vier Beinen an einer wäscheleineähnlichen Vorrichtung, bis es wie ein Cheerleader mit ausgestreckten Armen und Beinen da hängt. Dann schlitzt man ihm den Bauch auf und das ganze Zeug, das man nicht will, fällt heraus. Wie die Genitalien und der Kackkanal.

»REH AUFBRECHEN« FÜR MENSCHEN, DIE DAS DIE GANZE ZEIT MACHEN

Ich kenne mich aus, okay? Kaum zu glauben, dass es Menschen gibt, die diesen Scheiß nicht kennen. *Schräg.* Sind wahrscheinlich dieselben, die den Kackkanal »Gedärme« nennen. *Wir wissen doch alle, dass es Kackkanal heißt, Leute.* Mit einem anderen Wort wird es auch nicht weniger eklig.

Jedenfalls ist mein Dad gerade mit Aufbrechen fertig, da vollführe ich eine rasante, Ninja-mäßige Kehrtwende, um nicht von meiner Schwester erwischt zu werden, und renne genau da rein. Richtig. Scheiße Mann. In das Reh. Ich brauche kurz, um mich zu orientieren, und stehe da wie gelähmt und überhaupt nicht mehr Ninja-mäßig. Am besten beschreibe ich es so, dass ich eine Art Rehjacke anhatte. Manche lachen dann, aber nicht weil sie es lustig finden, es ist mehr ein unfreiwilliges, nervöses Kichern im Sinne von *So eine Scheiße aber auch.* Wahrscheinlich weil man Reh einfach nicht als Jacke tragen sollte. Man sollte auch nicht in einem Reh kotzen, aber es passierte eben trotzdem.

Ich würde ja gerne glauben, mein Vater hätte das Reh anschließend weggeworfen, weil man Nahrungsmittel, die man getragen oder vollgekotzt hat, dann doch nicht essen soll, da bin ich mir ziemlich sicher. Er hat aber nicht nur mich mit dem Schlauch abgespritzt, sondern auch das Reh, ich vermute also mal, er hat eine Art Jägerversion der 5-Sekunden-Regel angewandt. (Man darf Nahrungsmittel, die auf den Boden gefallen sind, noch essen, solange man sie innerhalb von fünf Sekunden aufhebt. Außer wenn es sich um Erdnussbutter handelt, dann gilt die Regel nicht. Und im Fall von altbackenem Toast verlängert sich die Frist auf, sagen wir, anderthalb Wochen, denn welches Bakterium interessiert sich schon für altbackenen Toast? *Keins*, eben. Gott, ich könnte ein ganzes Buch über die 5-Sekunden-Regel schreiben. Ich sollte das unbedingt tun, als Nachfolgeband: *Die 5-Sekunden-Regel und ihre Geltung für verschiedene Nahrungsmittel.* Genial. Aber jetzt habe ich vergessen, wo ich eben war. Ach ja, sich in einer Rehjacke übergeben. Okay.) Und deshalb habe ich bis heute den Verdacht, dass mein Dad die total versaute Rehjacke zum Essen nach Hause gebracht hat. Nur dass ich sie nicht gegessen habe, weil mir ab da von Blutgeruch übel wurde. Ich kann bis heute kein Fleisch essen, das ich roh gesehen oder gerochen habe. Mein Mann beklagt sich ständig darüber, aber solange er keine Rehjacke getragen hat, soll er gefälligst den Mund halten. Er sagt, das wäre alles mental, aber das ist es überhaupt nicht. Ich wollte sogar schon eine Art blinden Riechtest wie bei diesem Pepsi-Wettbewerb machen, wo er mir Schalen mit Blut unter die Nase hält, damit ich zeigen kann, dass ich Blut rieche, aber das will er nicht. Vermutlich will er unser Geschirr nicht dafür herausrücken. Ich durfte mich nicht mal in eine Schale übergeben, als mir übel war. Er sagte die ganze Zeit: »*Brechschale?* Wer verwendet das denn?« Und ich sagte: »*Ich* verwende das. *Alle* verwenden das. Man hat die Schale immer griffbereit, falls man es nicht mehr zur Toilette schafft.« Darauf er: »*Nein*, dafür nimmt man den Mülleimer.« Und ich: »*Ich übergebe mich doch nicht in einen Mülleimer*, du krankes Arschloch. Das ist doch barbarisch.« Da brüllte er: »Normale Menschen tun das!« Und ich schrie: »*Das ist das Ende der Zivilisation!*« Und ich habe den ganzen Tag nicht mehr mit ihm gesprochen, weil er mich gezwungen hat zu schreien, obwohl mir doch zum Kotzen war. Habt ihr gemerkt, wie ich auf einmal einen Mann habe, obwohl das Kapitel doch angeblich von meiner Kindheit handelt? Mein Gott, wird das ein furchtbares Buch. Aber beide Geschichten haben mit Blut und Übelkeit zu tun, das ist schon irgendwie beeindruckend, oder eigentlich eher »traurig« und »erschreckend«.

— NR. 2 —

(auf der Liste der *»Dinge, die die meisten Menschen nie erlebt haben und sich auch gar nicht vorstellen können, die mir aber absolut passiert sind«*, falls ihr vergessen habt, von was wir gesprochen haben, weil der erste Unterpunkt viel zu lang war und gekürzt oder womöglich verbrannt werden muss): **DIE MEISTEN MENSCHEN HABEN ZU HAUSE KEIN GIFTIGES LEITUNGSWASSER.** Die meisten Menschen bekommen keinen Brief von der Behörde, in dem steht, sie sollten das Leitungswasser nicht trinken, weil giftiges Radon in ihren Brunnen eingedrungen ist. Die meisten Menschen bekommen ihr giftiges Leitungswasser gar nicht aus einem Brunnen.

Besorgte Verwandte fragten meine Mutter nach den Risiken von so viel Radon für meine Schwester und mich, aber sie wiegelte ab. »Die würden das gar nicht runterbringen, selbst wenn sie wollten. Sie müssten sich sofort übergeben, so giftig ist das. Also, man braucht sich wirklich keinen Kopf zu machen.« Dann schickte sie uns zum Zähneputzen und zum Baden. Meine Mom war eine entschiedene Verfechterin der These »Was einen nicht umbringt, macht einen stark«. Bei meiner Schwester ist diese These aufgegangen. Sie war in ihrem Leben noch keinen einzigen Tag krank und gehört zu den Amazonen, die sich zum Gebären auf ein Feld hocken und anschließend das Baby hochnehmen und weiterhacken, es sei denn, das Feld stünde in Flammen. Dann würde sie einfach fluchend durch das Feuer gehen wie dieser unheimliche Roboter in TERMINATOR. Und auch ihr Baby wäre feuerfest und würde wie ein kleiner, aber obercooler Macker auf die Flammen einhauen. Ich hätte auch gern eine so unverwüstliche Rossnatur, aber alle paar Monate habe ich einen totalen Zusammenbruch oder fange mir eine merkwürdige Krankheit ein, die sonst nur Tiere bekommen. Wie damals, als ich den Parvovirus hatte, den es wirklich gibt und der überhaupt kein Spaß ist. Oder als ich mir die Haare gekämmt habe und plötzlich so ein Knacken im Hals hörte und vor Schmerzen kaum noch Luft bekam. Anschließend fuhr ich zur Arbeit und wäre vor Schmerzen und vom Luftanhalten fast ohnmächtig geworden. Bei meiner Ankunft konnte ich nicht einmal mehr den Mund zum Sprechen bewegen, so weh tat mir alles, also schrieb ich auf einen Klebezettel »HABE MIR DAS GENICK GEBROCHEN«, und meine entgeisterte Arbeitskollegin fuhr mich in Krankenhaus. Dort stellte sich heraus, dass ich einen Bandscheibenvorfall hatte. Der Arzt drückte mir eine Broschüre über häusliche Gewalt in die Hand und fragte mich immer wieder, ob ich zu Hause geschlagen würde, weil man von zu heftigem Kämmen offenbar nur ganz selten einen Bandscheibenvorfall kriegt. Ich stelle mir lieber vor, dass sich die meisten Menschen nicht so begeistert kämmen wie ich.

— NR. 3 —

DIE MEISTEN MENSCHEN HABEN FLIESSEND WASSER. Also wir hatten *meistens* fließend Wasser, außer wenn wir es nicht hatten, was oft war. Meine Schwester und ich pflegten immer zu sagen: »Man weiß sein giftiges Wasser erst dann richtig zu schätzen, wenn man es nicht hat.« Im Sommer blieb das Wasser manchmal aus unerfindlichen Gründen aus, im Winter froren die Leitungen zu und wir mussten Töpfe mit Wasser aus unserer Zisterne füllen und das eisige Wasser dann auf dem Herd warm machen, damit wir baden konnten. Das ist noch weniger prickelnd, als es klingt. Ich sagte einmal zu meiner Mutter, das Wasser aus der Zisterne wäre ein wenig bräunlich und vielleicht nicht die sauberste Methode, sich die Haare zu waschen, aber sie seufzte nur ein wenig enttäuscht und sagte: »Das heißt ›beesch‹.« Als ob die Aussprache die Qualität verbessern könnte.

»Na gut«, ergab ich mich widerwillig, »das Wasser aus der Zisterne sieht etwas beiger aus als das Wasser aus dem Hahn«, aber meine Mutter zuckte nur mit den Schultern. Offenbar traute sie keinem Wasser, das sie nicht sehen konnte.

— NR. 4 —

DIE MEISTEN MENSCHEN HABEN KEINE ZISTERNE UND WISSEN NICHT EINMAL, WAS EINE ZISTERNE IST. Einige sagen, sie hätten eine, und fügen höflich hinzu, dass man das Wort in Wirklichkeit »Zyste« ausspricht, und ich nicke dann nur, weil ich ihnen echt nicht erklären muss, dass eine Zisterne in Wirklichkeit ein riesiger Metallkanister ist, der das Regenwasser auffängt, eine Art überirdischer Brunnen für Leute, die sich eben keinen richtigen Brunnen leisten können. Niemand will so was erklären, denn mal ehrlich, *wer gibt schon gerne zu, dass er sich keinen Brunnen leisten kann?* Ich jedenfalls nicht, weil wir hatten ja mal einen. Einen voll mit giftigem Radon.

— NR. 5 —

DIE MEISTEN MENSCHEN HABEN KEINE LEBENDEN WASCHBÄREN IM HAUS. Mein Dad hat immer Tiere gerettet, und mit »Tiere retten« meine ich »die Mutter töten und dann entdecken, dass sie Junge hat, also die Jungen nach Hause bringen und in der Badewanne aufziehen«. Einmal hat er in einem Eimer acht neugeborene Waschbären nach Hause gebracht, damit wir sie großziehen. Als die Waschbärenwaisen noch klein waren, nähte meine

Mom ihnen knallbunte Bermudashorts (die damals sehr beliebt waren) und sie sahen total süß aus, aber dann wurden sie größer, stiegen aus der Badewanne und verwüsteten praktisch das ganze Haus. Waschbären sind total zwangsgestört. Sie müssen alles waschen, was sie sehen, und man sollte meinen, sie würden deshalb besser riechen, aber das stimmt nicht, sie riechen total nach Moschus und leicht säuerlich, wie ein One-Night-Stand.

Als sie dann älter waren, haben wir alle bis auf einen in den Wald zurückgebracht. Rambo haben wir als Haustier behalten, er konnte den Hahn des Waschbeckens im Bad anmachen. Dort hat er dann wie in einem privaten Bach die ganze Zeit Sachen gewaschen. Wäre ich schlauer gewesen, hätte ich ihm Waschmittel und meine Schmutzwäsche zum Waschen hingestellt, aber auf die Idee, seinen zahmen Waschbären zur Haushaltshilfe auszubilden, kommt man erst, wenn es zu spät ist. Einmal beim Nachhausekommen saß Rambo im Waschbecken und wusch ein kleines Stückchen Seife, das am Morgen noch ganz neu und groß gewesen war. Er wirkte erschöpft, als wollte er von seiner Arbeit befreit und ins Bett gebracht werden, aber als wir ihm den Seifenrest wegnehmen wollten, knurrte er, also ließen wir ihn zu Ende waschen. Vermutlich führte er eine Art persönlicher Fehde gegen die Seife, falls es so was bei Waschbären gibt. Manchmal, wenn ich an einem aussichtslosen Projekt arbeite und weiß, dass ich eigentlich aufgeben sollte, knurre ich auch, wenn jemand es mir wegnehmen will, und schreie: »ES KANN NUR EINEN GEBEN!«, (was keinen Sinn ergibt und auch überhaupt nicht passt). Vermutlich hat sich Rambo mit seiner Seife und den kleinen, vom vielen Radonwasser runzligen Fingern genauso gefühlt, und das

Auf der Rückseite dieses Fotos steht: »1975 – Jenny mit ihren Hühnern. Kurz darauf hat ein Hund sie getötet.« Komisch, mir geht's gut.

Fotos als Beweis für Rambo in seinen Shorts. Ebenfalls im Bild: das Magazin Teen Beat. Auf dem Titelbild Kirk Cameron, Platten und Videokassetten, als hätten die Achtzigerjahre sich über diesen Waschbären erbrochen. Das konnte nicht einmal ich mir ausdenken, Leute.

macht mich traurig. Aber dann lache ich, weil ich daran denken muss, wie meine Mom gleich nach dem Vorfall mit der Seife dafür sorgte, dass Rambo nach draußen in den Hühnerstall kam, »um ihn vor sich selbst zu schützen«. Ich hatte ihn auf den Stall gesetzt, um ihn zu streicheln, und meine kleine Schwester Lisa, die damals sieben war, gab ihm einen Klaps auf die Nase (sie war damals ein ziemliches Arschloch), und da flippte Rambo einfach aus, stellte sich auf die Hinterbeine, machte eine Grimasse und sprang meiner Schwester direkt ins Gesicht. Er hängte sich an ihre Ohren wie eine grässliche Waschbärenmaske, fauchte und sah ihr in die Augen, als wollte er sagen: »ICH MACH DICH FERTIG, BLÖDE TUSSI«, und meine Schwester brüllte und schlug um sich, es war der volle Wahnsinn.

Am nächsten Tag brachte mein Dad Rambo zur Farm meines Großvaters und ich glaubte das damals wirklich. Bei näherem Nachdenken wird mir klar, er hat ihn wahrscheinlich nicht zur Farm gebracht, sondern um die Ecke. Und jetzt bin ich wieder traurig. Aber dann stelle ich mir vor, dass mein Dad wahrscheinlich nur mit dem Gewehr auf Rambo gezielt hat und Rambo seine bunten Shorts getragen und ganz süß aus der Wäsche gekuckt hat und dass mein Dad daraufhin ganz down[5] war und irgendwas gebrummt hat wie: »Ach verdammt, dann geh eben. Hier sind zehn Dollar und ein Stück Seife.« Denn tief im Innern ist mein Vater ein totaler Softie. Wenn er nicht gerade versehentlich die Mutter von einem Wurf Waschbären erschießt. Dann sollte man sich wirklich von ihm fernhalten oder man saut sich total mit Blut ein.

5 Ist »down« überhaupt ein richtiges Wort? Wie in: »Sie war richtig down, als die Rechtschreibprüfung anzeigte, ›down‹ wäre kein richtiges Wort.« Leck mich, es kommt ins Buch, und ich bin mir ziemlich sicher, das *macht* es zu einem richtigen Wort. Ich und Shakespeare! Nichts als Unsinn im Kopf.

— NR. 6 —

DIE MEISTEN MENSCHEN GEHEN NICHT IN DEN WALD, UM GÜRTELTIERE ZU FANGEN, MIT DENEN IHR VATER PROFESSIONELLE RENNEN BESTREITET. Und wenn man eins findet und am Schwanz rauszieht, schreien die Väter der meisten Mädchen auch nicht: »*Vorsicht, die Zähne! Das sieht bissig aus!*« Wahrscheinlich, weil die meisten Väter ihre Töchter nicht so lieben wie mein Vater mich. Oder vielleicht, weil sie ihre Töchter nicht dazu aufgefordert haben, lebende Gürteltiere aus Baumstümpfen zu ziehen. Schwer zu sagen. Aber diese Mädchen versäumen etwas, ehrlich, denn es ist schon einzigartig zu sehen, wie der eigene Vater und fünf weitere erwachsene Männer auf dem Boden knien und schreien und mit den Händen auf den Boden schlagen, damit ihre Gürteltiere erschrocken loslaufen und als Erste die Ziellinie überqueren. Und mit »Es ist schon einzigartig« meine ich »Ach du liebe Scheiße, die sind ja total bekloppt«.

Wenn ich erzähle, mein Vater wäre texanischer Meister im Gürteltierrennen, glauben die Leute meistens, ich übertreibe. Aber dann hole ich seinen silbernen Gürteltierrennenmeisterschaftsring heraus (der natürlich wie ein Gürteltier geformt ist) und alle sagen sofort: »Verdammte Scheiße, das ist ja wirklich wahr.« Und meist gehen sie dann schnell. Den goldenen Meisterschaftsring würde ich ja noch lieber zeigen, aber den haben wir nicht mehr, mein Vater hat ihn gegen einen viktorianischen Leichenwagen eingetauscht. Und nein, das war jetzt kein Witz, warum sollte ich darüber einen blöden Witz machen? Aber ich habe ein Foto als Beweis:

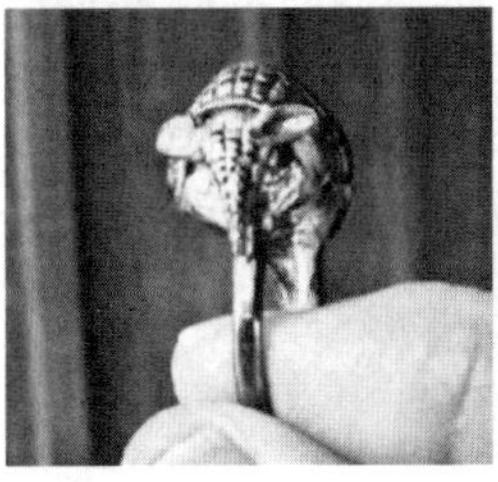

Ja, das ist der blitzende Siegerring der Gürteltier-Champions. Auf dem anderen Bild: Mein Vater in einer etwas unglücklichen Phase als Magnum-Fan, außerdem verwirrte Zuschauer, namenloses Gürteltier.

— NR. 7 —

DIE MEISTEN MENSCHEN HABEN KEINEN PROFESSIONELLEN TIERPRÄPARATOR ALS VATER. Als ich klein war, hat mein Vater in einem Sportgeschäft Schusswaffen und Munition verkauft, aber ich habe immer allen erzählt, er wäre Waffenhändler, weil das spannender klang. Aber irgendwann hatte er dann genug Geld gespart, kündigte und baute eine Werkstatt als Tierpräparator neben unserem Haus (das ganz klein war und aus Asbest erbaut, weil man damals noch glaubte, das wäre etwas Gutes). Mein Dad baute den neuen Laden ganz allein aus dem alten Holz baufälliger Scheunen und er ist ihm bemerkenswert gut gelungen. Er sah genauso aus wie ein Saloon aus dem Wilden Westen, mit Schwingtüren, Gaslaternen und einer Stange zum Anbinden der Pferde. Dann stellte er einige Mitarbeiter ein, von denen viele aussahen wie frisch aus dem Gefängnis oder auf dem Weg dorthin. Mir tun die armen Ortsfremden leid, die sich in das Geschäft meines Vaters verirrten und statt der erwarteten Bar und Getränke die rauen Gesellen vorfanden, die mein Vater eingestellt hatte, über und über mit Blut besudelt und mit den Armen bis zu den Ellbogen in Tierkadavern. Ich vermute allerdings, dass die blutigen Präparatoren ihre Flachmänner mit den ratlosen Fremden teilten, denn auch wenn sie nicht ganz geheuer wirkten, hatten sie doch unweigerlich ein gutes Herz und wussten bestimmt, dass ihre Besucher beim Anblick ihrer Arbeitsstätte erst recht einen Drink benötigten.

— NR. 8 —

DIE MEISTEN MENSCHEN HABEN KEINE HAUSTIERE, DIE VON OBDACHLOSEN AUFGEGESSEN WERDEN. Als ich fünf war, gewann mein Dad auf dem Rummelplatz einen kleinen Enterich für mich. Wir tauften ihn Daffodil und er lebte im Garten in einem mit Wasser gefüllten Schlauchboot. Es war der Wahnsinn. Dann wurde er zu groß für das Schlauchboot und wir ließen ihn unter der nahen Dorfbrücke frei, damit er bei den anderen Enten sein konnte. Wir sangen »Born Free« und er sah so glücklich aus, als er davonwatschelte. Einen Monat später berichtete die Lokalzeitung, die Enten im Fluss wären verschwunden und die Obdachlosen, die unter der Brücke lebten, hätten sie aufgegessen. Offenbar war diese Gegend für Enten nicht geeignet. Ich sah meine Mutter mit aufgerissenen Augen an und schluchzte: »Penner ... haben ... meinen ... Daffodil ... aufgegessen.« Meine Mom erwiderte meinen Blick mit zusammengepressten Lippen und überlegte, ob sie mich einfach anlügen sollte. Stattdessen entschied sie, dass sie mich nicht länger vor den Härten des wirklichen Lebens schützen durfte. Mit einem Seufzer sagte sie: »Es klingt netter, wenn du ›Wohnungslose‹ sagst, Schatz.« Ich nickte mechanisch. Ich stand unter Schock, aber mein Wortschatz war gewachsen.

— NR. 9 —

DIE MEISTEN MENSCHEN TEILEN EINEN SWIMMINGPOOL NICHT MIT SCHWEINEN. Wir wohnten in Windrichtung der (örtlich) berühmten Schweinefarm Schwartz. Einigen wäre das vielleicht peinlich, aber das waren richtige Rasseschweine und, doch, es war schon irgendwie voll beeindruckend. Wenn der Wind von Westen wehte, stank es so heftig, dass wir die Fenster schließen mussten, aber weniger wegen der Schweine, mehr wegen der nahen Abdeckerei. Als mein Mann den Gestank zum ersten Mal in die Nase bekam, wäre er fast erstickt, aber meine Mom meinte nur ganz ruhig: »Ach das? Das ist nur die Abdeckerei«, so wie andere Leute sagen: »Das ist nur unser Gärtner.« Er sah mich mit einem Blick an, der so viel bedeutete wie: »Was ist denn eine bescheuerte

Auf der Rückseite des Fotos steht: »Jenny mit Daffodil. Er wurde später von Obdachlosen gegessen.«

Abdeckerei?«, und ich erklärte ihm leise, dass es sich um eine Fabrik handelte, in der man alte Blumen kompostierte, weil das viel charmanter klingt als: »Das ist eine Art Schlachthaus, nur nicht so nobel.«

Die Schwartz' hatten eine riesige offene Zisterne, an der sie die Schweine tränkten, und zu besonderen Gelegenheiten wurden wir eingeladen, im Wasser der Schweine zu schwimmen. Das stimmt jetzt wirklich, Leute.

Wenn ich das erzähle, sagen alle: »Ich glaube dir kein Wort«, und ich muss ihnen erst Bilder zeigen oder meine Mom ans Telefon holen, damit sie es bestätigt. Dann werden sie sehr schweigsam. Wahrscheinlich aus Respekt. Vielleicht auch aus Mitleid. Deshalb muss ich immer klarstellen, dass meine Kindheit zwar beschissen war, aber auch irgendwie voll der Hammer.

Wenn man von Menschen umgeben ist, die genauso arm sind wie man selbst, kommt einem ein solches Leben gar nicht mehr so abartig vor. Eine Freundin von mir ist zum Beispiel in einem Haus aufgewachsen, in dem der Boden nur aus Erde bestand. Man kann sein kleines Asbesthäuschen nicht mehr so schlimm finden, wenn man so privilegiert ist, einen Teppich zu besitzen. Außerdem muss ich zur Verteidigung meiner Eltern sagen, dass mir nie bewusst war, wie arm wir wirklich waren, weil Mom und Dad nie sagten, wir könnten uns etwas nicht leisten, sondern nur, wir bräuchten es nicht. Sachen wie Ballettunterricht. Oder Ponys. Oder Leitungswasser, das einen nicht umbringt.

— NR. 10 —

DIE MEISTEN MENSCHEN LEGEN WILDE TIERE NICHT BEI DEN AKTEN AB.

Als ich ungefähr sechs war, beschlossen meine Eltern, dass sie Hühner halten wollten; allerdings konnten wir uns kein richtiges Hühnerhaus leisten. Stattdessen stellten wir einige Aktenschränke in die Garage und zogen die Schubladen wie Treppenstufen heraus, damit die Hühner darin nisten konnten. Einmal, als ich dort beim Eiersammeln war, stellte ich mich auf die Zehenspitzen, um an die oberste Schublade zu kommen. Dort spürte ich eine Art unförmiges Ei, was daran lag, dass es *im Bauch einer riesigen verfluchten Klapperschlange steckte, die gerade im Begriff stand, ein zweites Ei zu schlucken.* Ich rannte kreischend ins Haus zurück und meine Mom schnappte sich ein Gewehr aus dem Waffenschrank und schoss der Schlange (die gerade fliehen wollte und sich die Einfahrt hinunterschlängelte) in die Beule, in der das Ei war, und das Ei explodierte in alle Richtungen wie bei einem ekelhaften Feuerwerk. Später fanden wir heraus, dass es sich in Wirklichkeit um eine Bullennatter handelte, die nur so tat, als wäre sie eine Klapperschlange, und es tat meiner Mutter ein wenig leid, dass sie sie erschossen hatte, aber vor einer bewaffneten Mutter so zu tun, als wäre man eine Klapperschlange, ist ungefähr so, als würde man einem Polizisten mit einer falschen Pistole vor der Nase herumfuchteln: In beiden Fällen wird man so was von erschossen. Immer wenn ich diesen Abschnitt Leuten vorlese, die nicht im Süden leben, regen sie sich darüber auf, dass wir eigene Schränke nur für Waffen hatten, aber in Texas hat auf dem Land praktisch jeder so was. Es sei denn, er ist schwul. Dann hat er einen Waffen*sekretär.*

— NR. 11 —

DIE MEISTEN MENSCHEN MÜSSEN NICHT WEGEN EINES ZEHNMINÜTIGEN KINDHEITSERLEBNISSES EIN GANZES JAHR LANG IN THERAPIE. Drei Wörter: Stanley, das magische Eichhörnchen. Gut, eigentlich vier, aber »das« zählt nicht mit, es besteht ja nur aus drei Buchstaben. Wenn ihr das lest, hat meine Lektorin alles noch mal überprüft, deshalb kann ich hier im Grunde schreiben, was ich will. Wusstet ihr zum Beispiel, dass Angelina Jolie die Juden hasst? Also wirklich. (Anm. d. Lektorin: Angelina Jolie hasst die Juden überhaupt nicht, das ist vollkommen frei erfunden. Wir entschuldigen uns bei Ms. Jolie und der jüdischen Gemeinde.)

Ich wollte hier unter Elftens eigentlich über Stanley, das magische Eichhörnchen berichten, aber die Geschichte ist viel zu verworren, deshalb habe ich daraus das ganze nächste Kapitel gemacht. Denn ich bin mir ziemlich sicher, wenn man ein Buch verkauft, wird man nach Kapiteln bezahlt. Aber vielleicht irre ich mich auch, denn ich irre mich oft. Nur nicht darin, dass Angelina Jolie die Juden hasst, das stimmt wahrscheinlich absolut. (Nein, überhaupt nicht. Lass das, Jenny. – Lektorin.)

STANLEY, DAS MAGISCHE SPRECHENDE EICHHÖRNCHEN

Wenn ich erzähle, dass mein Vater ein totaler Spinner ist, lachen die Leute und nicken wissend. Ihre Väter wären das auch, versichern sie, das wäre eben »typisch Vater«.

Und sie haben vermutlich recht, wenn der typische Vater hauptberuflich als selbstständiger Tierpräparator arbeitet und mit einem Miniaturesel und einem Teddy-Roosevelt-Imitator in der örtlichen Bar auftaucht und die *anderen* für verrückt hält, weil sie ein solches Theater darum machen. Wenn der typische Vater Sachen sagt wie »Alles Gute zum Geburtstag! Hier hast du eine Badewanne voller Waschbären!« oder »Wir müssen dein Auto nehmen. In meinem ist zu viel Blut«, ja, dann ist mein Vater *total* normal. Ich erinnere mich allerdings nicht, dass die Kinder in *Charles in Charge* auch Eis aus der Tiefkühltruhe holen wollten und stattdessen eine riesige tiefgefrorene Klapperschlange herausgezogen haben, die Charles dort noch lebend deponiert hat. Vielleicht habe ich die Folge verpasst. Wir haben nicht viel ferngesehen.

Wenn die anderen mir erzählen, wie *ihr* »verrückter« Vater manchmal auf der Toilette einschläft oder gelegentlich einen Schwelbrand verursacht, lege ich den Finger an die Lippen und flüstere: »Pst, Schätzchen, ich sage dir jetzt, was wirklich durchgeknallt ist.«

Und dann erzähle ich die folgende Geschichte.

Es war kurz vor Mitternacht, als ich meinen Vater draußen rumoren hörte. Und dann brannte bei uns im Zimmer plötzlich Licht. Meine Mom wollte ihn wieder ins Bett schicken, aber erfolglos. »Lass die Mädchen doch schlafen«, murmelte sie aus dem Elternschlafzimmer auf der anderen Seite des Flurs. Zwar wusste sie inzwischen, dass nichts meinen Vater aufhalten konnte, wenn ein »Geistesblitz« ihn getroffen hatte, aber sie tat trotzdem so, als versuche sie es (vor allem, um meiner Schwester und mir den Unterschied zwischen normal und verrückt klarzumachen, damit wir ihn, wenn wir älter waren, kannten).

Ich war acht und meine Schwester Lisa sechs. Mein Vater, ein Hüne, der aussah wie ein gefährlicher Zach Galifianakis, kam polternd in unser winziges Schlafzimmer. Lisa und ich haben die meiste Zeit unseres Lebens ein Zimmer geteilt. Es war so klein, dass neben unserem gemeinsamen Bett und der Kleiderkommode kaum noch Platz war. Die Türen des Einbauschranks waren längst ausgehängt, um das Zimmer größer wirken zu lassen, allerdings ohne Erfolg. Ich verbrachte Stunden damit, mir Nischen zu schaffen, in denen ich ungestört war. Aus Decken baute ich Höhlen oder ich bat meine Mom, mich in die Garage zu den Hühnern ziehen zu lassen. Ich schloss mich im Bad ein (dem einzigen Zimmer mit einem Schloss), aber bei einem Bad für vier Personen und einem Vater mit Reizdarm taugte das nicht als Langzeitlösung. Manchmal leerte ich auch meine Spielzeugkiste aus, rollte mich darin zusammen und machte den Deckel zu. Krämpfe in den Beinen und die Ruhe und Dunkelheit der Kiste waren mir lieber als die Außenwelt ... die totale Abschottung von allen äußeren Reizen wie in einem Floating-Becken für Vollwaisen. Meine Mom machte sich Sorgen, aber nicht genug, um tatsächlich etwas dagegen zu unternehmen. Arm aufzuwachsen hat wenige Vorteile. Kein Geld für eine Therapie zu haben ist der größte.

Mein Vater hockte sich auf die Bettkante, und Lisa und ich versuchten unsere Augen langsam an das helle Licht zu gewöhnen. »Aufwachen, Mädels«, rief mein Vater. Sein Gesicht war vor Aufregung, Kälte oder Hysterie gerötet. Er trug seine üblichen Jagdkleider in Tarnfarbe und im Zimmer begann es nach Rehurin zu stinken. Jäger verwenden oft Tierpipi, um ihren eigenen Geruch zu überdecken, und mein Vater klatschte es sich ins Gesicht wie andere Männer ein Aftershave. Sodomie und Fellatio waren in Texas geächtet, aber dass Männer sich im Namen der Jagd mit animalischem Natursekt tränkten, war völlig in Ordnung.

Mein Dad hielt eine Schachtel mit Ritz-Crackern in der Hand, was höchst merkwürdig war, weil es bei uns sonst nie Markenlebensmittel gab. Ich also sofort: »Wow, yeah, dafür wache ich ja total gerne auf«, aber dann merkte ich, dass sich in der Schachtel etwas bewegte, und war beunruhigt, allerdings nicht, weil mein Vater mit einem lebenden Tier in einer Schachtel in unser Zimmer gekommen war, sondern weil das, was sich da bewegte, die wunderbaren Cracker kaputtmachte.

Ich muss noch vorausschicken, dass mein Dad jede Menge verrücktes Zeug mit nach Hause brachte. Kaninchenschädel, wie Gemüse geformte Steine, wütende Opossums, Glasaugen, Landstreicher, die er auf der Straße aufgelesen hatte, oder ein lebendes Stachelschwein in einem Autoreifen. Meine Mutter (eine geduldige Frau, die als Küchenhilfe in der Schulkantine arbeitete) war wohl insgeheim überzeugt, dass sie in einem früheren Leben etwas Schreckliches getan und dieses Schicksal verdient hatte, sie zwang sich deshalb zu einem Lächeln und deckte mit der stillen, sonst für Heilige und Katatoniker reservierten Würde für den Landstreicher/Junkie am Esstisch einen weiteren Platz.

Dad beugte sich über uns und teilte uns mit verschwörerischer Miene mit, in der Schachtel wäre unser neuestes Haustier. Derselbe Mann hatte einmal einen kleinen Luchs mit nach

Hause gebracht, ihn im Haus freigelassen und vergessen, uns Bescheid zu sagen, weil er es »nicht für wichtig gehalten« hatte. Wenn er jetzt also so aufgeregt war, musste in der Schachtel ein wirklicher Knüller sein, zum Beispiel eine Eidechse mit zwei Köpfen oder ein kleiner Chupacabra. Er öffnete die Schachtel und flüsterte aufgeregt: »Komm raus und lerne deine neuen Frauchen kennen, Pickle.«

Fast wie aufs Stichwort schoss ein kleiner Kopf aus der Schachtel. Er gehörte einem sichtlich eingeschüchterten Eichhörnchen, dessen Augen vor Angst ganz glasig waren. Meine Schwester kreischte entzückt und das Eichhörnchen verschwand wieder in der Schachtel. »Hey, du musst leise sein, sonst machst du ihm Angst«, mahnte mein Vater. Lisas Geschrei war auch wirklich ziemlich ohrenbetäubend, aber wahrscheinlich war das Eichhörnchen ausgeflippt, als es die Zimmerwände gesehen hatte. Mein Präparator-Vater hatte praktisch jede Wand im Haus vollgehängt – mit Füchsen mit aufgerissenen Augen, einem anzüglich grinsenden Riesenelch, zähnefletschenden Bärenköpfen und wilden Ebern, an deren Hauern noch das Blut der Dorfbewohner klebte, die zu langsam gewesen waren. Ich hätte mir als Eichhörnchen auch total in die Hose gemacht.

Lisa und ich sagten nichts mehr und das kleine Eichhörnchen lugte wieder vorsichtig über den Rand der Schachtel. Es war niedlich, wie Eichhörnchen eben sind, aber ich dachte trotzdem: »Ach ja? Ein beschissenes Eichhörnchen? Und deshalb holst du mich aus dem Bett?« Vielleicht habe ich in Gedanken ja nicht »beschissen« gesagt, weil ich erst acht war, aber vom Gefühl her war es genauso. Dieser Mann packte seine Kinder ins Auto, um zum Vergnügen einem Tornado hinterherzufahren, und hat mir einmal, als er meinen Geburtstag vergessen hatte, eine anderthalb Meter lange Königspython geschenkt. Von daher war das mit dem Eichhörnchen in der Schachtel keine echte Steigerung.

Mein Vater sah mein perplexes Gesicht und beugte sich tiefer über uns, als wollte er uns ein Geheimnis anvertrauen, das das Eichhörnchen nicht hören durfte. »Das da«, flüsterte er, »ist kein gewöhnliches Eichhörnchen, sondern ein« – er machte eine dramatische Pause – »magisches Eichhörnchen.«

Ich wechselte einen Blick mit meiner Schwester. Wir dachten beide dasselbe. »Das da«, dachten wir, »ist unser Vater, der uns offenbar für Idioten hält.« Wir wussten genau, was für ein Geschichtenerzähler er war und dass man ihm nicht trauen durfte. Erst letzte Woche hatte er uns geweckt und gefragt, ob wir ins Kino gehen wollten. *Natürlich* wollten wir. Geld war immer knapp, ein Kinobesuch war deshalb ein seltener Ausflug ins Leben der Reichen, die sich Luxusdinge wie Nachmittagskino oder Zentralheizung leisten konnten. Die Leute im Kinosaal konnten sich auch, davon war ich fest überzeugt, richtige Winterschuhe leisten anstelle von mit Zeitungspapier ausgestopften Brotbeuteln.

Lisa und ich waren vor Aufregung ganz aus dem Häuschen. Mein Vater beauftragte uns, die beiden Kinos in der nahen Stadt anzurufen und alle Filme aufzuschreiben, die gezeigt wurden, damit wir überlegen könnten, was wir ansehen wollten. Wir hörten uns die Kinoansage also immer wieder von vorn an. Eine anstrengende halbe Stunde später hatten wir die Liste komplett und jede Menge Gründe, warum MUPPET MOVIE die einzig logische Wahl war. Mein Vater nickte fröhlich und wir juchzten laut, bis er sich zu uns herunterbeugte und fragte: »Habt ihr denn überhaupt Geld?« Meine Schwester und ich sahen uns an. Natürlich hatten wir keins. Wir trugen Schuhe aus Brotbeuteln. »Na dann«, sagte mein Vater mit einem breiten Grinsen im Gesicht, »ich auch nicht. Aber es hat trotzdem Spaß gemacht, zu denken, wir könnten gehen, oder?«

Einige Leser halten meinen Vater jetzt vielleicht für ein

sadistisches Arschloch, aber das war er nicht. Er glaubte wirklich, dass die Zeit, in der Lisa und ich einen Kinobesuch planten, der nie stattfinden würde, eine willkommene Abwechslung von dem war, das wir sonst getan hätten (wie den Traktor des Nachbarn kurzzuschließen oder mit der Familienschaufel zu spielen). Ich frage mich, ob mein Vater später einmal genauso viel Spaß hat, wenn Lisa und ich ihn anrufen und sagen, wir wollten ihn zu Weihnachten aus dem Altersheim holen, aber dann doch nicht kommen. »Aber du hast dich doch gefreut, als du geglaubt hast, wir würden dich holen, ja?«, werden wir ihn dann an Silvester fröhlich fragen. »Aber im Ernst, morgen holen wir dich wirklich. Morgen bekommst du zur Abwechslung also mal keine Einläufe und Herzmedikamente! Wir gehen in den Zirkus! Das wird toll! Verlass dich drauf!« *Aber das sollte er eben nicht.*

Genau diese Gedanken gingen mir durch den Kopf, als mein Vater uns mit dem »magischen Eichhörnchen« weckte. Er schien zu spüren, dass ich eine Rache in Richtung Altersheim/Zirkus plante, runzelte die Stirn und versuchte unser Vertrauen wieder zu gewinnen. »Im Ernst, das stimmt wirklich«, sagte er. »Passt auf, ich werde es euch beweisen.« Er sah in die Schachtel. »He, kleines Eichhörnchen, wie heißt meine ältere Tochter?« Das Eichhörnchen sah meinen Vater an und dann uns ... ich will verdammt sein, wenn es sich nicht streckte und meinem Vater etwas ins Ohr flüsterte.

»Es sagte ›Jenny‹«, stellte mein Vater fest. Er klang ziemlich zufrieden.

Wir waren beide beeindruckt, wandten aber sofort ein, dass wir nicht gehört hätten, wie das Eichhörnchen meinen Namen sagte, und dass es wahrscheinlich nur in den Ohrhaaren meines Vaters nach etwas zu fressen gesucht hätte. Mein Vater seufzte sichtlich enttäuscht von seinen misstrauischen Kindern oder der Bemerkung über die Haare in seinen Ohren. »Also gut«, sagte er schroff, zog beleidigt die Nase hoch und sah wieder in die Schachtel. »Kleines Eichhörnchen ... was ist zwei plus drei?«

Und dieses erstaunliche, magische, höchst außergewöhnliche Tier hob seine kleine Eichhörnchenpfote. *Und zwar fünf Mal.*

Ich erkannte sofort, dass das Eichhörnchen meine Fahrkarte aus diesem Nest in West-Texas war. Ich würde es gewinnbringend für Geld, Spielsachen und Auftritte in der TONIGHT SHOW einsetzen. Ich würde es Stanley nennen und eine kubanische Schneiderin namens Juanita beauftragen, kleine Anzüge für ihn zu nähen. Als ich gerade überlegte, ob Stanley eine Baskenmütze oder ein Filzhut besser stand, lächelte mein Vater breit und riss die Schachtel auf, in der das Eichhörnchen steckte.

Lisa und ich in unseren Brotbeutel-Schuhen (kaum sichtbar) vor dem Haus.

Stanley sah ... seltsam aus. Verwirrt stellte ich fest, dass er extrem dick war, mit einem gewaltigen Bierbauch. »Da hat Juanita was zu tun«, dachte ich noch. Dann merkte ich, dass Stanleys Hinterpfoten arg lustlos hin und her baumelten und dass die Hand meines Vaters IM KÖRPER DES EICHHÖRNCHENS STECKTE.

»Scheiße Mann, du Psychopath!«, hätte ich gesagt, wenn ich nicht erst acht gewesen wäre. Am Ärmel meines Vaters klebte frisches Blut und ich versuchte angestrengt zu verstehen, was hier vorging. Einen kurzen Moment lang glaubte ich, Stanley, das magische Eichhörnchen hätte bis zu der schrecklich missglückten Darmuntersuchung, die mein Vater offenbar an ihm vorgenommen hatte, noch gelebt. Dann erst begriff ich, dass es sich wahrscheinlich um ein Eichhörnchen handelte, das mein Vater tot auf der Straße gefunden hatte und das er aufgeschlitzt hatte, um daraus eine groteske Handpuppe zu machen, eine Höllengeburt.

Lisa kicherte und steckte die Hand in den Hintern des toten Eichhörnchens. Offenbar hatte ihr schwacher Verstand dem Schock nicht standgehalten und sie hatte im zarten Alter von sechs den Verstand verloren. Während sie sich den frischen Kadaver bis zum Ellbogen hochzog, nahm ich mir in Gedanken vor, die Rückseiten der Milchkartons zu überprüfen. Bestimmt machten sich meine wirklichen Eltern, die mich wahrscheinlich im Kino verlegt hatten, inzwischen schreckliche Sorgen um mich. Wahrscheinlich waren sie gerade auf einem Treffen der PETA und spendeten im Namen ihrer schon so lange vermissten Tochter eine große Summe. »Das hätte Jenny bestimmt gefreut«, hörte ich meine wirkliche Mutter tröstend zu meinem Vater sagen (dem Grafen), mit dem sie beharrlich daran arbeitete, ihre erfolgreiche Aktion zur Rettung der Präriehunde auch auf benachbarte Landkreise auszuweiten.

Viele Jahre später hatte meine Schwester eine Tochter namens Gabi. Mein Vater (der mein Bedürfnis, die Eichhörnchengeschichte für den Rest meines Lebens immer wieder an Weihnachten aufs Tapet zu bringen, offenbar als Huldigung an glücklichere Zeiten verstand statt als Folge einer posttraumatischen Belastungsstörung) beschloss, seine vierjährige Enkelin mit der Endlostherapie zu beglücken, die durch einen sprechenden magischen Schachtel-Kadaver notwendig wird. Er hatte einen Waschbären gegerbt, den steifen Kadaver in einen Müslikarton gesteckt und das Ganze unter dem Gästebett verstaut (offenbar um auf den richtigen Moment zu warten, in dem er Gabi den Schrecken fürs Leben einjagen wollte). Dort vergaß er ihn. Wochen später fand Gabi den verstümmelten Waschbärenkadaver unter dem Bett. In der Annahme, es handle sich um eine etwas steife Puppe, zog sie damit durchs Haus, spielte mit ihrem neuen Freund und erschreckte die Katze zu Tode. Sie schlich sich auch in das Zimmer meines Vaters, der gerade Mittagschlaf machte, und legte ihm den toten Waschbären leise auf das Kopfkissen, wie eine Botschaft des Paten. Die verschrumpelte Pfote streifte über das Gesicht meines schlafenden Vaters, während Gabi den Waschbären noch näher an sein Gesicht schob, damit er ihm einen Eskimokuss geben konnte. »Opa«, flüsterte sie lieb, »wach auf und sag guten Tag.«

Mein Vater wachte auf und kreischte wie ein Mädchen und Gabi kreischte, weil er kreischte, und warf die Hände hoch, und der tote Waschbär flog durch das Zimmer und in die Küche und landete auf dem Fuß meiner Schwester. Jeder normale Mensch wäre ohnmächtig geworden oder hätte zumindest gebrüllt: »Was soll *das* denn?« Aber im Leben meiner Schwester waren damals fliegende tote Waschbären und kreischende Hausbewohner schon ziemlicher Alltag, deshalb zuckte sie nur die Schultern und steckte ihre Pop-Tart in den Toaster.

Sie rief mich später an und erzählte mir alles, und ich versprach, Gabi dafür, dass sie uns gerächt hatte, ein Pony zu kaufen. Aber später tat mein Dad mir ein wenig leid, denn beim Aufwachen das Gesicht eines toten Waschbären an der Wange zu spüren, das einen mit leeren Augenhöhlen anstarrt, ist nichts für jemanden mit hohem Blutdruck. Andererseits, mir ein verstümmeltes Eichhörnchen in einer Cracker-Schachtel zu schenken ist auch irgendwie pervers, wir sind also wohl quitt.

Nebenbei bemerkt: Ich konnte kein Foto von Stanley, dem massakrierten Eichhörnchen auftreiben (wahrscheinlich weil man immer erst dann daran denkt, einen Eichhörnchenkadaver zu fotografieren, wenn es zu spät ist). Dafür habe ich ein Bild, wie mein Dad einem kleinen Stachelschwein in einem Reifen die Flasche gibt. Das Bild passt irgendwie und versöhnt mich ein wenig mit ihm. Allerdings merke ich gerade, dass er das Stachelschwein mit einem Stück Holz stützt, mit dem Farbe umgerührt wurde, und dass auch auf dem Reifen überall Farbspritzer sind. Es ist also durchaus möglich, dass er das Stachelschwein mit Malerfarbe füttert. Unwahrscheinlich, aber es sind schon merkwürdigere Dinge passiert.

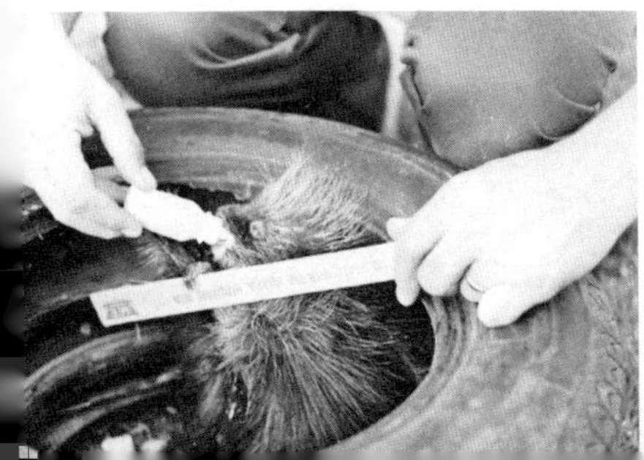

ABER SAGT EUREN ELTERN NICHTS

In meiner Kindheit holten die tschechoslowakischen Eltern meines Vaters meine Schwester und mich fast jedes Wochenende zu sich nach Hause. Sie wohnten in der Nähe. Meine Großmutter, von uns Grandlibby genannt, war eine der nettesten und geduldigsten Frauen, die diesen Planeten je mit ihrer Anwesenheit beehrt haben. Wahrscheinlich denken die meisten Menschen dasselbe von ihren Omas, aber unsere Großmutter sagte auf Nachfrage etwa, Hitler wäre ein »trauriger kleiner Mann« gewesen, der als Kind nicht genug Liebe erfahren habe. Nur über den Teufel meinte sie: »Also den mag ich nicht.«

Mein Großvater betrachtete die überwältigende Frohnatur seiner Frau offenbar als persönliche Herausforderung und war bemüht, ihre Wirkung auf andere auszugleichen, indem er sich über alles und jeden aufregte. Unter seiner ruppigen Art war er harmlos, aber wir machten stets einen großen Bogen um ihn, wenn er im Haus unterwegs war und ärgerlich etwas auf Tschechisch vor sich hin brummte (wahrscheinlich, dass er sich einen Rohrstock wünschte, um andere zu verprügeln). Grandlibby lächelte ihn immer liebevoll an und versuchte ihn aufzuheitern, wenn er wieder über etwas beleidigt war. Sie scheuchte uns dann unauffällig aus dem Zimmer, damit er BONANZA sehen und sich beruhigen konnte. Ich weiß nicht, wie viel von ihrer übermenschlichen Geduld Liebe war und wie viel einfach Selbsterhaltungstrieb.

Der Familienlegende zufolge schlug der Mann meiner Ur-Ur-Großtante, als die schon über dreißig war und eines Tages am Frühstückstisch saß, seiner Frau von hinten einen Nagel in den Schädel und begrub sie anschließend im Garten. Das war damals total normal, hat man mir gesagt. Also die Beerdigung im Garten, nicht das mit dem Nagel im Kopf. Nägel im Kopf waren nie gern gesehen, auch nicht in Texas. Bewiesen ist das alles im Grunde nicht, aber dass mein Ur-Ur-Großonkel auf dem Totenbett angeblich den Mord an seiner Frau gestanden hat (und auch, dass er einige Jahre davor seinen Vater angezündet hatte), galt in meiner Familie als Tatsache. Mein Großvater sagte, damals nach der Beichte hätten einige Familienmitglieder seine Großtante ausgegraben und der Nagel hätte immer noch in ihrem Schädel gesteckt. Sie hätten sie dann wieder begraben, ohne die Polizei zu informieren, denn damals gab es CSI: MIAMI noch nicht. Ich meinte, die Leiche eines Familienmitglieds auszugraben, nur um nach Löchern im Schädel zu suchen, wäre fast genauso abwegig, wie jemandem mit einem Nagel zu ermorden, aber Großvater schüttelte nur den Kopf und brummte verärgert etwas von »der heutigen Jugend, die von Familienpflichten nichts versteht«. Ich frage mich manchmal, ob meine Großmutter nur deshalb so übermenschlich gutmütig war, weil sie keinen Nagel in den Kopf bekommen wollte. Aber ich bezweifle es. Mein Großvater konnte nie gut mit dem Hammer umgehen.

Tief im Innern war er ein guter Mensch. Man spürte, dass er sich in Gesellschaft von Kindern unwohl fühlte, aber wir nahmen ihm das nicht übel, es beruhte auf Gegenseitigkeit. Mit über sechzig hatte er eine Reihe von Schlaganfällen und danach zwinkerte er ständig mit einem Auge. Weil er glaubte, die Frauen in der Kirche könnten das als Anmache missverstehen, begann er dunkel getönte Roy-Orbison-Sonnenbrillen zu tragen. Mit der Sonnenbrille, dem unbewegten Gesicht, dem dicken tschechischen Akzent und seiner Vorliebe für Unterhemden und dunkle Anzüge wirkte er wie das Oberhaupt eines

Mafia-Clans. Die Nachbarn begegneten ihm mit einem stillen Respekt, vielleicht aus Furcht, er könnte einen Killer auf sie ansetzen. Ich habe mehr als einmal gehört, wie sie ihn »Terminator« nannten.

Großvater hat alles in seinem eigenen Tempo gemacht, dem Tempo der »angreifenden Schnecke«, wie meine Schwester und ich es nannten. Am deutlichsten war das zu spüren, wenn er Auto fuhr. Er war schon fast amtlich blind und die Sonnenbrille half da auch nicht, schon gar nicht denen, die außer ihm noch auf der Straße unterwegs waren. Er milderte die Folgen seines Handicaps, indem er ständig fünfzig km/h langsamer fuhr als die Geschwindigkeitsbeschränkung. Das Haus meiner Großeltern war nur etwa fünfzehn Kilometer von unserem entfernt, aber für die Fahrt dorthin mussten wir belegte Brote einpacken und mehrere Bücher zur Unterhaltung. Einmal auf einer besonders langsamen Fahrt musste meine Schwester aufs Klo. Ich wollte sie zum Durchhalten überreden, aber das ging nicht, also nahm Großvater die Ausfahrt zu einer Tankstelle. Dabei machte er einen plötzlichen Schlenker. Danach behauptete er, ihm wäre ein Puma vors Auto gelaufen, aber wir hatten den Puma, von dem er sprach, alle gesehen – ein doppeltbreites Wohnmobil, das seit mindestens zwanzig Jahren am Straßenrand parkte. Lisa und ich beruhigten uns damit, dass selbst wenn Großvater in etwas hineinfuhr, der Zusammenstoß bei dieser Geschwindigkeit wahrscheinlich nur ganz sanft sein würde. Wir überlegten oft, ob wir aus dem Auto springen und die letzten Blocks zum Haus unserer Großeltern zu Fuß gehen sollten. Bestimmt waren wir so rechtzeitig dort, dass wir noch Großvaters Ersatzhörgeräte anprobieren konnten, bevor er in die Einfahrt einbog und überhaupt merkte, dass wir nicht mehr hinter ihm saßen.

Wir lebten im Haus unserer Großeltern wie in Caligulas Palast, denn mein Großvater war die ganze Zeit damit beschäftigt, sich über Katzen aufzuregen (die er im Garten hinter dem Haus fing und dann uns mit nach Hause gab), und meine Großmutter hatte nicht das Herz, uns etwas zu verbieten. Scharfe Messer, Schokolade, kleine Feuer, Kabelfernsehen am späten Abend ... hier war alles erlaubt. Das Mittagessen bestand aus Spiegeleiern, die in Sirup schwammen, Kartoffelbrei gemischt mit Schlagsahne und selbstgemachten Pommes, von denen das Schweineschmalz tropfte. Zum Abendessen machte Grandlibby einige Schüsseln mit nicht ganz durchgebackenen Brownies, einem bräunlichen Matschteig-Salmonellen-Gemisch, das erst richtig gut schmeckte, wenn man es mit den Fingern aß und die Pampe zu großen schokofarbenen Speedballs rollte.

Nach jedem Bissen wiederholte Grandlibby gebetsmühlenartig: »Aber sagt euren Eltern nichts.« Ich bekundete mit einem Murmeln meine Zustimmung, mehr war nicht drin, so high war ich vom Sirup. Meine Schwester brachte ein Nicken zustande, während sie zugleich einen halben Liter Ketchup direkt aus der Flasche saugte. Dann kam Großvater herein und brummte missbilligend etwas von schlechter Ernährung, und meine Großmutter sah ihn mit großen Augen überrascht an und stimmte ihm dann aus tiefster Überzeugung zu, als hätte sie nicht im Entferntesten daran gedacht, eine so obercoole Mahlzeit könnte ungesund sein. Sie bedankte sich lächelnd für seinen guten Rat, sorgte dafür, dass er bequem in seinem Sessel saß, kehrte in die Küche zurück und schlug leise vor, wir könnten Milchshakes mit Erdnussbutter und Würfelzucker machen. Regelmäßig eine halbe Stunde später kam mein Großvater wieder und wollte wissen, was hier verdammt noch mal los wäre, und meine Großmutter sah ihn mit einer rührenden Ratlosigkeit an und tat, als höre sie zum ersten Mal, dass Zuckerwürfel sich nicht zum Dekorieren von Milchshakes eigneten. Ihr unschuldiges Gesicht war über jeden Tadel erhaben, deshalb seufzte er nur tief und brummte im Gehen, sie werde offenbar senil. Aber das stimmte nicht. Meine Großmutter wusste haargenau, was sie tat. Sie hatte die Kunst perfektioniert, zu tun, was sie wollte, und machte damit sich und uns glücklich und vermied zugleich Auseinandersetzungen, die zu Schneckenangriffen führen konnten.

Im Fortgang des Abends ging mein Großvater dann zu Bett und wir überließen uns weiteren kindlichen Ausschweifungen. Unsere Cousine Michelle, die ein Jahr jünger war als ich, kam herüber und der Abend entwickelte sich rasant zu einer abenteuerlichen Entdeckungsreise inklusive Selbstverletzung, wie nur fantasievolle Kinder unter eingeschränkter elterlicher Aufsicht sie zustande bringen.

Zwar war das ganze Haus gegen alle möglichen Gefahren abgesichert, doch konnten wir das für unsere Bedürfnisse nutzen. Während manche Großeltern Plastikmatten in die Badewanne legen, damit man nicht ausrutscht, waren meine Großeltern einen Schritt weiter gegangen und hatten sämtliche Flure des Hauses mit dicken gelben Plastikmatten ausgestattet. Wir hatten herausgefunden, dass diese Matten deshalb so gut auf dem Teppichboden hafteten, weil sie auf der Unterseite mit zwei Zentimeter langen Stacheln bestückt waren, die sich in den goldfarbenen Teppichflausch bohrten. Auf der höchsten Ebene unserer Überlegungen angelangt, wie sie nur Yogis und Kindern mit einer Überdosis Zucker zugänglich ist, drehten wir die Matten um und übten uns im Laufen über das selbstgemachte Nagelbrett. Michelle und Lisa, die beide jünger waren, mussten zum Ausgleich für ihre kleinere Statur eine große Gipsurne oder ein schweres Möbelstück tragen. Ich durfte ohne zusätzliches Gewicht gehen, weil ich nur wenige Stunden zuvor barfuß durch einen übergelaufenen Gully voller Glasscherben gewatet war und mir dabei beide großen Zehennägel abgerissen hatte.

»Sag deinen Eltern, du wärst hingefallen, während ich euch aus der Bibel vorgelesen habe«, schlug Grandlibby hilfsbereit vor.

Morgens gingen wir schwimmen. Meine Großeltern waren nicht arm, aber sie gehörten zu den Menschen, die auch Alufolie wiederverwenden, in der festen Überzeugung, dass um die Ecke die nächste Wirtschaftskrise lauert. Die Aufgabe, einen Pool für ihre Enkelkinder zu bauen, lösten sie dadurch, dass sie drei Badewannen aus Fiberglas, die jemand anders weggeworfen hatte, aus dem Sperrmüll zogen. Wir stöpselten die Abflusslöcher zu und füllten die Wannen mit dem Gartenschlauch. Grandlibby hatte vorgeschlagen, das kalte Wasser von der Sonne aufwärmen zu lassen, aber nach einer Nacht hemmungsloser Genüsse und Ausschweifungen waren wir noch nicht zu Kompromissen aufgelegt. Wir stiegen in die Wannen, zertrümmerten dabei die dünne Eisschicht, die sich bereits auf dem Wasser gebildet hatte, und versicherten einander, während sich unsere Lippen und Finger bläulich färbten, selbst wenn wir davon eine Lungenentzündung bekämen, würde sie wahrscheinlich erst später ausbrechen, unter der Woche, wenn wir Schule hätten.

Egal wie gefährlich unsere Aktivitäten waren, Grandlibby stand immer mit Kirschlimonade, Erste-Hilfe-Koffer und einem liebevollen und zugleich schicksalsergebenen Blick daneben. Als ich mich anschickte, vom Hausdach auf die darunter aufgestapelten Sofakissen zu springen, kamen mir plötzlich Bedenken, aber ich wusste, dass die Verletzungsgefahr größer war, wenn ich das rostige, einem Grillrohr nicht unähnliche Schornsteinrohr wieder hinunterkletterte, das mir als provisorische Kletterhilfe gedient hatte. Grandlibby murmelte etwas auf Tschechoslowakisch, das verdächtig nach einem Fluch klang. Lisas Rat war hilfreicher. »Beim Landen abrollen!«

Zu unseren Lieblingsbeschäftigungen gehörte es, in den Mülleimern und -containern der Nachbarschaft nach versteckten Schätzen zu suchen. Unter unseren Beutestücken befanden sich ausrangierte Weihnachtsbäume, Bücher mit Wasserschäden, dreibeinige Stühle, Liebesbriefe und fleckige Kleider. Ich als Größte und zuletzt gegen Tetanus Geimpfte hielt es für meine Pflicht, am tiefsten im Müll zu wühlen. Wenn ich nur eifrig genug suchte, so meine Überzeugung, fand ich bestimmt eines Tages ein dickes Bündel Geldscheine, eine Tasche voller Heroin oder womöglich sogar eine menschliche Hand.

Dass die harte Arbeit nicht umsonst gewesen war, wusste ich an dem Tag, an dem ich einen fleckigen PLAYBOY herauszog, dessen Seiten mit (wie ich heute hoffe) getrocknetem Orangensaft verklebt waren. Im Alter von neun bekam ich somit zum ersten Mal einen ganz nackten Körper zu sehen, der nicht in Verbindung mit einer Enthüllungsstory des NATIONAL GEOGRAPHIC stand. Meine Cousine und ich kehrten mit dem Magazin in den großelterlichen Garten zurück, machten es uns dort auf dem Rasen bequem und studierten die abgebildeten Frauen, deren Brüste zu meinem Erstaunen nicht bis zum Bauchnabel hinunterhingen und deren Namen alle mit Doppel-E zu enden schienen. Wir wandten uns dem Ausklappbild in der Heftmitte zu, einer gut ausgestatteten Blondine namens »Candee«. Grandlibby wollte uns mit einer verlockenden Kombination aus einer Leiter und einem Regenschirm ablenken, aber der PLAYBOY hatte uns schon viel zu sehr gepackt, und ihre Bemerkung, das Magazin wäre »Schund«, ließ uns kalt. Mein Großvater beäugte uns kritisch und brummte vor sich hin, wie achtlos Kinder heutzutage mit Rasen umgingen. Keine Ahnung, ob er überhaupt sah, was für ein Magazin wir da lasen, jedenfalls verschwand er nach einer Weile wieder vor sich hin brummelnd im Haus. Wahrscheinlich auf der Suche nach kleinen Nägeln.

»Grandlibby?«, fragte ich. »Was ist ein ›Antörner‹?«

Großmutter erbleichte sichtlich und sah ein wenig krank aus. »Hm«, sagte sie und suchte angestrengt nach Worten, »also das sind ... also ... Sachen, die man gerne mag.«

Ich wandte mich an meine Cousine. »Meine Antörner sind Regina Regenbogen und Einhörner.«

Michelle lächelte zurück. Zwei ihrer Schneidezähne fehlten. »Meine die Monchhichis. Und Tubble Gum.«

Grandlibby ließ ein kurzes, ersticktes Lachen hören. »Schön. Vielleicht irre ich mich aber auch. Mein Englisch ist nicht so gut. *Verwendet das Wort einfach nie wieder,* okay?« Sie entschuldigte sich und ging nach drinnen. Von dort hörten wir etwas, das wie ein Gebet klang, aber wir waren so sehr mit den Frauen in unserer Zeitschrift und ihren offenbar hauchdünnen (und schlecht sitzenden) Stützkleidern beschäftigt, dass wir dem nicht nachgingen.

Das sonnige Wetter schlug überraschend in einen heftigen Hagelschauer um. Wir rannten zur Veranda und hielten das Magazin über unsere Köpfe. Grandlibby kam uns mit hochgezogenen Augenbrauen entgegen. »Seht ihr, was passiert, wenn ihr euch schmutzige Bilder anschaut?«, fragte sie. *»Es hagelt.«* Sie lächelte. »Und wisst ihr, woher der Hagel kommt?«

»Haufenwolken?«, schlug ich vor. Ich hatte erst vor kurzem eine Zwei plus in Naturwissenschaften geschrieben und hielt es durchaus für möglich, dass meine Antwort stimmte.

»*Nein*«, erwiderte Grandlibby. »Aus der Hölle. Der Teufel schickt ihn, weil er sich freut, dass ihr einen solchen Schund lest.«

Michelle und ich sahen uns an. Der Schauer aus heiterem Himmel war tatsächlich auffällig, trotzdem konnten wir Grandlibbys Logik nicht ganz folgen. Wenn der Teufel sich freute, warum schickte er dann Hagel, um uns von unserer neuen

Liebe zur Pornografie abzulenken? »Sie hat da etwas durcheinandergebracht«, dachten wir. Was uns dagegen Sorgen bereitete, war, dass der Schauer nur wenige Augenblicke, nachdem wir Grandlibby im Haus hatten beten hören, losgebrochen war. Das war beunruhigend. Hatte meine Großmutter eine Art direkten Draht zu Gott? Hatten sich die jahrelangen Spenden für den Fernsehprediger Jim Bakker und seine Frau Tammy Faye endlich ausgezahlt? Wir waren uns nicht sicher, wollten aber auch nichts riskieren. Ich legte den PLAYBOY wieder auf die Mülltonne des Nachbarn, in dem Gefühl, wenn wir schon nicht mehr an seinen Wundern teilhaben konnten, würde mir der nächste Mülltaucher meine Großzügigkeit und Wohltätigkeit danken, beides Eigenschaften, die Gott bestimmt schätzte.

Jahre später begriff ich, dass meine Großmutter mit ihrem Urteil über das Magazin recht gehabt hatte. Statt der auf Hochglanz getrimmten, aber seichten PLAYBOYS las ich viel lieber ihre alten, zerknitterten Exemplare von HOUSEWIFE CONFESSIONS und TRUE HOLLYWOOD SCANDALS. Nacktheit spielte dort so gut wie keine Rolle, dafür war die Handlung viel interessanter, als sie beim PLAYBOY je sein würde. »Sag deinen Eltern nichts«, meinte Grandlibby mit einem verschmitzten Grinsen.

Ich erwiderte ihr Lächeln. Da brauchte sie sich keine Sorgen zu machen.

JENKINS, DU WICHSER

Als ich noch klein war, sagte meine Mutter oft, ich hätte einen »nervösen Magen«. So nannte man in den Siebzigern eine unbehandelte schwere Angststörung. Damals wurde alles mit Vitaminen geheilt und der Drohung, ich müsste bei meiner Großmutter leben, wenn ich mich weiterhin vor anderen Menschen in meiner Spielzeugkiste versteckte.

Mit sieben wusste ich, dass mit mir etwas nicht stimmte und dass die wenigsten Kinder hyperventilieren und sich übergeben, wenn sie aus dem Haus gehen sollen. Meine Mutter nannte mich »eigen«, die Lehrer hinter vorgehaltener Hand »neurotisch«. Aber tief im Innern wusste ich, dass es ein noch treffenderes Wort für meinen Zustand gab. *Zum Scheitern verurteilt.*

Und zwar deshalb, weil ich mich jedes Weihnachten aus Panik vor der Anwesenheit so vieler Menschen unter den Küchentisch meiner Tante flüchtete. Weil ich in der Schule kein Referat halten konnte, ohne vor den Augen meiner Klassenkameradinnen in unkontrolliertes hysterisches Kichern auszubrechen. Weil ich felsenfest davon überzeugt war, dass etwas unaussprechlich Schreckliches passieren würde, ohne dass ich es verhindern konnte. Und damit meine ich nicht die normalen schrecklichen Dinge, vor denen Kinder Angst haben, wie vom Vater mit einer blutigen Handpuppe aufgeweckt zu werden. Sondern Dinge wie den nuklearen Holocaust, eine Kohlenmonoxidvergiftung oder aus dem Hause gehen und mit anderen Leuten als meiner Mutter verkehren müssen. Wahrscheinlich war mir das angeboren, aber ich habe den Verdacht, dass meine

Sozialangst zumindest teilweise auf ein ganz bestimmtes Erlebnis zurückgeht.

Als ich in der dritten Klasse war, kam mein Vater eines Abends ins Haus gestürzt und sagte, wir sollten alle nach draußen kommen und uns ansehen, was er im Laderaum seines Pickups mitgebracht habe. Ich war zwar noch klein, wusste aber bereits aus Erfahrung, dass eine solche Ankündigung nichts Gutes bedeutete.

Ich wechselte einen misstrauischen Blick mit meiner Schwester, und meine Mutter spähte vorsichtig durch das Küchenfenster, um zu sehen, ob sich im Wagen meines Vaters etwas Großes bewegte. Das war der Fall. Sie sah uns mit einem Blick an, den mein Vater immer als »Was habt ihr Mädchen doch für ein Glück mit einem so abenteuerlustigen Vater« zu interpretieren schien, während ich darin las: »Eine von euch wird die Überraschung eures Vaters vermutlich nicht überleben, wahrscheinlich Lisa, sie ist kleiner und kann noch nicht so schnell rennen. Dafür kann sie sich gut an engen Orten verstecken, also ist der Ausgang offen.« In Wirklichkeit bedeutete er wohl: »Du meine Güte, kann nicht mal jemand schnell Xanax erfinden?«

Wenn mein Vater wollte, dass wir nach draußen kommen und uns ansehen, was er geladen hatte, bedeutete das normalerweise, dass die Ladung so blutig und/oder so widerspenstig war, dass er sie nicht allein nach drinnen befördern konnte. Wir blieben dann alle im vergleichsweise sicheren Haus und versuchten durch verschiedene Fragen herauszubekommen, welcher Gefahrenstufe Daddy uns aussetzen wollte. Wir hatten gelernt, seine Antworten entsprechend zu interpretieren, und eine Art »Gefahrenwörterbuch unseres Vaters« entwickelt, wie wir es später nannten.

Ein Auszug daraus:

»Das gefällt dir bestimmt.«	»Ich habe keine Ahnung, was Kinder mögen.«
»Zieh deinen schwarzen Mantel an.«	»Du bekleckerst dich wahrscheinlich mit Blut.«
»Es wird nicht wehtun.«	»Wir betäuben die Stelle nachher mit Bactine.«
»Er ist schon ganz aus dem Häuschen.«	»Er hat Tollwut.«
»Komm ihm lieber nicht zu nahe.«	»Ich habe diesen Affen umsonst gekriegt, weil er einen Virus hat.«
»Es mag dich!«	»Du bist jetzt für dieses Wildschwein zuständig.«
»Das ist wirklich interessant.«	»Davon wirst du noch mit dreißig Albträume haben.«
»Nicht schreien, sonst erschreckst du es.«	»Du solltest jetzt wirklich laufen, so schnell du kannst.«
»Es will dir einen Kuss geben.«	»Es wird dich wahrscheinlich ins Gesicht beißen.«

Mein Vater klagte über unser mangelndes Vertrauen, aber ich erinnerte ihn daran, dass er erst in der vergangenen Woche seiner Mutter eine Schachtel mit einer noch lebenden, wütenden Schlange gebracht hatte, die er auf dem Weg zu ihrem Haus auf der Straße gefunden hatte. Er wollte sich verteidigen, aber meine Schwester und ich waren beide dabei gewesen, als er die Schachtel vor die Haustür gelegt und seine Mutter herausgerufen hatte, um eine »Überraschung« zu sehen. Dann hatte er den Deckel der Schachtel mit den Fuß vorsichtig angehoben. Die Schlange sprang heraus und meine Großmutter und ich rannten nach drinnen. Lisa rannte in die entgegengesetzte Richtung und wollte auf die Ladefläche des Lasters springen, eine unglaubliche Kurzschlusshandlung, weil mein Vater genau dort die gehäuteten, nicht mehr identifizierbaren Tiere lagerte, deren Skelette er später zu Studienzwecken freilegen wollte. Die Ladefläche vom Pickup meines Vaters wäre bestimmt in Dantes INFERNO eingegangen, wenn Dante je im ländlichen Texas gewesen wäre.

Die Erinnerung daran war uns immer noch lebhaft gegenwärtig, als mein Vater uns jetzt in die kalte, dunkle Nacht hinausschob, um uns die grässliche Beute zu zeigen, die er gefangen, geschossen oder überfahren hatte. Meine Schwester und ich blieben ängstlich zurück, meine Mutter holte entschlossen Luft, beugte sich vor und blickte in die Augen eines Dutzends lebender Vögel, die aussahen, als hätten sie einen Trip durch die Hölle hinter sich. Einige kreischten empört, doch die meisten hockten benommen in der Ecke, zweifellos zutiefst traumatisiert vom Fahrtwind und dem Zwangsaufenthalt auf der Ladefläche in Gesellschaft verschiedener Tierkadaver, die mein Vater wahrscheinlich zu präparatorischen Zwecken von irgendwo geholt hatte. Für die Vögel muss es gewesen sein wie eine Mitfahrgelegenheit bei einem Fremden, in dessen Auto man dann beim Einsteigen ermordete Tramper vorfindet, die zu Lampenschirmen verarbeitet werden sollen.

Mein Vater erklärte, es handle sich um gesittete Riesenwachteln aus Wisconsin, meine Mutter entgegnete, das wären wohl eher rauflustige Truthähne. Mein Vater sagte, er hätte die Tiere gegen die rostige Armbrust eingetauscht, die er einige Monate zuvor nach Hause gebracht hatte, und das die Vögel im Grunde das geringere zweier Übel wären. Meine Mutter schüttelte daraufhin nur den Kopf und kehrte an ihre Putzarbeit im Haus zurück. Sie wusste, wann sie kämpfen musste, und war vermutlich zu der Erkenntnis gelangt, dass die *Wachteln-die-eigentlich-Truthähne-waren* für uns alle die geringere Gefahr darstellten.

Die Vögel liebten meinen Vater mit abgöttischer Leidenschaft. Respektvoll folgten sie ihm überallhin, und ich kann nur vermuten, dass sie unter einer Art Stockholm-Syndrom litten, das bestimmt noch dadurch verstärkt wurde, dass sie ihn alle paar Tage tote Tiere ins Haus tragen sahen. Mein Vater war die einzige Person, die sie in ihrer Nähe duldeten. Im Laufe der Monate wurden sie größer, lauter und immer unausstehlicher. Sie saßen auf den untersten Ästen der Bäume und schrien meine Mutter jedes Mal an, wenn sie aus dem Haus ging. Mein Vater behauptete, die Wachteln wären nur ein wenig exzentrisch und wir würden ihr wütendes Kollern missverstehen, das er als Freudengesang interpretierte. Unsere Vorbehalte gegen die Wachteln wären nur ein Zeichen unseres schlechten Gewissens. Meine Mutter meinte daraufhin, man müsste ihn wohl ein paar Mal mit einer Gabel in den Schenkel stechen, um ihm die Augen zu öffnen, sie sagte das allerdings mehr mit den Augen als mit dem Mund und mein Vater schenkte beidem im Grunde herzlich wenig Beachtung.

Die Vögel wurden immer größer und garstiger und ich dankte Gott, dass wir keine Nachbarn hatten, die miterleben mussten, wie sie sich aufführten. Ich hatte auch so schon mit Unsicherheit und Schüchternheit zu kämpfen und die peinlichen Truthahnattacken stärkten mein ohnehin schon geringes Selbstbewusstsein nicht gerade. Meine Schwester und ich versuchten sie nach Kräften zu ignorieren, was schwierig war, weil mein Vater ihnen unbedingt Namen geben und sie wie Haustiere behandeln wollte. Haustiere, die sich wutentbrannt auf uns stürzten und nach unseren kleinen Knöcheln schnappten, während wir in Kreisen um den Hof rannten und schrien, bis jemand die Tür zum Haus aufmachte und uns hineinließ.

Lisa versuchte meinem Vater beizubringen, dass die Vögel (unter Führung eines besonders unberechenbaren Truthahns, der aus einem unerfindlichen Grund Jenkins hieß) uns fressen wollten, aber mein Vater versicherte ihr, Wachteln besäßen nicht einmal Zähne. Selbst wenn sie uns töten könnten, könnten sie uns doch keinesfalls fressen. Er hielt das wahrscheinlich für einen Trost.

»Und haben *Truthähne* Zähne?«, fragte meine Schwester listig.

Mein Vater wollte sie schon zu mehr Respekt vor Erwachsenen anhalten, wurde aber abgelenkt und musste Jenkins beruhigen, der sich auf die Motorhaube des Postautos gesetzt hatte, wütend auf die Scheibenwischer einhackte und zugleich den Postboten mit einem anklagenden Kollern erschreckte.

Wir leben an einer ländlichen Straße, der Postbote war es deshalb gewohnt, von streunenden Hunden belästigt zu werden. Auf einen wütenden Truthahn war er weniger vorbereitet. Empört brüllte er: »Sperren Sie den verdammten Truthahn weg, wenn Sie ihn nicht unter Kontrolle haben.«

Mein Vater hob den großen Vogel unter ziemlichem Kraftaufwand vom Auto herunter, klemmte ihn sich unter den Arm und sagte (mit einer erstaunlichen Würde für einen Mann mit einem Truthahn unter dem Arm): »Das ist eine *Wachtel*, mein Herr. Und sie heißt Jenkins.« Ich war damals überrascht über die Gelassenheit und Ruhe meines Vaters, zumal Jenkins den Postboten wütend anschrie und zugleich das schlaffe Gummiteil des Scheibenwischers mit dem Schnabel wie eine Peitsche hin und her schwang. Nicht überrascht war ich, als wir am folgenden Tag in unserem Briefkasten die Nachricht vorfanden, dass wir ab sofort nicht mehr ein 25-Cent-Stück statt einer Briefmarke auf unsere Briefe kleben dürften und Pakete künftig beim Briefkasten abgestellt und nicht bis zur Haustür geliefert würden. Das ärgerte vor allem meine Mutter, die nicht zum Briefmarkenkaufen in die Stadt fahren wollte und außerdem wusste, dass »beim Briefkasten abstellen« hieß, dass der Postbote die Post aus dem fahrenden Auto in die ungefähre Richtung unseres Hauses warf. Die Truthähne fanden sich mit der neuen Situation schnell zurecht und sammelten die Post im Hof ein, was ja auch hilfreich gewesen wäre, wenn sie sie anschließend wie ein Hund zum Haus gebracht hätten. Stattdessen schleppten sie die Briefe stolz mit sich herum, als handelte es sich um wichtige Truthahndokumente, die meine Mutter ihnen klauen wollte. Meine Mutter wollte meiner Schwester und mir weismachen, es wäre ein lustiges Spiel, den Truthähnen täglich die Post abzunehmen, aber wir lehnten mit dem Argument ab, ein Fangspiel, das immer mit blutigen Knöcheln und potenzieller Vogelgrippe ende, mache keinen Spaß.

Viel sicherer für unseren sozialen Status und unser körperliches Wohlergehen war es, die Truthähne überhaupt zu meiden. Meine Schwester und ich überlegten uns also eine Verteidigungsstrategie. Damals war FLASHDANCE gerade herausgekommen und ich versuchte meine Mutter dazu zu überreden, mir Stulpen zu kaufen (zum einen, um mit den coolen Kids in der Schule mithalten zu können, aber auch, um meine Beine vor Truthahnattacken zu schützen). Sie weigerte sich aber und sagte, in Texas im Sommer Stulpen zu tragen wäre totale Geldverschwendung. Die Sache endete damit, dass ich die *anderen* Kinder, die wahrscheinlich nicht einmal Truthähne hatten, um *ihre* Stulpen beneidete. Lisa und ich bastelten uns Knöchelschützer aus leeren Konservendosen, die wir an beiden Enden aufschnitten, aber meine Füße waren zu groß und passten nicht rein, und Lisas Füße waren so klein, dass die Konserven beim Rennen laut aneinander klapperten und die fiese Meute erst recht auf sie aufmerksam machte. Sie war praktisch wie eine kleine Essensglocke mit Zöpfen. Ich hätte ihr natürlich sagen können, dass die Knöchelschützer nichts nützten, aber das wäre gewesen wie zu einem Mit-Zebra zu sagen, dass es vor Bratensoße triefe, bevor wir beide einen Parkplatz voller Löwen überqueren mussten. Der Selbsterhaltungstrieb ist ein egoistischer Gesell und ich war nicht stolz auf mich, aber ich tröstete mich mit dem Gedanken, dass ich, wenn Lisa den Biestern zum Opfer fiel, aus Anstand eine Woche warten würde, bevor ich ihre Spielsachen für mich reklamierte.

Lisa hatte gehört, Truthähne wären so dumm, dass sie bei Regen nach oben blickten, weil sie wissen wollten, was da auf sie herunterfiel, und dann ertranken, wenn ihnen das Wasser in die Nase lief. Wir beteten also um Regen und prompt stellte sich eine längere Dürreperiode ein. Wahrscheinlich weil man Gott nicht darum bitten soll, Haustiere zu ermorden. Wir überlegten oft, ob wir die Truthähne mit dem Wasserschlauch abspritzen sollten, um wenigstens die dümmeren unter ihnen auszumerzen, konnten uns aber nicht überwinden, weil es so grausam war und weil unser Vater wahrscheinlich Verdacht geschöpft hätte, wenn seine Truthähne in einem Wolkenbruch ums Leben gekommen wären, der nur im unmittelbaren Umkreis des Gartenschlauchs niedergegangen war.

Gelegentlich folgten die Truthähne uns auch drohend auf unserem einen halben Kilometer langen Schulweg wie Mitglieder einer abstrusen Bande oder kleine, gefiederte Vergewaltiger. Ich war auch mit neun noch furchtbar gehemmt und wusste, dass gestörte Truthähne auf keinen Fall »cool« waren, deshalb verschwand ich immer möglichst schnell im Schulhaus, tat ahnungslos und fragte meine Klassenkameradinnen auffällig oft, warum auf dem Pausenhof eigentlich immer Riesenwachteln herumspazierten. Die anderen meinten dann, das wären Truthähne, worauf ich gleichgültig die Schultern zuckte und sagte: »Ach wirklich? Also da kenne ich mich nicht aus.« Ich rutschte auf meinen Platz, beugte mich über mein Pult und mied Augenkontakt, bis die Truthähne das Interesse verloren, nach Hause zurückkehrten und bei meiner Mutter kreischend ihr Frühstück einforderten.

Das funktionierte prächtig, bis ich eines Tages ein wenig zu langsam ins Schulfoyer schlüpfte und Jenkins mir munter folgte. Er kollerte vor sich hin und wirkte ratlos und zugleich irgendwie bedrohlich. Zwei weitere Truthähne kamen hinter ihm herein. Schnell lief ich in mein Klassenzimmer und die Truthähne, die kein bestimmtes Ziel hatten, spazierten in die Bibliothek. Ich tat einen Seufzer der Erleichterung, weil niemand die kleine Expedition bemerkt hatte. Doch eine Stunde später hörten wir plötzlich lautes Geschrei und Gekrächze. Der Rektor und die Bibliothekarin hatten die Truthähne entdeckt, die inzwischen in der Cafeteria aufgetaucht waren. Auf dem Weg dorthin hatten sie alles vollgeschissen. Es war fast schon eindrucksvoll, aber auch absolut eklig. Der Rektor hatte auch schon bei früheren Gelegenheiten bemerkt, dass die Truthähne uns zur Schule folgten (wie auch die meisten aus meiner Klasse, denen es nur peinlich gewesen war, mir zu sagen, dass sie die ganze Zeit wussten, dass ich der Truthahnmagnet war), und rief meinen Vater an. Er sollte in die Schule kommen und die Schweinerei aufwischen, die seine Truthähne angerichtet hatten. Mein Vater erklärte, es handle sich um ein Missverständnis, er halte Riesenwachteln, aber das kaufte ihm der Rektor nicht ab.

Als ich mit meiner Klasse eine halbe Stunde später zum Sportunterricht marschierte, kniete mein Vater im Foyer und wischte die Truthahnkacke auf. Dazwischen versuchte er immer wieder vergeblich, die Truthähne wegzuscheuchen. »GEH NACH HAUSE, JENKINS«, zischte er leise, aber nachdrücklich. Ich blieb wie erstarrt stehen und wäre am liebsten mit der Wand verschmolzen, aber zu spät. Jenkins erkannte mich sofort und kam mit einem aufgeregten Kollern auf mich zugerannt, als wollte er sagen: »OH MEIN GOTT, IST DAS GEIL! WER SIND DEINE FREUNDE?« Und zum ersten Mal lief ich nicht schreiend vor ihm davon. Stattdessen seufzte ich nur, winkte ihm kraftlos zu und murmelte niedergeschlagen: »Hi, Jenkins«, während meine Klassenkameradinnen mich voller Erstaunen anstarrten. Aber nicht mit dem *guten* Erstaunen, wie wenn zum Beispiel zwei Onkel von dir in einer Limousine vor der Schule vorfahren und sagen, du könntest künftig bei ihnen wohnen, und sie heißen Michael Jackson und John Stamos, aber du hast nie von ihnen erzählt, weil du nicht angeben wolltest, und alle fühlen sich richtig beschissen, weil sie dich nie zu ihrer Pyjamaparty eingeladen haben, solange noch Gelegenheit dazu war. Nein, es war mehr das *schlechte* Erstaunen. Wie wenn man begreift, das keine Stulpen zu haben Peanuts ist im Vergleich dazu, von einem überspannten Truthahn namens Jenkins angegriffen zu werden, der vor den Augen der ganzen Schule von deinem mit Vogelscheiße zugekleisterten Vater ausgeschimpft wird. Ich glaube, damals wurde mir klar, dass ich es definitiv abschreiben konnte, je beliebt zu werden. Ich nickte Jenkins und meinem Vater also nur kurz zu (beide ahnungslos, dass sie gerade endgültig meinen Ruf ruiniert hatten) und durchquerte das Foyer hocherhobenen Hauptes, bemüht, nicht auf dem Kot auszurutschen.

Den ganzen restlichen Tag wartete ich auf den Spott der anderen, aber er kam nicht. Vielleicht weil sie nicht wussten, wo sie anfangen sollten. Oder weil Jenkins sie eingeschüchtert hatte. Wie ich später hörte, hatte er die Kindergärtnerinnen so bedrohlich angeschrien, dass man ihn gewaltsam vom Schulgelände entfernen musste. Meine Schwester tat, als wäre so etwas ganz normal. Sie ließ den Vorfall gar nicht an sich heran, deshalb hatte er auch keine Auswirkung auf ihren sozialen Status. Dasselbe Selbstvertrauen half ihr auch ein paar Jahre später, als sie auf dem Pausenhof von einem Schwein angefallen wurde. (Davon erzähle ich im nächsten Buch. Fangt schon mal an, dafür zu sparen.)

Ich dagegen machte nicht einmal mehr den Versuch, dazuzugehören.

Wenn die anderen Mädchen auf dem Pausenhof Tee tranken, holte ich mein gebrauchtes Ouija-Brett heraus, um die Toten zu beschwören. Wenn meine Mitschülerinnen DER WIND IN DEN WEIDEN oder WILBUR UND CHARLOTTE vorstellten, referierte ich über ein zerknittertes Taschenbuch von Stephen King, das ich von meiner Großmutter ausgeliehen hatte. Statt HANNI UND NANNI las ich Bücher über Zombies und Vampire. Meine Lehrerin in der dritten Klasse sorgte sich deswegen zunehmend und bestellte schließlich meine Mutter ein, um mit ihr über mein Verhalten zu sprechen. Meine Mutter nickte fröhlich, verstand aber das Problem überhaupt nicht. Erst als Mrs. Johnson ihr meine letzte Buchvorstellung über FRIEDHOF DER KUSCHELTIERE gab, runzelte sie besorgt und missbilligend die Stirn. »Jetzt verstehe ich das«, sagte sie und sah mich an. »Du hast ›Friedhof‹ falsch geschrieben.« Als ich erklärte,

Stephen King hätte das Wort absichtlich falsch geschrieben, nickte sie wieder und sagte: »Aha. Mir ist alles recht.« Meine Lehrerin wirkte ein wenig verunsichert, aber als der Rektor sie daran erinnerte, dass meine Familie für das *Große Truthahnscheißen von 1983* verantwortlich gewesen wäre, begriff sie offenbar, dass ihr Engagement keinen Sinn hatte, und gab ohne allzu große Schuldgefühle auf. Es lag mehr oder weniger auf der Hand, dass nichts auf der Welt mich in eine »normale« Drittklässlerin verwandeln würde. Und ich war für sie erleichtert.

Und ehrlich gesagt auch ein wenig für mich. Denn es war das erste Mal in meinem Leben, dass ich mir erlaubte, ich selbst zu sein. Zwar war ich immer noch schüchtern und verklemmt und hatte schreckliche Angst vor anderen Menschen, aber Jenkins hatte mich von der Last befreit, wie die anderen sein zu müssen. Ich wäre auch froh gewesen, diese Lektion so früh im Leben zu lernen, wäre sie nicht untrennbar verbunden gewesen mit dem öffentlichen Wüten eines Truthahns vor den Augen meiner Mitschüler, mit denen ich bis zum Ende der Highschool-Zeit zusammen sein würde.

Wenig später verschwanden Jenkins und die anderen Truthähne aus unserem Leben, aber die Lektionen, die ich von ihnen gelernt habe, gelten für mich bis heute: Truthähne sind schreckliche Haustiere, Väter tun sich schwer damit, zwischen verschiedenen Geflügelsorten zu unterscheiden, und man sollte sich selbst so akzeptieren, wie man ist, *mit allen Fehlern*, denn wenn man versucht, jemand anders zu sein, scheißt einem zuletzt ein Truthahn auf die sorgfältig konstruierte Fassade, man kann sich also genauso gut die Mühe sparen und die Zombie-Bücher genießen. Von daher könnte man sagen, dass ich Jenkins in gewisser Weise dankbar sein muss. Er war (wenn auch vollkommen unbeabsichtigt) ein genialer Lehrer.

Und außerdem? *Total lecker.*

WER EIN ARMKONDOM BRAUCHT, SOLLTE DARÜBER NACHDENKEN, WAS IN SEINEM LEBEN FALSCH GELAUFEN IST

(ALTERNATIVER TITEL: WER DIE HIGHSCHOOL BESUCHT HAT, HAT DAS SCHLIMMSTE IM LEBEN ÜBERSTANDEN)

Ich war das einzige Gothic-Mädchen an einer kleinen, ländlichen Highschool. Einige Schüler fuhren mit dem Traktor zur Schule. Der Unterricht fand überwiegend in einer Scheune statt. Es war wie ein Auftritt von Jethro aus DIE BEVERLY HILLBILLIES SIND LOS in einem Video von Cure, nur das genaue Gegenteil.

Ich hatte den Gothic-Look absichtlich gewählt, damit die Leute mir aus dem Weg gehen – ich war ja so furchtbar schüchtern – und ich habe mich bis zu meinem Abschluss jede freie Minute und Mittagspause mit einem Buch auf der Toilette eingeschlossen. Es war total bescheuert.

Ende.

UPDATE: Meine Lektorin findet dieses Kapitel furchtbar und das mit der Scheune kann sie sich »überhaupt nicht vorstellen«. Was nicht meine Schuld ist. So war das eben auf dem Land. In der Scheune lernte man, wie man den Baumwollkapselkäfer vernichtet. Ich wollte, das wäre ein Witz, ist es aber absolut nicht. Wir hatten auch Unterricht in Schweißen, Viehhaltung,

Anbau und Begutachtung von Baumwolle und noch einem anderen Fach, an dessen Namen ich mich nicht erinnere. Jedenfalls lernten wir dort, wie man Stühle und Zäune baut. Mit ziemlicher Sicherheit hieß es »Stühle und Zäune«. Nichts davon ist erfunden.

NOCH EIN UPDATE: Meine Lektorin findet das Kapitel immer noch furchtbar und sagt, ich müsste es noch mehr ausarbeiten. Mit »ausarbeiten« meint sie vermutlich einige peinliche Erinnerungen ausgraben, die ich mit großem Zeitaufwand unterdrückt habe. *Bitte sehr.* Mein Landwirtschaftslehrer hat uns erzählt, vor vielen Jahren wäre einmal ein Schüler beim Aufhängen eines Transparents zum Baumwolle-Wettbewerb von der Leiter gefallen und auf einem Besenstiel gelandet, der an der Scheune lehnte und sich ihm direkt in den Darm gebohrt hätte. Das Bild muss sich meinem Lehrer wirklich eingeprägt haben, denn er schärfte uns ständig ein, unbedingt nach herrenlosen Besen Ausschau zu halten, bevor wir auf eine Leiter stiegen. Ich kann bis heute keine Leiter sehen, ohne mich zu vergewissern, dass keine Besen in der Nähe sind. Das ist so etwa das einzig Nützliche, das ich je in der Highschool gelernt habe. Ach ja, und ich habe aus erster Hand gelernt, wie man eine Kuh mithilfe einer Bratenspritze künstlich befruchtet (was aber weniger nützlich als traumatisch war, sowohl für die Kuh wie für mich). Wir hatten statt in Geografie also in so was Unterricht. Deshalb kriege ich beim Trivial-Pursuit-Spielen auch nie die blaue Ecke.

NOCH EIN UPDATE: Meine Lektorin hasst mich und hat sich offenbar mit meiner Therapeutin abgesprochen, denn beide wollen unbedingt, dass ich mich ausführlicher mit meiner Schulzeit befasse. *Bitte sehr.* Das folgende Kapitel ist ihre Schuld. Seid euch bitte darüber im Klaren, dass beim Lesen wahrscheinlich grässliche Momente aus eurer eigenen Schulzeit hochkommen werden. Die Rechnungen für die Therapie könnt ihr an meine Lektorin weiterleiten.

1990: Genauso albern, nur dass ich die Kleider diesmal selbst ausgewählt habe. (Profitipp: Selbstporträts als pseudoviktorianischer Emo auf Friedhöfen wirken etwas weniger gestellt, wenn man vorher die Swatch-Uhr abnimmt.)

Also noch mal von vorn ...

So gut wie jeder hasst die Highschool. Sie ist wahrscheinlich ein Gradmesser der eigenen Menschlichkeit. Wem es dort gefallen hat, der war vermutlich Psychopath oder Cheerleader. Oder womöglich beides. Denn das eine schließt das andere nicht aus. Ich war immer bemüht, die Erinnerung an meine Highschool-Zeit zu verdrängen, aber man kann sich noch so sehr anstrengen, sie begleitet einen trotzdem wie ein unerwünschter Tramper. Oder Herpes. *Denke ich mal.*

Da ich mit denselben Kindern zur Highschool ging, die auch meine eigentümliche Kindheit miterlebt hatten, hatte ich die Hoffnung, eine beliebte Schülerin zu werden, bereits aufgegeben. Stattdessen wollte ich mich mit Gothic-Outfit und schwarzem Lippenstift neu erfinden, einem Look, der ausdrücken sollte: »Kommt mir lieber nicht zu nahe. *Ich habe dunkle, schreckliche Geheimnisse.*«

Leider stieß die geheimnisvolle Person, die ich sein wollte, auf ratlose (und ein wenig mitleidige) Skepsis, weil die Kinder aus meiner Klasse meine dunklen, schrecklichen Geheimnisse schon sehr gut kannten. Was bei Geheimnissen eigentlich nicht sein darf. Die Kinder hatten das *Große Truthahnscheißen von 1983* miterlebt und erinnerten sich noch lebhaft daran, wie mein Vater mich mit Kriegsbemalung und blutigen Büffelhäuten zum Thanksgiving-Spiel der vierten Klasse geschickt hatte statt mit den herkömmlichen Pilgerhüten aus Bastelpappe, die der Rest

**1980:
Ein Look, der förmlich schrie: »Wir werden die Ehefrauen eines polygamen Mormonen …«**

der Klasse im Kunstunterricht angefertigt hatte. Die Jahrbücher derselben Mitschülerinnen dokumentierten die ein Jahrzehnt anhaltende Begeisterung meiner Mutter für Rüschenkleider und Sonnenhäubchen, eine Manie, die dazu führte, dass meine Schwester und ich Anfang der Achtzigerjahre oft aussahen wie die unehelichen Kinder einer lesbischen Beziehung von Laura Ingalls und Holly Hobbie. Marilyn Manson wäre vermutlich auch nicht als »düster und unheilvoll« ernst genommen worden, wenn die ganze Welt ihn als Zweitklässler in Mädchenkleidern gesehen hätte.

Meine Mitschülerinnen jedenfalls weigerten sich, mich ernst zu nehmen, ich beschloss deshalb, mir mit einem Angelhaken selbst die Nase zu piercen. Allerdings bekam ich den Haken nicht ganz durch, weil es zu wehtat, also gab ich auf und dann entzündete sich die Stelle. Stattdessen trug ich einen Ohrclip. In der Nase. Zur Schule. Er war größer als mein Nasenloch und ich bekam kaum noch Luft. Trotzdem, es war der erste Nasenring, der an meiner Schule je getragen wurde, und ich trug ihn mit einem rebellischen Stolz, während ich am Rektor vorbeiging. Ich erwartete, dass er sich sofort in seinem Büro verschanzen würde, um die TWISTED-SISTER-mäßigen Krawalle niederzuschlagen, die aufgrund der durch meinen Nasenring ausgelösten anarchischen Zustände jederzeit losbrechen konnten. Der Rektor bemerkte den Ring, wirkte aber mehr verwirrt als betroffen und schien mit dem Lachen zu kämpfen, als er ihn der Kantinenhilfe zeigte, die wiederum ziemlich erstaunt war.

Und zufällig auch meine Mutter.

Und die Besitzerin des Ohrclips.

Sie seufzte innerlich, schüttelte den Kopf und schnitt weiter Götterspeise in Vierecke. Keiner von uns sprach später über den Vorfall (oder trug den Ohrring noch einmal).

Dass meine Mom in der Kantine arbeitete, war ein gemischter Segen. Ich durfte mich in der Schulküche verstecken, wenn ich einen schlechten Tag hatte, andererseits hörte ich sie, immer wenn ich an der Kantine vorbeikam, laut und deutlich flüstern: »Geh nicht so krumm, Schatz, das wirkt so deprimiert.« Die anderen Kinder redeten dann sofort drauflos: »Schönes Haarnetz, das Sie da tragen.«

Deshalb, ja, die Schule *war* ein ziemlicher Horror. Ich höre von vielen Leuten, *alle* hätten doch in ihrer Schulzeit Schlimmes erlebt, und pflege dann zu sagen: »*Wirklich?* War bei euch auch der Höhepunkt des letzten Schuljahres, den Arm in die Vagina einer Kuh zu stecken?« Daraufhin brechen sie das Gespräch mit mir ab, meist für immer.

Meine Schwester schien dagegen nie Anpassungsprobleme zu haben. Sie distanzierte sich von mir, so gut sie konnte, wollte mich gleichzeitig aber trotzdem überreden, wie die anderen an einigen Schulaktivitäten teilzunehmen. Sie selber machte Leichtathletik, Basketball und Theater (Einakter) und war kürzlich zum Schulmaskottchen gewählt worden, einem riesigen Vogelmännchen namens Wally. Wir waren alle mächtig stolz auf sie, denn die Konkurrenz war hart gewesen, und sie nahm ihre neue Aufgabe auch sehr ernst und übte voll kostümiert im Wohnzimmer Vogel-Angriffsmanöver. Während wir darauf warteten, dass unsere Eltern von der Arbeit nach Hause kamen, sah ich ihr zu und beriet sie in technischen Fragen. »Versuch mal das Arschgefieder mehr zu schütteln«, sagte ich.

»Schwanzfedern heißt das«, erklärte sie (überraschend herablassend für jemanden mit Vogelfüßen). Ihre Stimme wurde durch den Riesenvogelkopf auf ihren Schultern gedämpft. »*Schwanzfedern*, okay? Und wenn wir uns schon gegenseitig Ratschläge erteilen, warum trägst du eigentlich immer Schwarz? Die Leute finden das krank.«

»Die finden *mich* krank, weil ich oft Schwarz trage?«, fragte ich. »*Du* bist wie ein Vogel angezogen.«

Lisa zuckte gleichgültig die Schultern. »Schon, aber mich hat man dazu ausgewählt, dass ich mich wie ein Vogel anziehe, und wenn ich morgen in meinem Kostüm in die Schule komme, sind die Leute begeistert und klatschen mich ab. Wenn du kommst, spucken sie aus und schauen weg, damit du sie nicht verfluchst wie ein Voodoo-Priester.«

»Also erstens kannst du gar nicht richtig abgeklatscht werden, weil du keine Hände hast. Und zweitens bräuchte ich für einen Voodoo-Fluch Haare oder abgeschnittene Fingernägel der betreffenden Person.«

»ABER GENAU DAS MEINE ICH DOCH«, rief Lisa wütend, unterbrach ihr Vogelübungsprogramm und verschränkte die Flügel. »Woher weißt du überhaupt, was man dafür braucht? *Das ist doch voll daneben.* KANNST DU NICHT AUSNAHMSWEISE EINMAL GANZ NORMAL SEIN?«

»Oh, tut mir leid ... Kannst du den letzten Satz wiederholen?«, fragte ich. »Ich verstehe dich so schlecht durch diesen BESCHEUERTEN VOGELKOPF.«

Lisa setzte beleidigt den Vogelkopf ab und wollte offenbar zu einem längeren Vortrag ausholen, aber die Vorstellung, mich von jemandem in einem Vogelkostüm darüber aufklären zu lassen, dass ich mich mehr anpassen müsste, war mir unerträglich, deshalb schloss ich mich im Bad ein. Ein paar Minuten später entschuldigte Lisa sich halbherzig durch die Badezimmertür, wahrscheinlich weil sie gemerkt hatte, dass ihre Hände noch in den dicken Vogelflügeln steckten und ich die einzige Person im Haus war, die ihr helfen konnte, den Reißverschluss des Kostüms zu öffnen, wenn sie pinkeln musste. Ja, klingt grausam, aber das sind die Risiken, wenn einem Beliebtheit wichtiger ist als Hände mit opponierbarem Daumen. Wahrscheinlich ist Bibo deshalb immer so scheißfreundlich zu allen. Was bleibt einem anderes übrig, wenn man weiß, man ist in einem Kostüm eingesperrt und für Toilettenbesuche auf die Gnade von Menschen mit Daumen angewiesen, die sich zufällig in der Nähe aufhalten. Ganz im Ernst, wenn Zwangsjacken je knapp werden sollten, könnten wir die Bekloppten einfach in alte Kostüme von Schulmaskottchen stecken. Wenn sie dann mal aus ihrer Anstalt ausbüchsen, sind sie dadurch genauso behindert wie durch eine Zwangsjacke, aber nicht so furchterregend für andere. Und statt an der Bushaltestelle panische Kinder anzubrüllen, würden sie einfach nur wie sympathische, ein wenig schmuddelige Muppets aussehen, die sich verlaufen haben und ein Bad brauchen. *Alle hätten gewonnen.* Und ich habe womöglich gerade das Obdachlosenproblem gelöst. (Anm. d. Lektorin: Von wegen, nicht einmal entfernt.)

Trotzdem klangen mir die Worte meiner Schwester am nächsten Tag in der Schule noch in den Ohren und ich beschloss, einen Anpassungsversuch zu unternehmen. Und so kam es, dass der durch ein Geschwister in Vogelkostüm ausgeübte Gruppenzwang mich veranlasste, den Arm in die Vagina einer Kuh zu stecken. *Genau deshalb ist Gruppenzwang so etwas Schreckliches.* Dieses ganze Kapitel sollte wirklich für Schüler verfilmt werden.

Dass ich in der Highschool eine Kuh schwängerte, war deshalb besonders krass, weil ich für diesen Kurs eigentlich gar nicht angemeldet war.[6] Ich hatte in meinen beiden ersten Highschool-Jahren die meisten Pflichtkurse absolviert und belegte in den letzten beiden Jahren deshalb leichte Wahlfächer. Ich mochte Kunst, hatte die einzigen drei Kunstkurse, die an der Schule angeboten wurden, aber schon gemacht, deshalb erlaubte mein Kunstlehrer mir, einen neuen zu erfinden. Ich wählte »Mittelalterliche Kostüme«. Nach sechs Wochen langweilte mich das und ich wechselte zu »Pailletten! Die Welt glitzernder Knöpfe!«

6 Anm. der Lektorin: Nein, ganz gewiss nicht deshalb.

Mein Kunstlehrer meinte, dass die Schule kein Budget für Pailletten hätte und ich für einen fortgeschrittenen Paillettenkurs wahrscheinlich sowieso noch nicht reif wäre, wenn ich Pailletten für Knöpfe hielt. Daraufhin blieb ich einfach weg. Stattdessen bekam ich eine Aufgabe als Bürogehilfin und vertrat in der Mittagsstunde Mrs. Williamson, die zeitweilige Empfangsdame der benachbarten Junior High, die die Mittagspause trinkend in ihrem Auto verbrachte. Mrs. Williamson, eine nervöse, geschiedene Frau, bewahrte in der obersten Schublade ihres Schreibtischs unglaublich obszöne Romane auf und erklärte mir einmal, Hauskatzen würden ihre Besitzer nach deren Tod innerhalb von einer Stunde auffressen. Sie verschwand einen knappen Monat später (vermutlich wurde sie gefeuert, es kann aber auch sein, dass ihre Katzen sie gefressen haben) und wurde durch einen Anrufbeantworter ersetzt. Von daher schien es niemanden zu kümmern, ob ich dort noch auftauchte oder nicht. Ich hatte Gefallen daran gefunden, die Mittagsstunde zusammengekauert unter Mrs. Williamsons verwaistem Schreibtisch zu verbringen und die schlüpfrigen Bücher zu lesen, die sie dort zurückgelassen hatte, andererseits hatte ich das letzte gerade am Tag zuvor beendet (einen Roman von V. C. Andrews mit Unterstreichungen der besonders drastischen Passagen) und hatte es von daher nicht eilig, ins Sekretariat der Junior High zurückzukehren. Stattdessen trödelte ich in der Scheune herum und räumte ganz langsam Werkzeug und Schweißgeräte auf.

Der Landwirtschaftslehrer merkte, dass ich offenbar nichts zu tun hatte, und meinte, ich könnte als Hilfe auf eine Exkursion seiner Viehzucht-Klasse mitkommen. Es handelte sich um eine kleine Klasse von Jungs, alle in engen Wrangler-Jeans und Cowboystiefeln. Ich fasste mir ein Herz, erklärte mich (wider besseres Wissen) einverstanden und stieg in den kleinen Bus. Ich sah aus wie ein Metallica-Roadie, der mit Willie Nelson tourt, aber die Jungs bemühten sich nach Kräften, mir meine Befangenheit zu nehmen, und schienen insgeheim beeindruckt, dass ich freiwillig mitgekommen war. Erst bei unserer Ankunft im Viehhof erfuhr ich, um was es ging: Eine Kuh sollte künstlich befruchtet werden. Der Lehrer schlug vor, dass ich ihm helfe. Meine Arme wären kleiner, das mache es für die Kuh »angenehmer«. Ich war zunächst unsicher, was er mit »helfen« meinte, doch klärte sich das auf, als er mir einen schulterlangen Handschuh über den Arm rollte. Er drückte mir eine offene Thermosflasche mit Sperma in die Hand und zog das Sperma in eine Bratenspritze auf.

Wahrscheinlich hätte ich jetzt einfach weglaufen sollen, aber sein Blick hielt mich irgendwie davon ab. Es war der Blick eines Mannes, der darauf wartet, dass ein Mädchen kreischend wegläuft und er sich auf ihre Kosten lustig machen kann. Oder der Blick eines Mannes, der überlegt, wie er der Kantinenhilfe erklären soll, dass er das Sperma ausgerechnet ihrer Tochter geben *musste*, weil ihr Arm als einziger in das Armkondom passte. Schwer zu sagen. Jedenfalls schien er zu erwarten, dass ich kniff, und das wollte ich mir verdammt noch mal nicht von einem Mann vorschreiben lassen, der in einer Thermosflasche Sperma mit sich herumschleppte.

Und so kam es, dass ich mit dem Arm bis zur Schulter in der Vagina einer Kuh steckte und vor den Augen einer Gruppe männlicher Teenager Sperma aus einer Spritze drückte. Näher bin ich einer Pornodarstellerin nie gekommen. Plötzlich zog sich die Kuhvagina unerwartet zusammen und ich merkte, dass mein Arm feststeckte. Unwillkürlich schrie ich auf. Der Lehrer geriet in Panik, weil er glaubte, die Kontraktion kündige an, dass die Kuh sich gleich setzen werde, und sagte, ich sollte meinen Arm sofort vorsichtig herausziehen, denn die Kuh würde ihn mir brechen, wenn sie sich setzte. Eine unangenehme Aussicht nicht nur, weil es schmerzhaft klang, sondern auch, weil man niemandem erklären möchte, dass man sich den Arm in der Vagina einer Kuh gebrochen hat. Ich zerrte meinen Arm also heraus und die Kuh sah sich angewidert nach mir um. Im selben Moment merkte ich, dass ich die Bratenspritze nicht mehr in der Hand hielt.

Ich würde jetzt ja gern sagen, ich hätte die Zähne zusammengebissen und mit der grimmigen Entschlossenheit von Bruce Willis in dem Film, an dessen Namen ich mich nicht erinnere, gesagt: »Ich geh da noch mal rein.« In dem Film über Armageddon. (Anm. d. Lektorin: Wirklich? Der Film hieß ARMAGEDDON.) Stattdessen holte ich tief Luft, hielt den Kopf mit der letzten Würde, die ich aufbringen konnte, hoch, zog den Handschuh langsam vom Arm ab und ging. Niemand rief mich zurück, wahrscheinlich weil niemandem eine höfliche Formulierung für »Du hast die Spritze in der Vagina der Kuh stecken lassen« einfiel. Oder vielleicht weil ihnen klar war, dass der erste, der etwas sagte, wahrscheinlich zu meinem Nachfolger bestimmt würde. Vermutlich hat jemand die Bratenspritze herausgeholt (zumindest um der Kuh willen), aber ich weiß es nicht, weil ich nicht geblieben bin. Stattdessen habe ich draußen gewartet, bis die anderen endlich auftauchten. Ich war auf einigen Spott gefasst, doch der kam nie. Die Jungs wirkten ein wenig bleich und zittrig, brachten sich aber nur gegenseitig mit einigen dummen Sprüchen zum Lachen, und mein Landwirtschaftslehrer klopfte mir beim Einsteigen in den Bus beruhigend auf den Rücken.

Als wir vor der Schule eintrafen, kam meine Schwester gerade aus der Turnhalle, wo sie für einen Promo-Auftritt geübt hatte. Sie war immer noch als Wally verkleidet und wedelte schwungvoll mit ihren Schwanzfedern. Als sie mich sah, wartete sie. Schweigend gingen wir nebeneinander zum Eingang und mir wurde bewusst, dass wir ein ziemlich merkwürdiges Paar waren. »Was ist los?«, fragte sie vorsichtig. »Du siehst komisch aus.«

»Ich bin deinem Rat gefolgt, einfach mal ganz normal zu sein«, sagte ich. Ich klang ruhiger, als ich gedacht hatte.

»Und?«, fragte sie.

»*Und* ich musste den Arm in die Vagina einer Kuh stecken«, sagte ich, den Blick in die Ferne gerichtet.

Bilder, die mich zeigen, wie ich den Arm in die Vagina einer Kuh stecke, sind nicht bekannt. Dafür haben meine Eltern tonnenweise Bilder meiner Schwester im Vogelkostüm. Ich denke, ich muss niemandem erklären, wer der Liebling meiner Eltern war.

Lisa blieb stehen und sah mich, wenn ich ihren Blick richtig deutete, enttäuscht an. Oder schockiert. Es war schwer zu beurteilen, solange sie den Vogelkopf aufhatte. Dann ging sie weiter und blickte unbewegt auf die Baumwollfelder um uns, als wäre die passende Reaktion auf meine Feststellung dort zu finden. »Hm«, meinte sie schließlich. Sie machte eine Pause und suchte nach den richtigen Worten. »So was passiert.« Sie sagte es mit einer stillen Würde, als stecke ein kleiner, weiser Morgan Freeman mit ihr im Vogelkostüm und gebe ihr die Worte ein.

»Ich hätte den Arm fast verloren«, fügte ich im Plauderton hinzu, wobei sich ein Anflug von Hysterie bemerkbar machte. *»In der Vagina einer Kuh.«* Das war zwar leicht übertrieben, aber inzwischen hätte ich mich am liebsten mit meiner Schwester duelliert. Ich fand, sie trug einen gehörigen Teil der Schuld an meinem Missgeschick.

Sie nickte vorsichtig und ihr Schnabel hüpfte auf und ab. Sie schien entschlossen, einen ganz normalen Gesprächston beizubehalten. »*In* der Vagina, sagst du? Also das ist ja ... bemerkenswert.« Sie klang wie jemand, der sagt, dass es demnächst wieder kalt wird oder dass Pferde nicht kotzen können. *»Es könnte sein«* – sie machte eine Pause – »dass du meinen Rat falsch verstanden hast.« Ich sah sie wütend an. »Aber trotzdem – das sind die Momente, die man von der Schule in Erinnerung behält.« Sie hob die Flügel, und wenn sie gekonnt hätte, hätte sie bestimmt begeistert mit den Händen gefuchtelt.

»Ist doch toll, wenn man Erinnerungen hat«, sagte sie wenig überzeugend und irgendwie entschuldigend.

Und da verpasste ich ihr einen Kinnhaken.

Aber nur in Gedanken, denn den Tag mit dem Arm in einer Kuhvagina zu beginnen und mit Prügeln für jemanden in einem Vogelkostüm zu beschließen, war offen gesagt selbst für mich zu viel.

In gewisser Weise hatte sie ja auch recht ... man sollte die Highschool-Zeit wirklich genießen, weil man sich das ganze Leben lang daran erinnern wird. Wenn man später mal im Knast sitzt oder überfallen und ausgeraubt wird, kann man sich immer sagen: »Gut, wenigstens bin ich nicht in der Highschool.« Wer die Highschool besucht hat, hat das Schlimmste im Leben überstanden. Ich weiß das, denn auch wenn es mir später noch so beschissen ging, konnte ich immer zurückblicken und sagen: »Wenigstens stecke ich nicht mit dem Arm in der Vagina einer Kuh.« Dieser Satz ist für mich geradezu eine Art Lebensmotto geworden. Ich verwende ihn auch, wenn ich mit Leuten spreche, die gerade ihre Großeltern verloren haben, und mir sonst nichts einfällt. »Ja, aber wenigstens steckt ihr nicht mit dem Arm in der Vagina einer Kuh«, murmle ich mitfühlend und tätschle ihnen tröstend den Arm. Der Satz hilft mir, weil er erstens stimmt und zweitens das Bild so bizarr ist, dass die Leute sofort aufhören zu weinen. Wahrscheinlich, weil sie darin einen der großen Gemeinplätze des Lebens erkennen. Oder vielleicht, weil die meisten Menschen auf Beerdigungen nicht über Arme sprechen, die in Kuhvaginas feststecken. Ich habe wirklich keine Ahnung. Ich werde so selten zu Beerdigungen eingeladen.

NACHTRAG: Beim Schreiben dieses Kapitels wurde mir klar, dass man mir wahrscheinlich nicht glauben würde, also sah ich die Adresse meines damaligen Rektors nach und schickte ihm diese (gekürzte) E-Mail, die im Grunde nur zeigt, dass ich keine E-Mails schreiben sollte, wenn ich etwas getrunken habe:

… Ich trage mich gerade mit dem Gedanken, über die künstliche Befruchtung von Kühen zu schreiben, das Problem ist nur, dass mein Gedächtnis echt nervt und ich mich nicht mehr an alles erinnern kann. Wahrscheinlich weil ich es verdrängt habe. Oder wegen der vielen Drogen, die ich im College genommen habe.

Ich erinnere mich an einen schulterlangen Handschuh und eine Bratenspritze in der Vagina der Kuh. Ich hätte schwören können, dass wir es damals so gemacht haben, aber ich weiß, dass man heutzutage bevorzugt rektovaginal vorgeht. Erinnere ich mich also falsch? Weil ich mich doch ziemlich sicher daran erinnern würde, wenn ich den Arm in den Enddarm der Kuh gesteckt hätte. Aber offenbar kann ich mich nicht auf mein Gedächtnis verlassen, wenn ich meinen Highschool-Rektor fragen muss, wie genau man eine Kuh schwängert.

Gibt es eigentlich noch irgendwelche Bilder von damals? Mir ist klar, dass Sie wahrscheinlich noch nie eine so abstruse Anfrage von einer ehemaligen Schülerin bekommen habe, und ich entschuldige mich dafür.

Ebenfalls entschuldige ich mich dafür, dass ich Ihnen eine E-Mail mit dem Wort »rektovaginal« schicke. Ich versichere Ihnen, das kam auch für mich unerwartet.

Liebe Grüße,
Jenny

Gleich nachdem ich die E-Mail abgeschickt hatte, wurde mir klar, wie daneben sie war, deshalb rief ich Lisa an und sagte: »Also, ich habe gerade eben unserem Highschool-Rektor eine E-Mail mit dem Wort ›rektovaginal‹ geschickt.« Darauf Lisa: *»Wer spricht da eigentlich?«* Und ich: »Nein, im Ernst, ist mir so herausgerutscht.« Sie schlug ihren Kopf auf die Tischplatte und meinte, ich hätte nichts von ihr gelernt. Außerdem stimmte sie mir zu, dass ich besser seine Sekretärin anrufen und bitten sollte, die E-Mail aus seinem Account zu löschen, bevor er sie öffnete. Aber dazu war es schon zu spät. Er hatte sie sofort geöffnet und antwortete mir vollkommen gefasst. Er versicherte, Anfang der Neunziger hätte es praktisch niemand rektovaginal gemacht, was ja in so vieler Hinsicht stimmt. Er hatte auch nach Bildern gesucht, aber keins gefunden, wahrscheinlich weil niemand Bilder von minderjährigen Mädchen macht, die den Arm in eine Kuhvagina stecken. Vor allem wahrscheinlich deshalb nicht, weil solche Bilder viel eher in einem Schließfach für Beweismaterial enden als in Erinnerungsbüchern an die goldene Kindheit.

ZEICHNE MIR EINEN BEKLOPPTEN HUND

DEMENTI Mein Agent und meine Lektorin mögen dieses Kapitel nicht, weil es davon handelt, wie ich Drogen nehme (mit mäßigem Erfolg), und nicht wirklich zum Rest des Buches passt. Ich habe eingewandt, dass Drogis sich total damit identifizieren könnten und Nichtdrogis, wenn sie es lesen, voll zufrieden mit sich sein können, weil sie die richtige Entscheidung getroffen haben, ich biete also für alle etwas. Aber dann meinten die beiden, der Text wäre zu ausschweifend und durcheinander für ein richtiges Kapitel. Da könnten sie recht haben. Deshalb ist dieses Kapitel überhaupt kein richtiges Kapitel. Es ist eine Bonusgeschichte, man kann es überspringen und das Gefühl haben, dass man an diesem Tag mehr geschafft hat. Man kann darin auch Passagen unterstreichen oder selber Anmerkungen an den Rand schreiben, damit die Leute in der U-Bahn denken, man ist entweder unheimlich schlau, weil man in der U-Bahn ein Sachbuch liest, oder ziemlich reich, weil man ein gebundenes Buch für Notizen verwendet. Also bitte keine Kritik an diesem Kapitel, weil es kein richtiges Kapitel ist. Als längere Anmerkung ist es allerdings auch wieder wahnsinnig gut.

Hinweis für Kinder im Teenageralter, die ich eines Tages vielleicht haben werde: Wer Drogen nimmt, ist bescheuert. Tut das nicht. Drogen bringen euch um und die Titten fallen euch ab. Eurer Tante Rebecca ist das passiert, deshalb habt ihr nie von ihr gehört. Aber zum Andenken an diese schreckliche Lektion bewahren wir ihre Titten in einer Schachtel auf. Wenn ihr also je nach Gras riecht, lege ich sie auf euch drauf, wenn ihr schlaft, und dann wacht ihr mit den Titten einer toten Frau auf der Stirn auf. Springt jetzt zum nächsten Kapitel, denn ich schreibe gleich darüber, wie ich Sex mit eurem Vater hatte.

VORWORT Dies ist kein richtiges Vorwort. Ich wollte nur sehen, wie viele Absätze ich hinkriege, bevor ich richtig mit dem Kapitel anfange.

NACHTRAG ZUM VORWORT Vier. Die Antwort lautet vier.

Ich war achtzehn, als ich zum ersten Mal LSD genommen habe. Und es war hammergeil. Und schrecklich. Und ich habe mich idiotisch angestellt, denn ich habe versehentlich bis eine Woche nach der Frist gewartet, ab der ich als Erwachsene gerichtlich wegen Drogenbesitzes belangt werden konnte.

Mein Freund Jim hatte schon mit fünfzehn angefangen, LSD zu nehmen, und was er von seinen Experimenten erzählte, faszinierte mich, darunter auch seine erst kürzlich im Drogenrausch gewonnene Erkenntnis, dass nämlich das einigende Element der Menschheit die allen Menschen gemeinsamen Brustwarzen wären. »Ich meine ... die haben wir doch alle, ja?«, fragte er mich fieberhaft erregt. »Und aus was für einem Grund sollten alle Menschen diese nutzlosen Körperteile besitzen, wenn nicht als unbestreitbares Zeichen dafür, dass Männer und Frauen in dieser gigantischen kosmischen Suppe namens Universum ein und dasselbe sind?! Männer und Frauen ... alle dasselbe! Alles ist relativ!« Er nannte seine Erkenntnis »Relativitätstheorie«, bis jemand einwandte, dass es die schon gebe, dann änderte er den Namen widerwillig zu »*Jims* Relativitätstheorie«. Ich hielt ihn damals für genial, aber ich war auch nicht nüchtern.

Die Vorstellung einer nur LSD-Nutzern bekannten eigenen Welt ängstigte und faszinierte mich zugleich und der damit einhergehende Jargon, mit dem Jim nur so um sich warf, begeisterte mich. Ich wollte unbedingt »Kontakt« zu einem Dealer haben und glaubte, dass ich das guten Gewissens nur dann von mir behaupten könnte, wenn ich mit einen Apotheker schlief oder wenigstens jemanden kennenlernte, der gelegentlich Speed verkaufte. Die zweite Möglichkeit erschien mir leichter und weniger gefährlich in Bezug auf Geschlechtskrankheiten. Außerdem kannte ich keinen Apotheker.

Jim erzählte mir einmal, wie er bei sich zu Hause auf einige Freunde gewartet hatte, die ihn abholen wollten, um gemeinsam LSD einzuwerfen. Er beschloss, sich schon mal mit einem Dreifachtrip in Stimmung zu bringen, während seine Mutter im Nachbarzimmer fernsah. Leider hatten seine Freunde denselben Entschluss gefasst. Sie waren bereits vollkommen high, als sie zu Jim fuhren, was wirklich dumm und gefährlich war, nur dass sie in Wirklichkeit am Esstisch saßen und *glaubten*, sie würden im Auto fahren, was nicht so gefährlich, dafür aber genau genommen noch dümmer war. Vier Stunden lang blieben sie am Tisch sitzen, keiner wollte aus dem Auto aussteigen, weil keiner wusste, wo die Bremsen waren. Es dürfte die längste Autofahrt der Welt ohne Auto gewesen sein. Jim kritzelte derweil Strichmännchen auf ein Telefonbuch in seinem Zimmer und war gerade mit einem fertig, da erwachte es plötzlich zum Leben und sagte: »Eh, Alter, zeichne mir mal einen bekloppten Hund.«

Da wusste Jim, dass die Wirkung der Drogen eingesetzt hatte. Als kurz darauf seine Mom ins Zimmer kam, flog ein riesiger Adler an ihr vorbei und landete auf dem Bett. Wie Jim mir erzählte, begann das Strichmännchen zu schreien, aber Jim ignorierte es, denn er war zwar high, aber nicht so high, dass er nicht gewusst hätte, dass eine Unterhaltung mit einem gezeichneten Männchen auf einem Telefonbuch wahrscheinlich Verdacht erregt hätte.

Er merkte, wie seine Mom ihn misstrauisch musterte, war aber inzwischen so high, dass er nicht mehr wusste, ob *er* ihr eine Frage gestellt hatte, die sie nicht beantwortet hatte, oder *sie* ihn etwas gefragt hatte, das er nicht beantwortet hatte. Er wollte aber auf keinen Fall auf eine Frage, die er ihr vielleicht gestellt hatte, eine zweite folgen lassen, zumal er sich ja nicht an die Frage erinnern konnte, die er ihr vielleicht gestellt hatte. Sie saßen also beide im Grunde nur da und starrten sich um die Wette an, was irgendwie oberpeinlich war. Dann meinte das Strichmännchen, wenn der Adler keine Halluzination wäre, wüsste seine Mom jetzt, dass Jim high wäre, denn welcher Typ würde schon so tun, als wäre ein Adler im Zimmer vollkommen normal? Jim lachte nervös und versuchte seiner Mom durch einen Blick zu verstehen zu geben, dass es schon seltsam zuging in einer Welt, in der Adler auf dem Bett landen oder auch nicht.

In Wirklichkeit muss er etwas wie »Scheiße Mann, ich bin total high« gesagt haben, denn am folgenden Tag schickte seine Mom ihn in die nächste psychiatrische Reha-Einrichtung. Dort half man ihm, Gott zu finden, und machte ihn mit Drogen bekannt, die ein viel größeres Suchtpotenzial hatten als alles, was ihm auf der Straße begegnet wäre. Bei seiner Rückkehr redete er nur noch von Lithium und Jesus, und als ich meinte, ich würde nur gern mal LSD ausprobieren, verdrehte er die Augen, als wäre er eine Art Weinguru und als hätte ich ihn gefragt, wie man eine Flasche Billigfusel aufschraubt. Drogis haben manchmal erstaunliche Vorurteile. Es dürfte sich um so ziemlich die einzige gesellschaftliche Gruppe handeln, in der dieselben Leute, die sich vor deinen Augen eben noch gegenseitig Tranquilizer für Pferde in den Hintern gejagt haben, verächtlich auf dich herabsehen, weil du nicht so cool bist wie sie. Es sei denn, es gibt irgendwelche Fetischgruppen für Pferdeklistiere, aber das weiß ich nicht. Moment, ich sehe das im Internet nach.

AchduheiligeScheiße! Bitte *nicht* nachsehen, Leute.

Aber wenn man mit Drogis abhängt, begegnet man irgendwann zum Glück auch dem perfekten Dealer, in meinem Fall Travis, einem Typen Ende zwanzig mit langen blonden Haaren, der zu Hause bei seinen Eltern wohnte. Er kannte irgendwie immer jemanden, der Drogen hatte. Dagegen hatte er nur ganz selten selber welche, er war also kein richtiger Dealer, aber immer wenn meine Freundinnen und ich Pot brauchten, riefen wir ihn an, weil er von unseren Bekannten einem Dealer am nächsten kam. Er war mehr ein Zwischenhändler, der uns vor den »eigentlichen Dealern« schützte, die wir uns als große, aggressive Schwarze mit gepiercten Ohren und Pagern vorstellten und die sich wahrscheinlich endlos über uns lustig gemacht hätten. Außerdem waren diese aggressiven Schwarzen in meiner Vorstellung alle obercool und hatten Schnappmesser mit Namen wie »Charlie Firecracker«. (Ich kannte damals überhaupt keine Schwarzen, was ich nach diesem Absatz aber wahrscheinlich nicht mehr klarstellen muss.)

Ein Typ, den ich kannte und der ein Haus am Stadtrand hatte, bot an, eine kleine LSD-Party für mich und ein paar andere aus unserer Clique zu veranstalten, die auch noch nie LSD genommen hatten. Wir riefen also Travis an und bestellten für den Abend genügend Stoff für uns sechs. Travis kam und sagte, die Drogen wären unterwegs, und etwa eine Viertelstunde später hielt draußen ein Pizzaservice. Der Fahrer kam mit einer Pilzpizza und einem noch nicht angeschnittenen Bogen LSD zur Tür. Er war noch keine zwanzig, ungefähr einen halben Meter kleiner als ich und extrem weiß, aber er hatte ein Piercing und einen Pager (was uns damals, also Anfang der Neunzigerjahre, sehr beeindruckte, obwohl der Pager wahrscheinlich nur für Pizzabestellungen benutzt wurde). Der Pizzatyp hieß Jacob. Travis erzählte mir später, dass jeder von Jacob LSD kaufen konnte, solange er den »Geheimcode« kannte, wenn er in der Pizzeria anrief. Ich stellte mir damals irgendwelche geheimnisvollen Zusätze zur Bestellung vor wie »Eine Pizza Pepperoni, aber bitte mit Rinde« oder »Ein großes Pizzabrot und *der Vogel fliegt um Mitternacht*«. In Wirklichkeit sagte man wahrscheinlich nur »Und richte Jacob aus, er soll Stoff mitbringen«, denn weder Travis noch Jacob hatten besonders viel Fantasie.

Jacob verkaufte Travis das LSD für vier Dollar die Pappe und Travis verkaufte sie für fünf an uns weiter, was ein wenig peinlich war und eine kümmerliche Gewinnspanne. Wir nahmen jeder eine und Travis sagte, für weitere zehn Dollar würde er bleiben und uns babysitten, damit wir uns nicht selber die Hände abschnitten. Diese Befürchtung hatte ich bis dahin nicht gehabt, aber jetzt, wo er sie geäußert hatte, setzte sie sich in unseren Köpfen fest und ich war überzeugt, dass wir uns die Hände abschneiden würden, sobald Travis ging, also gab ich ihm einen Zehner. Er warnte uns schon mal im Voraus, wenn wir glaubten, die Nachbarkatzen würden uns bedrohliche Botschaften senden, wäre das wahrscheinlich nicht der Fall. Außerdem sollten wir nicht in die Sonne blicken, davon würden wir blind (wirklich ein guter Rat, wenn es nicht zehn Uhr abends gewesen wäre). »Bleibt am Ball, lasst euch nicht unterkriegen«, gab er uns noch mit auf den Weg.

Insgeheim fürchtete ich, das LSD könnte bei mir überhaupt nicht wirken. Ich hatte schon Pot geraucht, aber nie wirklich das von der Zeitschrift HIGH TIMES in Aussicht gestellte Wahnsinnsfeeling gehabt. Dafür hatten sich sämtliche Nebenwirkungen eingestellt. Während meine Freundinnen sich auf ihren Korbsesseln fläzten und darüber rätselten, warum sich nichts auf »orange« reimte, aß ich eine ganze Schachtel Vanille-Waffeln und lebte in der ständigen Angst, die Nachbarn könnten die Bullen rufen. »*Schmorange!*«, brüllte ich, während ich zugleich zwanghaft mit einem Duftspray um mich sprühte, um den Geruch zu übertönen. »Schmorange reimt sich auf orange! *Kann mir jetzt endlich mal jemand helfen, den Kühlschrank vor die Tür zu schieben?!*«

Niemand half mir.

Dass ich mich nicht bekiffen konnte, lag wahrscheinlich daran, dass ich den Rauch nicht lange genug in der Lunge halten konnte. Viele behaupten zwar, wenn man beim Potrauchen hustet, verstärkt das die Wirkung, weil man dann mehr Rauch einatmet, aber sie lügen. Wenn ich einen Zug nehme und der beißende Rauch wie ein glühender Schürhaken auf meinen Gaumen trifft, fange ich an zu husten wie ein Bergmann mit Lungenemphysem. Und außerdem noch Tuberkulose. Und ... was weiß ich ... Vogelgrippe. Was ist schlimmer als Tuberkulose? Egal, ich klang jedenfalls so, als hätte ich es. Außerdem bekam ich ständig herumfliegende Samenkörner in die Luftröhre, aber keiner der anderen wäre noch zu lebensrettenden Erste-Hilfe-Maßnahmen imstande gewesen, wenn ich keine Luft mehr gekriegt hätte, jeder Hit war also eine Art Russisch Roulette. Auf jeden Zug folgte ein minutenlanger Krampfhusten und dabei sprühte ich die anderen mit Stückchen meiner, wie ich fest glaubte, zerfetzten Lunge ein. Ich dürfte so der uncoolste Drogenkonsument aller Zeiten gewesen sein.

»Alles im grünen Bereich, Doc Holliday?«, fragte dann jemand.

»Husten verstärkt die Wirkung«, log ich mit einer Stimme, die klang, als hätte ich ein Sorbet aus Kieselsteinen verschluckt. »Man soll so viel wie möglich husten, bis man das Gefühl hat, dass man sich übergeben muss. Hab ich im ROLLING STONE gelesen.« Die anderen waren inzwischen so high, dass ihnen das durchaus einleuchtete, deshalb begannen sie absichtlich zu husten und Spucke flog durch das ganze Auto, bis der Erste fast kotzen musste. Und dann lachten wir. Denn Fastkotzen ist irgendwie witzig, wenn man high ist und nass von der Spucke der anderen.

Obwohl ich offenbar überwiegend immun gegen Pot war, lehnte ich bei geselligen Anlässen nie einen Joint ab, denn dann waren meine Hände beschäftigt. Ich war immer noch furchtbar schüchtern und wäre lieber in der Eselshow von Tijuana aufgetreten, als mit Leuten, die ich kaum kannte, Small Talk machen zu müssen. Das Schöne an Marihuana ist, dass es die Menschen sofort zusammenbringt. Eben stehst du noch mit Fremden herum und alles schweigt verlegen, weil du irgendwie auf Dildos zu sprechen gekommen bist, und dann flüstert jemand, dass der Bruder der Gastgeberin an einem Dildounfall gestorben ist, und du fühlst dich ganz mies, weil du ein so heikles Thema angesprochen hast, andererseits bist du total neugierig, weil *wie stirbt man an einem Dildounfall?* Vielleicht, dass einem eine ganze Schachtel davon auf den Kopf fällt? Aber du traust dich nicht zu fragen, weil dir schon schrecklich unangenehm ist, dass du überhaupt von Dildos angefangen hast, die jetzt sogar irgendwie einen Menschen getötet haben, und du ermahnst dich innerlich, auf Partys künftig nicht mehr davon zu reden, aber du weißt, du wirst dich nicht daran halten, weil du schon jetzt weißt, dass du bei der nächsten Gesprächspause von diesem Mädchen anfangen wirst, das du kennst und dessen Bruder an einem Dildounfall gestorben ist. Und dann merkst du, dass du genau diesem Mädchen gerade gegenüberstehst. Und dann, wenn alles so schrecklich peinlich ist, dass du schon überlegst, ob du jemanden ins Knie stechen sollst, nur um die anderen abzulenken und selber schnell wegzulaufen, also dann zieht jemand einen Plastikbeutel mit Pot heraus – und auf einmal ist alles ganz easy. Du stehst Schulter an Schulter mit den anderen und siehst zu, wie der Joint feierlich gerollt wird, während einige Anwesende Tipps zum Rollen geben und eifersüchtig gehütete Zippo-Feuerzeuge herumzeigen, richtige kleine Preziosen. (Anmerkung: Dieses Wort gibt es wirklich und man kann es im Scrabble verwenden. So, und jetzt könnt ihr mit Recht sagen, dass ihr hier ein Buch lest, das bildet und nicht nur von Dildos handelt, die unschuldige Menschen töten. *Bitte sehr, gern geschehen.)* Einzelgänger, die vielleicht eben noch mit leiser Verachtung die Klobrille der Gastgeberin mit einer Schutzschicht aus Toilettenpapier abgedeckt haben, ziehen jetzt fröhlich an einem Joint, der nass von der Spucke eines Dutzends fremder Leute ist, und tauschen sich über ihr Intimleben aus wie alte Kriegskameraden.

Im Interesse der Wahrheit sollte ich darauf hinweisen, dass ich einmal tatsächlich richtig high war. Ich hatte zusammen mit meiner Freundin Hannah mexikanisches Gras geraucht. Zu Hannah fühlte ich mich hingezogen, weil wir beide gerne Babydoll-Kleider, löchrige Strümpfe und Springerstiefel trugen. Wir empfanden nur tiefste Verachtung für andere Jugendliche, die dem Herdentrieb folgten und sich nicht trauten, individuell und unverwechselbar zu sein wie wir, zwei *absolut identisch angezogene* Gothic-Mädchen.

Hannah hatte als Kind so eine Betsy-Wetsy-Puppe, die sie überallhin mitnahm. Wenn man ihr die Flasche gab, machte sie Pipi, aber Hannah riss ihr immer nur den Kopf herunter und füllte sie mit dem Gartenschlauch bis zum Hals. Auch das Wickeln übersprang sie. Sie drückte einfach auf Betsys aufgeblähten Bauch und schon spritzten zwei Liter falsches Pipi aus dem rudimentären Harntrakt aus Kunststoff auf die Büchse des Nachbarn. »Sie schlägt nach ihrem Vater«, pflegte Hannah über Betsy zu sagen. »Das läuft einfach nur durch.« Betsys Halsloch leierte mit der Zeit vom vielen Kopfabziehen aus und der Rumpf ging verloren, aber den Kopf bewahrte Hannah auf, vielleicht als Erinnerung daran, dass es womöglich besser war, wenn sie keine Kinder bekam. Dann wurde Hannah älter und wir kamen in die Phase, wo man aus allen möglichen Dingen wie Coladosen, Glühbirnen oder Melonen Bongs bastelt. Eines Abends machten wir auch aus dem Kopf des Babys einen Bong. (Dieser Satz steht bestimmt noch in keinen Memoiren. Wäre jedenfalls zu hoffen. Ich würde es ja im Internet überprüfen, aber mal ehrlich, das mit dem Pferde-Klistier-Fetisch hat mir einen Heidenschreck eingejagt, deshalb tue ich es nicht.) Wir bohrten ein paar Löcher in Betsys Schädeldecke, deckten sie mit Gitterdraht ab, zündeten den Pot an und saugten den Rauch durch Betsys pinkfarbenen Schmollmund. Nachdem wir das einige Male wiederholt hatten, merkte ich, dass ich ständig kichern musste und dass mir schwindlig und übel war ... ich war total high. Hannah meinte großspurig, dass liege an ihrem außergewöhnlichen mexikanischen Marihuana, aber ich vermute, es lag an den giftigen Dämpfen des verbrannten Kunststoffs von Betsys weichem Babyschädel. Aber egal, das damit einhergehende Krebsrisiko nahm ich in Kauf, schließlich war ich das erste Mal richtig high und ich wollte auch Hannah die Freude nicht verderben, schließlich hatten wir einen einmalig schönen Bong und das wäre gewesen, als hätte der erste Mensch, dem Leonardo da Vinci seine Mona Lisa zeigte, gefragt: »Warum ist die so klein?« Und ziemlich genau daran musste ich an dem Abend denken, an dem ich das LSD des Pizzajungen nahm.

Wow, das ist wirklich eine verwickelte Geschichte. Die Drogen sind schuld.

Jedenfalls wartete ich zwei Stunden lang darauf, dass die Wirkung einsetzte. Mir war nur ein wenig schwindlig und ich wollte mich schon damit abfinden, dass nur Betsys brennender Skalp mich je high machen würde. Dann fühlte sich schlagartig alles anders an. Alles tat mir weh und wurde ganz fest und ich dachte, entweder der Trip geht los oder ich bekomme eine Grippe. Ich fragte Travis und er versicherte mir, das wäre ganz normal, Ursache wäre das Strychnin. Darauf ich: »Äh ... Strychnin? Wie ... wie das Zeug im Rattengift?« Und Travis ganz cool: »Yeah. Man tut immer ein wenig Strychnin dazu, damit das LSD sich mit dem Papier verbindet, und davon kriegst du leichte Krämpfe, aber du stirbst nicht dran, also entspann dich.« Darauf in meinem Kopf: »ABER MAN SAGT DOCH NICHT JEMANDEM, DER AUF LSD IST, DASS ER GERADE KRÄMPFE VON RATTENGIFT HAT, TRAVIS«, aber ich sagte das nicht laut, weil ich plötzlich Angst hatte, wenn ich schreie, könnte mein Geschrei in die Zunge hineingehen statt über sie weg nach draußen und sie könnte anschwellen und ich ersticken, und da merkte ich, dass ich wahrscheinlich high war.

Dann wurde ich abgelenkt, denn ich hörte dieses klingelnde Geräusch, und ich sagte den anderen immer wieder, sie sollten leise sein, weil ich herausfinden wollte, was es war, aber sie waren zu beschäftigt damit, die Wände abzulecken, weil sie meinten, die fühlten sich genauso an wie ein Lutscher. Ich wollte schon sagen, dass das aber ein Lutscher aus bleihaltiger Farbe wäre, da fiel mir ein, dass wir ja gerade alle Rattengift gegessen hatten, der Schaden war also wahrscheinlich schon angerichtet, und wenn wir überlebten, machte uns das nur stärker.

Ich hörte das Klingeln wieder und kroch auf den Knien durchs Haus, weil ich dachte, ich könnte vielleicht irgendwie unter den Schallwellen meiner zugedröhnten Freundinnen hindurchkriechen, die soeben zu der erschreckenden Erkenntnis gelangt waren, niemand könnte ihre Gesichter im wirklichen Leben sehen, weil man Spiegeln nicht trauen dürfe. Ich überlegte, ob Travis daran gedacht hatte, vor Beginn des Trips die Küchenmesser zu verstecken, und wollte ihn suchen und fragen, da begann das Klingeln wieder. Travis nahm gerade einem Mädchen mit Gewalt einen Dosenöffner ab und brüllte: »Kann mal jemand an das verdammte Telefon gehen?!« Da begriff ich, woher das Läuten kam.

Genau gleichzeitig entdeckte ich die unendliche Schönheit eines klingelnden Telefons, eines Geräusches, das die nüchterne Welt, wie ich jetzt wusste, niemals auch nur annähernd würdigen konnte. Sogar die Idee des Telefons erschien mir irgendwie bedeutungsvoller. »Am anderen Ende könnte was weiß ich wer sein«, dachte ich. »Zum Beispiel Mr. T. Oder einer von den Thundercats.« Die Vielfalt der Möglichkeiten war überwältigend. Ich nahm den Hörer ab und lauschte auf das statische Knistern einer Fernverbindung.

»Äh ... *hallo?* Travis?«, fragte der Mann am anderen Ende.

Ich: »Nein, hier spricht nicht Travis. Ist da einer von den Thundercats?«

»*Wer?*«, fragte der Mann. Er klang sehr ärgerlich.

»Ich glaube, wir sind beide mit der falschen Nummer verbunden«, sagte ich und wollte auflegen, aber da begann der Nicht-Thundercat rumzubrüllen, aber ich konnte ihn nicht verstehen und dachte, wahrscheinlich war er nur wütend, weil er zu seiner Enttäuschung plötzlich festgestellt hatte, dass er nie ein Thundercat sein würde. Dann kam mir plötzlich, dass ich womöglich mit gar niemandem sprach, sondern mir alles nur einbildete. Vielleicht war ich nicht einmal am Telefon. Vielleicht unterhielt ich mich mit einem Apfel. Oder einer Wüstenspringmaus. Dann dachte ich, wenn es wirklich eine Wüstenspringmaus war, schlüpfte sie mir vielleicht gleich ins Ohr und fraß meine Ohrschnecke, also ließ ich das Telefon fallen und ging weg. Travis fragte hektisch: »Wer war denn dran?« Und ich: »Kein Thundercat. *Vielleicht* eine Wüstenspringmaus. Sieht mein Ohr okay aus?«

Travis hätte jetzt wahrscheinlich einfach den Anrufbeantworter einschalten sollen, aber ich glaube, er hatte auch was genommen, denn er schien irgendwie zu schmelzen und die meisten nüchternen Menschen tun das meiner Erfahrung nach nicht. Und dann musste ich mich übergeben. Ich sagte noch: »Alter, ich glaube, ich muss mich übergeben.« Und Travis sagte: »Nein, das glaubst du nur.« Darauf ich: »Gott, da bin ich ja froh.« Und dann übergab ich mich. Auf Travis' Füße. Travis gab mir eine fast leere Chipstüte, in die ich mich übergeben sollte, und ich saß in einem dunklen Zimmer und kotzte – ungeheure Mengen. So viel, dass ich schon vermutete, da waren Dinge dabei, die ich nie gegessen hatte. Travis legte eine Kassette mit »L. A. Woman« von den Doors ein. Das würde helfen, sagte er, und es hat auch tatsächlich geholfen, obwohl das ganze Haus mit haarigen Kobolden angefüllt war und sich auf gespenstische Weise aufzulösen schien. Außerdem war ich mir ziemlich sicher, dass in den Schränken kleine Feuer brannten, und jedes Mal, wenn das Band von den Doors abgelaufen war, fing ich wieder an zu kotzen und Travis hörte mich und musste es zurückspulen und wieder abspielen.

Das ging in den nächsten vier Stunden alle fünf Minuten so.

Aber irgendwann zwischen der Phase, in der ich eingebildete Schrankfeuer austrat, und dem Zeitpunkt, als ich endlich einschlief, muss ich noch einen Moment geistiger Klarheit und Erleuchtung gehabt haben. Ich weiß das, weil ich später beim Aufwachen neben einer vollgekotzten Chipstüte sah, dass jemand eine bizarre Hetzrede gegen Schlümpfe an die Wand gekritzelt hatte, und zwar in meiner Handschrift. Darum herum hatte ich noch einige Male meinen Namen geschrieben. Offenbar sollte mir niemand die Urheberschaft an der Erkenntnis streitig machen, dass Schlümpfe in Wirklichkeit friedliche bisexuelle Kommunisten sind. In diesem Augenblick wurde mir klar, dass Drogen schlecht sind, und ich nahm nie wieder welche.[7] Ich beschloss, mir neue Freunde zu suchen, und ging, aber davor kratzte ich noch meinen Namen von der Wand ab und ersetzte ihn durch »Travis«. Weil ich fürchtete, er könnte mir das Gekritzel trotzdem anhängen, setzte ich auf das »i« in seinem Namen noch ein Herz, denn alle wussten, dass ich nicht zu denen gehöre, die so was machen. Travis allerdings auch nicht. Wahrscheinlich war ich einfach noch ein wenig high.

Jedenfalls will ich damit sagen, dass Drogen schlimmes Zeug sind, es sei denn, man will damit nur die anderen von peinlichen Dildogeschichten ablenken. Und auch, dass einem so was abgesehen von Übelkeit, Verfolgungswahn und anderen Peinlichkeiten im Rückblick zwar irgendwie cool vorkommt, aber *damals überhaupt nicht.* Wie im Leben. Man wünscht sich, dass Thundercat Leo einen anruft, aber stattdessen hat man die ganze Zeit unnötig Angst, dass einem Wüstenspringmäuse in den Kopf kriechen. Was auch eine Art Metapher für das Leben ist. Eine richtig schlechte.

7 **Außer Pot ein paar Mal. Und einmal habe ich versehentlich Kokain genommen. Und ich habe auch LSD noch ein paar Mal genommen, aber nie mehr nachts, deshalb zählt das ziemlich sicher nicht. Ach, egal. Lass gut sein.**

UND DESHALB WÄRE NEIL PATRICK HARRIS DER ERFOLGREICHSTE MASSENMÖRDER ALLER ZEITEN

In der Woche nach meinem einundzwanzigsten Geburtstag traf ich einige gute Entscheidungen. Ich hatte mich noch nicht betrunken (sobald es legal war, hatte es plötzlich seinen Charme verloren) und ich war voll auf meine Magersucht konzentriert, wirklich eine der besten psychischen Störungen, die man haben kann, weil man wenigstens geil aussieht, während man sich zu Tode hungert. Nur dass die Haare Scheiße aussehen, weil sie in Büscheln ausfallen, und dass man nachts wach liegt, weil man ständig daran denken muss, wie die Hüftknochen zu weit vorstehen und ob es wohl wehtut, wenn man sie mit einer Käsereibe abhobelt. Moment, habe ich gesagt *»gute Entscheidungen«?* Also noch mal von vorn.

In der Woche nach meinem einundzwanzigsten Geburtstag war mir langweilig. Ich war nüchtern und hatte gefährliches Untergewicht der Art, wo andere denken, man wäre heroinsüchtig oder schwer krebskrank. Um neun Uhr abends beschloss ich, dass ich noch raus musste, ich zog also einen Mantel an und fuhr zu dem einzigen Buchgeschäft, das in der nächsten Stadt so spät noch offen hatte. Als Kind hatte ich liebend gern Horror-Romane gelesen und mich als Folge davon auch kurze Zeit für Magie interessiert. (Allerdings nur so lange, bis ich merkte, dass kein einziges meiner Zaubermittel funktionierte. Wenn man »eine weiße Kerze über frisch zerstoßenen Samen schwenken« sollte, schwenkte ich schulterzuckend die Taschenlampe meines Vaters über einem Glas Erdnussbutter. Ich kam dann zu dem Schluss, dass Magie völliger Humbug war, aber fairerweise sei gesagt, dass das vielleicht weniger mit der Wirksamkeit von Zaubern zusammenhing als damit, dass ich eine wirklich lausige Köchin war. Und dass bei meiner Erdnussbutter die Marmelade schon eingearbeitet war, was zwar echt Zeit spart, der Vorstellung der Druiden aber wahrscheinlich eher weniger entspricht.)

Ich ging nach hinten in die Esoterikabteilung und war ausnahmsweise einmal nicht allein, sondern in Gesellschaft eines ungefähr gleichaltrigen Typen, der mich ununterbrochen anstarrte. Und der fast genauso wie Doogie Howser, M.D. aussah. *(Anmerkung für nach 1990 geborene Leser: (1) Ich hasse euch irgendwie. Hört bitte sofort auf, in Shorts so gut auszusehen. (2) Doogie Howser, M.D. war eine der ersten Fernsehserien mit Neil Patrick Harris. Das war noch bevor er so heiß aussah. Damals hat sich niemand in ihn verknallt. Dann outete er sich als schwul und prompt war er total angesagt und alle Frauen der Welt wollten mit ihm schlafen. So funktionieren Frauen eben. Wir können uns das selber nicht erklären.)* Der (wahrscheinlich unabsichtliche) Doogie-Howser-Imitator trug eine Jeansweste, er war also ziemlich sicher schwul, andererseits waren das die Neunzigerjahre und alles war möglich. Er hörte nicht auf, mich anzustarren, und jedes Mal, wenn ich ein Buch herauszog, sagte er ganz beiläufig: »Ach, das habe ich.« Er nervte total und ich wünschte mir, es würde in dieser Abteilung ein Buch über Tampons geben, nur damit er mit seiner Leier aufhören musste, aber ich stand im Buchladen einer Kleinstadt, und selbst wenn es ein Buch über Tampons und Hexerei gab, hatten sie es wahrscheinlich nicht vorrätig. Dann lächelte Doogie, zog ein Buch über Astrologie heraus und fragte mich nach meinem Sternzeichen. Er bestreitet das heute zwar entschieden, aber genau so war es. Ich dachte die ganze Zeit: »Wahrscheinlich ist das ein Stalker.« Und er dachte: »Ich will diese Frau heiraten.« Vor allem weil er geträumt hatte, er werde eine Frau in einem bestimmten Mantel heiraten, und dann kam ich in den Buchladen hereinspaziert und trug genau denselben Mantel wie die Frau aus seinem Traum. (Ich sollte erwähnen, dass ich diesen Mantel hatte, seit ich fünfzehn war. Meine Mom ließ sich damals im Krankenhaus einen Bruch operieren, war total zugedröhnt und sagte die ganze Zeit: »Jenny braucht einen neuen Mantel«, und mein Vater hätte merken müssen, dass sie wegen der Medikamente delirierte, denn wir kauften nie neue Mäntel, aber er ging mit mir raus und kaufte mir den Mantel und ich sagte: »Ach, und einen neuen Hut brauche ich auch.« Und als wir ins Krankenhaus zurückkehrten, stand meine Mom immer noch unter Morphin und sagte: »Hey, schöner Hut!« Zwei Tage später war sie dann ausgenüchtert und schimpfte: »Wie bitte? Ich bin einen Tag bewusstlos und schon kauft ihr wie verrückt Hüte?!«)

Doogie Howser hatte meinen Mantel also gleich bemerkt, als ich hereinkam, und musste unbedingt wissen, wer ich war. Ich weigerte mich, ihm meinen Nachnamen oder meine Telefonnummer zu geben, und gab ihm klar zu verstehen, dass ich einen Freund hätte, denn ich wollte nicht von ihm gestalkt werden. Doogie stellte sich als Victor vor und meinte, ich solle mein Geld nicht damit verschwenden, hier Bücher zu kaufen, weil er alle schon hätte und mir ausleihen könnte. Ich erwiderte, dass ich gar kein Geld hätte und die Bücher klauen wollte. Das Letzte war gelogen, aber er musste kichern, was eine erfrischende Abwechslung zu dem unangenehmen Lachen war, das ich von den meisten Männern zu hören bekam.

Er nahm das Buch, das ich in der Hand hielt, und stellte es ins Regal zurück. »Eine so bezaubernde Frau wie du sollte nicht in den Knast gehen. Komm mit zu mir, dann kannst du die Bücher von mir klauen.«

Das tat ich dann auch. Weil ich offenbar nie einen von diesen Filmen gesehen hatte, in denen die treudoofe Studentin von einem Serienmörder zerstückelt wird. *Und* weil niemand denkt, er könnte von Neil Patrick Harris ermordet werden. *Und* weil er mich gegen meinen Willen zum Lachen brachte. *Und* weil ich schon immer einen Schwulen als besten Freund haben wollte, der mich über falsche Augenbrauen und Blowjobs aufklärte. Eigentlich vor allem über das Letzte.

Überraschenderweise machte Victor keinen ernsthaften Versuch, mich zu zerstückeln, und er hatte tatsächlich so viele Bücher, wie er im Buchladen behauptet hatte. Außerdem besaß er die größte Sammlung von Westen, die ich je bei einem Mann gesehen habe (drei). Er war nur wenige Monate älter als ich, wirkte aber viel älter und reifer als andere meines Alters, und so wurden wir rasch Freunde. Er war ein so leidenschaftlicher Republikaner, wie ich nur wenige kenne, überraschte mich aber ständig damit, dass er in keine Schublade passte, in die ich ihn stecken wollte. Er war eine seltsame Mischung aus STAR WARS zitierendem Computerfreak, tätowiertem Kung-Fu-Lehrer und Sohn reicher Eltern.

Er war auch der erste Mensch in meinem Bekanntenkreis, der Internet auf dem Zimmer hatte *(Anmerkung für nach 1990 Geborene, siehe oben: Ich weiß. Mund halten.)*, und ich sah mir sofort Bilder von Leuten an, die schon tot waren, weil ich dachte, es käme nicht gut, vor seinen Augen Porno herunterzuladen. Er schien seltsam fasziniert von mir, in etwa so, wie man von Opfern eines Autounfalls fasziniert ist. Ich vermutete, er würde schon noch zu der Erkenntnis kommen, dass ein Mädchen wie ich bei seinen konservativen Eltern nicht auf Gegenliebe stieß, aber er weigerte sich hartnäckig, sich durch irgendetwas, das ich tat oder sagte, abschrecken zu lassen.

Wir besuchten beide dasselbe kleine College in San Angelo, einer Stadt in der Nähe, und ich verbrachte lange Mittagspausen in seinem Zimmer, in denen wir über das Leben, unsere Träume und unsere Kindheit redeten und in denen überhaupt nichts passierte, *weil ich nicht zu der Sorte Mädchen gehöre.* Bis er mich küsste. Anschließend überzeugte er mich, dass er nicht schwul war. Dass ich Schwule mit Westen gleichsetzte, bestürzte ihn. »Das war nicht böse gemeint«, erklärte ich, »ich dachte einfach, nur Schwule tragen Westen im Stonewashed-Look.« (Jahre später meinten schwule Freunde, allein dieser Satz beweise, wie wenig ich damals von Schwulen gewusst hätte, und dass ich bei Westen ohne Ärmel offenbar an Chaps ohne Gesäß gedacht hätte. Ich pflege darauf zu sagen, dass ich das nie verwechseln würde, weil es in Chaps viel mehr zieht. Dann lachen wir alle, bestellen eine weitere Runde und stoßen darauf an, wie schön es ist, lustige schwule Freunde zu haben. *Tipp: Es ist megaklasse.* Sucht euch gleich welche. Schwule sind genauso wie du und ich, nur besser. Außer denen, die langweilig sind oder Arschlöcher. Die bitte meiden.)

Ein paar Wochen nach unserer ersten Begegnung sagte Victor: »Ich habe beschlossen, dass ich DJ werde.« Ich sagte: »Klar wirst du das. Und ich werde Cowgirl-Ballerina.« Aber dann wurde er am folgenden Tag tatsächlich vom größten Rocksender von vier Landkreisen als DJ eingestellt. Ich war vollkommen perplex. Vor allem, weil er genauso bestimmt geklungen hatte wie damals, als er ganz beiläufig gesagt hatte: »Eines Tages heirate ich dich.« Ich hatte nur geschnaubt und die Augen verdreht, weil das niemals passieren würde.

Victor war wohlhabend, ehrgeizig und Mitglied der Jungen Republikaner und damit das genaue Gegenteil des Typen, auf den ich stand. Außerdem trug er immer noch Westen. Ich lachte also nur über seinen kleinen Witz, aber er lachte nicht und ich war unwillkürlich ein wenig besorgt, dass er recht behalten könnte. Obwohl wir fast nichts gemeinsam hatten, war ich total in ihn verknallt, und er fragte mich fast täglich, ob ich ihn heiraten wollte. Und ich sagte lachend jeden Tag nein, denn er war sehr gefährlich. Natürlich nicht im körperlichen Sinn. Obwohl er mich einmal auf die Nase gehauen hat. Also eigentlich war es nicht seine Schuld, weil er nur seine Kung-Fu-Formen übte und ich in der Zimmertür stand und darüber nachdachte, wie langweilig Kung Fu doch ist. Und dann sah ich etwas auf dem Boden liegen, schrie aufgeregt »Kartoffelchip!« und bückte mich im selben Moment, in dem er eine Form ausführte. Er schlug mich voll auf meine beschissene Nase. Es tat mir damals so leid, weil er sich furchtbar darüber erschreckte, dass er mich aus Versehen fast k. o. geschlagen hätte, und auch weil einer von uns in dem darauffolgenden Durcheinander auf den Kartoffelchip trat.

Ach ja, und ein anderes Mal bekam ich vom Sex eine Gehirnerschütterung. Ich kann nicht in die Details gehen, weil meine Mutter das wahrscheinlich liest, aber es war so, dass Victor in seinem Collegezimmer ein Stockbett hatte (weil er Einzelkind ist und Einzelkinder aus unerfindlichen Gründen von Stockbetten besessen sind). Wir lagen also auf dem unteren Bett und ich warf die Haare zurück wie der totale Pornostar, zumindest wie ich ihn mir vorstellte, nur dass der Holzbalken des Betts über uns im Weg war, ich knallte also mit voller Wucht dagegen und verlor das Bewusstsein, was von allen Dingen, die man tun kann, ungefähr am wenigsten sexy ist. Also wenn ich die Kontrolle über meinen Darm verlieren würde, wäre das zwar schlimmer, aber nicht viel. Als ich dann zu mir kam, sagte

Victor ganz aufgelöst: »Gehirnerschütterung beim Sex, ach du Scheiße!«, als wäre das etwas, worauf man stolz sein könnte. Im Grunde war es wie Atemkontrolle beim Sex, nur dass man nicht gewürgt wird, sondern einen Balken an den Schädel bekommt. Und statt eines Orgasmus verliert man die Kontrolle über die Muskeln und pinkelt sich voll. *Was ich aber überhaupt nicht getan habe, denn das wäre eklig.* Ich pinkle mich nur ganz selten voll.

Aber das meinte ich alles nicht, als ich sagte, Victor sei gefährlich. Ich meinte, er sei *geistig* gefährlich. Zum einen war er reich. Andere hätten das vielleicht anders gesehen, aber er war der erste mir bekannte Mann, der einen eigenen Smoking besaß. Er hatte lange Sommer bei seinen Großeltern auf dem Land verbracht und deshalb das Gefühl, wir wären gar nicht so verschieden, aber als ich ihm sagte, dass meine Eltern nichts von Klimaanlagen hielten, sah er mich an wie eine dem Hungertod nahe Aussätzige, für die man dringend sammeln musste. Selbst wenn wir zum Essen ausgingen, war der Unterschied zwischen uns nicht zu übersehen. Er bestellte ein riesiges Steak und ich irgendeine wässrige Suppe, weil ich mich nicht von ihm einladen lassen wollte (und auch wegen dieser ganzen Magersuchtsache, die einem wirklich sehr gelegen kommt, wenn man sich nichts Anständiges zu essen leisten kann).

Victor war gefährlich, weil er anders war und smarter als ich und weil er eine Erwachsene aus mir machen wollte. Meine Mutter fand, dass ich Victor unbedingt heiraten sollte, bevor ich rückfällig wurde und wieder mit armen, geistig labilen Künstlern ausging. Victor und ich waren seit etwa einem halben Jahr ein Paar, da hatte sie, als ich eines Tages nach Hause kam, meine Sachen gepackt und teilte uns beiden mit, ich solle bei Victor einziehen, da ich ja offenbar »sowieso schon« mit ihm schlafe. Daraufhin wurden Victor und ich sehr still und ich überlegte, wann meine Mutter durchgedreht war, denn auf *zwei* labile

Eltern war ich nicht vorbereitet. Dann begriff ich, dass ihr Vorhaben nichts mit Labilität zu tun hatte, sondern dass sie mich vor mir selber retten wollte. Dass sie die Vorstellung von Victor als meinem künftigen Mann so attraktiv fand, hing ziemlich sicher damit zusammen, dass Victor sie mit seinem eigenen Smoking tief beeindruckt hatte, ich überlegte deshalb, ob ich ihr sagen sollte, er hätte ihn nur geliehen und wäre dann umgezogen, ohne ihn zurückzugeben, aber bevor ich auch nur den Mund aufmachen konnte, hatte Victor mir schon den Arm um die Taille gelegt, blickte strahlend auf mich herunter und sagte: »Natürlich. *Natürlich* solltest du bei mir einziehen.« Ich argwöhnte, er hätte sich mit meiner Mutter abgesprochen, weil ich gar nicht wirklich bei ihm einziehen wollte, aber er sagte später, er hätte nicht im Entferntesten mit diesem Vorschlag gerechnet, obwohl er durchaus wollte, dass ich zu ihm ziehe, und nicht gewagt, meiner Mutter zu widersprechen aus Angst, mein Vater könnte ihn erschießen, weil er »die Milch ohne die Kuh« wollte. Wobei ich offensichtlich die Kuh war. Ich sagte ihm, das sei lächerlich, mein Vater besitze zwar einige volle Waffenschränke, er verwende aber »aus sportlichen Gründen« nur Pfeil und Bogen. Dann fiel mir ein, dass Daddy erst vergangene Woche davon gesprochen hatte, er wäre auf der Suche nach einer neuen Armbrust, aber das sagte ich Victor lieber nicht. Victor meinte stirnrunzelnd, die wenigsten Leute würden eigene Schränke nur für Waffen besitzen, worauf mich der Verdacht beschlich, dass er gar nicht wirklich aus Texas kam. Wir starrten uns an, als könnten wir nicht verstehen, was mit dem anderen los war. Wahrscheinlich hätte das meine erste Warnung davor sein müssen, was die Zukunft für mich bereithielt.

Wir waren damals noch arme Collegestudenten, deshalb mieteten wir ein winziges Ein-Zimmer-Apartment im finstersten Teil der Stadt und lebten dort überraschenderweise wie im

Paradies. Nur dass wir eine Art geisteskranken Einsiedler als Nachbarn hatten, der seine Wohnung nie verließ, mir aber vom Fenster gelegentlich Hosen tragend zuwinkte. Ich weiß nicht, wo ich im letzten Satzteil das Komma setzen soll, weil »gelegentlich« sich sowohl auf »Hosen tragend« wie auf »zuwinkte« bezieht. Weil der Einsiedler mir eben gelegentlich zuwinkte und (bei den Gelegenheiten, bei denen er winkte) gelegentlich Hosen anhatte. Seine Motivation schien dabei allerdings weniger ein exhibitionistisches »Guck mal, mein Penis« zu sein als ein trauriges »Ich bin so labil, ich komme mit den Hosen von heute nicht mehr zurecht«.

Auf der anderen Seite betrieb ein freundliches, aber leicht übernächtigtes Paar offenbar einen schwunghaften Handel mit selbst gebackenen Muffins. Nur dass man »Muffins« durch »Meth« ersetzen muss. Muffins klingt natürlich netter. Es sei denn, man steht wirklich auf Meth. Dann kann man wahrscheinlich mit Muffins nicht mehr so viel anfangen. Außer eben mit »Meth-Muffins«. Was wirklich schrecklich klingt, aber vermutlich weggeht wie warme Semmeln. Was auch ein genialer Name für »Meth-Muffins« wäre, wenn es die gäbe. *Mein Gott, mit meinen Ideen könnte ich locker auch so ein Geschäft aufziehen.* Bräuchte ich nur noch einen Risikokapitalgeber.

Als meine Mutter uns das erste Mal in unserer neuen Wohnung besuchte, schien sie besorgt, sie könnte einen gravierenden Fehler gemacht haben, als sie mich zum Auszug drängte, aber ich versicherte ihr, wir seien glücklich und hätten sogar eine Art unorthodoxen Nachbarschaftswachdienst, da die Meth-Köche und der Einsiedler immer zu Hause seien und Pakete für uns annehmen und ein Auge auf Einbrecher haben könnten (die, wie wir alle vermuteten, in dem Apartment direkt unter uns wohnten). Es war eine ungute, unfreiwillige Gemeinschaft, aber wir waren jung und wussten noch nicht, wie weh es tut, wenn man erschossen wird, deshalb taten wir die Gefahr mit einem Schulterzucken ab. In dieser Zeit lernten wir, wie unglaublich schwer es ist, mit jemandem zusammenzuleben, der total pingelig und etwas zwangsgestört ist *(äh ... Victor).* Und mit einer, die sich ständig versehentlich mit Heißkleber am Teppich festklebt und geistig labil ist, obwohl sie wenigstens noch weiß, wie man Hosen anzieht *(hüstel ... das wäre ich).* Victor meinte, mich mit dem gelegentlich nackten Einsiedler von nebenan zu vergleichen, wäre kein besonders geeigneter Maßstab meiner geistigen Gesundheit, zumal ich oft genug selber ohne Hosen dastünde. Ich zog die Augenbrauen hoch angesichts dieser Anmache, wie ich fand, bis mir einfiel, dass er davon sprach, wie er mich einmal halbnackt angetroffen hatte, weil ich gerade meine Jeans mit Heißkleber auf den Teppich geklebt hatte.

Trotz allem schien Victor mich auf eine bizarre, absonderliche Art zu lieben, die nie deutlicher wurde als an dem Tag, an dem er mir einen Heiratsantrag machte. Aber davon im nächsten Kapitel mehr.

(Bestimmt seid ihr froh, dass ihr dieses Buch nicht nach Kapiteln zahlt. Es müsste euch ja wie die totale Abzocke vorkommen, wenn ihr dieses Kapitel bezahlt hättet und dann hört es wie FLUCH DER KARIBIK 2 mittendrin auf. Das würde ich euch nie antun, Leute. Wusstet ihr übrigens, dass es in Russland Orte gibt, an denen man für die Benutzung der Toiletten zahlen muss? Das ist jetzt im Grunde ein anderes Thema, aber mal ehrlich, *was soll der Quatsch?* Für so was zahle ich doch keinen Cent. Das wäre ja, als würde man jemanden dafür bezahlen, dass man seinen Abfall in die Mülltonne werfen darf. Wenn ich je nach Russland fahre, pinkle ich die ganze Zeit auf den Boden.)

NIEMAND HAT MIR JE BEIGEBRACHT, WIE MAN AUF EINEM SOFA SITZT

Bevor Victor seinen Eltern sagen konnte, dass wir zusammenziehen, wollte er unbedingt, dass ich sie persönlich in Midland in Texas kennenlerne. Nach Midland sind es mit dem Auto ein paar Stunden. Es ist eine große Ölstadt und in meiner Vorstellung lebten dort nur Millionäre. Victor versicherte zwar, seine Familie wäre nicht wirklich reich, aber er übte beharrlich mit mir, wie man eine Fischgabel von einer Kuchengabel unterscheidet. Als wir dann im Haus seiner Eltern ankamen und ich sah, dass auf dem Tisch ein riesiges Blumengesteck lag und das Licht durch ein Fenster in der Decke kam, begann ich ganz leicht zu hyperventilieren. Victors Stiefvater war verreist, aber seine Mutter war sehr höflich, auf eine Art, die mir das Gefühl gab, ich hätte zur Begrüßung doch besser weiße Handschuhe angezogen.

Bonnie, so hieß die Mutter, bat mich, auf dem Sofa Platz zu nehmen. Was ich auch tat. Aber kaum streifte ich mit dem Rücken eins der kleinen Sofakissen, da sah Victor mich auch schon mit entsetzt aufgerissenen Augen an, als hätte ich soeben den Hund der Familie abgestochen, und räusperte sich laut. Ich setzte mich hastig wieder auf und er strich verstohlen das Kissen glatt und flüsterte: *»Die Kissen sind nur zur Dekoration da.«* So lernte ich die erste Regel über Reiche. Sie benützen ihre Sofakissen nicht. Was irgendwie keinen Sinn macht, denn dazu sind Kissen doch eigentlich da.

Bonnie entschuldigte sich, sie wollte uns Getränke zurechtmachen (und vermutlich auch ihren Mann telefonisch über die Pennerin informieren, die ihr Sohn da angeschleppt hatte). »Du wirst ausflippen vor Freude«, hörte ich sie in Gedanken sagen. »Sie kann nicht einmal ein Sofa richtig benutzen. Wahrscheinlich hat er sie irgendwo auf der Straße aufgelesen.«

Ich zog ängstlich an Victors Arm und flüsterte, wir sollten uns rausschleichen, bevor ich noch mehr Schaden anrichten könnte, und er sah mich an, als hätte ich den Verstand verloren. »Wir lassen eine Nachricht zurück«, erklärte ich. »Einen schönen Zettel, auf dem steht, wir hätten draußen einen Affen gesehen und müssten ihn fangen.«

»Bist du high?« Er sah mir misstrauisch in die Augen. »Im Ernst, krieg dich mal wieder ein. Sie wird dich lieben. *Setz dich einfach nicht auf die Sofakissen.*«

Ich sah ihn verwirrt an und er tätschelte mir die Hand und meinte mit einem angestrengten Lächeln, ich solle mich beruhigen. Ich seufzte schicksalsergeben, ließ mich auf den Fußboden hinunterrutschen und blieb Schneidersitz sitzen, was okay war, denn ich trug Jeans und fühlte mich auf dem Boden ehrlich gesagt sowieso wohler. Victor flüsterte: »Was soll denn das jetzt?« Und ich aufgeregt: »Alter, ich kann das nicht. Das bescheuerte Sofa macht mir Angst. Das mit uns wird nichts.«

Er wollte mich aufgeregt wieder hochziehen, bevor seine Mutter zurückkehrte, aber ich blieb ganz ruhig, denn Kool-Aid mit Wasser anzurühren dauert immer lange. »Du kannst doch nicht auf dem bescheuerten Boden sitzen. Wie alt bist du, sieben?«

»Alter, du hast eben gesagt, ich soll mich nicht auf die Kissen setzen.«

»Nicht auf die *Deko*kissen«, versuchte er zu erklären und zerrte mich nach oben. »Auf den Polstern kannst du *natürlich* sitzen. Dazu sind sie doch da.«

»WARUM HAST DU MIR NICHT BEIGEBRACHT, WIE MAN AUF EINEM SOFA SITZT?«

Echtes Bild von Victor und mir auf dem Sofa seiner Eltern. Man beachte bitte, wie unbehaglich Victor sich fühlt, nur weil er sich in der Nähe eines Sofakissens befindet. Er scheint jeden Moment davor weglaufen zu wollen. Ich denke zu diesem Zeitpunkt immer noch, ich **wäre die Verrückte.**

Wahrscheinlich hatte ich ein wenig zu laut gesprochen, denn als Victors Mutter mit den Getränken hereinkam, sah sie mich seltsam an, und ich war so durcheinander, dass ich nicht mehr gerade denken konnte, also nahm ich schnell einen Schluck des schlechtesten Kool-Aid der Welt und stellte (nach einem kleinen Hustenanfall) fest, dass es sich in Wirklichkeit um eine Art Weinschorle handelte und nicht eine aus Pulver und Wasser zusammengerührte Limonade. Nachdem klar war, dass ich nicht ersticken würde, versuchte Bonnie das verlegene Schweigen zu füllen, indem sie mir Bilder von Victor in seinem Smoking zeigte und in Gesellschaft vieler verschiedener Mädchen mit schön gerichteten Haaren und in Abendkleidern. Von Brotbeutel-Schuhen hatten die wahrscheinlich noch nicht einmal *gehört*. Victor rollte ein wenig mit den Augen, als seine Mutter von den vielen Debütantinnenbällen erzählte, die er mit diesen Mädchen besucht hatte, und ich nickte höflich und tat interessiert. Dann fragte sie mich, wann *ich* denn »herauskommen« würde, und ich sagte: »Aber ich bin nicht schwul. Ich bin mit Ihrem Sohn befreundet.« Klarer konnte man das nicht sagen, fand ich, doch Victor begann laut zu husten und Bonnie sah mich verwirrt an, wurde dann allerdings abgelenkt, denn Victor hustete, als hätte er seine Zunge verschluckt. Gleich danach meinte er, dass wir jetzt besser gehen.

Auf dem Heimweg erklärte er, dass seine Mutter mit »herauskommen« meine Einführung in die Gesellschaft als Debütantin gemeint hätte. Ich erwiderte, er klinge wie eine Partnervermittlung, worauf er die Augen verdrehte. Dann beschwerte ich mich noch, dass wir so viel Zeit mit dem richtigen Gebrauch von Gabeln verschwendet hätten, aber dann nicht einmal zum Abendessen geblieben wären, und er schimpfte zurück: »Du konntest ja nicht einmal richtig auf diesem bescheuerten Sofa sitzen!« Da hatte er auch wieder recht, ich seufzte also nur und schwieg, denn was soll man schon sagen, wenn man gerade festgestellt hat, dass man sein ganzes Leben lang falsch auf Sofas gesessen hat.

Unterwegs hielten wir bei einem Dairy Queen, wo es zu meiner Erleichterung nur einen Satz Besteck gibt, es sei denn, man bestellt das Peanut Buster Parfait, dann kriegt man so einen extralangen roten Plastiklöffel, damit man das Karamell ganz unten im Eisbecher rauskratzen kann. Und zusätzlich ist auf dem Löffelende noch eine Eistüte abgebildet nur für den Fall, dass jemand mit dem Löffel nicht klarkommt. Als ich das sah, ließ ich mich darüber aus, warum Dairy Queen besser war als irgendein Edelrestaurant, und Victor starrte mich fasziniert an, wie total überrascht, dass da noch niemand draufgekommen war, oder als frage er sich, woher ich diese bescheidene Idee schon wieder habe. Er hatte diesen Blick in unserem gemeinsamen Jahr perfektioniert.

Ich holte tief Luft, beugte mich vor und sah ihn grimmig an. »Sieh mal, das sind wir. *Ich* bin der Eislöffel von Dairy Queen, *du* bist der Schneckenlöffel. Deshalb wird das mit uns nichts.«

Victor schwieg, dann beugte er sich ebenfalls vor und flüsterte: »Gabel.« Und ich: »Verstehe ich nicht ... Gabel, Gabel, Gabel, halt den Schnabel.« Er grinste ein wenig schief, als müsse er ein Lachen unterdrücken, und sagte: »Man isst Schnecken mit einer *Gabel.*« Und ich schrie: »Genau das meine ich doch.« Und Victor lachte und sagte: »Mir ist egal, wenn du nicht weißt, was eine

Schneckengabel ist. Ich finde das sogar total süß. Du lernst das noch. Oder auch nicht. Eigentlich ist es egal, weil ich die Löffel von Dairy Queen zufällig auch mag.« Und ich lächelte ein wenig zögernd, weil er es so überzeugend gesagt hatte, dass man ihm einfach glauben musste, obwohl ich den Verdacht hatte, dass er nur nett sein wollte, weil er nicht in einem Dairy Queen von einem Mädchen sitzen gelassen werden wollte, das nicht einmal richtig auf einem Sofa sitzen konnte. Denn das ist so ziemlich die schlimmste Art überhaupt, sitzen gelassen zu werden.

GANZ NORMALE VERLOBUNGSGESCHICHTE

In der Junior High habe ich viel Danielle Steele gelesen. Deshalb habe ich mir immer vorgestellt, ich würde am Tag meiner Verlobung nackt sein, nur von Rosenblüten bedeckt, und mit dem Bruder des Mannes schlafen, der mich entführt hat.

Und der Bruder wäre außerdem ein Herzog.

Eventuell noch mein Stiefbruder.

Anschließend würde einer von uns durch die Scherben einer kaputten Whiskyflasche schwer verletzt und/oder vergewaltigt werden.

Wie sich herausstellte, erfüllte sich nur eine Erwartung, nämlich die mit den Scherben.

Es war 1996 und Victor und ich gingen noch ins College. Er arbeitete abends als DJ, ich ~~beim Telefonsex~~ im Telemarketing. Wir lebten seit ungefähr einem Jahr zusammen, da fand Victor, wir könnten allmählich heiraten. Und nur wegen des romantischen Rock-Star-Feelings beschloss er, dass er mir einen Antrag im Radio machen wollte. Das einzige Problem war, dass er, wenn er selber auf Sendung war, nicht zugleich vor Ort sein konnte, um mich zu einem Jawort zu bringen, also nahm er stattdessen den Abend frei und spielte vorher eine Aufnahme ein, die klang, als rufe er bei der Sendung an, um mit dem Typen zu sprechen, der ihn vertrat. Ich sollte seinen Antrag im Radio hören, und er wollte dann vor mich hinknien und mir den Ring überreichen. Er wusste nur nicht, wie er mich vor das Radio kriegen sollte, er schlug also vor, dass wir eine Autofahrt machen, damit er seinen Vertreter im Radio hören könnte. Das taten wir dann auch. *Geschlagene – sechs – Stunden – lang.*

18 UHR — Wir sitzen schon seit einer halben Stunde im Auto. Ich kriege allmählich Hunger.

18.30 UHR — Ich habe Hunger, aber Victor will nicht anhalten, damit wir etwas essen können.

19 UHR — Victor verhält sich höchst sonderbar und sprunghaft. Mich beschleicht der Verdacht, dass er mich umbringen will. Ich weiß, das klingt nicht logisch bei jemandem, der weinen musste, als er mich wegen eines Kartoffelchips versehentlich auf die Nase geschlagen hatte, aber ich habe schon immer den Verdacht gehabt, dass Victor ein wenig zu gut ist, dass mit ihm etwas nicht stimmt, und die Annahme, dass er mich ermorden wollte, schien naheliegender als die Annahme, dass er mich heiraten wollte.

19.30 UHR — Wenn er mich nichts essen lässt, tue ich so, als würde ich ohnmächtig. Victor ist überzeugt, dass sein Vertreter die Aufnahme einspielt, sobald ich den Wagen verlasse, deshalb besteht er drauf, dass wir nur zum Drive-in von Taco Bell fahren.

20 UHR — Victor weigert sich, das Radio auszuschalten, während wir unsere Burritos bestellen. Vermutlich will er meine Stimme übertönen, wenn ich den Kassierer bitte, die Polizei anzurufen.

20.30–22.30 UHR — Victor fährt im Kreis. Ich muss pinkeln, aber Victor lässt mich nicht aussteigen. Er hat Schweißausbrüche. Ich überlege abwesend, wo er meine Leiche entsorgen wird.

22.30–23.30 UHR — Der Drang, auf die Toilette zu gehen, ist jetzt stärker als der Drang zu fliehen. Mir kommt der Verdacht, dass Victor mich töten will, indem er meine Blase zum Explodieren bringt. Er lächelt nervös und ich frage mich, ob ich mich überwinden könnte, mich selber voll zu pinkeln.

23.40 UHR — Nein, aber versucht habe ich es.

23.45 UHR — Noch eine Viertelstunde bis zum Ende der Schicht des Vertreters. Victor ist ein Wrack. Ich bin inzwischen in dem Stadium, wo man so dringend pinkeln muss, dass man glaubt, man müsste sich gleich übergeben, aber dann wird einem klar, sobald man sich übergibt, pinkelt man sich sowieso voll. Ich überlege also, ob ich aus dem fahrenden Auto springe, dann wäre der Leichenbeschauer nicht so sauer, dass ich mich voll gepinkelt habe, denn wer pinkelt sich nicht voll, wenn er sich aus einem fahrenden Auto stürzt? *Niemand*, eben.

MITTERNACHT — Victor seufzte, bog in den Parkplatz vor unserem Apartmenthaus ein und starrte benommen auf den Müllcontainer vor uns. Er wirkte so niedergeschlagen und verzweifelt, dass er mir wirklich schrecklich leid tat. Ich legte die Hand auf seinen Arm und er seufzte abgrundtief wie der totale Loser. Ich wollte ihn aufmuntern, aber es kam mir irgendwie komisch vor, jemanden aufzumuntern, der womöglich deshalb niedergeschlagen war, weil das mit dem Mord nicht geklappt hat, und da dachte ich: »*Das ist wahre Liebe.* Wenn man es dem anderen erleichtern will, einen zu ermorden.« Und zugleich wurde mir klar, dass ich mich schon viel zu sehr in Victor verliebt hatte, als gut für mich war, und dass ich wahrscheinlich eine Therapie brauchte.

Zugleich bemerkte ich, wie Victor sich plötzlich aufrichtete und dass aus dem Radio seine Stimme kam. Und dann dachte ich, dass er mich jetzt ganz bestimmt ermorden würde, denn das war das perfekte Alibi. Wenn meine Leiche gefunden wurde, würde es klingen, als wäre er im Sender gewesen. Aber dann stellte ich fest, dass er mich mit einem schiefen Grinsen ansah, und ich hörte den Victor im Radio dem anderen DJ von einer Frau erzählen, die er kennengelernt hätte und in die er sich verliebt hätte. Und dass er am Ende der Sendung immer »When We Dance« von Sting als stumme Liebeserklärung an diese Frau gespielt hätte. Und dann sagte er, er hätte sich so sehr in diese Frau verliebt, dass er ihr gleich jetzt einen Heiratsantrag machen wollte. *Mitten in der bescheuerten Sendung.*

Und dann drehte ich mich um und Victor hatte leise meine Tür geöffnet und kniete vor mir und hielt einen Diamantring, der so klein war, dass ich wusste, er hatte ihn selber gekauft. Und deshalb sagte ich ja, teils weil ich ihn liebte, teils aus Erleichterung, dass er mich doch nicht ermorden wollte, und teils weil ich wusste, dass er mich nicht zum Pinkeln aus dem Auto lassen würde, solange ich nicht zustimmte. Ich küsste ihn und er kniete weiter vor mir und versperrte mir den Weg. Und dann fragte ich, ob ich auf die Toilette gehen könnte, und er sah mich mit so einem gequälten Gesicht an, dass ich mich schon fragte, ob ich jetzt die romantische Stimmung versaut hatte, aber dann richtete er sich auf und ich sah, dass er sich versehentlich in einen Haufen Glasscherben gekniet hatte, was wirklich der Wahnsinn war, denn nichts ist romantischer als ein Heiratsantrag, nach dem man eine Tetanusspritze braucht.

Ich weiß noch, wie ich damals dachte, wenn ich nicht so dringend hätte pinkeln müssen, hätte ich wahrscheinlich gesagt, wir sollten noch warten, denn in Wahrheit war ich ein wenig zu kaputt, um irgendjemanden zu heiraten. Aber als ich von der Toilette zurückkam, hatte Victor schon alle unsere Bekannten angerufen und über mein Jawort informiert.

Ich wollte ihn noch einige Male überzeugen, dass er mit seinem Antrag einen schrecklichen Fehler begangen hätte, aber sobald ich darauf beharrte, dass er mit einer seiner Debütantinnen von damals besser beraten gewesen wäre, tat er das als mangelndes Selbstwertgefühl ab. Selbst als ich erklärte, ich wäre in gewisser Hinsicht gestört, fand er das eine Übertreibung meinerseits. Er kannte meine kleineren Panikattacken und gelegentlichen Zusammenbrüche und glaubte irrtümlich, damit schon das Schlimmste erlebt zu haben.

Dann wachte ich eines Morgens kurz nach unserer Verlobung auf, als er die Hand nach mir ausstreckte. Plötzlich hielt er inne und setzte sich auf. Betont ruhig sagte er: »Schatz ...? Hast du ... ins Bett gepinkelt?«

Und ich darauf empört: »WIE BITTE?! Ich pinkle doch nicht ins Bett!« Und dann dachte ich: »Igitt, habe ich wirklich ins Bett gepinkelt?« und tastete herum und spürte nichts, aber dann sah ich diese große gelbe Pfütze, die langsam durch die

Daunendecke in den Graben zwischen Victor und mir sickerte. Ich schrie »OHMEINGOTT, KATZENPISSE!« und schlug die Decke hastig zurück. Die Katzenpisse spritzte überallhin.

Victor sprang aus dem Bett, würgte und überschüttete mich und den Kater mit Beschimpfungen, und da wurde mir erst klar, dass er trotz seines Megaekels immer noch versucht hatte, Ruhe zu bewahren und verständnisvoll zu sein, weil er glaubte, ich hätte ihn voll gepinkelt. Offenbar in der Annahme, ich wäre so durchgeknallt, dass ich *willkürlich auf ihn uriniere.* Und da dachte ich, vielleicht hat unsere Beziehung doch eine Chance.

Trotzdem tat Victor mir leid, denn er wusste zwar, dass ich geistig schon gestört war, glaubte aber, ich wäre von Natur aus dünn, er nahm also an, dass ich zwar »verrückt« war, aber irgendwie sexy und verrückt. Er schickte mich zum Collegepsychiater und der redete mir die Magersucht aus und ich legte sofort fünfzehn Kilo zu, was zwar sehr gesund war, aber gar nicht mehr sexy. Außerdem nahm ich auf einmal feste Nahrung zu mir, kostete also deutlich mehr Geld, als Victor ursprünglich eingeplant hatte. Insgesamt machte er mit mir ein richtig schlechtes Geschäft.

Und ich war noch durchgeknallter, als ich zugab.

ES WAR KEIN EINTOPF

Ich fand es immer unfair, dass ich vor unserer Hochzeit so wenig Zeit hatte, mich bei meinen künftigen Schwiegereltern einzuschmeicheln, während Victor das bei meinen Eltern ein ganzes Jahr lang tun konnte.

Zugegeben, wir hatten es beide nicht leicht. Bei seinem ersten Besuch zum Abendessen bei mir zu Hause saßen wir zusammen mit meiner Mom im Wohnzimmer. Mom und ich saßen auf dem Sofa und konnten von dort aus sehen, wie mein Vater auf Zehenspitzen ins Zimmer kam. Er hatte den Finger an die Lippen gelegt, wir sollten Victor nicht verraten, dass er hinter ihm stand, und unter den rechten Arm hatte er sich einen lebenden Rotluchs geklemmt. Nicht im Traum hätte ich mir vorstellen können, dass mein Vater tatsächlich einen lebenden Luchs auf den Mann werfen würde, den ich beeindrucken wollte. Es wäre für mich der wahrscheinlich schlimmste Albtraum meines Lebens gewesen. Ich nahm also an, dass er den Luchs versehentlich ins Haus gelassen hatte und dann eingeschlafen war, dass er aber seinen schrecklichen Fehler erkannt hatte, als er beim Aufwachen Victors Stimme hörte, und ihn jetzt heimlich durch die Hintertür nach draußen bringen wollte, damit Victor nicht auf den Gedanken kam, wir gehörten zu den Familien, die lebende Luchse im Haus hielten. Leider hatte mein Vater etwas ganz anderes vor, und ich riss entsetzt die Augen auf, als er sich vorbeugte, mit seiner dröhnenden Stimme munter »HALLOOOO, VICTOR« brüllte und ihm den Luchs in den Schoß warf.

Die meisten, die das lesen, glauben jetzt wahrscheinlich, dass mein Vater potenziellen Freiern einen solchen Schrecken einjagen wollte, damit sie seine Töchter immer mit größtem Respekt behandelten, aber das war nicht einmal entfernt seine Absicht. Er hätte den Luchs genauso unbeschwert mir oder meiner Mutter in den Schoß fallen lassen, hätten wir nicht einen siebten Sinn für die bedrohlichen Geräusche entwickelt, die mein Vater verursachte, wenn er ganz leise sein wollte. Zur Verteidigung meines Vaters sei gesagt, dass es sich um einen eher kleinen Luchs handelte, den mein Vater gerade aufpäppelte und anschließend aussetzen wollte, nicht um einen ausgewachsenen aus den Käfigen im Garten. Mein Vater hielt damals mehrere ausgewachsene Luchse, die allerdings selten ins Haus kamen, und wenn meine Mom einmal einen im Haus antraf, scheuchte sich ihn mit dem Besen in seinen Käfig zurück. Ich fragte Mom einmal, warum Daddy eigentlich Luchse hielt, worauf sie sagte, er sammle ihren Urin. Also deswegen, *yeah.* Alle Väter sammeln doch etwas. (Für die, in deren Gegend es keine Rotluchse gibt: Rotluchse sind wie kleine, gern unterschätzte Tiger. Sie weichen der Auseinandersetzung mit Menschen aus, aber wenn man sie zu sehr provoziert, beißen sie auch gerne mal zu. Man sollte sie meiden.)

Selbst wenn ich darüber nachgedacht hätte, wie Victor auf einen bärtigen Riesen reagieren würde, der mit einem Luchs auf ihn wirft, wäre ich wahrscheinlich nicht auf seine tatsächliche Reaktion gekommen. Er biss unwillkürlich die Zähne zusammen, erstarrte und sah den Luchs mit schreckgeweiteten Augen an. Dann blickte er verwirrt (aber bewundernswert gefasst und unter Vermeidung ruckartiger Bewegungen) zu meinem Vater auf. Vielleicht erwartete er ein verlegenes Gesicht, weil mein Vater den Luchs doch ganz bestimmt nur *versehentlich* auf ihn hatte fallen lassen, oder er glaubte, mein Vater wäre über den Luchs auf seinem Schoß genauso schockiert und entsetzt wie er und würde gleich sagen, Victor solle sich nicht bewegen, er hole das Betäubungsgewehr. Stattdessen grinste mein Vater nur breit und streckte Victor die Hand hin, als sitze auf Victors Sessel nicht unerwartet ein Luchs. (Ein Luchs, wie ich hinzufügen könnte, der ebenfalls erschrocken und verärgert darüber schien, in eine derart unangenehme gesellschaftliche Situation gebracht worden zu sein.) Victor beäugte den Luchs misstrauisch (der jetzt Furcht erregende Laute von sich gab, wie Luchse es tun, wenn sie klarstellen wollen, dass sie keine Hauskatzen sind und auch nicht kuscheln wollen) und warf dann mir einen Blick zu, wie um abzuschätzen, ob ich den Einsatz lohnte. Er holte tief Luft, dann drehte er sich in Zeitlupe zu meinem Vater um und nahm seine Hand. »Henry«, sagte er gepresst und nickte zur Begrüßung. Die Angst war ihm kaum anzuhören. Dann wandte er sich wieder an meine Mutter und setzte das Gespräch fort, als wäre das die natürlichste Sache der Welt. Es war der Wahnsinn und ich glaube, er hatte damit unser aller Achtung gewonnen. Selbst der Luchs begriff, dass er bei Victor vermutlich sicherer war als bei dem Riesen, der ihn immer anderen Leuten in den Schoß warf. Er machte es sich neben Victor bequem und starrte uns andere missbilligend an.

Victor und ein Sortiment Rotluchse (mit denen ihn vermutlich nur das gemeinsame Misstrauen gegen meinen Vater verband). (Dementi: Das sind wirklich keine guten Bilder von Victor oder den Luchsen.)

Später sagte Victor mir, er wäre fast ausgeflippt, aber sein Dad hätte einmal einen Puma namens Sonny besessen, als er selber noch klein gewesen wäre, er hätte deshalb Verständnis für die exotischen Haustiere anderer Leute. Und es *war* ja auch schön, dass wir etwas gemeinsam hatten, etwas, das uns verband. Der Unterschied war nur, dass *sein* Vater Hubschrauber, Porsches und zahme Pumas hatte, weil er reich war und das auch gerne zeigte, während *mein* Vater Luchse wegen ihres Urins hielt. Aber das sagte ich nicht, weil wir doch das Gefühl hatten, dass uns etwas verband. Und auch weil ich das mit dem Urin selber nicht ganz verstand, obwohl man mir später sagte, dass es sich einfach um eine organische Methode handelte, mit der manche Leute unerwünschte Tiere aus ihren Gärten vertreiben. Es sei denn, diese Tiere sind Luchse, denke ich. Dann ist man am Arsch.

Victor war irgendwie sehr besorgt darum, was meine Eltern von ihm hielten, und wollte unbedingt von ihnen anerkannt werden. Meine Mom hatte er fast sofort rumgekriegt, indem er ihr half, ein altes Cabrio zu reparieren, aber mein Vater behandelte ihn immer, als hätte ich aus unerfindlichen Gründen unseren Rechnungsprüfer zum Essen eingeladen. Wenn wir einen gehabt hätten. Also versuchte Victor meinen Vater auf *mannhafte* Weise für sich zu gewinnen und sagte, er wolle seine Arbeit als Tierpräparator kennenlernen. Beide schienen nicht besonders scharf auf das Joint Venture, taten aber so, als wäre es ihnen um meinetwillen wichtig, obwohl ich klarmachte, dass ich davon überhaupt nichts hielt. Victor sah nach seinem ersten (und einzigen) Tag als Tierpräparator krank aus, mein Vater wirkte durcheinander.

»Was ist passiert?«, flüsterte ich, nachdem mein Vater sich in seinem Zimmer hingelegt hatte. »Musstest du dich übergeben? Fast alle müssen das, wenn sie zum ersten Mal etwas präparieren«, versicherte ich. »Das ist ganz normal.«

»Nein«, erwiderte Victor und hielt sich den Arm vor die Augen, wie um unwillkommene Bilder abzuwehren. »Nein, dein Dad hatte das Tier schon präpariert, es mussten nur noch einige Stellen nachgearbeitet werden. Es handelte sich um einen schwarzen Eber, und dein Dad meinte, ich könnte das

Maul innen ausmalen, das wäre eine gute, schnelle Arbeit für Anfänger.« Das stimmte und ich gab meinem Dad in Gedanken Pluspunkte dafür, dass er Victor etwas Leichtes und nicht so Ekliges zu tun gegeben hatte.

»Und?«, fragte ich.

»Ich habe sechs Stunden lang gemalt. *Sechs Stunden.* Mit einem Airbrush.«

»Wow, das ... das ist wirklich lange für das Maul eines Ebers. Wie ist es geworden?«

»Es sah aus ...« Victor verstummte und starrte grimmig an die Decke. »Weißt du noch die Szene, in der Fred Feuerstein sich als Mädchen verkleidet?«

»Oh.« Ich biss mir auf die Lippen, um ernst zu bleiben, denn ich wusste, wenn ich jetzt lachte, kränkte ich ihn nur noch mehr. Ich tätschelte ihm also tröstend den Arm. »Und was hat Daddy gesagt?«, fragte ich vorsichtig.

»Gar nichts. Er hat den Eber nur stumm angesehen und mich von ihm weggeschoben. Ich habe ihn noch nie so schweigsam erlebt. Er bat mich, seinen Jagdbogen für ihn zu spannen, und davon hätte ich mir fast einen Bruch geholt. Dann ging er mit mir nach draußen und dort sollte ich schießen. Ich hätte mir fast selbst ins Bein geschossen, wirklich. *Fast angeschossen hätte ich mich. Ins Bein.* Ich glaube, er wollte, dass ich mich aus Versehen selbst erschieße, damit er dir sagen kann, es hätte einen tragischen Unfall gegeben. Dann hättest du kein schlechtes Gewissen und könntest dir jemand anders suchen, der nicht ein Wildschwein so anmalt, dass es wie eine billige männliche Hure aussieht.«

Ich wollte ihn davon überzeugen, dass mein Dad ihn in Wirklichkeit bewunderte, aber dann fiel mir ein, dass Dad ihm zwei Wochen zuvor hatte beibringen wollen, wie man nach Art der Indianer Pfeilspitzen aus Feuerstein herstellt. Victor hatte sich überraschend geschickt angestellt, doch dann hatte er sich geschnitten und so heftig geblutet, dass wir schon gefürchtet hatten, er hätte eine Schlagader getroffen. »Willst du wirklich einen Bluter heiraten?«, hatte mein Dad leise gefragt, während er sich suchend nach etwas umsah, das er als Druckverband verwenden konnte. »Das ist erblich.« Vielleicht wollte mein Vater ihn ja wirklich umbringen.

In einem verzweifelten letzten Versuch beschloss Victor, meinem Vater einen echt indianischen Medizinbeutel zu schenken, den er unter Verwendung eines gefundenen Kojotenkopfes, einer toten Schildkröte und einiger geflochtener Lederriemen als Gurt selbst gemacht hatte. Als er mit seiner makabren Handarbeit fertig war, hielt er sie mir triumphierend vor die Nase. Ich starrte kurz in das blicklose Kojotengesicht und wandte mich wieder meinen Buch zu. »Ist der nicht toll?«, beharrte er (irgendwie manisch) und ich zuckte halbherzig mit den Schultern, immerhin war denkbar, dass meinem Vater so etwas gefiel. Was allerdings nicht viel hieß, mein Vater freute sich aus unerklärlichen Gründen auch über von Autos überfahrene Tiere und bastelte aus übriggebliebenen Körperteilen irgendwelche Wolpertinger. Victor war sauer, weil ich seine Begeisterung nicht teilte, und sagte mit einer unwirschen Handbewegung, ich wäre eben ein »Mädchen« und könnte den männlichen Wunsch, den künftigen Schwiegervater mit einem mannhaften Geschenk zu gewinnen, sowieso nicht verstehen.

»Du hast wahrscheinlich recht«, räumte ich ein. »Ich verstehe tatsächlich nicht, was so männlich daran sein soll, wenn ein Mann dem anderen einen Geldbeutel schenkt.« Victor stellte mit ziemlich lauter Stimme klar, dass es sich um einen *Medizin*beutel handle, und ich sagte: »Aha, na ja, davon habe ich keine Ahnung. Ich hatte nie einen Geldbeutel mit Kojotengesicht, weil ich nicht gewusst hätte, welche Schuhe dazu passen.« Victor sah mich finster an und sagte, ich hätte sowieso keine Ahnung, und ich stimmte ihm zu und gab meiner Vagina die Schuld, was wir im Moment ja offenbar beide täten. Daraufhin gab Victor sich seufzend geschlagen, küsste mich auf die Stirn und sagte, es täte ihm leid, was aber überhaupt nicht überzeugend klang. Ich glaube, er sagte das auch nicht, weil er seine sexistischen Bemerkungen bereute, sondern weil er sich nicht traute, mit meiner Vagina zu streiten. Was ziemlich geschickt von ihm war, denn meine Vagina ist *clever*.

Wie sich herausstellte, liebte Daddy den Beutel mit dem Tiergesicht und hängte ihn an einen Ehrenplatz am Kaminsims, wo er heute noch hängt. Victor hatte seinen Respekt gewonnen, und das nur mit einer Tasche aus einem toten Tier. Ich überlegte, ob es vielleicht irgendeine geheime Zahlenkombination gab, mit der ich mich bei Victors Eltern genauso beliebt machen konnte. Nicht dass sie mich *nicht* gemocht hätten, sie wirkten in meiner Gegenwart einfach nur befangen. Sie waren nett und höflich, aber so ratlos, als wäre ihr Sohn überraschend mit einem Nackentattoo mit der Inschrift »KOCH MIR BASKETTI« aufgetaucht. Sie wirkten sprachlos und verwirrt und womöglich sogar gekränkt, schienen aber auch einzusehen, dass sie nichts mehr ändern konnten, also beglückwünschten sie ihren Sohn ein wenig zögernd zu dem mysteriösen Nackentattoo, um dessen Hand er angehalten hatte.

Besonders deutlich wurde das am Tag vor unserer Hochzeit, als Victor mit seiner Mom und seinem Stiefvater zu uns kam, damit unsere Eltern sich noch vor der Hochzeit kennenlernen konnten. Meine Mutter und ich hatte meinen Vater überreden können, in seiner Präparatorenwerkstatt zu bleiben. Ich wollte meine Schwiegereltern zuerst mit etwas Alkohol und der Versicherung besänftigen, wir seien in Wirklichkeit alle ganz normal, bevor ich sie mit meinem Vater bekannt machte.

Leider hörte mein Vater Victor mit seinen Eltern vorfahren und bedeutete ihnen winkend, auf den Platz hinter seiner Werkstatt zu kommen, auf dem ein mächtiges Feuer loderte. Im Feuer lag ein großes metallenes Ölfass, das mit einer kochenden Flüssigkeit gefüllt war. Mein Vater rührte mit einem Besenstiel darin herum und Dampfschwaden waberten um seine grauen Haare. Eigentlich hätte Victor nur zurückwinken und so tun sollen, als könnten sie ihn nicht hören, und dann mit seinen Eltern rasch in unserem Haus verschwinden. Stattdessen lächelte er nervös und half seiner Mutter, die mit ihren eleganten Absätzen im Dreck einsank, durch die kreuz und quer laufenden Hühner hindurch zu dem Platz hinter der Werkstatt. Mein Vater baute sich einschüchternd vor Victor und seinen Eltern auf, hieß sie aber mit seiner dröhnenden Stimme herzlich willkommen, während er zugleich weiter in dem Kessel rührte. Meine künftige Schwiegermutter versuchte sich in Small Talk, blickte mit fragend hochgezogenen Augenbrauen auf den Kessel und fragte ein wenig ängstlich: »Was kochen Sie denn da?« Sie beugte sich zögernd darüber und versuchte ein Lächeln. »Ist das ... Eintopf?«

Mein Vater kicherte gutmütig, lächelte freundlich und herablassend, wie man es bei einem Kind tut, und sagte: »Nein, ich koche nur Schädel.« Er spießte mit dem Besenstiel den Kopf einer Kuh auf, an dem noch Fleisch hing, und zeigte ihn ihr. Ein Augapfel fiel heraus, rollte auf meine künftigen Schwiegereltern zu und blieb neben dem Designerschuh meiner Schwiegermutter liegen, als wollte er ihr unter den Rock sehen. Daraufhin flüchteten die beiden zum Auto und fuhren überstürzt ab. Ich sollte sie erst wieder zur Hochzeit sehen.

Aber sie bissen die Zähne zusammen und waren tapfer bemüht, mich als neues Familienmitglied aufzunehmen. Das Ganze dauerte lange und kostete sie größte Überwindung. Sie behandelten mich mit Respekt und gleichermaßen Unbehagen, als käme mit mir ein gefährlicher, höchst bedrohlicher Sprengstoff in ihr Leben. Erst später, auf dem Weg zum Altar am Tag meiner Hochzeit, konnte ich den Blick auf ihren Gesichtern endlich einordnen. Mir wurde klar, dass ich vor einiger Zeit genau denselben Blick auf Victors Gesicht gesehen hatte. Ich war für sie der unerwartete Luchs auf ihrem Sessel. Und ich wusste jetzt genau, wie grässlich dem armen Luchs damals zumute gewesen war.

HOCHZEIT AM 4. JULI

Victor und ich heirateten am 4. Juli. Die Hochzeit war so ähnlich wie in dem Film GEBOREN AM 4. JULI, nur mit weniger Rollstühlen, und Tom Cruise war auch nicht da. Außerdem habe ich den Film nie gesehen, weil er irgendwie deprimierend klingt. Aber fairerweise muss ich auch sagen, dass ich mich an meine Hochzeit kaum noch erinnere, es kann also gut sein, dass Tom Cruise doch da war und ich es nur vergessen habe. Das wird peinlich werden, wenn ich Tom Cruise das nächste (oder erste) Mal treffe.

Am Hochzeitstag hatten sowohl Victor wie ich Bedenken. Ich hatte sie, weil ich kaum zweiundzwanzig und unreif war und keine Ahnung hatte, wie man eine verheiratete Frau war, vor allem aber wegen des Kleids, das ich trug (siehe »zweiundzwanzig und unreif«). Aufgrund einer merkwürdigen Fügung des Schicksals hatte Victor mein Hochzeitskleid gekauft. Er hatte es im Schaufenster eines Kleiderverleihs gesehen, der wegen Geschäftsaufgabe schloss. Es war unangemessen jungfräulich weiß und mit Perlen und Schleifen besetzt, ein Hochzeitskleid, das Prinzessin Diana und Scarlett O'Hara beide völlig übertrieben gefunden hätten. Die aufgeblähten Puffärmel waren dicker als mein Kopf und offenbar mit Zeitung ausgestopft (vermutlich der Sonntagsausgabe der NEW YORK TIMES), der Reifrock, der die meterlangen weißen Rüschen stützte, machte einen ständigen Sicherheitsabstand von anderthalb Metern nach allen Richtungen erforderlich, denn wenn etwas gegen seinen unteren Rand stieß, schnellte die gegenüberliegende Seite hoch und traf mich am Kopf. Es war monströs und pflegeaufwendig und rein wie Schnee *und nie im Leben hätte ich dieses Kleid selbst für mich ausgewählt*, aber Victor bestand darauf, es wäre absolut »mein Kleid«, was wohl weniger eine Kränkung als eine Vision der Frau sein sollte, die ich eines Tages werden könnte. Er irrte sich in so vieler Hinsicht, dass ich schon gar nicht mehr mitzähle.

Ich war mit meinen Zweifeln allerdings nicht allein. Victors Bedenken gingen darauf zurück, dass wir zwei Wochen zuvor ein »ziemlich furchtbares Date« gehabt hatten, wie ich es nannte. Victor sprach davon immer noch als »damals, als du mich fast umgebracht hättest«. (Anmerkung: Heute spricht er von »dem ersten Mal, als du mich fast umgebracht hättest«.) Aber Victor schreibt dieses Buch nicht, vor allem weil er immer so schrecklich überreagiert. In Wirklichkeit fuhren wir nach Sonnenuntergang eine abgelegene Landstraße entlang, denn Victor suchte nach Schlangen. Absichtlich. Im vergangenen Jahr hatte er eine Faszination für Schlangen entwickelt und verdiente nebenher Geld, indem er Schlangen, die nach Einbruch der Dunkelheit auf den warmen, leeren Straßen lagen, einfing, zähmte und anschließend an andere Schlangenliebhaber verkaufte. Die harmlosen, leicht zähmbaren Schlangen erkannte er meist auf Anhieb und er hörte auf meine Warnung, sich nie mit den aggressiven, giftigen anzulegen. Bis zu besagtem Abend, an dem wir eine besonders große Klapperschlange auf der Straße liegen sahen, die offenbar von einem anderen Auto überfahren worden war. Victor hielt und ich warnte ihn, er sollte nicht aussteigen, aber er meinte, er sehe doch, dass die Schlange überfahren worden wäre, und ich solle ihm mit der Taschenlampe leuchten, er wolle sich überzeugen, dass sie tot war und nicht noch litt. Ich schlug vor, sie stattdessen einfach noch ein paar Mal zu überfahren, aber er sah mich an, als würde ich mich vollkommen danebenbenehmen, und stieg langsam aus. Ich machte zögernd meine Tür auf, wollte aber nicht aussteigen, sondern blieb auf dem Trittbrett des Pickup stehen und beugte mich über die Kühlerhaube. Bestimmt lauerten da noch weitere Klapperschlangen, um als Gruppe über uns herzufallen. Victor drehte sich ungeduldig nach mir um. »Komm schon und bring die Taschenlampe mit. *Du bist zu weit weg.*«

»Ich stehe hier gut, danke. *Steig bitte sofort wieder ein.*«

Er sah mich böse an und schüttelte den Kopf. »Kannst du mir nicht vertrauen?« Er kniete sich neben die Klapperschlange. »Sie ist tot. Sieht aus, als wäre ihr Kopf überfahren worden.«

»*Wahnsinn.* Und jetzt steig bitte wieder ein.«

Doch Victor hörte nicht auf mich. Er zog einen Handschuh an und bückte sich, um die anderthalb Meter lange Klappeschlange am Schwanz hochzuheben. »Wir bringen sie deinem Vater mit, der kann sie wahrscheinlich – OHMEINGOTT!«

Die »tote« Klapperschlange hatte genau diesen Moment für einen wütenden Angriff auf Victors Bein ausgewählt. Nicht ganz zufällig war es auch genau derselbe Moment, in dem ich mit der Taschenlampe ins Auto zurücksprang und Victor im

Stockdunklen auf der einsamen Straße stehen ließ, in der Hand eine wütende Klapperschlange, die ihn ermorden wollte.

»MACH SOFORT DIE TASCHENLAMPE WIEDER AN!«, brüllte er.

»ICH SAGTE DOCH, DU SOLLST DA NICHT RAUSGEHEN!«, brüllte ich wütend zurück, verriegelte (aus irgendeinem Grund) rasch die Türen und kurbelte sämtliche Fenster hoch. Ich hatte wirklich Angst um Victor und wollte ihm auch helfen, andererseits dachte ich gleichzeitig, dass er daran irgendwie wirklich selbst schuld war.

»MACH SOFORT DIE TASCHENLAMPE AN ODER ICH WERFE DIESE BLÖDE SCHLANGE DURCH DAS FENSTER ZU DIR REIN«, schrie er, was überraschend war, einmal weil er für jemanden, der gerade an einem Schlangenbiss starb, überraschend lebendig klang, und außerdem weil er irrtümlich annahm, ich hätte nicht automatisch alle Türen verriegelt. *Er kennt mich so wenig*, dachte ich.

Ich holte tief Luft, rief mir ins Gedächtnis, dass er zwar ein Macho-Idiot war, aber eben mein Macho-Idiot, und kurbelte das Fenster soweit herunter, dass ich gerade die Hand mit der Taschenlampe durchstecken konnte. Victor sah immer noch sehr lebendig aus und ziemlich sauer. Wie sich herausstellte, lebte die Schlange noch und wollte ihn beißen, aber ihr Kiefer war zerschmettert, deshalb konnte sie Victor nichts tun. Victor sah mich mit panisch aufgerissenen Augen zornig an, erlöste die Schlange mit einer Schaufel von ihrem Leiden und kam zum Pickup zurück.

Es dauerte eine Weile, bis sein Atem sich wieder beruhigt hatte, aber seine Stimme klang nur mühsam beherrscht. »Du hast mich allein gelassen. Im Dunkeln. *Mit einer lebenden Klapperschlange.*«

»Nein, *du* hast *mich* allein gelassen. Im Auto. *Wegen* einer lebenden Klapperschlange«, erwiderte ich. »Deshalb sind wir wohl quitt.« Es folgte eine lange Pause, während der er mich unablässig anstarrte. »Aber ich verzeihe dir«, fügte ich hinzu.

»DU HÄTTEST MICH FAST UMGEBRACHT«, rief er.

»Nein, das war die *Klapperschlange. Ich* war nur eine unfreiwillige Zeugin. Ich wollte den Wagen wenden und die Schlange überfahren, um dich zu retten, aber du hattest die Schlüssel eingesteckt. Außerdem kann ich Autos mit Gangschaltung nicht fahren. Ich wäre also wahrscheinlich auch gestorben, aber eben viel qualvoller und langsamer an Hunger und Kälte. Eigentlich müsste ich auf dich wütend sein.« Ich war erst wütend geworden, als ich angefangen hatte, mich zu verteidigen, aber dann war mir klar geworden, dass ich nicht ganz unrecht hatte. Wenn überhaupt, dann hatte ich fast uns beide getötet, aber Victor war zu kurzsichtig, um so weit voraus zu sehen.

»Du hast mich allein gelassen. Im Dunkeln. *Mit einer lebenden Klapperschlange*«, wiederholte er flüsternd.

»Ich habe dir eben vertraut«, sagte ich liebenswürdig. Das ist einer meiner Lieblingssprüche, wenn ich mich mit jemandem streite, denn der andere kann dir schwer widersprechen, ohne dadurch offen zuzugeben, dass dein Vertrauen nicht gerechtfertigt war. Ich sage das ziemlich oft. Es klang so gut, dass ich es gleich noch einmal sagte: »Ich wusste, dass du mit dieser Schlange fertig wirst. Manchmal muss man einfach Vertrauen haben.«

Genau um dieses Vertrauen rang ich in der Woche vor unserer Hochzeit. Die Vorstellung, im Mittelpunkt der Aufmerksamkeit so vieler Menschen zu stehen, versetzte mich in Panik, ich wäre am liebsten ausgebüchst und hätte mich in Las Vegas in Tennisschuhen von einem Elvis-Imitator trauen lassen. Aber Victor war ein Einzelkind und seine Familie wünschte sich so sehr eine Hochzeit mit allem Drum und Dran, also

Unser offizielles Hochzeitsfoto. Wer uns nicht kennt, könnte fast meinen, wir tanzten durch einen von Kerzen erleuchteten Ballsaal. Dabei stehen wir vor dem Hintergrundvorhang des Fotostudios im Einkaufszentrum. Immerhin tönte aus der Sprechanlage ein Song von Lionel Richie, und zwar »Dancing on the Ceiling«. Es war, als wollte sogar das Einkaufszentrum sich über uns lustig machen.

hatte ich mich ergeben und ließ die Hochzeitsvorbereitungen willig über mich ergehen. Ich war nie der Typ für große Hochzeitsfeiern und verschwendete keinen Gedanken an Hochzeitskerzen und Probeessen. Zusammen mit meiner Mom machte ich aus Heißkleber, Netzstoff und einem mit Blumen gemusterten Stirnband einen Schleier, den Kuchen kauften wir beim Lebensmittelhändler in unserm Dorf.

Weder Victor noch ich waren religiös, meine Großeltern bestachen deshalb ihre Kirchengemeinde, uns ihre kleine Nebenkapelle benutzen zu lassen. Die Hochzeit dauerte insgesamt zwölf Minuten, denn wir hatten den Pfarrer gebeten, fast alle Stellen mit Jesus wegzulassen. (»Jesus ist eingeladen, auf jeden Fall«, erklärten wir ihm. »Er soll nur keine langen Reden halten.«) Darauf folgte ein zwanzigminütiger Empfang im Keller, der genauso aussah wie ein Keller, nur noch etwas trostloser.

Aber in der Kapelle, in der wir uns das Jawort gaben, war das alles irgendwie unwichtig. Wichtig war nur, dass wir uns liebten. Und während unsere Familien dem Ausgang zustrebten, um uns dort mit Vogelsamen zu bewerfen, versteckten wir uns in dem leeren Raum hinter dem Altar und Victor musste mir versprechen, mich immer zu lieben. »Hab doch ein wenig Vertrauen«, sagte er mit einem stolzen Lächeln. Rückblickend hätte ich wahrscheinlich um etwas Konkreteres bitten sollen, wie »Versprich mir, dass du im Flur immer die Katzenkotze wegwischst«, oder »Versprich mir, dass du mich nie fragst, ob ich schon wieder meine Tage habe, wenn wir uns ganz vernünftig streiten und du dich doch auch einfach entschuldigen und aufhören könntest, ein solches Arschloch zu sein.«

Aber nein, ich war jung und naiv und wünschte mir Liebe, und ich wollte darauf vertrauen, dass das reichte.

Manchmal bleibt einem nichts anderes übrig.

ZU HAUSE IST ES DOCH AM SCHÖNSTEN

Nach unserer Hochzeit begann ich als Personalreferentin zu arbeiten. Victor arbeitete als Computerexperte. Wir kauften ein kleines Siebzigerjahre-Haus in San Angelo, der Stadt vor den Toren von Wall, in der wir auch ins College gegangen waren. Das Haus verband sich rasch mit vielen Erinnerungen. Wir wohnten zum Beispiel dort, als ich zu der Überzeugung gelangte, der Millenium-Bug bedeute den Weltuntergang. Ich ließ deshalb an Silvester 1999 die Badewanne volllaufen, damit wir wenigstens genug zu trinken hatten, wenn aus dem Hahn nur noch Blut sprudelte, aber mein Kater bemerkte nicht, dass die Wanne voll war, und fiel hinein und verschmutzte das Wasser. Dann lachte Victor auch noch über mein unglückliches Gesicht und ich war stinksauer, weil hallo?, ich machte das doch für uns beide. Und dann verließ er mich um Viertel vor Zwölf, um nach den Computern auf der Arbeit zu sehen, und wollte vor dem Abfahren nicht einmal die Schrotflinte für mich laden. Als er einige Stunden später zurückkehrte, hatte ich die Tür mit Sofas verrammelt, damit die Plünderer nicht ins Haus kamen. Ich war zu müde, um sie wegzurücken, deshalb sagte ich nur, die Tür lasse sich wegen des Millenium-Bugs nicht mehr öffnen, er solle einfach unter dem Auto schlafen. Nach einer Weile konnte er mich überzeugen, dass draußen keine Plünderer warteten, und ich öffnete ein Fenster und er stieg herein.

An diese glücklichen Erinnerungen klammerte ich mich einen Monat später, als Victor ein Jobangebot in Houston annahm und mich zurückließ, um das Haus zu verkaufen. Er beschaffte uns eine neue Wohnung und erwartete, dass ich in ein, zwei Wochen nach Houston nachkam, aber sobald ich die lange ersehnte Gelegenheit hatte, die Provinz zu verlassen, merkte ich auf einmal, wie sehr ich bleiben wollte. Schon der Gedanke an das Leben in der Großstadt erschreckte mich und ich tat, was ich konnte, damit das Haus nicht verkauft wurde. Ich parkte auf dem Verkaufsschild, das Victor aufgestellt hatte, und teilte mehreren Interessenten, die Victors Annonce in der Zeitung gelesen hatten, mit, wir würden das Haus deshalb verkaufen, weil ich es nicht ertragen könnte, am Schauplatz eines so grässlichen Mordes zu wohnen.

Nach einem halben Jahr des Wartens beschlich Victor der Verdacht, dass ich mauerte, und er kam, um mich nach Houston zu holen. Das Haus wollte er bis zum Verkauf leer stehen lassen. Gleich am Tag seiner Ankunft zog er beleidigt das Verkaufsschild aus dem Kühlergrill meines Autos (ich gab einer nichtexistierenden Bande von Rowdys die Schuld daran, die, wie ich auch potenziellen Käufern erzählt hatte, nachts die Straßen unsicher machten und entlaufene Haustiere einfingen, um sie zu essen) und steckte es wieder in den Rasen vor dem Haus. Zwei Stunden später klingelte es und Victor verkaufte das Haus an einen Mann, der nur zufällig vorbeigekommen war. Der Mann wollte das Haus seiner Tochter und seinem Schwiegersohn schenken und begann sofort den Rasen vor dem Haus zu vermessen, weil er dort zur »Aufwertung der Frontansicht« einen hölzernen Wunschbrunnen installieren wollte. Unser Haus tat mir fast genauso leid wie ich.

Nach einigen Monaten in Houston gelangte ich zu der Erkenntnis, dass Houston gar nicht so anders war, mal abgesehen von der höheren Verkehrsdichte und den selteneren Überraschungsbesuchen meiner Eltern mit toten Tieren im Auto. Zu meiner Überraschung verstärkte beides mein Heimweh ganz besonders. Victor versuchte mir das Ganze als Abenteuer mit Sushi, Museen, Kultur und Cafés schmackhaft zu machen und ich biss (genau wie in Wall) die Zähne zusammen und fand mich damit ab, überzeugt, dass wir Houston bald wieder verlassen und nach West-Texas zurückkehren würden. Und so vergingen, ebenfalls wie damals, die nächsten zehn Jahre.

West-Texas war bei jedem Besuch ein wenig verändert. Die Baumwollfelder wichen Bauland, die Traktoren wurden größer und neuer. Bei einer Fahrt durch unseren alten Ort stellte ich fest, dass die Eisdiele, in der ich gearbeitet hatte, durch einen Parkplatz ersetzt worden war. Die Eislaufhalle war geschlossen und verlassen, das Schild voller leerer Vogelnester. Der Buchladen, in dem ich Victor kennengelernt hatte, war verschwunden, das Haus meiner Großeltern wurde kurze Zeit nach ihrem Tod verkauft. Die kleine Werkstatt meines Vaters wuchs jährlich, bis daraus ein richtiges Unternehmen wurde inklusive eines belebten Parkplatzes neben dem Haus meiner Eltern. Bei einem anderen Heimatbesuch musste ich zu meinen Schrecken feststellen, dass aus der Grundschule, in die ich täglich gegangen war, eine alternative Schule für schwangere Teenager geworden war. Der Schulspielplatz, der im Sommer praktisch mein Zuhause gewesen war, war vollständig abgebaut worden. Zusammen mit meiner Schwester ging ich durch die Überreste und nahm ein kleines Steinchen als Andenken mit. Wenn ich heute an der Schule vorbeikomme, sehe ich weg und denke stattdessen an die Schule von früher mit ihren gefährlichen Wippen und Karussells aus Metall, die nach und nach aus ganz Amerika verschwunden sind. Heute sind davon nur noch die Erinnerungen in meinen Kopf übrig. Ich höre dann das rostige und zugleich beruhigende Quietschen meiner Lieblingsschaukel, die unablässig hin und her schwingt.

Als wir mehrere Jahre nach unserem Umzug nach Houston einmal einen Wochenendbesuch bei meinen Eltern machten, verkündete meine Mutter stolz, es gäbe in San Angelo ein neues Kaffeehaus, das in aller Munde wäre. Wir fuhren hin und ich erwartete etwas im rustikalen Cowboystil, aber stattdessen stand da an der Ecke ein großmächtiges Starbucks, neben dem die anderen Läden, die sich seit meiner Kindheit nicht verändert hatten, fehl am Platz wirkten.

»Gott sei Dank«, meinte Victor. »Endlich hat die Zivilisation auch den Westen von Texas erreicht!«

Das beschäftigte mich. Nicht dass Victor Latte Macchiato Decaf to go mit Zivilisation gleichsetzte, sondern dass hier offenbar etwas endgültig zu Ende gegangen war, dass es die kleine Stadt, in die ich immer hatte zurückkehren wollen, nicht mehr gab, wenigstens nicht mehr so wie früher.

Später am Abend saß ich draußen auf der Veranda und betrachtete dieselben Sterne wie damals mit zehn, als ich in Länder hatte reisen wollen, die nur in meiner Einbildung existierten. Länder wie Ägypten oder Frankreich, aber so, wie sie in der Fantasie eines Kindes aussehen, verschwommene Visionen mit perfekten Pyramiden, warmem Sand, Eiffeltürmen und einem »Wein« genannten Getränk, Visionen, die es in der Wirklichkeit nicht gab. Ich fand erst viel später heraus, dass die romantisch klingenden Gegenden auf der Landkarte mehr als nur schöne Bilder waren, dass dazu auch Dinge gehörten, die ich mir als Kind gar nicht hätte vorstellen können. Dinge wie politische Unruhen, Ruhr und Katzenjammer.

An diesem Abend blickte ich zu denselben Sternen hinauf, aber ich hatte ganz andere Wünsche. Ich wollte nicht nach Ägypten oder Frankreich oder zu einem anderen fernen Ziel. Ich wollte in das Leben meiner Kindheit zurückkehren, nur besuchsweise, und es anfassen und mich davon überzeugen, dass es dieses Leben wirklich gegeben hatte. Victor spürte, dass mich etwas umtrieb, aber ich konnte ihm nicht beschreiben was, ohne lächerlich zu klingen. »Es ist nichts«, sagte ich. »Nur dass ... Hattest du je Heimweh nach einem Ort, den es nicht mehr gibt? Nach einem Ort, der nur in deinem Kopf existiert?«

Er schaukelte stumm mit mir auf der Veranda und wusste nicht, was er sagen sollte. Schließlich legte er den Arm um mich und sagte irgendetwas Beruhigendes, dann ging er ins Haus, um zu schlafen. Als er am nächsten Morgen herauskam, saß ich immer noch im Schaukelstuhl. Besorgt sah er mich an, dann fragte er vorsichtig: »Kommst du heute Vormittag mit nach Hause?«

Ich schaukelte schweigend weiter und begriff zum ersten Mal, dass »zu Hause« nicht mehr hier war, sondern dort, wo Victor war. Es war eine erschreckende und zugleich aufschlussreiche Erkenntnis. Ich holte tief Luft und dachte sorgfältig nach, bevor ich antwortete.

»Ja, das kann ich.«

Es war, als hätte ich gleichzeitig guten Tag und auf Wiedersehen gesagt. Victor blickte zu dem Baseballplatz hinüber, der einmal ein Baumwollfeld gewesen war. Dann sagte er leise, wie zu sich selbst, dass die Orte, an denen wir gewesen sind, in der Erinnerung immer schöner wirken, als sie tatsächlich waren, und ich nickte, überrascht, dass er mich besser verstanden hatte, als er nach außen gezeigt hatte. Er hatte recht, aber ich wusste nicht, ob es das besser machte oder schlimmer. Was war schlimmer? Heimweh nach einer Zeit, die einmal Heimat war und jetzt nur noch in der Erinnerung existierte ... oder Heimweh nach einem Ort, den es in der Wirklichkeit überhaupt nie gegeben hatte? Ich wusste darauf keine Antwort, deshalb ging ich hinein, um zu packen. Für die Fahrt nach Hause.

EINIGE HILFREICHE KLEBEZETTEL, DIE ICH MEINEM MANN DIESE WOCHE IM HAUS HINTERLASSEN HABE

LIEBER VICTOR

Dieses Badehandtuch war nass und du hast es auf dem Boden liegen lassen und es war das letzte saubere, das wir noch hatten. Ich bin ziemlich sicher, dass Tuberkulose sich auf diesem Weg ausbreitet. Ich schreibe das alles in meinen Blog für den Fall, dass ich wegen deiner Nachlässigkeit sterben muss.

LIEBER VICTOR

Im Schrank liegt seit fünf Monaten ein ganzer Stapel Anzüge für die chemische Reinigung. Du arbeitest zu Hause. Was soll das, Victor?

LIEBER VICTOR

Warum muss immer *ich* sauber machen, wenn der Kater sich übergibt? War ich irgendwie nicht mit dabei, als wir die Liste mit Haushaltspflichten aufgeteilt haben? Gibt es eine solche Liste überhaupt? Denn ich würde sie gerne neu verteilen. Ich weiß, dass du immer das Katzenklo sauber machen musst, aber das ist deshalb so, weil meine Spirale jederzeit versagen und ich versehentlich schwanger werden und diese Katzen-Aa-Schwangerschaftskrankheit kriegen könnte, und dann würde unser Baby ohne Arme oder Beine geboren. Willst du das, Victor? Dass unser Baby keine Arme hat? Du bist ein solcher Egoist.

LIEBER VICTOR

Du machst mich krank. Warum in Gottes Namen kannst du die leere Pizzaschachtel nicht einfach wegwerfen, wenn du die Pizza gegessen hast? Hast du dir die Arme gebrochen? Hast du eine Art Krankheit, von der ich nichts weiß und die bewirkt, dass du leere Pizzaschachteln nicht siehst?

LIEBER VICTOR

Okay, mir fällt gerade ein, dass ich zuletzt Pizza gemacht habe, also habe wahrscheinlich ich die Schachtel stehen lassen. Ich lasse den Zettel trotzdem hängen, dann kannst du etwas lernen. *Schlimm, schlimm, Victor.*

LIEBER VICTOR

Mir gefällt nicht, dass du auf meinen hilfreichen Zetteln immer so passiv-aggressive Anmerkungen hinterlässt. Die sind nämlich überhaupt nicht hilfreich, sondern nur negativ.

LIEBER VICTOR

Wenn du noch einmal ein nasses Handtuch auf dem Boden liegen lässt, bringe ich dich um.

LIEBER VICTOR

Du kannst nicht die Kleider aus dem Trockner holen, ohne mir Bescheid zu sagen, und sie dann einfach auf einem Haufen auf dem Bett liegen lassen. Bis ich sie finde, sind sie meist wieder kalt und ich muss sie mit etwas Wasser wieder in den Trockner stecken und ihn noch einmal laufen lassen, damit die Falten rausgehen, und die Kleidungsstücke dann einzeln herausnehmen und aufhängen. Man nennt das »Methode«, Victor. Spar dir deine Kritik.

LIEBER VICTOR

Nein, ich weiß nicht, wie man ein Bügeleisen benützt. *Denn wir besitzen keins.* Hast du das noch nie bemerkt?! Der Trockner ist unser Bügeleisen, Victor. Außerdem wäre ich dir dankbar, wenn du mit mir persönlich sprechen würdest, statt mich auf einem Klebezettel anzuschreien. Die Klebezettel dienen pädagogischen Zwecken. Man zeichnet darauf auch keine anzüglichen Karikaturen von Händen, die drohend auf mich zeigen. Außerdem sollte man dafür den Zeigefinger benützen, das gehört zu den elementaren Zeige-Benimmregeln.

LIEBER VICTOR

Im Kühlschrank liegt etwas, das ich vergiftet habe. Viel Glück damit.

LIEBER VICTOR

Tut mir leid. Ich habe vielleicht ein prämenstruelles Syndrom. Ich weiß nicht, was mir fehlt.

LIEBER VICTOR

Das war eine Entschuldigung, du Arsch! Jetzt liegen zwei Sachen im Kühlschrank, die ich vergiftet habe. *Weil du nicht weißt, wie man eine Entschuldigung annimmt.*

LIEBER VICTOR

Tut mir leid, dass dir schlecht ist. Ich schwöre, das mit den vergifteten Sachen im Kühlschrank war nur ein Witz. Gut, ich habe das Joghurt so etwa, hm, einen halben Tag lang draußen stehen lassen, aber eigentlich mehr versehentlich, weil das nasse Handtuch auf dem Boden mich abgelenkt hat. Wenn überhaupt, bis du selbst schuld daran. Nochmals, ich entschuldige mich.

LIEBER VICTOR

Ich liebe dich, aber mir ist allmählich ganz schwach vor Hunger. Ich weiß, du sagst, du hättest nichts vergiftet, aber jedes Mal, wenn ich von etwas abbeiße, siehst du mich so hinterhältig an und lachst so verdächtig, dass ich es wieder ausspucken muss. Ich kann nur vermuten, dass Gandhi ähnlich zumute war, als er nichts essen durfte. (Kleiner Hinweis: Er war ziemlich aggressiv.)

LIEBER VICTOR

Okay, zuerst mal, es ist nicht erwiesen, dass Gandhi mit dem Hungerstreik freiwillig anfing. Soviel wir wissen, wollte er auch verhindern, dass er vergiftet wurde. Geschichte wird von denen geschrieben, die überleben, Victor. *Nicht von denen, die verhungern, weil ihr Mann alles Essen im Haus vergiftet hat oder auch nicht vergiftet hat.* Aber weißt du was? Ich stelle das alles in meinen Blog und dokumentiere es für den Fall, dass die Menschen später meine ausgehungerte Leiche finden und Gerechtigkeit fordern. Die Vergeltung wird kommen, und zwar schnell und unbarmherzig.

LIEBER VICTOR

Na prima, die Klebezettel sind aus. Ich schreibe jetzt auf das Handtuch, das du heute Morgen auf dem Boden liegen gelassen hast, da bei uns offenbar aller Respekt vor Handtüchern verloren gegangen ist. Ich werde neue Klebezettel kaufen und esse bei dieser Gelegenheit im Laden auch gleich noch nicht vergiftete Cracker aus der Packung. Wenn ich zurückkomme, bin ich also wieder bei Kräften. Außerdem hat der Kater in den Flur gekotzt, aber ich wische das nicht auf. Mir reicht's endgültig, Victor. Und dem Kater auch. Den wahrscheinlich du vergiftet hast.

LIEBER VICTOR

Ich verlasse dich zusammen mit dem Kater. Den Hund kannst du haben. Außerdem habe ich beschlossen, doch keine neuen Klebezettel zu kaufen, weil ich nicht mehr mit dir spreche. Ich schreibe diese Worte also auf dein Handtuch für die Hände. Du wirst nie wieder von mir hören.

LIEBER VICTOR

Der Hund begann zu winseln, als ich ihm sagte, er müsste bei dir bleiben, deshalb nehme ich ihn auch mit.

LIEBER VICTOR

Ja, ich hatte wirklich eine Tüte mit Hundeleckerli in der Hand, als ich ihm sagte, er müsste bei dir bleiben, aber ich glaube nicht, dass das mit seiner Reaktion etwas zu tun hatte. Außerdem haben wir keine Geschirrtücher mehr, dies ist also meine letzte Nachricht an dich.

LIEBER VICTOR

Also gut, du kannst den Hund haben. Ich wollte ihn ins Auto verfrachten und er hat mich vollgepinkelt. *Ihr beide habt euch verdient.* Ich schreibe das auf den Hund, weil es irgendwie passt. Außerdem konnte ich keine Styroporkugeln zum Einpacken des Weins finden, deshalb habe ich alles ausgetrunken. DU WIRST MICH SO WAHNSINNIG VERMISSEN, WENN ICH ERST WIEDER NÜCHTERN BIN UND AUFWACHE UND WEGFAHRE.

LIEBER VICTOR

Wow, also das ... ist jetzt wirklich aus dem Ruder gelaufen. Als Friedensangebot schicke ich dir den Kater. Ich verzeihe dir, was du über meine Schwester an die Wände geschrieben hast, und vergesse einfach, was du über meinen »Riesenarsch« geschrieben hast (Kater bitte für Rest der Nachricht umdrehen), weil ich dich liebe und du mich brauchst. Wer hat dich sonst noch so lieb, dass er dir auf Katzen geschriebene Nachrichten schickt? Niemand, eben. Außerdem habe ich ein Foto von unserem Hochzeitstag ans linke Bein des Katers getackert. Sehen wir nicht glücklich aus? Das können wir wieder sein. Lass einfach keine nassen Handtücher mehr auf dem Boden liegen. Mehr will ich nicht. Ich bin ziemlich pflegeleicht. Und der Kater muss unbedingt eine Diät machen. Es kann doch nicht sein, dass ich so viel auf eine Katze schreiben kann und immer noch Platz übrig habe.

NACHWORT Victor verzieh mir und wir lebten glücklich miteinander bis an Ende unserer Tage, mit Ausnahme des Katers, dessen Bein amputiert werden musste, aber nicht wegen der Entzündung, sondern wegen der schlechten Durchblutung, weil er so dick war. Er ist irgendwie selbst schuld. Aber jetzt hat er abgenommen. Um ein ganzes Bein.

(**DEMENTI**: Das meiste in diesem Kapitel ist übertrieben, nur nicht das mit dem nassen Handtuch, das Victor auf dem Boden liegen gelassen hat. Das ist leider die absolute Wahrheit und ich habe es immer noch nicht ganz verarbeitet.)

DÜSTERE UND ERSCHRECKENDE GEHEIMNISSE DER PERSONALABTEILUNG, DIE NIEMAND WISSEN DARF

Ich habe fast fünfzehn Jahre lang in den Personalabteilungen verschiedener Unternehmen gearbeitet, darunter auch eine kirchliche Organisation, in der es zu meinen Pflichten gehörte, den Mitarbeitern ein angemessenes und professionelles Verhalten beizubringen. Die Ironie ist mir durchaus klar, doch.

Die PA ist der Ort, an dem sich Mitarbeiter beschweren und/oder Leute erschießen, wenn sie endgültig die Schnauze voll haben. Es ist dort, als arbeite man in der Beschwerdeabteilung der Hölle, nur noch viel frustrierender, weil in der Hölle sind sich wenigstens alle einig, dass der Teufel ein Mega-Arschloch ist, das gehört da sozusagen zur Unternehmenspolitik. In die PA kommen Leute, um zu sagen: »DAS IST WIRKLICH DIE TOTALE SCHEISSE«, und die Referenten nicken nachdenklich und professionell und denken sich im Stillen: »Wow, das ist wirklich die totale Scheiße. Ich wünschte, diese Person würde wieder gehen, damit ich das den anderen im Büro erzählen kann.«

Wenn zu meiner Zeit jemand wegen eines wirklich ätzenden Problems in die PA kam, entschuldigte ich mich immer und holte eine Kollegin, die sich Notizen machen sollte. Der Angestellte beruhigte sich dann ein wenig und dachte: »Endlich nimmt man mich hier ernst.« Aber wir tun das gewöhnlich nur, damit man, wenn der Angestellte geht, eine zweite Meinung darüber einholen kann, wie bescheuert das ganze Gespräch war. »War das jetzt wirklich ein solcher Schwachsinn?«, frage ich danach. Jawohl, immer. Leider hat die PA in einem Unternehmen sehr wenig zu sagen, es sei denn die eigentlichen Manager sind in Urlaub, dann heißt es aufgepasst, denn dann werden auf einmal eine Menge Arschlöcher gefeuert.

Es gibt drei Typen von Menschen, die in einer PA arbeiten: sadistische Arschlöcher, die wahrscheinlich schon in der Schule gepetzt haben, einfühlsame (und schnell desillusionierte) Idealisten, die glauben, sie könnten im Leben anderer etwas bewirken, und schließlich die, die wissen, dass sie hier den besten Überblick über die interessantesten Katastrophen bekommen, die in einem Unternehmen passieren.

Menschen, die nicht in einer PA arbeiten, halten die Mitarbeiter einer PA für die größten Pedanten und Arschlöcher, weil die PA doch dafür sorgen soll, dass sich alle an die Regeln halten. Sie übersehen dabei, dass man nur in dieser Abteilung dafür bezahlt wird, sich Pornografie anzusehen. Natürlich geschieht das unter dem Deckmantel der Überprüfung von Internet-Chroniken, um sicherzustellen, dass die anderen keine Pornografie ansehen, aber das tun sie immer, deshalb müssen wir es auch tun, damit wir die entsprechenden Bilder für die anschließenden Ermittlungen ausdrucken können. Deshalb gibt es in der PA auch immer Farbdrucker, die niemand anders benutzen darf. Denn wir lassen ständig irgendwelche Pornoseiten liegen, die wir gerade kopiert haben. Das ist nur eins der vielen Geheimnisse der PA, die niemand wissen darf, und wenn ich diese Geheimnisse jetzt ausplaudere, werde ich wahrscheinlich aus dem Verband der Personaler ausgeschlossen, der sehr viel mit dem Verband der Zauberer gemein hat (insofern, als ich beiden nicht angehöre, weil mich kein Club als Mitglied haben will, und weil ich auch nicht sicher bin, ob es diese Verbände überhaupt gibt). Jedenfalls habe ich gleich nach Beginn meiner Arbeit in der PA angefangen, Tagebuch über das abartige Zeug zu führen, das Leute, die nicht in einer PA arbeiten, nie glauben würden. Im Folgenden bringe ich nur einige Beispiele.

VERGANGENEN MONAT haben wir beschlossen, einen Ordner über die schrecklichsten Bewerbungen anzulegen, die bei uns eingehen, damit wir was zu lachen haben, wenn die Arbeit uns zu sehr runterzieht. Inzwischen haben wir ganz offiziell doppelt so viele Bewerbungen in dem Ordner »Diese Leute nie einstellen, es sei denn, wir werden nächste Woche alle gefeuert« wie in dem Ordner »Diese Leute sind für einen Job qualifiziert«. Wie sagt man noch gleich, wenn einen etwas, das am Anfang lustig war, zum Schluss in tiefste Depressionen stürzt? Das Wort bitte hier einfügen.

HEUTE kam eine Frau, die sich auf eine Stelle zurückbewerben wollte. Sie schrieb, sie hätte vergangenen Monat gekündigt, wolle die Stelle jetzt aber wiederhaben. Als Grund ihrer Kündigung gab sie an: »Die Arbeit hat genervt. Außerdem war mein Vorgesetzter ein Vollidiot.« Sie bewarb sich auf genau dieselbe Stelle. Ich stellte sie wieder ein und teilte sie ihrem alten Vorgesetzten zu, weil ich ihre Meinung absolut teilte. Der Typ war ein absoluter Vollidiot.

IN DEN VERGANGENEN ZWEI MONATEN haben sechs Männer in die Spalte »Sex« (Geschlecht) des Bewerbungsformulars unabhängig voneinander sinngemäß eingetragen »Hängt davon ab, wer die Frau ist«. Zwei antworteten mit »Ja, gerne«, einer mit »Nein danke«. Den letzten habe ich eingestellt, er hatte etwas Anständiges, fand ich.

HEUTE NACHMITTAG schrieb eine Bewerberin, sie hätte zuletzt in einer Tankstelle gearbeitet, wäre aber gefeuert worden, weil sie auf einer »Mai-Katze« geschlafen hätte. Alle in der Abteilung lasen die Bewerbung, aber keiner konnte sich einen Reim auf die »Mai-Katze« machen, also bestellten wir sie zu einem Gespräch ein. Als ich sie nach der Katze fragte, auf der sie geschlafen hätte, sah sie mich an und sagte empört: »Wie bitte? Das habe ich nie geschrieben.« Ich zeigte ihr die Bewerbung und sie sagte: »Mein Chef fand heraus, dass ich auf einer Matratze geschlafen habe. Es interessiert meinen Chef doch nicht, wenn ich auf einer Katze schlafe.«

»Hm ... und warum interessiert es ihn, wenn Sie auf einer Matratze schlafen?«, fragte ich.

»Weil ich die Einzige war, die in dieser Schicht gearbeitet hat. Aber ich hätte natürlich sofort gehört, wenn jemand gekommen wäre. Ich habe einen sehr leichten Schlaf. Ich habe mir schon etwas dabei gedacht.«

Was lernen wir daraus? Dass man manchmal nur deshalb zu einem Gespräch einbestellt wird, um den Ausgang einer Wette zu klären.

HEUTE habe ich mit einem Bewerber gesprochen, der laut seinem Lebenslauf bei einem Unternehmen namens »Helping Hand-Jobs« gearbeitet hat. Hilfe bei Handjobs? Ich verschluckte mich an meiner eigenen Spucke und bekam einen Hustenanfall. Später zeigte ich die Bewerbung der Kollegin im Nachbarbüro. Sie meinte, ihr Bruder hätte dort auch mal gearbeitet, aber gekündigt, weil er von der anstrengenden Arbeit einen Hitzschlag bekommen hätte. Ich begann wieder zu husten und sie bemerkte meine Verwirrung und erklärte, die Firma hieße in Wirklichkeit »Helping-Hand Jobs« und es handelte sich um einen Handwerkerdienst. Passt bitte auf, wo ihr eure Bindestriche setzt, Leute.

HEUTE musste ich mit einem Angestellten sprechen, der einer Kollegin in seiner Abteilung ein Foto seines Penis gemailt hatte. Ich wusste, dass es sich um seinen Penis handelte, weil in der Betreffzeile »Das ist mein Penis« stand. Außerdem steckte sein Namensschild deutlich sichtbar an seinem Gürtel. Ich übte in meinem Büro, bis ich »Ist das Ihr Penis?« ohne Kichern sagen konnte, dann ließ ich ihn und seinen Vorgesetzten kommen.

»Ist das Ihr Penis?«, fragte ich und schob ihm die ausgedruckte E-Mail hin.

Ich hatte wohl erwartet, er würde in Schweiß ausbrechen oder sich vor Scham aus dem Fenster stürzen, und rechnete nicht entfernt damit, er könnte es für ganz normal halten, in der Bürotoilette seinen Penis zu fotografieren und das Foto einer schockierten Kollegin zu schicken. Jedenfalls grinste er mich nur frech an und sagte: »Die eigentliche Frage ist doch: Wie kommen Sie denn an ein Bild meines Penis?«

»Es ist im Mailfilter hängen geblieben. Also das Bild, meine ich, nicht Ihr Penis. Ich meine, wenn es sich wirklich um Ihren Penis handelt.« Ich war verwirrt, versuchte die Situation aber wieder unter Kontrolle zu bringen, indem ich tief Luft holte. »Haben Sie also ein Bild Ihres Penis gemailt?«

Er zog die Augenbrauen hoch. »Wäre es besser, wenn ich sagen würde, ich hätte Bilder von einem anderen Penis verschickt?«

Ich denke seit fünfzehn Jahren über diese Frage nach und habe immer noch keine gute Antwort gefunden. Damals sagte ich: »Nicht wirklich. Einer Kollegin ein Bild von einem Penis zu schicken gilt nirgendwo als akzeptabel. Das steht auch im Mitarbeiterhandbuch so, also mehr oder weniger. Zwischen den Zeilen.«

»Steht da auch was dazu, dass jemand aus der PA dir ein Penisfoto vorlegt und dich fragt, ob das deiner ist?«

Darauf fiel mir keine Antwort ein, deshalb sagte ich nur, er wäre gefeuert, und notierte mir, dass wir unbedingt das Mitarbeiterhandbuch mit mehr penisbezogenen Richtlinien aktualisieren müssten.

BIS HEUTE musste ich fünf Männern, deren Bilder im Mailfilter hängen blieben, die Frage nach ihrem Penis stellen. (Anmerkung: Wenn ich das Leuten vorlese, die nicht in einer PA arbeiten, unterbrechen sie mich an dieser Stelle und sagen: »Wie bitte? Leute mailen auf der Arbeit Fotos von ihren Penissen?« Ich bejahe das dann, es passiere mindestens einmal im Vierteljahr. Wenn ich dieselbe Passage PA-Mitarbeitern vorlese, sagen sie immer: »Wie bitte? Du hast fünfzehn Jahre in der PA gearbeitet und musstest nur fünf Mal die Penis-Frage stellen?« Ich stelle dann richtig, dass ich diesen Abschnitt in meiner Anfangszeit geschrieben habe und dass gleich im nächsten Abschnitt noch einmal davon die Rede ist. Danach wurde es so alltäglich, dass ich es in meinem Tagebuch nicht mehr erwähne. Zuletzt konnte ich die Penis-Frage stellen, ohne rot zu werden oder zu kichern, so oft hatte ich den verschiedensten Männern schon Fotos ihres Gemächts vorgelegt und sie gebeten, ihren Penis zu identifizieren. Mit einer Vagina hatte ich kein einziges Mal zu tun. Wahrscheinlich lassen Frauen sich beim Verschicken ihrer Mails nicht so leicht erwischen, weil sie in die Betreffzeile nicht schreiben »Sieh dir meine Vagina an«. Außerdem haben Vaginas weniger Persönlichkeit als Penisse, die Frage »Ist das Ihre Vagina?« wäre also schwer zu beantworten. Wenn jemand mich auffordern würde, in einer Gegenüberstellung das Fahndungsbild meiner Vagina zu benennen, wäre ich aufgeschmissen. Und wahrscheinlich ziemlich besorgt, was meine Vagina angestellt hat, dass es ein Fahndungsbild von ihr gibt.

»SIND DAS IHRE PENISSE?«

Ich hätte nie gedacht, dass ich diese Frage einmal stellen müsste, weil ich niemanden kenne, der mehr als einen Penis hat, aber in diesem Fall handelte es sich um zwei Männer, die während der Arbeit ein Gemeinschaftsfoto ihrer Penisse gemacht hatten. Das Bild war nicht im Filter hängen geblieben, aber sie hatten es mit dem Bürodrucker ausgedruckt und dann versehentlich liegen lassen. Einer der beiden nickte nur stumm, aber der andere beugte sich vor, betrachtete das Bild ausdruckslos und zeigte dann auf den linken Penis. »Nur der«, sagte er. Ich dankte ihm für die Klarstellung, weil mir nicht einfiel, was ich sonst hätte sagen sollen. Sein Freund sah ihn entgeistert an, aber er hat daraus wahrscheinlich gelernt, genauer auf die Leute zu achten, mit denen sein Penis Bilder macht. Man darf sich nicht für alles hergeben, Leute.

VERGANGENE WOCHE habe ich eine Bewerberin abgelehnt, die alle Einträge ihrer Bewerbung entweder falsch geschrieben oder überhaupt nicht gemacht hatte. Gestern kam sie mit fast genau derselben Bewerbung wieder, aber mit anderem Namen. Ich habe sie wieder abgelehnt. Heute kam sie wieder und gab eine Bewerbung mit noch einem anderen Namen ab. Ich fragte sie, ob sie die Frau mit dem ersten Namen gewesen wäre. Sie erwiderte, das wäre ihre Schwester. Ich sagte, ich könnte sie nur einstellen, wenn ihr Name mit dem Namen auf ihrem Sozialversicherungsausweis übereinstimmte. Daraufhin wollte sie die Unterlagen zurück, die sie mir gerade gegeben hatte, und ersetzte den Namen durch den ursprünglichen. Ich lehnte sie wieder ab und sagte bei dieser Gelegenheit, dass jeder in seiner Bewerbung lügt, aber normalerweise nicht beim Namen. Beim Gehen sagte sie: »Dann bis morgen.« Ich bin ziemlich sicher, das war nicht ironisch gemeint.

HEUTE MORGEN teilte der Abteilungsleiter uns mit, wir würden demnächst Busfahrer einstellen, um die Leute zu unseren verschiedenen Standorten zu fahren. Wir sollten einen Ausschuss bilden und einen entsprechenden Fragenkatalog für unsere Einstellungsgespräche ausarbeiten. Ich erkundigte mich, ob wir auch abfragen sollten, ob die Bewerber glauben, sie würden am Tag der Entrückung zum Himmel auffahren, denn wenn sie das glauben, gefährden sie wissentlich das Leben ihrer Passagiere, wenn der Bus plötzlich fahrerlos über die Straße schlingert. Die anderen sahen mich seltsam an, deshalb fügte ich noch hinzu, da wir für eine religiöse Organisation arbeiteten, müsste eine solche Frage doch erlaubt sein.

Ich wurde nicht in den Ausschuss aufgenommen, vermutlich wurden also viele Busfahrer eingestellt, die ihre Busse sich selbst überlassen wollen. Ich wette, diese Fahrer wissen ganz genau, dass sie das Leben ihrer Passagiere gefährden, aber es ist ihnen egal. Was aufgrund dessen, was ich im Fernsehen über Religion gelernt habe, allerdings als Sünde gelten dürfte. Unsere Passagiere behalten am Tag der Entrückung also vermutlich ihre Fahrer. Für die Busfahrer dürfte das eine ziemlich böse Überraschung sein.

JEDE PA, in der ich je gearbeitet habe, hat Geheimcodes, die niemand anders kennt und die dazu dienen, sich über einen Bewerber zu verständigen, während er noch im Büro sitzt. Hier einige Codes meiner letzten Stelle. Die Haare hinter das Ohr schieben bedeutet: »Diese Frau ist verrückt.« Die Haare hinter beide Ohren schieben bedeutet: »So was von total durchgeknallt.« Sich abwesend über die Stirn streichen bedeutet: »Tut mir echt leid. Sehe ich so aus, als stehe auf meiner Stirn ›Idiot‹?« In der Nase zu bohren heißt: »Jemand muss den Sicherheitsdienst rufen.« Sich im Schritt zu kratzen heißt: »Punkt für mich.« Die Codes funktionierten prima, bis wir eine neue Mitarbeiterin einstellten, die viele nervöse Ticks hatte. Ab da wurde das Ganze zu verwirrend.

VERGANGENES JAHR wurden unter unseren Schreibtischen Alarmschalter installiert, damit wir den Sicherheitsdienst rufen konnten, wenn jemand gewalttätig wurde und uns bedrohte. Einmal im Monat sollen wir sie testen, aber es dauert immer ewig, bis die Typen kommen und den Alarm wieder abstellen. Gestern war der Chef weg, deshalb beschlossen wir, alle Alarmschalter zu drücken. Nachdem eine Viertelstunde vergangen und nichts passiert war, legten wir uns auf den Boden mit Schildern auf uns drauf, auf denen stand »Ich wurde in den Kopf geschossen« oder »Wir sind jetzt alle tot. Danke«. Auf meinem Schild stand: »Ich lebe noch. Ich bin gerade gekommen und auf dem vielen Blut ausgerutscht und jetzt bin ich bewusstlos und habe eine Gehirnerschütterung. Bitte unbedingt aufwecken.« Ich war so engagiert bei der Sache, dass ich tatsächlich schlief, als eine weitere Viertelstunde später die Sicherheitsleute auftauchten. Sie fanden unsere Aktion gar nicht lustig und empfahlen uns dringend, etwas netter zu den einzigen Leuten im Haus zu sein, die mit einer geladenen Waffe zum Dienst erscheinen müssten. Am nächsten Tag wurden wir vom Chef zusammengeschissen, weil potenzielle Bewerber es mit der Angst zu tun gekriegt haben könnten, wenn sie uns durch das Glasfenster in unserem Büro auf dem Boden liegen sehen hätten. Ich wandte ein, wenn sie uns gesehen hätten, ohne uns zu helfen, wären sie sozusagen sowieso durchgefallen, wir hätten also im Grunde nur Zeit gespart. Der Chef fand das nicht lustig.

IN EINER FIRMA mussten wir Übungen durchführen, um herauszufinden, wie leicht man Babys aus einem Gebäude schmuggeln kann. Ein Mitarbeiter (gewöhnlich ein Neuer, damit die anderen ihn noch nicht kannten) bekam ein Baby und die anderen im Haus mussten ihn daran hindern, heimlich nach draußen zu entwischen. Es handelte sich um ein öffentliches Gebäude und keiner unserer Kunden wusste, dass wir eine supergeheime Babyschmuggel-Übung durchführten, denn das wäre ihnen vielleicht unprofessionell vorgekommen, und das machte es noch schwerer. Das Baby war meist eine Puppe, aber man wusste nie, ob es nicht doch ein echtes Baby war, das jemand von zu Hause mitgebracht hatte. Damals hatten wir eine Übung und ich hielt jemanden mit einem Baby in der Halle an und ließ ihn eine Viertelstunde lang nicht gehen, bis die Sicherheitsleute kamen, weil ich überzeugt war, dass es sich um die Puppe handelte. Es war nicht die Puppe.

HEUTE MORGEN beteten wir auf der Arbeit alle gemeinsam mit dem Bischof (was durchaus zulässig ist, schließlich handelt es sich um eine kirchliche Organisation, aber auch sehr seltsam, ich verstehe immer noch nicht, warum man mich hier genommen hat. Ich weiß nur, dass wir den Hintergrund unserer Mitarbeiter besser überprüfen müssen). Ungefähr hundert von uns hatten sich in der Halle versammelt und der Bischof sagte gerade so richtig laut und dramatisch: »Himmlischer Vater, höre unser Gebet!« Im nächsten Augenblick plärrte es aus dem Walkie-Talkie eines Typen von der Technikabteilung: »KOMM REIN, KUMPEL!«, und ich musste mitten im Gebet rausgehen, weil ich so laut losprustete, dass die anderen schon hersahen. Ich konnte nämlich nur noch daran denken, wie Gott uns wahrscheinlich nur mit halbem Ohr zugehört hatte und dann plötzlich hochfährt: »WTF? Hat der Bischof mich wirklich gerade Kumpel genannt?« Da wurde mir klar, dass ich wahrscheinlich nie in den Himmel komme, es sei denn, Gott hat einen Wahnsinnshumor, den er wahrscheinlich hat, weil hallo?, ich meine, er lässt mich in einer kirchlichen Organisation arbeiten! Er zwingt mich zwar nicht dazu, aber er führt, wie ich höre, so eine Art Oberaufsicht über alles, von daher liegt es letztlich wohl doch in seiner Verantwortung. Wenn überhaupt, sollten die anderen also Gott die Schuld daran geben, dass ich mitten im Gebet losprusten muss. Wenn ich gefeuert werde, muss ich das unbedingt dem Bischof sagen.

VERGANGENE WOCHE sollte ich für meinen Chef eine zwanzigseitige Vorlage zu einem mitarbeiterbezogenen Benchmarking überarbeiten. Ich gab den fertigen Text ab, und er schrieb auf den Umschlag nur: »Nein, so nicht.« Da ich keine Ahnung hatte, was er wollte, schob ich das Ganze vor mir her, und als er heute Vormittag reinkam und sagte, er bräuchte die Endfassung in einer halben Stunde, druckte ich ihm haargenau denselben Text aus wie zuvor, nur auf schönerem Papier. Am Nachmittag rief er das ganze Team zusammen und verkündete, ich wäre ein leuchtendes Beispiel für die Umsetzung konstruktiver Kritik.

AM ENDE DES FLURS sitzt eine ganz fiese Kollegin, die unbedingt erreichen will, dass ich gefeuert werde. Ich bin nicht gut im Streiten, deshalb wünsche ich ihr nur immer ganz laut »einen wunderschönen Tag« und meine damit in Wirklichkeit: »Sei lieb zu mir, sonst steche ich dir mit einer Gabel ins Gesicht.« Ich wünsche ihr mindestens alle Stunde einen wunderschönen Tag. Sie ist schon total genervt, aber sie kann nichts machen, sie kann sich ja nicht beschweren, dass ich ihr einen schönen Tag wünsche, ohne irgendwie geisteskrank zu wirken. Deshalb soll man sich nie mit Leuten anlegen, die nicht gut im Streiten sind, denn die sind so labil, dass man nie weiß, was sie gleich tun werden. Das sind Leute, die drehen plötzlich durch und stechen einem mit einer Gabel ins Gesicht.

VERGANGENEN MONAT kam der Direktor mit seiner üblichen Beschwerde, die Personalabteilung lege sich nicht genügend ins Zeug, weil seine Abteilung immer noch chronisch unterbesetzt wäre. Wir sagten, wir kämen mit der Arbeit nicht nach, und gaben ihm den »Diese-Leute-nie-einstellen-es-sei-denn-wir-werden-nächste-Woche-alle-gefeuert«-Ordner mit und sagten, er solle uns Bescheid geben, wen wir zu Gesprächen einbestellen sollten. Er gab uns den Ordner am nächsten Tag zurück und hat sich seitdem nie wieder beschwert.

HEUTE BEIM MITTAGESSEN hat mein Kollege (Jason) mir von einem Dokumentarfilm über eine Frau erzählt, die einen ganz kleinen Oberkörper hatte. Von der Hüfte an abwärts war dagegen alles riesig. Ich daraufhin: »Meine Güte, ich wette, die hat gigantische Schamlippen«, worauf Jason seine Gabel hinlegte und sagte, er werde künftig nicht mehr mit mir zu Mittag essen. Aber dann sagte ich, große Schamlippen wären bestimmt wissenschaftlich sinnvoll. Ich würde sie, wenn ich diese Frau wäre, mit Vielzweckklemmen fixieren. Oder mit weichen Lockenwicklern. Zu besonderen Anlässen macht man die Lockenwickler dann ab und bingo: Dauerwelle. Fertig zum Abschlussball.

»Hallo«, sagte Jason und fuchtelte mit den Händen vor meinem Gesicht herum, »ich esse hier gerade Thunfischsalat.«

»Aber stell dir doch vor, was du mit denen machen könntest. Wenn dich jemand angreift, könntest du zurückschlagen, oder du könntest Kinder auffangen, die aus einem brennenden Haus springen. Ich wette, sie sind flach wie Pfannkuchen, weil sie ja immer zwischen den Beinen zusammengeklemmt werden. Du könntest eine Lampe dahinter stellen und Schattenspiele aufführen. So was ist wie ein Geschenk, für das keiner Verwendung hat. Aber ich, ich wüsste, was ich mit meinen Riesenschamlippen tun würde. Die ganze Welt würde ich damit unterhalten. So bin ich nun mal. Eine Heilige. Wenn ich riesige Schamlippen hätte, würde ich die ganze Welt damit verändern.«

Jason kippte seinen Thunfischsalat in den Müll. »Aber du tust es nicht, weil ... deine Schamlippen so klein sind?«

»Na ja, sie behindern mich nicht«, gab ich zurück. »Ich komme gut zurecht.«

Jason schwieg.

»Ich würde mal sagen, sie sind geräumig und kompakt zugleich. Wie ein Ballonvolant. Oder ein Honda Accord.«

Da rastete Jason auf einmal völlig aus und brüllte: »Du sollst mir nicht sagen, dass deine Vagina wie ein Honda Accord ist! WIR ARBEITEN ZUSAMMEN!« Darauf ich wütend: »Du hast damit angefangen!« Es folgte ein unbehagliches Schweigen. Ich versuchte zerknirscht auszusehen und Jason missbilligend, aber insgeheim dachte ich, dass große Schamlippen in kalten Nächten eine tolle Decke wären, und Jason überlegte wahrscheinlich, was ein Ballonvolant war. Also sagte ich schnell: »Das ist eine Art kleiner Vorhang.« Darauf Jason sofort: »Was denn!?« Und ich nur: »Ach, egal.«

HEUTE gab eine Bewerberin mir die Schuld daran, dass sie die Prüfung im Maschinenschreiben nicht bestanden hatte. Ich hätte ihr die »falsche Tastatur gegeben, weil die Tasten nicht in alphabetischer Reihenfolge angeordnet waren«. Ich erklärte, alle Tastaturen wären gleich angeordnet, aber sie nannte mich eine Lügnerin. Ich entschuldigte mich und sagte, wenn sie eine alphabetisch angeordnete Tastatur mitbringen wollte, würde ich sie gerne für sie anschließen und dann könnte sie die Prüfung noch mal machen. Darauf schrie sie: »ICH ERSETZE DOCH NICHT AUF MEINE KOSTEN EURE VERALTETEN GERÄTE.« Also schickte ich sie über die Straße zum Computerladen, um dort auf unsere Rechnung eine alphabetische Tastatur zu kaufen. Eine Stunde später rief der Computerladen an und bat, künftig keine Verrückten mehr zu schicken.

HEUTE NACHMITTAG hat mich meine Kollegin Collette, ein nettes, aber sehr behütetes Mädchen, in ihr Büro gerufen. »Hast du schon mal von Amputiertenpornos gehört? Die gibt es nämlich wirklich. Amputiertenpornos.« Sie starrte mich an, als wollte sie vor lauter Schreck gleich in Ohnmacht fallen, und ich sah mich schon nach einer Decke um, in die ich sie wickeln konnte. »Die Vorgesetzte dieses einen Typs hat in einem Drucker pornographische Bilder gefunden, deshalb sollte ich seine Festplatte überprüfen, und sie war voller Amputiertenpornos.«

Ich wirkte offenbar nicht schockiert genug, denn sie starrte mich weiter an, schlug mit ihrer kleinen Faust auf den Tisch und schrie: »AMPUTIERTENPORNOS.« Sie hing offenbar in einer Pornoschleife fest und brauchte jemanden, der sie rausholte.

Ich sah mir ein Bild an. Es zeigte eine nackte Frau ohne Beine. »Aha, siehst du hier? Das ist kein Amputiertenporno. Das ist nur ... schlechtes Photoshop. Man erkennt es an den Schatten, wo die Beine waren, bevor sie wegretuschiert wurden. Natürlich ist das trotzdem absolut Porno, nur kein richtiger Amputiertenporno.«

Collette sah mich an. Ihr Blick war leer, ihre Unschuld für immer beschädigt. »Und das?«, fragte sie und vergrößerte das Bildschirmfoto eines einbeinigen Mädchens im Bikini. »Ist das Pornografie? Oder nicht? Ich kann es nicht mehr beurteilen. Es muss ja eigentlich Pornografie sein, weil es in seinem Porno-Ordner steckt, aber warum? Man sieht ein einbeiniges Mädchen, das Wasserski fährt. Soll das antörnen? Ist das Pornografie? ICH WEISS ES NICHT.«

Ich konnte ihr auch nicht helfen. Wenn man nicht mehr weiß, ob etwas Pornografie ist, sollte man Feierabend machen. Oder kündigen. Oder vielleicht beides.

Es wäre natürlich passend (und einfach), dieses Kapitel damit zu beschließen, dass ich meine Karriere als Personalreferentin beendet habe, weil ich nicht mehr zwischen Pornografie und wirklichem Leben unterscheiden konnte, aber das wäre gelogen, denn in Wirklichkeit habe ich gekündigt, um in einer einjährigen Auszeit herauszufinden, ob ich das Zeug zum Schreiben habe. Ich sagte also meinem Chef, ich würde ein Buch mit mir herumtragen und müsste es unbedingt loswerden, selbst wenn ich es durch meine Vagina pressen müsste. Denn genau das bräuchte die Welt. Ein durch meine Vagina gepresstes Buch.

Offenbar hat sich mein Einsatz gelohnt, denn der Leser hält jetzt eben dieses Buch in Händen. Es sei denn, wir schreiben das Jahr 2057 und er ist Kriminalpolizist, hält ein fleckiges unvollendetes Manuskript in Händen und blickt auf die einsame Leiche einer älteren Frau hinunter, die zum Teil von ihren Hauskatzen aufgefressen wurde, und das letzte Kapitel endet mit einer handschriftlichen Notiz, die da lautet: »Anmerkung für mich selbst: Finde ein optimistischeres Ende für dieses Kapitel, denn von Katzen gefressen zu werden ist deprimierend und sollte in einem Buch auf keinen Fall öfter vorkommen. Außerdem Katzenfutter kaufen und Versicherung für Schwebeauto zahlen.« Ist das der Fall, entschuldige ich mich für den Zustand meiner Wohnung. Ich hatte nicht mit Besuch gerechnet und lasse sonst nie schmutziges Geschirr in der Spüle stehen oder angefressene Leichen auf dem Boden herumliegen. Ich versichere, dieser Tagesablauf ist keineswegs typisch für mich.

WENN DU MEINE LEBER SIEHST, HAST DU DICH ZU WEIT GEDREHT

**SPOILERWARNUNG:
BAMBIS MOM ÜBERLEBT NICHT.**

Okay, macht euch schon mal drauf gefasst, dieses Kapitel zieht euch runter, denn es handelt von toten Babys. Ich weiß. *Igitt.* Aber nicht *alle* sterben und am Ende ist alles gut. Mehr oder weniger. Wenn man die vielen toten Babys mal weglässt. Oder Föten nennt. Das klingt sachlicher und weniger traurig, aber ich glaube doch, ich nenne sie wie ich will, weil es *meine* toten Babys sind. Und nein, ich nenne sie nicht aus irgendwelchen politischen Gründen »Babys« statt »Föten«, weil ich in Wirklichkeit total für Abtreibung bin, man kann mit seinem Körper tun, was man will, und ich lasse mir von keinem Arschloch Vorschriften zu diesem Kapitel machen, denn es geht um mich. Gott, *habt ihr Probleme.* Meine Lektorin ist auch schon ganz hibbelig. »WTF machst du da? Wie willst du Spannung aufbauen, wenn du im ersten Absatz schon alles verrätst? Noch nie von den sechs Elementen des Dramas gehört?« Und ich: »Nein, aber ich weiß, wenn ich einen traurigen Film sehe, will ich immer, dass vor der traurigen Szene jemand kommt und sagt: ›Also, Bambis Mom gibt gleich den Löffel ab, aber am Ende ist alles wieder total okay, also keine Panik.‹« Und dasselbe habe ich eben für euch getan. *Bitte sehr, gern geschehen.* Meine Lektorin sagt gerade, ich hätte damit *Bambi* für alle verdorben, die es noch nicht gesehen haben, aber Moment mal, WIR REDEN HIER VON *BAMBI*, Leute. Es ist nun wirklich nicht meine Schuld, wenn jemand *Bambi* noch nicht gesehen hat, das ist doch schon vor einer Ewigkeit rausgekommen. Hey, schon mal von dieser neuen Erfindung namens »Sandwich« gehört? Absoluter Wahnsinn. Einfach zwei Brotscheiben aufeinandergeklappt ... Meine Lektorin meint, das wäre jetzt Schmonzes. Ich kenne das Wort nicht, aber es klingt schlecht, also gehe ich noch mal zum Kapitelanfang zurück und hänge eine Spoilerwarnung dran. Ich bin zu gut für diese Welt, wirklich.

So, wie schreibt man jetzt was Lustiges über tote Babys? Antwort: *Geht gar nicht.* Also macht euch auf was gefasst.

Ich habe mir immer vorgestellt, wenn ich mal schwanger bin, wäre das der Wahnsinn und alles würde klappen wie am Schnürchen und ich würde für kunstvoll nackte, Demi-Moore-mäßige Schwangerenbilder posieren und sie überall bei mir zu Hause aufhängen und plötzlich würde ich keine Cellulitis mehr haben und die Wehen würden einsetzen, wenn ich am Bankschalter anstehe, aber es wäre nicht schlimm, das Baby würde im Hosenbein stecken bleiben und nicht volle Kanne auf den Boden knallen. Gott sei gedankt für Röhrenjeans mit Schwangerschaftseinsätzen! Ziemlich genau so habe ich mir meine erste Schwangerschaft vorgestellt. Im wirklichen Leben wurde mir dagegen, kaum war ich schwanger, so speiübel, dass ich mich kaum noch rühren konnte und den ganzen Tag in den Mülleimer bei mir im Büro kotzte. Ich arbeitete damals noch in der Personalabteilung und brachte Leuten bei, wie man sich in einer gemeinnützigen christlichen Organisation in Houston angemessen verhält. Das klingt wie ein Witz, ist es aber keineswegs. Es gelang mir sogar täuschend echt, selber ein angemessenes Verhalten an den Tag zu legen (solange ich mich nicht vor einer großen Gruppe übergeben musste), aber allmählich sahen alle, dass ich entweder schwanger war oder todkrank, also beschlossen Victor und ich, es allen zu sagen. Und alle waren begeistert, nur nicht die Putzfrau in meinem Büro, die den Abfalleimer leeren musste.

Ich wollte immer eine Mutter sein. Mit anderen Babys konnte ich eigentlich nicht so viel anfangen, aber das habe ich auch nie als Voraussetzung betrachtet, ich habe mir immer vorgestellt, mein Baby wäre einsame Spitze oder würde sich zumindest schnell in ein Kind verwandeln. Als Kind habe ich mir immer eine Pyjamaparty gewünscht, aber meine Eltern haben es nie erlaubt, deshalb nahm ich mir vor, dass ich später einmal selber eine Tochter haben und mit ihr täglich eine Pyjamaparty machen würde. Das klingt nach einem lachhaften Grund für ein Kind, aber es gibt schlimmere. Tief im Innern spürte ich allerdings noch ein Bedürfnis, das ich nicht in Worte fassen konnte. Ich wollte das Vermächtnis meiner Familie weitergeben. Ich wollte einem Kind eine magische Kindheit nach meinen Vorstellungen ermöglichen. Ich wollte einen kleinen Teil von mir und den Generationen vor mir in einem neuen Gesicht gespiegelt sehen und damit selbst neu geboren werden. Und ich wollte jemanden haben, den ich beim Scrabble schlagen konnte.

Victor und ich suchten Namen aus, kauften Babykleider und stellten uns vor, wie unser Leben als Eltern sein würde. Ich war nervös, aber mir war so schlecht, dass ich gar nicht dazu kam, mir ernsthaft Sorgen zu machen. Irgendwann im dritten Monat gingen Victor und ich zum Arzt, um einen Ultraschall machen zu lassen. In der Nacht davor hatte ich schlecht geschlafen. Ich hatte eine Panikattacke gehabt und schließlich um Mitternacht meine Schwester angerufen und hysterisch geschrien: »OHMEINGOTT, WAS MACHE ICH, WENN DAS BABY EIN REPUBLIKANER IST?« Da legte meine Schwester auf. Sie hilft anderen einfach nicht gerne. Oder sie war sauer, weil ich sie trotz meiner Panikattacken erst um Mitternacht angerufen hatte. Ich weiß es nicht. Dagegen weiß ich, dass ich im Sprechzimmer des Arztes auf alles gefasst war.

»Es sind Zwillinge.«

»Es sind Drillinge.«

»Es ist ein Republikaner.«

»Es ist ein kleiner Bär.«

Zugegeben, die letzte Variante schien unwahrscheinlich, aber ich war geistig auf fast alles vorbereitet – nur nicht auf das, was der Arzt uns dann sagte: dass kein Herzschlag zu sehen war. Dass das Baby tot war. Und dass es so »das Beste« wäre. Da brach ich zusammen. Von außen war nichts zu sehen. Ich heulte nicht, ich schrie nicht. Ich war nur wie betäubt und wusste, dass alles meine Schuld war. Wenn ich in die Kirche gegangen wäre oder zum richtigen Gott gebetet hätte, wäre das nicht passiert. Das Sprechzimmer des Arztes hatte als Nummer die Unglückszahl, die nach der Zwölf kommt. Ich hatte noch um ein anderes Zimmer bitten wollen, aber es war mir zu peinlich gewesen zu sagen, warum. Aber wenn ich ein anderes Zimmer verlangt hätte, würde das Baby noch leben. Es gab eine Million Gründe für das, was passiert war, und an allen war ich schuld.

Benommen folgte ich Victor durch die Flure und zum ersten Mal in meinem Leben dachte ich ernsthaft an Selbstmord. Ich überlegte, ob ich so rasch verschwinden konnte, dass Victor es nicht gleich bemerkte, und ob die Höhe des Gebäudes ausreichte, mich zu töten, wenn ich sprang, oder ob ich nur körperlich und geistig gebrochen in einem Krankenhausbett aufwachen würde. Ich überlegte, was ich tun konnte, damit ich mich nie mit dem beschäftigen musste, was passiert war, denn ich wusste, ich war nicht stark genug, um an anderen Ende heil herauszukommen. Victor schien zu spüren, dass ich wegrennen wollte, oder vielleicht hatte er selbst auf Autopilot geschaltet, jedenfalls hielt er meinen Arm schmerzhaft umklammert, sodass ich keine Chance hatte zu fliehen. Wir gingen nach Hause, und während ich auf die Fehlgeburt wartete, musste Victor alle unsere Bekannten anrufen und ihnen sagen, dass sie mich unter keinen Umständen je darauf ansprechen durften. Keine Blumen, kein »Tut mir leid«. *Nichts.* Denn ich wusste, ich überstand das nur, wenn ich es radikal verdrängte.

Was vielleicht auch geklappt hätte, wenn nicht die Fehlgeburt ausgeblieben wäre. Ich trug das Baby noch einen ganzen Monat aus und dann hatte ich einen Nervenzusammenbruch. Ich weiß bis heute nicht, was ihn auslöste, jedenfalls fanden meine Kollegen mich hysterisch schluchzend in meinem Büro. Das Schluchzen klang in meinen Ohren überhaupt nicht menschlich und ich weiß noch, wie ich mich fragte, woher es kam, bis mir klar wurde, dass ich das war, die da so vollkommen unbeherrscht heulte und wehklagte. Erst als die Erschöpfung mich übermannte, hörte ich auf. Victor brachte mich nach Hause und mein Arzt begriff schließlich, dass ich nicht mehr konnte, und vollzog den Eingriff. Es gab Komplikationen, und am Abend hatte ich eine schmerzhafte und blutige Fehlgeburt. Eine Woche später wurde bei mir eine posttraumatische Belastungsstörung festgestellt und ich bekam ein Antidepressivum, in dessen Folge ich mit Selbstmordgedanken spielte. *Was, man höre und staune, nicht wirklich Sinn und Zweck eines Antidepressivums ist.* Victor entdeckte, dass ich online nach Selbstmord-Foren suchte, sperrte meinen Internetzugang und ließ mir ein anderes Medikament verschreiben, das diesmal wirkte. Mein Psychiater arbeitete mit mir, bis ich wieder in der Lage war, aus dem Haus zu gehen, ohne gleich zusammenzubrechen. Anschließend teilte er mir per E-Mail überraschend mit, er gehe in den Ruhestand, was wahrscheinlich im Klartext bedeutete: »Du bist sogar für mich zu kaputt. Ich will dich nie wiedersehen.« Aber das war in Ordnung, denn es ging mir besser und ich fühlte mich wieder bei Kräften und bereit für einen neuen Versuch.

Ich wurde wieder schwanger.

Und verlor das Baby wieder.

Ich wechselte den Arzt und ließ mich auf alles testen, was man testen kann. Dabei kam heraus, dass ich das Antiphospholipid-Syndrom hatte, das ich kaum buchstabieren konnte. Ich ging nach Hause und sah im Internet nach, und dort stand im Wesentlichen, dass ich sterben würde, aber meine Ärztin meinte, so schlimm wäre es nicht. Es handelt sich um eine Autoimmunerkrankung, die Blutgerinnsel verursacht und während einer Schwangerschaft schlimmer wird. Ich sagte, ich hätte mit ziemlicher Sicherheit auch Polio und Hodenkrebs, und meine Ärztin verbot mir daraufhin, im Internet nach weiteren Krankheiten zu suchen.

Sie verschrieb mir Baby-Aspirin und ich war empört. »Im Ernst? Baby-Aspirin? Wie bescheuert ist das denn.« Aber sie versicherte mir, mein Blut würde dadurch ausreichend verdünnt, um weitere Fehlgeburten zu verhindern. Woraufhin ich wieder eine Fehlgeburt hatte. »SCHEISS-BABY-ASPIRIN«, schrie ich, und meine Ärztin erklärte sich bereit, mir das volle Programm teurer Blutverdünner zu verschreiben. »Verdammt noch mal, ja«, sagte ich. Darauf sie: »Hier in dieser großen Reisetasche sind die Spritzen, damit können Sie sich das Medikament direkt in den Blutkreislauf spritzen.« Ich dachte: »Oh, ich habe einen großen Fehler gemacht.« Aber da war es schon zu spät für einen Rückzieher, ich hatte schon all die schrecklichen Internet-Berichte gelesen, in denen Frauen wegen dieser Blutkrankheit Schlaganfälle bekommen. Außerdem dachte ich, vielleicht helfen die Blutverdünner ja auch gegen das Polio, das ich bei mir diagnostiziert hatte, ich nahm also meinen ganzen Mut zusammen und begann mich zu spritzen. In den Bauch, zweimal am Tag. *Der Wahnsinn.* Dieselbe Behandlung wie bei Tollwut, nur dass man statt fünf Spritzen siebenhundert kriegt.

Nach unendlich vielen Monaten des Spritzens war ich schließlich wieder schwanger. Diesmal kam ich weiter als jemals zuvor. Nach den ersten drei Monaten glich mein Bauch einem Flickenteppich aus blauen Flecken, und wenn ich beim Ultraschall das Hemd hochzog, starrten die Techniker ihn erschrocken an und ich musste ihnen schnell versichern, dass mein Mann mich nicht verprügelt hatte. Trotzdem musterten sie Victor misstrauisch, was im Grunde eine schöne Ablenkung war, weil ich bei jedem Ultraschall Folterqualen litt, weil ich überzeugt war, das Baby wäre tot. War es aber nicht.

Ich ging zu allen Untersuchungen und bestand eisern darauf, dass keine an einem Tag mit der Unglückszahl stattfand. Ich gewöhnte mir auch an, die Unglückszahl »Zwölf B« zu nennen. Also Elf, Zwölf, Zwölf B, Vierzehn. Die Leute hielten mich für verrückt, was ich auch war (und immer noch bin). Aber ich wollte kein Risiko eingehen, und statt etwas gegen meine heftige Zwangsneurose zu unternehmen, klammerte ich mich an den Gedanken, dass ich das Baby dadurch am Leben hielt, indem ich die Katzen bat, mir Glück zu wünschen. Als Victor mich einmal zur Arbeit fuhr und ich merkte, dass ich das vergessen hatte, verlangte ich, dass er sofort umdrehte. Er versuchte mir ganz vernünftig zu erklären, dass die Katzen keinen Einfluss auf mein Glück oder Pech haben könnten, aber vergebens. Dass Katzen das nicht haben, wusste ich selber. Dieselben Katzen kackten schließlich im Katzenklo gedankenlos über den Rand. *Natürlich* bestimmten die nicht über mein Schicksal, das tat ich schon selber. Nur befolgte ich dabei all die kleinen Zwangsvorstellungen, die mir zum Überleben notwendig waren. Die zahlreichen abstrusen Angewohnheiten machten mein Leben natürlich unglaublich kompliziert, aber ich war bereit, mich mit dieser Krankheit abzufinden, wenn dafür mein Baby (ein Mädchen, wie wir gerade erfahren hatten) lebte.

Als ich im siebten Monat war, beschlossen meine Kollegen, eine Babyparty für mich zu schmeißen. Ich hatte mich heftigst dagegen gewehrt, weil eine solche Party mit meinen kleinen Geheimritualen kollidieren würde, aber sie beharrten darauf und entschieden sich für eine Überraschungsparty. Eine, die zufällig auf dem Stockwerk mit der Unglückszahl stattfand. Ich stieg also in den Aufzug, um an einer angeblichen Budgetbesprechung teilzunehmen, konnte mich aber nicht überwinden, auf den Knopf mit der Unglückszahl zu drücken, und tat deshalb dasselbe wie immer, nämlich im Aufzug zu fahren, bis jemand anders einstieg und den Knopf für mich drückte. Nur dass niemand einstieg, der in den unnennbaren Stock wollte. Weil alle schon im Besprechungszimmer warteten, um mich zu überraschen. Zwanzig Minuten später kam mich jemand suchen und sah mich hilflos in einer Ecke des Aufzugs sitzen. Ich sagte, mir wäre nur schwindlig geworden und ich würde mich kurz ausruhen, aber sie dürften alle gemerkt haben, dass ich ziemlich neben der Kappe war.

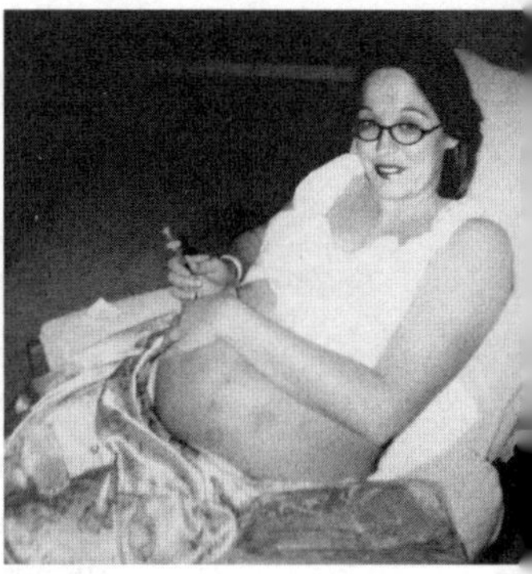

Eine der vielen Hundert Injektionen. Ja, die Freuden der Mutterschaft.

Im achten Monat war mein Bauch riesig und straff gespannt und ich hatte keine zusätzlichen Speckfalten zum Zusammendrücken für die Spritzen mehr. Meine Ärztin versicherte mir zwar, dass die Nadeln trotz ihrer Länge nicht lang genug wären, um das Baby zu stechen, aber ich hatte wahnsinnige Angst, ich könnte ihm Blutverdünner in den Kopf spritzen, und brüllte deshalb immer: »ZUR SEITE MIT DIR, BABY. GEH NACH LINKS, SONST WIRST DU ERSTOCHEN.« Victor wandte ein, dass die meisten Föten kein Englisch sprächen, aber ich hatte schon so viel mit meiner Tochter geredet, dass sie bestimmt einige elementare Brocken aufgeschnappt hatte. Sorgen machte mir nur, dass sie vielleicht nicht wusste, in welcher Richtung »links« war, ich brüllte deshalb noch: »Von mir aus links, nicht von dir aus. Es sei denn, dein Gesicht zeigt zu meinem Baunabel, dann ist es auch von dir aus links. Wenn du meine Leber siehst, hast du dich zu weit gedreht.« Victor musterte mich besorgt. Ich schimpfte: »Du könntest mir übrigens helfen.« Und er: »Wie denn? Jetzt bist du offenbar völlig durchgeknallt.« Ich starrte ihn nur böse an, bis er resigniert aufseufzte, um mich herumging, sich hinunterbeugte und an der linken Seite meines Bauchs rief: »Auf diese Seite, Baby, dreh dich in Richtung meiner Stimme!« Ich lächelte ihn dankbar an, aber wenn ich mit Spritzen fertig war, brummte er: »Wenn es diesmal nicht klappt, schaffen wir uns ein Katzenbaby an«, was ziemlich verrückt war, denn Katzen hatten wir ja schon genügend. Ganz klar verlor Victor den Verstand und es war an mir, die Familie zusammenzuhalten. Das heißt, an mir und den Katzen, den Garanten meines Glücks, allerdings nur auf ausdrückliche Bitte meinerseits. Also, ja ... es war keine leichte Zeit.

Die Zeit kroch dahin, bis es schließlich Zeit war, die Geburt einzuleiten. Wir fuhren zur Entbindungsstation und Victor stellte rasch den Fernseher lauter, damit er die Frau auf der anderen Seite des Gangs übertönte, die hingebungsvoll schrie: »GOTTLASSMICHSTERBEN.«

»Sie betet«, meinte Victor wenig überzeugend.

Als eine Art perverser Zufallstreffer war im Fernsehen gerade die Szene mit dem blutigen Bauch aus *Alien* zu sehen, die vielleicht doch aus Kreißsälen verbannt werden sollte. Victor wollte den Fernseher ausschalten, aber ich widersprach, weil die Szene auch irgendwie passte.

Eine Schwester kam herein, um mir die Infusionen zu legen. Sie entschuldigte sich für das Geschrei der Frau im Nachbarzimmer, sie hätte ihr bereits gesagt, sie müsse ein wenig leiser sein. Ich fragte mich, was sie tun wollte, wenn die Frau sich weigerte. Die Schwester, eine Schwarze, war zierlich, machte aber den Eindruck, als könnte sie notfalls mühelos eine schreiende Schwangere vor die Tür setzen. Ich beschloss, sie nicht zu provozieren. »Sie tut das, weil sie eine Schwarze ist«, erklärte die Schwester sachlich.

»Äh ... wie bitte?«, fragte ich, überzeugt, dass ich mich verhört hatte.

»Die Frau, die im anderen Zimmer schreit«, wiederholte die Schwester. »Sie ist eine Schwarze. Schwarze Frauen schreien immer am lautesten, wenn sie ein Kind bekommen. Meist schreien sie Jesus an. Weiße Frauen sind viel leiser, bis dann das Baby schreit. Dann kann man sie nicht mehr von schwarzen Frauen unterscheiden. Asiatinnen sind gar nicht zu hören. Still wie ein Grab. Auf sie müssen wir besonders aufpassen. Wenn wir nicht ständig nach ihrer Muschi sehen, gebären sie, ohne dass wir es merken.«

»Oh«, murmelte ich verdattert ... weniger wegen ihrer Klassifizierung nach rassischen Kriterien als wegen des Wortes »Muschi«, das ich aus dem Mund einer medizinischen Fachkraft nicht erwartet hatte. Bestimmt war es ihr nur versehentlich herausgerutscht. Sie musste meinen besorgten Blick bemerkt haben, denn sie tätschelte mir die Hand und sagte: »Ist schon gut, ich bin schwarz, deshalb darf ich das laut sagen. Die anderen Schwestern auf der Station dürfen es nur denken. Und«, fügte sie stolz hinzu, »jetzt habe ich Sie so abgelenkt, dass Sie gar nicht bemerkt haben, wie ich Ihnen die Infusionen gelegt habe.« Und sie hatte recht. Das mit der asiatischen Muschi hatte mich total abgelenkt. Und das nicht zum ersten Mal.

Victor wusste, dass ich Angst hatte, allerdings weniger vor den Schmerzen als vor dem Risiko einer Totgeburt, das bei Frauen mit Antiphospholipid-Syndrom so viel höher ist. Ich war so darauf konzentriert, meine Tochter aus meinem Bauch hinauszubekommen (den ich immer noch als reinste Todesfalle betrachtete), dass ich die Schmerzen kaum bemerkte. Victor murmelte mir Nettigkeiten ins Ohr, die mich aufbauen sollten, aber sie klangen so daneben, dass ich ständig hysterisch kichern musste und alle mich ansahen, als wäre ich verrückt geworden. Also erteilte ich Victor Redeverbot. Dann noch einmal pressen und Stille kehrte ein. Und dann ein ganz wunderbares Geräusch: Weinen. Das war ich. Und dann weinte auch Hailey. Meine süße, wunderschöne Tochter. Es war unglaublich.

Ich hatte bis dahin nicht glauben wollen, dass ich je die Mutter von jemand sein könnte. Als ich Hailey in den Armen hielt, weinte Victor und ich war von einem solchen Staunen und einer solchen Ehrfurcht erfüllt, als müsste ich gleich explodieren. Dann ließ die Wirkung der Epiduralanästhesie nach und ich weiß noch, wie ich dachte, es wäre nett, wenn die Mutter des Babys jetzt käme und es mir abnehmen würde, damit ich ein wenig schlafen kann. Und dann fiel mir ein, dass ich ja selbst die Mutter war. Da wurde mir ein wenig Angst um uns beide.

Kurz darauf wurde Hailey von den Schwestern weggebracht und ich schickte Victor hinterher, denn ich war überzeugt, dass der Arzt sie irgendwie mit einem anderen Baby vertauschen könnte, aus dem dann ein schrecklicher Sonderling werden würde. Ich hatte zu viele Vormittagsserien gesehen.

Und so kam es, dass ich halbnackt und ganz allein dalag, voll mit meinem eigenen Blut und immer noch auf dem Gebärbett festgeschnallt, in der wohl unvorteilhaftesten Haltung, die denkbar ist. Zu der langen Liste von Menschen, die an diesem Tag meine Vagina sahen, kam noch ein eingeschüchterter, verwirrter Hausmeister.

Es war die Sache so was von wert.

Ich und Hailey – 2004. Zu dem Zeitpunkt brauchten wir beide eine Flasche.

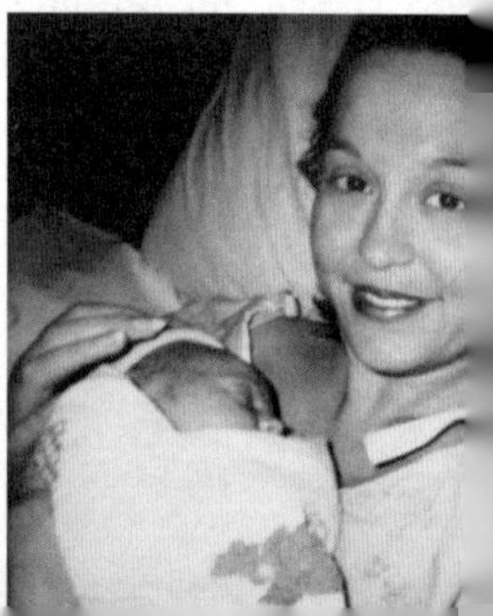

MEINER VAGINA GEHT ES GUT, DANKE DER NACHFRAGE

Wer keine Kinder hat, glaubt jetzt sicher, dass es in diesem Kapitel um Töpfchentraining geht (weil in fast allen von Müttern geschriebenen Büchern auf das Wehen-und-Geburt-Kapitel das Töpfchentraining-Kapitel folgt). Also rümpft er die Nase und will das Kapitel überspringen. Sollte er aber nicht. Denn nach diesem Kapitel fühlt er sich voll bestätigt in Sachen Empfängnisverhütung und/oder Unfruchtbarkeit.

Wer dagegen Kinder hat, denkt wahrscheinlich, dass er das Kapitel überspringen kann, weil er sowieso schon alles weiß. Das ist aber ein Irrtum, ganz bestimmt. Was noch? Nichteltern, die das lesen, werden Eltern danach hämisch angrinsen, darauf sollte man zumindest vorbereitet sein. Aus demselben Grund höre ich mir im Rundfunk oft Sendungen ultrakonservativer Republikaner an. Weil ich wissen will, wie meine Gegner ticken. Und auch weil ich in Texas lebe und es hier nicht viele Alternativen gibt. Außerdem geht es in diesem Kapitel gar nicht um Töpfchentraining. Wer hat das überhaupt gesagt? Töpfchentraining ist kein Thema, über das man witzig erzählen könnte. Es gleicht mehr einem schrecklichen Todesmarsch durch einen verwunschenen Wald, in dem die Bäume wütende Bären sind, gegen die man allergisch ist. Und zugleich muss man noch Bilder von Toten ansehen. Also, es ist jedenfalls so schrecklich, dass du dein Kind am liebsten für den Rest seines Lebens nach draußen schicken würdest, aber das geht nicht, weil draußen der Hund ist.

Und deshalb schreibe ich nicht über Töpfchentraining, sondern über die richtige Einstellung.

Das erste Jahr nach der Geburt fühlte sich für mich ganz fremd an und ich stolperte in Gedanken immer wieder darüber, so wie wenn jemand, den man kennt, stirbt und eine Stunde später lacht man über *Hee Haw* und dann fällt einem plötzlich ein: »Scheiße Mann, Opa ist ja tot«, und man ist wieder traurig, aber dann schweifen die Gedanken wieder ab und man denkt: »Ich wüsste schon gern, warum man nie ältere gemischtrassige Paare sieht.« Und eine Minute später fällt einem siedend heiß ein: »Mann, jetzt habe ich schon wieder vergessen, dass Opa tot ist.« Und man weint wieder und ist traurig und denkt, dass man *Hee Haw* am besten ausschalten sollte, weil es einem offenbar nicht guttut, aber dann denkt man: »Opa hat die Sendung immer geliebt«, und man redet sich ein, dass man sie zum Andenken an ihn sieht, obwohl man eigentlich einfach nur *Hee Haw* sehen will. Aber das dient wahrscheinlich auch irgendwie der Selbsterhaltung und Trauerbewältigung, *hört also gefälligst auf zu lästern und spart euch eure Kritik.*

Und genauso ist es, eine Mom zu sein. Man wurstelt so vor sich hin, denkt, dass es jetzt wirklich superlecker wäre, Nachos zu machen, und dann plötzlich: »Ach du heilige Scheiße, ich habe ja ein Baby. Ich sollte es, hm, füttern oder so.« Und das tut man dann, aber eine halbe Stunde später hat man es wieder vergessen und dann hörst du es im Nebenzimmer glucksen und denkst: »WTF? Was ist denn das für ein Baby?«, und dann fällt dir ein: »Ach ja, meins, komisch.« Und dann hast du wirklich eine super Idee. Du willst das Gästezimmer zu einer Bar umbauen, damit du deinen Freunden den vielen Alkohol, den sie sowieso bei dir trinken, in Rechnung stellen kannst, du zeichnest also Pläne und lässt den Architekten kommen, und dann: »Scheiße Mann, Augenblick mal. Das ist ja gar nicht mehr das Gästezimmer, das gehört ja jetzt dem Baby.« Richtig?

Falsch. Bis zu der Sache mit dem Zimmer konnte ich dir folgen. Aber wenn dir das mit dem Zimmer passiert, leg sofort dieses Buch weg und suche dein Baby, denn es liegt wahrscheinlich betrunken irgendwo draußen auf einem Ast. Du bist ein(e) Rabenmutter/-vater.

Besonderer Hinweis für Kinderlose, die gerade so süffisant in sich hineingrinsen: Urteilt nicht über andere. Es kann durchaus sein, dass ihr in Wirklichkeit gar nicht kinderlos seid, sondern euer Baby nur vergessen habt. Tja, dumm gelaufen! Checkt mal eure Vagina. Sieht sie irgendwie kaputt aus? Dann habt ihr wahrscheinlich ein Baby gehabt. Im Ernst, meine sah aus wie die von einem weiblichen Frankenstein und es dauerte ein gutes Jahr, bis sie wieder vorzeigbar war. Nicht »vorzeigbar« in dem Sinn, dass ich sie zum Thanksgiving-Dinner auf dem Tisch präsentiert hätte, das hätte ich nicht einmal vor ihrer Zerstörung getan. Ich meine auch nicht, dass es kein guter Tausch gewesen wäre, weil das war es absolut. Und jetzt ist sie wieder gut drauf. Sogar sehr gut. Meiner Vagina geht es bestens. Sie wird sogar kleiner. Danke der Nachfrage. Nur als Hailey geboren wurde, da war sie am Arsch, aber das ließ mich kalt, so erleichtert war ich, dass das Baby lebte, und ich lag damals so auf dem Tisch und dachte, es ist doch das einzige Mal im Leben, wo man so im Glück schwebt, dass man gar nicht bemerkt, wie andere deine Vagina zusammenflicken.

Hier würde ich gern noch was anmerken. Also ich meine, wenn schon der Arzt dir die Vagina wieder zusammennäht (ganz wörtlich, ihr Kinderlosen: *die – Vagina – wieder – zusammennäht),* also ich weiß nicht, warum er dann nicht gleich noch was in Richtung Schönheitsoperation nachschiebt, damit die Vagina noch schnuffiger aussieht. Meine Frauenärztin meinte damals, man müsste meine Vagina wahrscheinlich aufschneiden, und ich sofort: »SIND SIE GESTÖRT ODER WAS«, und sie: *»Nicht zum Spaß* [ungesagt: *›du dumme Kuh‹].* Um das Baby rauszuholen.« Und ich: »Ach so. Aber wenn Sie mich schon verunstalten, können Sie es dann wenigstens so tun, dass ich eine geile Narbe zurückbehalte? Zum Beispiel einen Blitz?« Und als sie mich nur anstarrte, sagte ich schnell: »Also ... wie Harry Potter eine hatte?« Darauf sah sie mich an, als hätte ich auf den Boden gekackt, und ich dachte, das liegt vielleicht daran, dass sich das »eine« rein satztechnisch statt auf Narbe auch auf Harry Potters Vagina beziehen konnte, ich fügte also noch hinzu: »Aber nicht auf der Stirn wie bei ihm.« Als sie immer noch schwieg, zeigte ich nach unten und sagte: *»An meiner Vagina.«* Da schüttelte sie den Kopf, als habe sie die ganze Zeit gewusst, dass ich nicht von Harry Potters Vagina redete, und sagte: »Äh, nein, das ist auch nicht mehr üblich. Es ist besser, wenn der Damm von selbst einreißt, weil es besser heilt.« Darauf ich: »Scheiße Mann, ist das Ihr Ernst?« Ich hatte irgendwie den Verdacht, sie könnte sich das ausgedacht haben, weil sie nicht wollte, dass ich eine schönere Vagina habe als sie, weil sie keine Kinder hatte und ihre Vagina deshalb wahrscheinlich so richtig frisch und munter aussah, und wahrscheinlich wollte sie nicht, dass ich mit meiner Vagina auftrumpfe, weil die wie ein Blitz aussieht und voll der Wahnsinn ist. *Als ob ich das je tun würde, Dr. Ryder.* Ich würde nie mit meiner Vagina bei jemandem auftrumpfen, auch wenn ich die coolste Vagina der Welt hätte. Und wenn ich Periodenkrämpfe hätte, könnte ich ja einfach so tun, als wäre Voldemort in der Nähe.

Später, während der Wehen, riss mein Damm *und* wurde zusätzlich noch aufgeschnitten, aber überhaupt nicht in Form eines Blitzes, und ich bereute gleich, dass ich nicht mit einer Art Perforation in Blitzform vorgesorgt hatte, aber ich war damals so dick, dass ich meine Vagina nicht einmal mehr sehen konnte, und als ich Victor bat, eine gepunktete Linie in Form eines Blitzes aufzuzeichnen (mit kleinen Scheren für »hier schneiden«), ging er einfach weg. Vermutlich, weil er nicht zugeben wollte, dass er keine Schere zeichnen kann, weil er kann in Wirklichkeit überhaupt nicht zeichnen, aber als ich auch am nächsten Tag keine Ruhe gab, sagte er einfach: »Das habe ich doch schon getan. Als du geschlafen hast.« Was mich misstrauisch machte, weil ich einen ziemlich leichten Schlaf habe. Aber ich konnte mich nicht einmal mit einem Handspiegel sehen, also überlegte ich, ob er mich nur verarschte, damit ich ihn in Ruhe ließ. Und wenn er mich nicht verarschte, was hatte er dann gezeichnet? Wahrscheinlich eine Pistole oder einen Puma oder irgend so einen Blödsinn. Und es leuchtet auch überhaupt nicht ein, warum Einreißen besser als Schneiden sein soll, denn wenn das stimmt, warum reißen sie dann die Leute nicht einfach auf, wenn sie die Gallenblase oder den Blinddarm herausnehmen? Bei keiner anderen Operation lässt der Arzt einfach zu, dass es dich zerreißt, statt dich aufzuschneiden, und das liegt vermutlich daran, dass Frauenärzte echt total faul sind.

Ach du heilige Scheiße, Leute. Wisst ihr noch, wie ich davon gesprochen habe, dass mein Opa gestorben ist und *Hee Haw* mich abgelenkt hat? Dasselbe ist mir eben wieder passiert, als ich über die richtige Einstellung sprechen wollte und von meiner Vagina abgelenkt wurde. *Das war nicht mal Absicht.* So leicht fällt mir dieser ganze Quatsch mit dem Schreiben. Aber mein Gehirn hat *trotz* der Ablenkung durch meine Vagina unterbewusst am Thema festgehalten. Dafür kriege ich total den Pulitzer.

Jedenfalls ist ein Kind zu haben eine hervorragende Übung in Sachen richtige Einstellung. Es ist alles eine Frage der Perspektive. Ein Kind zu haben lehrt einen, die Schrecken und die Würdelosigkeit des Lebens anzunehmen. Wohl oder übel.

Nimm zum Beispiel das erste Mal, wenn du mit deinem Kind ins Schwimmbad gehst. Du zeigst deiner klapperdürren, kinderlosen Nachbarin, die wahrscheinlich nachts mehr als zwei Stunden geschlafen hat, gerade selbstbewusst, dass du immer noch cool drauf bist, da bemerkst du plötzlich, dass der Hintern deines Kindes irgendwie explosionsartig wächst. Als Nächstes stellst du entsetzt fest, dass dein Mann vergessen hat, ihm eine Schwimmwindel anzuziehen, und die richtige Windel saugt sich jetzt mit dem ganzen Schwimmbadwasser voll und geht auf wie ein Atompilz, und dein Kind sieht dich fragend an, wie um zu sagen: »Scheiße Mann, was ist denn mit dem Gelumpe los?«, und du sagst: »GANZ RUHIG. Wir gehen langsam zur Toilette«, aber das Kind schreit nur in Panik: »Nimm mich hoch! Meine Windel frisst mich auf«, und das tust du dann auch, aber unter dem Druck reißen die Nähte der Windel und du saust dich vollkommen mit dem Gelzeugs aus dem Innern der Windel ein, so bläulichen, geleeartigen Kristallen. Und du ekelst dich und bist zugleich fasziniert und läufst zur Toilette, aber das geleeartige Zeugs hinterlässt eine Spur wie bei einer Schnitzeljagd, und der Bademeister sieht dich mit einem Stinkefinger-Blick an, und du kommst endlich bei der Toilette an, aber das Gel in der Windel dehnt sich weiter aus. Du ziehst dem Kind hektisch den Badeanzug runter, da platzt die Windel auch schon unter dem inneren Druck vollends auf und landet, platsch!, auf dem Boden und das Windelgelee *spritzt – in – alle – Richtungen.* Und genau in diesem Moment spaziert deine klapperdürre, kinderlose Nachbarin fröhlich herein und weicht sofort erschrocken zur Wand zurück, als sie dich gebückt in der Mitte der Toilette stehen sieht, über und über mit blauer Windelfüllung bedeckt und verzweifelt damit beschäftigt, mit Stößen ineffektiver brauner Papierhandtücher ein nacktes Kleinkind von (wahrscheinlich krebserregendem) Windelgelee zu säubern. Du lächelst ihr beruhigend zu, als passiere das die ganze Zeit, und überlegst, ob du dich aufrichten und ihr ganz locker erklären sollst, *dass eigentlich dein Mann an allem schuld ist*, aber bevor du das tun kannst, sieht deine Tochter deine riesige Brust, die nur noch vom Rand des Badeanzugs gehalten wird, und gibt ihr einen Stoß, sodass sie vollends herausfällt. Und da verlässt deine Nachbarin die Toilette schweigend und im Rückwärtsgang wie den Schauplatz eines Mordes, und du schreist ihr hinterher: »DU ENTKOMMST NICHT. DENN DAS IST DEINE ZUKUNFT!«

Stellt euch darauf ein.

So was passiert wirklich *ständig*.

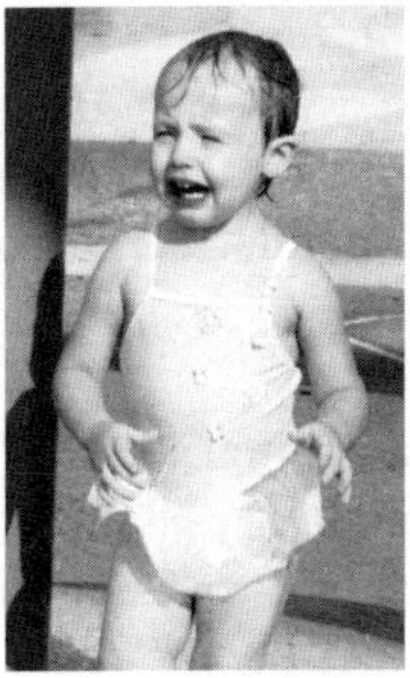

Ich versichere euch, es war traumatisch für uns alle.

TELEFONGESPRÄCH MIT MEINEM MANN, NACHDEM ICH MICH ZUM ACHTZIGTAUSENDSTEN MAL VERFAHREN HATTE

ICH Hallo?

VICTOR Wo bist du?! Du bist seit einer Stunde weg.

ICH Ich habe mich verfahren. Schrei nicht so.

VICTOR Du wolltest nur Milch holen. Du warst in diesem Laden doch schon hundert Mal.

ICH Ja, aber nicht am Abend. Alles sieht so anders aus und ich konnte die Schilder nicht lesen. Ich habe wahrscheinlich eine falsche Abzweigung genommen und bin dann durch die Gegend gefahren und habe gehofft, dass mir etwas bekannt vorkommt.

VICTOR Wie schaffst du es, dich jedes Mal zu verfahren, sobald du das Haus verlässt?

ICH Ich glaube, ich bin gar nicht mehr in Texas.

VICTOR Ach du liebe Scheiße ...

ICH SCHREI MICH NICHT AN.

VICTOR Ich schreie dich nicht an. Schalte einfach das Navi ein und gib unsere Adresse ein.

ICH Das habe ich zu Hause gelassen.

VICTOR Was ist eigentlich mit dir los, verdammt?!

ICH Du wolltest mich nicht anschreien!

VICTOR Das war, bevor du das Navi zu Hause vergessen hattest. ICH HABE ES NUR WEGEN DIR GEKAUFT.

ICH Kannst du mir nicht einfach erklären, wie ich nach Hause komme?
VICTOR Wie denn, Jenny? ICH WEISS DOCH NICHT, WO DU BIST.
ICH Okay ... also hier sind viele Bäume. Und Büsche. Aber vielleicht sind das auch Pferde. Schwer zu sagen, es ist so dunkel.
VICTOR Aha, jetzt weiß ich ganz genau, wo du bist.
ICH Wirklich?
VICTOR Nein! Du bist an einem Ort, an dem es vielleicht Büsche gibt, aber vielleicht auch nicht. Was soll ich damit anfangen?
ICH Mist. Ich muss ein Straßenschild finden.
VICTOR Du MUSST vor allem das Navi mitnehmen.
ICH Aber ich verwende es nicht mehr.
VICTOR Warum nicht?!
ICH Es will mich umbringen.
VICTOR [versteinertes Schweigen]
ICH Weißt du noch letzte Woche, als ich in die Stadt musste und mir eine Wegbeschreibung von MapQuest geben ließ und du meintest, ich solle vorsichtshalber noch das Navi mitnehmen? Aber dann sagte das Navi auf halber Strecke: »Biegen Sie links ab«, und ich sagte: »Nein, laut MapQuest geht es geradeaus«, und das Navi wieder: »BIEGEN SIE LINKS AB«, und ich: »Mach ich aber nicht, du blöde Gans«, und da seufzt die Stimme so enttäuscht und sagt ständig »Neuberechnung« in diesem rechthaberischen, arroganten Ton, und dann sagt sie plötzlich »BIEGEN SIE LINKS AB!« Und ich flippe völlig aus und biege links ab, genau wie die Stimme sagt, und dann sagt sie wieder »Neuberechnung, Neuberechnung«, und ich: »ABER ICH HABE DOCH GENAU GETAN, WAS DU WOLLTEST. IN WELCHEM TON REDEST DU ÜBERHAUPT MIT MIR, DU ARSCHLOCH?«
VICTOR Du verwendest das Navi nur deshalb nicht, weil dir der Ton der Computerstimme nicht gefällt?

ICH Nein, das war doch nur der Anfang. Dann sagte die Stimme, ich sollte in die West Lion Street einbiegen, aber da war nirgends eine West Lion Street, also musste ich immer wieder umdrehen, obwohl es verboten war, bis ich merkte, dass sie die Wesley-Ann Street falsch aussprach. Wahrscheinlich absichtlich.
VICTOR Die Straße heißt Wesleyan Street. Hast du immer noch kein Straßenschild gefunden?
ICH Oh, sorry. Ganz vergessen, dass ich fahre.
VICTOR Du hast *beim Fahren* vergessen, dass du fährst?
ICH Ich bin ja nicht mit einer Kuh zusammengestoßen. Ich habe nur vergessen, dass ich nach einem Straßenschild suche.
VICTOR Wenn du es je nach Hause schaffst, verstecke ich die Autoschlüssel.
ICH Jedenfalls sagte ich daraufhin: »Okay, einer von uns spricht ›Wesley-Ann‹ falsch aus und einer von uns hat sich verfahren, und wahrscheinlich bin das beide Male ich«, und dann fällt mir plötzlich die vielleicht größte Erfindung der Weltgeschichte ein.
VICTOR Du suchst ein Straßenschild. Sieh dich um.
ICH Noch keins gesehen. Das sieht hier aus wie eine Schnellstraße. Frag mich nach der tollen Idee, die ich hatte.
VICTOR Nein.
ICH Ein idiotensicheres Navi.
VICTOR [schweigt]
ICH Im Ernst. Weil ich mit Richtungen nicht gut zurechtkomme, aber mit Orientierungspunkten richtig gut bin. Wenn du mir also sagst, ich soll die Hauptstraße nach Norden fahren, bin ich aufgeschmissen, aber wenn du sagst: »Biege am Burger King ab, der vergangenes Jahr abgebrannt ist«, dann weiß ich genau, was ich tun muss, wir sollten also ein Navi bauen, das genau das tut.

VICTOR [seufzt]
ICH Und jetzt kommt das eigentlich Geniale: Wir machen es lernfähig, damit es sich an die jeweilige Person anpasst. Also wenn ich dann sage: »Hoppla? Da onaniert ein Penner«, dann speichert es das in seiner Datenbank ab, und wenn ich später irgendwo hin will, zählt es nicht einfach irgendwelche Straßen auf, sondern sagt: »Du weißt, wo der Penner onaniert hat? Da fahren wir hin. Biege an deiner Lieblingseisdiele links ab. Dann bei dem Mexikaner, zu dem du Sarah mitgenommen hast, als sie sich wie eine Schlampe aufgebrezelt hatte, rechts ab. Gewähre Vorfahrt an der Stelle, wo du diesem Typen beim Runterholen geholfen hast.«
VICTOR *Wie bitte was?*
ICH Siehst du, das ist ein Nachteil des Systems, weil ich dem Typen ja nur geholfen habe, etwas vom Dach seines Autos runterzuholen. Aber Computer verstehen die Feinheiten der menschlichen Sprache nicht, sie müssen also lernfähig sein. Das sollten wir in die Bedienungsanleitung aufnehmen. Als Einschränkung.
VICTOR Wie lange musst du vermisst sein, bevor ich mich nach einer neuen Frau umsehen kann?
ICH Ich sage doch nur, dass dieses Navi noch nicht vollkommen ist, Idiot. Aber fast. Ich würde es nur nicht benützen, wenn deine Mom mit Auto säße, nur für den Fall. OHMEINGOTT, JETZT WEISS ICH, WO ICH BIN.
VICTOR An der Stelle, an der du diesem Typen etwas runtergeholt hast?
ICH Nein, bei diesem leerstehenden Gebäude, das aussieht, als gehöre es einer Adventistensekte.
VICTOR Hm. Andere Menschen sagen dazu »Dallas Street«. Findest du von dort nach Hause?
ICH Ich glaub schon. Bei dieser gruseligen Bar, die aussieht wie

aus *Scooby-Doo*, links, dann noch mal links an der Stelle, wo wir das Wildschwein gesehen haben, das dann doch ein Hund war, und rechts an der Ecke, an der ich mich damals übergeben musste. Richtig?

VICTOR Ich kriege schon vom Zuhören Kopfweh.

ICH ALTER, WIR WERDEN STEINREICH SEIN.

NACHWORT Ich habe es nach Hause geschafft.* Victor klebte das Navi mit Klebeband an die Windschutzscheibe und weigerte sich, mein neues Navi zu bauen. Als wäre es ihm lieber, dass wir arm sind.

***DEMENTI** Mit »nach Hause geschafft« meine ich, ich habe mich noch mal verfahren und Victor musste kommen, damit ich hinter ihm her nach Hause fahren konnte. Entscheidend ist, dass ich es geschafft habe. Und dass ich kein Navi hatte. Es war im Grunde tragisch. Victor findet das auch, aber vermutlich aus anderen Gründen.

WIE MIR EIN SERIENMÖRDER DAS GESICHT ZERSCHNITTEN HAT

Menschen mit Angststörungen gelten oft als »schüchtern« oder »still«, oder man spricht von »dieser sonderbaren Frau, die wahrscheinlich Leichen im Keller hat«. Letzteres habe ich nie jemanden über mich sagen hören, aber ich vermute immer, dass die Leute es denken, weil diese Art der Paranoia eine häufige Begleiterscheinung von Angststörungen ist. Ich persönlich habe mich immer als »sozial gehemmt« eingeordnet und damit beruhigt, dass es viele ganz normale Menschen gibt, die in der Öffentlichkeit nicht gerne reden. Was ja auch stimmt. Leider stimmt auch, dass meine Angst den Bereich des »ganz Normalen« leicht übersteigt und mehr dem Bereich der »absolut krankhaften Behinderung« zuzuordnen ist.

Schon bei einfachen Unterhaltungen mit Fremden im Lebensmittelladen bringe ich entweder kein Wort heraus oder ich rede ununterbrochen über etwas, über das man mit Fremden in einem Lebensmittelladen eigentlich überhaupt nicht reden sollte. Ich habe mir deswegen lange Vorwürfe gemacht, weil ich meinte, ich könnte das mit ein wenig Willenskraft unter Kontrolle bringen, aber mit über zwanzig bekam ich dann ausgewachsene Panikattacken und ging schließlich zum Arzt, der ein allgemeine Angststörung diagnostizierte.

Meiner Erfahrung nach meinen die Leute immer, eine *allgemeine* Angststörung wäre der *sozialen* Angststörung vorzuziehen, weil sie vager und weniger bedrohlich klingt, aber diese Leute irren sich total. Für mich ist die allgemeine Angststörung so, als hätte ich alle Angststörungen zu einer zusammengemanscht, auch die, die von der modernen Wissenschaft nicht anerkannt werden. Wie die *Vögel-werden-mich-wahrscheinlich-im-Schlaf-ersticken-Störung* und die *Ich-habe-immer-Cracker-in-meiner-Tasche-falls-ich-im-Aufzug-stecken-bleibe-Störung.* Grundsätzlich habe ich ganz allgemein Angst vor überhaupt allem. Vermutlich heißt die allgemeine Angststörung deshalb so.

Meine Psychologin war bei der Diagnose der Angststörung extrem diskret, so diskret, dass mir erst einige Besuche später überhaupt klar wurde, dass ich eine hatte. Sie quasselte etwas von einer Patientin, die für mich ein klarer Fall für die Klapsmühle war. Ich hörte ihren Ausführungen nur mit halbem Ohr zu, weil ich die ganze Zeit überlegte, ob sie es wohl als Rückschritt in meiner Therapie betrachten würde, wenn ich mich während unserer Sitzungen unter dem Sofa versteckte. Dann begriff ich plötzlich, dass die Bekloppte, von der sie sprach, ich war. Vermutlich wollte sie mein Leiden nicht gleich benennen aus Furcht, ich könnte mich schämen, eine richtige psychische Störung zu haben. Aber ich war nur erleichtert, ehrlich. Meine Unfähigkeit zu einem normalen Gespräch war damit nicht mehr einfach nur eine Marotte, sondern klassifiziert als »entsetzliche, unheilbare medizinische Behinderung, die sowohl für die Betroffene wie die Menschen ihrer Umgebung mit furchtbaren Leiden verbunden ist«. Die Formulierung stammt von mir. Meine Psychologin spricht von einer »kleineren Störung, die leicht medikamentös behandelt werden kann«. Wenn sie sich allerdings je bei einer Dinnerparty mit mir unterhalten müsste, würde sie sich vermutlich meiner Definition anschließen.

Bei Dinnerpartys und anderen geselligen Ereignissen begrüße ich meist die Gastgeberin und verstecke mich dann auf der Toilette, bis die Party vorbei ist. Gewöhnlich ist es so für alle Beteiligten am besten. Ich habe früher Bücher über Leute gelesen, die geborene Gesellschafter waren, und mich regelmäßig gefragt, warum ich nicht genauso selbstsicher und charmant auftreten und humorvolle Anekdoten über meine Zeit mit Jacques Cousteau erzählen konnte. Aber ich wäre leider wohl selbst dann ein schlechter Gesprächspartner, wenn ich Jacques Cousteau tatsächlich kennengelernt hätte. Auf Partys nicke ich meist nur jeden Blödsinn ab, den jemand erzählt, und gerate in Panik, wenn die betreffende Person mich anschließend fragt, was ich von ihren Ausführungen halte, denen ich nicht zugehört habe. Ich fasle dann irgendetwas von damals, als ich versehentlich eine Nadel geschluckt habe. Anschließend erkläre ich, dass es sich wahrscheinlich gar nicht um eine Nadel gehandelt hat, dass ich das aber damals geglaubt habe, und das Schweigen wird lauter und lauter und ich rede immer weiter davon, wie schrecklich es ist, nicht zu wissen, ob man nun eine Nadel verschluckt hat oder nicht. Und dann merke ich, dass es im Zimmer ganz still geworden ist und nur noch zu hören ist, wie ich mit fast schon hysterischer Stimme zum Ende einer Geschichte zu kommen versuche, die überhaupt keines hat. Schließlich zwinge ich mich physisch, mit dem Reden aufzuhören, und nach einigen weiteren, megapeinlichen Sekunden des Schweigens wechselt dann ein gnädiger Mensch das Thema und ich schleiche mich ins Bad und verstecke mich dort bis zum Ende der Veranstaltung. Im besten Fall.

Bei mehr als einer Gelegenheit war mein haltloses Gefasel so entsetzlich, dass die anderen mich nur sprachlos anstarrten und ihr Schweigen mit Händen zu greifen war, bis ich vor lauter Verzweiflung noch mit meiner Kreditkartennummer herausplatzte und mich dann auf die Toilette flüchtete. Ich tat das, weil ich hoffte, wenn ich irgendwelche Zahlen durch die Gegend brüllte, würden meine entgeisterten Zuhörer mich für eins dieser exzentrischen Mathegenies halten, die einfach so genial sind, dass niemand sie versteht, und auch, weil ich mich irgendwie schuldig fühlte, dass sie meiner Geschichte von der verschluckten Nadel hatten zuhören müssen, und wenn sie mir die verschwendete Zeit in Rechnung stellen wollten, dann hatten sie jetzt diese Option. Nur dass ich mir Zahlen partout nicht merken kann, nicht einmal meine Kreditkartennummer, und stattdessen irgendeine willkürliche Zahlenkombination erfinde. Kurz gesagt, irgendwelche Fremden zahlen dann für meine Defizite, weil ich ein so schlechtes Gedächtnis habe. *Und* weil ich mich nicht unterhalten kann wie ein normaler Mensch. *Und* weil Kreditkartenbetrug so lukrativ ist. Im Grunde sind wir bei dieser Sache also alle die Verlierer.

Die Leute, mit denen ich nur per E-Mail und SMS kommuniziere, sind jetzt wahrscheinlich verwirrt, denn ich komme in meinen E-Mails halbwegs geistreich und verständlich rüber, weil ich, bevor ich auf »Senden« drücke, Zeit habe zu überlegen, was ein normaler, geistig gefestigter Erwachsener schreiben würde. Deshalb unterhalte ich mich mit anderen am liebsten auf elektronischem Weg. Ich schreibe also eine E-Mail und überlege anschließend, ob normale Menschen auch schreiben würden, Lincoln wäre daran gestorben, dass so viele Menschen ihre ungewaschenen Finger in seine Schusswunde gesteckt hätten. Ich komme dann zu dem Schluss, dass sie es nicht tun würden, und streiche auch noch das mit den Vegetariern, die eine menschliche Plazenta essen dürfen, weil dafür kein Tier sterben muss, und am Schluss bleibt nur eine knappe Nachricht übrig, in der steht: »Herzlichen Glückwunsch zur Geburt deines Kindes!« Das klingt zwar furchtbar nichtssagend, aber ich habe es schon so oft total normale Leute sagen hören, dass es nicht falsch sein kann.

Viele halten das für eine komische Übertreibung, aber eigentlich nur die, die selber keine Angststörung haben. Die anderen nicken zustimmend, weil auch sie diese ziemlich beschissene Störung haben, wegen der sich eine E-Mail-Unterhaltung, die eigentlich nur wenige Minuten dauern sollte, aufgrund ständiger Überarbeitungen über Stunden hinzieht.

Als Beispiel für diesen Aufwand hier die Rekonstruktion eines ganz einfachen E-Mail-Gesprächs, das ich heute Morgen mit meiner Kollegin Jon hatte:

Jon: Ich wollte euch nur Bescheid geben, dass ich heute nicht zur Arbeit komme, weil wir unseren geliebten Hund einschläfern lassen müssen.

ICH Ich habe einen Hoden. In einem Glas. Also ich meine, von einem Hund. Nicht von mir selber. Das wäre ja schon ungewöhnlich. Für eine Frau. Für einen Kerl wahrscheinlich auch. Ich will damit nur sagen, dass man meinem Hund wegen Krebs einen Hoden entfernen musste und ich den aufheben wollte, weil ich das bei meinen Mandeln versäumt habe, als ich sie rausbekam, und weil ich damals dachte: »Dann eben das nächste Mal, okay?« Und ich bin gottfroh, dass ich es getan habe, denn zwei Wochen später läuft mein Hund weg und jetzt habe ich nur noch den Hoden als Erinnerung.

ICH Herzliches Beileid, Jon! Das erinnert mich daran, was meine Großmutter einmal gesagt hat: »Ein Haustier zu verlieren ist wie einen Angehörigen zu verlieren.« Nur dass es lange nicht so teuer ist, weil man es nicht einbalsamieren muss, und man braucht auch keine Urne zu kaufen, sondern kann es einfach im Garten begraben.

ICH Penis.

ICH Ich bin in Gedanken heute bei dir, Jon. Im Anhang der Text »Rainbow Bridge« von der Haustiergedenkseite im Internet und ein kurzes Gedicht von Maya Angelou.

Jon: Genau das habe ich gebraucht. Woher wusstest du es?

ICH Ich weiß, wie schwer es sein kann, jemanden gehen zu lassen. Ich kann den Hoden meines Hundes immer noch nicht wegwerfen, Jon, obwohl das jetzt schon ewig her ist. Ich weiß ja nicht einmal sicher, ob er tot ist. Vielleicht ist er nur weggelaufen, weil er mich nicht leiden konnte. Oder er hatte Angst, ich könnte ihm auch noch den anderen Hoden wegnehmen. Oder vielleicht war er einfach nur ein Arschloch. Das sind manche Hunde eben auch.

ICH Ich weiß, wie schwer es ist, Abschied zu nehmen.

Kurz gesagt? *Es ist anstrengend, ich zu sein.* Zu tun, als wäre man normal, ist Stress pur und erfordert ungeheure Mengen an Kraft und Xanax. Wahrscheinlich sollte ich mich von den Normalos dafür bezahlen lassen, dass ich nicht zu ihren Veranstaltungen gehe und sie ruiniere. Schließlich gebe ich ziemlich viel Geld für Beruhigungsmittel aus, damit ich meine Angst wenigstens einigermaßen unter Kontrolle habe, und ich kann diese Unkosten nicht einmal von der Steuer absetzen. Andererseits ist es das für mich wert, weil ich lieber mithilfe von Medikamenten halbwegs zurechnungsfähig wirke, als von den anderen Gästen einer Dinnerparty angestarrt zu werden wie ein unerwünschter Eisbär.

Der letzte Satz ist wieder so ein Beispiel. Ein normaler, vernünftiger Mensch hätte geschrieben »wie ein unerwünschter *Gast*«, aber nicht ich. Ich wollte »unerwünschter Gast« schreiben, aber dann sagte mein Gehirn: »Moment mal, was ist *noch* unerwünschter als ein unerwünschter Gast? *Ein beschissener Eisbär.*« Daraufhin meldet sich die normale, gute Seite in meinem Kopf zu Wort, die immer ein wenig langsamer ist, und sagt: »Halt, das kapiert doch niemand. Schreib einfach ›Gast‹.« Darauf die schlechte Seite empört: »Ach ja? Also für mich klingt das total einleuchtend. Wenn ein unerwünschter Gast auf deiner Party auftaucht, kann dir schlimmstenfalls passieren, dass die Chips schneller ausgehen. Wenn ein Eisbär auftaucht, gibt es ein blutiges Gemetzel. Eisbären sind absolut nirgends erwünscht.« Und dann lächelt die gute Seite herablassend und sagt mit einem Seufzer: »Diese Logik versteht doch niemand, Blödmann. Und an einigen Orten sind Eisbären eben doch erwünscht, zum Beispiel in Zoos. Und in der Cola-Werbung.« Aber die schlechte Seite in meinem Kopf will davon nichts hören und schreit: »Der Käfig im Zoo dient dazu, sie von uns fernzuhalten. Weil sie eben unerwünscht sind.« Darauf die gute Seite: »Also wenn du Eisbären so furchtbar findest, warum sind wir dann Samstag in den Zoo gegangen?« Schlechte Seite: »Weil du mir dafür einen blasen wolltest, du blöde Tussi.« Und darauf schnauft die gute Seite nur heftig, als könnte sie nicht fassen, dass die schlechte Seite das jetzt gesagt hat, weil sie das doch bitteschön für sich behalten sollte, und die gute Seite wird ganz missvergnügt und moralisch, und vielleicht sollten wir es dabei belassen, weil das klingt alles unappetitlich und warum erinnert es eigentlich so fatal an häusliche Gewalt? Und wie kann die schlechte Seite in meinem Kopf sich überhaupt einen blasen lassen? Ist sie männlich? Das ist alles so verwirrend und irgendwie sexistisch. Also wenn ich hier jemanden beeindrucken wollte, hätte ich den ganzen Absatz gestrichen und »Eisbär« einfach durch »unerwünschten Gast« ersetzt, aber ich lasse alles stehen, weil ich zu faul zum Streichen bin. Und auch um eine unangenehme Wahrheit aufzuzeigen, wie schwer es nämlich ist, mit einer psychischen Krankheit zu leben. Aber vor allem aus dem ersten Grund. Und eigentlich geht es in meinem Kopf die ganze Zeit so zu wie in diesem Absatz. *Tja* ... Herrscht schon ein ziemliches Durcheinander hier drinnen.

Aber ich danke Gott, dass ich in meinem Kopf überhaupt eine gute Seite *habe*, weil ich einmal einen Nachbarn hatte, der durch einen Autounfall irgendwie seine Hemmungen verlor und mir immer die merkwürdigsten Dinge zurief, wenn ich die Post vom Briefkasten holte. Dinge wie »Hi, schöne Lady! Dein Hintern wird immer dicker!« oder »Deinen Arsch würde ich mir trotzdem gern mal vornehmen!« Ich zwang mich dann nur zu einem Lächeln und winkte ihm zu, weil, gut, das ist natürlich eine Beleidigung, aber er hatte sie doch sicher als Kompliment gemeint. Ich meine, der Typ hatte nicht mal eine gute Seite, die solche Gedanken für ihn herausgefiltert hätte, es wäre also ein wenig egoistisch von mir, nicht froh über meine gute Seite zu sein, auch wenn sie nicht richtig funktioniert und immer erst merkt, was ich Bescheuertes sage, wenn ich es schon gesagt habe. Es ist, als hätte ich eine Zensorin im Kopf, die mit einer Verzögerung von sieben Sekunden arbeitet ... die es zwar gut meint, aber immer zu spät kommt, um die ganze Scheiße noch verhindern zu können.

In gewisser Weise ist es ja ein Geschenk, wenn man seine Fehler erkennt, aber im wirklichen Leben höre ich mich bereits grässliche Dinge sagen und dann erst schreit der Teil von mir, der erkennt, was ich gerade wieder Unpassendes gesagt habe:

»Halt, man unterhält sich mit einem Geistlichen doch nicht über Vibratoren!« Das viele Geschrei in meinem Kopf bringt mich dann ganz durcheinander und ich drehe durch und schon kommt wieder meine Kreditkartennummer. Oder ich platze mit etwas anderem heraus, um das peinliche Schweigen zu füllen, aber aus irgendeinem Grund denkt der Teil meines Kopfes ohne Filter nur an Nekrophilie, und der Teil meines Kopfes, der erkennt, dass Nekrophilie nie ein gutes Gesprächsthema ist, brüllt »Nekrophilie ist schlecht«, und schon kriege ich wieder Panik und höre mich losplappern, warum Nekrophilie schlecht ist, und der noch halbwegs gesunde Teil in mir schüttelt nur den Kopf, während meine Gesprächspartner krampfhaft überlegen, was man mit einer Frau tun soll, die auf einer Cocktailparty von Nekrophilie anfängt. Sie tun mir leid. Nicht nur, weil sie ein solches Desaster miterleben müssen, sondern weil man schlecht bestreiten kann, dass Nekrophilie schlecht ist. *Eben.* Und wenn man dann das Thema wechseln will, wirkt das nur, als wäre man ein heimlicher Anhänger der Nekrophilie, wollte das aber nicht vor den anderen zugeben. Das ist wahrscheinlich auch der Grund, warum sich meine Zuhörer, wenn ich auf Dinnerpartys etwas sage, nach und nach abwenden und anderen Gesprächen anschließen, bis ich zuletzt nur noch mit mir selber rede. Was der absolute Wahnsinn ist. Denn wenn etwas noch schlimmer ist als eine Frau, die sich auf einer Cocktailparty mit wildfremden Menschen über Sex mit Toten unterhält, dann eine Frau, die auf einer Party über genau dasselbe Thema mit sich selbst spricht.

Wenn ich auf der Straße eine zerlumpte Pennerin sehe, die herumschimpft, kriminelle Bären wollten die Herrschaft über die Stadt an sich reißen, vermute ich sofort, dass diese Frau vor Jahren auf einer Dinnerparty über dieses Thema gesprochen hat und dass sie vor lauter Schreck über ihre eigene Vision einen Nervenzusammenbruch hatte, worauf ihre Zuhörer sich dann abwandten. Und jetzt, Jahre später, versucht dieselbe Pennerin immer noch, das Gespräch von damals einigermaßen würdig zu Ende zu bringen, scheitert aber kläglich. Deshalb gebe ich Obdachlosen immer einen Dollar und etwas Xanax. Weil ich genau weiß, was sie durchmachen. Außerdem nicke ich gewöhnlich und mache eine Bemerkung wie: »Das ist ja eine interessante Theorie, aber ich bin mir nicht sicher, ob Bären mit ihren kognitiven Fähigkeiten wirklich einer so komplexen Aufgabe gewachsen sind.« Aber die Person, mit der ich rede, starrt meist nur an mir vorbei auf das entsetzte Publikum von damals, das nur noch in ihrem Kopf existiert. Mein Mann zieht mich dann weiter und hält mir einen Vortrag darüber, wie gefährlich es ist, Obdachlose zu provozieren. Er sieht nicht, was ich sehe: das verzweifelte Gesicht eines Menschen, der über einer Dinnerparty wahnsinnig geworden ist.

Man möchte meinen, Victor hätte mehr Verständnis, weil er doch weiß, was für eine emotionale Wüste ich hinterlasse, wenn man mich zwingt, an gesellschaftlichen Anlässen teilzunehmen, aber er hat erst kürzlich meine Fähigkeit, unser beider Ruf auf einer einzigen Dinnerparty zu ruinieren, als Übertreibung meinerseits abgetan. Ich kann nur vermuten, warum er meiner sozialen Dysfunktion so wenig Bedeutung beimaß: Entweder meine Panikattacken waren so heftig, dass meine soziale Inkompetenz vergleichsweise harmlos erschien, oder er hat nicht richtig aufgepasst.

Fairerweise sei gesagt, dass meine Panikattacken auf andere sehr viel schlimmer wirken und ich die ganz heftigen glücklicherweise nur ein paar Mal im Jahr habe. Im einen Moment geht es mir noch prächtig, im nächsten wird mir plötzlich übel und dann kriege ich Panik. Ich kann dann nicht mehr an mich halten und weiß, ich verliere gleich die Beherrschung, und dann will ich nur noch fliehen, allerdings vor der einzigen Person, vor der ich nicht fliehen kann ... vor mir selbst. Und das passiert unweigerlich in einem überfüllten Restaurant oder auf einer Party oder in einem anderen Bundesstaat, Meilen von jeder Art von Zuflucht entfernt.

Ich merke, wie die Panik in mir aufsteigt wie ein in meiner Brust eingesperrter Löwe, der sich durch meinen Hals nach draußen kämpft. Ich will ihn zurückhalten, aber die anderen Gäste spüren, dass sich etwas verändert hat, und werfen mir verstohlen besorgte Blicke zu. *Ich falle auf.* Ich will unter den Tisch kriechen und mich dort verstecken, bis alles vorbei ist, aber das geht auf einer Dinnerparty nicht. Mir wird schwindlig und ich fürchte, dass ich gleich ohnmächtig oder hysterisch werde. Das Schlimmste ist, dass ich nie weiß, wie der Anfall diesmal verläuft. »Mir ist nicht gut«, murmle ich, an meine Tischnachbarn gewandt. Mehr bringe ich nicht heraus, ohne zu hyperventilieren. Die anderen starren mich an und ich lächle kläglich und stürze aus dem Restaurant. Die anderen versuchen mich zu verstehen, sie verstehen mich aber nicht. Ich renne nach draußen, weg von den besorgten Blicken derer, die mich mögen oder fürchten, und der Fremden, die sich fragen, was ich habe. Ich hoffe vergebens, dass sie mich nur für betrunken halten, aber ich weiß, dass sie es wissen. Meine wirren Blicke schreien es förmlich heraus: »PSYCHISCH GESTÖRT.«

Später findet mich dann jemand zusammengekauert draußen vor dem Restaurant, legt mir eine kühle Hand auf den fieberheißen Rücken und will mich trösten. Ich werde gefragt, ob es mir wieder besser geht, und wenn der Fragende meine Geschichte kennt, fragt er besonders schonend. Ich nicke, versuche ein entschuldigendes Lächeln und verdrehe ein wenig selbstironisch die Augen, um nichts sagen zu müssen. Die anderen glauben, ich tue das aus Verlegenheit, und ich lasse sie in ihrem Glauben, weil es einfacher ist und auch weil mein Auftritt mir tatsächlich peinlich ist. Aber das ist nicht der Grund, warum ich nichts sage. Ich halte den Mund fest geschlossen, weil ich, wenn ich ihn öffnen würde, vielleicht schreien müsste. Die Hände tun mir weh, weil ich sie unwissentlich zu Fäusten geballt habe. Mein Körper sehnt sich mit jeder Faser danach, wegzulaufen. Meine Nerven sind überwach und zum Zerreißen gespannt. Wenn ich rechtzeitig an meine Medikamente komme, kann ich das Schlimmste verhindern ... das unwillkürliche Zittern, das Gefühl, unter Strom zu stehen, die schreckliche Angst, dass die Welt gleich untergehen wird und nur ich es weiß. Wenn ich meine Medikamente nicht rechtzeitig nehmen kann, bewirken sie nichts mehr und ich liege noch tagelang schlaff herum.

Ich kenne andere Menschen wie mich. Sie nehmen dieselben Medikamente und machen dieselben Therapien. Sie sind witzig und geistreich und vollkommen kaputt. Ich habe insofern Glück, als Victor zwar nicht versteht, was ich habe, aber es wenigstens versucht. »Entspann dich«, sagte er dann, »du brauchst hier vor absolut nichts Angst zu haben.« Ich lächle ihn dankbar an und tue so, als wollte ich genau das hören, als würden diese dummen Anwandlungen eines Tages von selbst verschwinden. Ich weiß selber, dass ich keine Angst zu haben brauche. Genau das macht es ja so schlimm.

Das sind die unangenehmen Tage, die meiner Meinung nach Victors Einschätzung meiner sozialen Inkompetenz verzerren. An solchen Tagen denkt er bestimmt, meine Ängste und Hemmungen bei gesellschaftlichen Anlässen wären harmlos im Vergleich zu einer ausgewachsenen Panikattacke. Und dann muss ich ihm das Gegenteil beweisen.

Typisches Beispiel: Am Wochenende nahm Victor mich zu einer Halloween-Dinnerparty seiner Abteilung mit. Ich hatte ihn davor daran erinnert, dass er einen schrecklichen Fehler beging, weil er im Lauf der Jahre schon einige Male erlebt hatte, wie ich Partys versaut hatte. Aber er streichelte mir nur das Bein und versicherte mir, es würde schon alles gutgehen. Genauso hatte er unseren Kater gestreichelt, kurz bevor wir ihn hatten einschläfern lassen. Ich war überhaupt nicht beruhigt.

Die Anfahrt dauerte lang, sehr zu meinem Nachteil, weil die Wirkung der Beruhigungsmittel, die ich genommen hatte, schon wieder nachließ und ich noch ausführlich Zeit hatte, zu überlegen, ob wir die richtigen Kostüme gewählt hatten. Wir hatten uns als Craig und Arianna verkleidet, die spartanischen Cheerleader aus SATURDAY NIGHT LIVE. Beim Kauf der Kostüme hatte ich noch geglaubt, es handle sich um allseits bekannte Ikonen der Popkultur, doch dann war Haileys Babysitterin gekommen und hatte keine Ahnung gehabt.

»Die kennst du nicht? Die Spartaner? Aus SATURDAY NIGHT LIVE?«, fragte ich und versuchte ganz ruhig zu klingen, während Victor (der nie ein männlicher Cheerleader hatte sein wollen und mir die Wahl der Kostüme noch nicht verziehen hatte) mich nur finster anstarrte. Der Babysitterin sah mich verwirrt an. »Na los, die kennst du doch!« Ich klang vielleicht ein wenig zu schrill, und Victor zog mich am Arm, wir müssten gehen, denn bei einer solchen Gelegenheit hatten wir unsere erste Babysitterin verloren. Ich holte also tief Luft, um mich zu beruhigen, und sagte dann: »Aber so lange ist das doch noch gar nicht her, Dani. Erinnerst du dich nicht? In den Neunzigern?« Und da sagte sie doch: »Oha, in den Neunzigern bin ich erst geboren.« Und da trat ich sie in den Bauch. Aber nur in Gedanken,

Victor und ich als Craig und Arianna. Einer von uns **gibt sich überhaupt keine Mühe.**

weil wir auf diese Weise unsere zweite Babysitterin verloren hatten.

Aber dass Dani so dreist war, den Schwachsinn, der vor ihrer Geburt im Fernsehen lief, nicht zu kennen, beschäftigte mich auf der Fahrt zur Party immer noch. Ich versuchte, einen klaren Kopf zu bekommen, indem ich mir einschärfte, dass ich anderen nicht versehentlich meine Vagina zeigen durfte. Das ist für mich an sich kein Problem, aber das Cheerleader-Röckchen bestand aus einem anhaftenden Polyesterstoff, der bei jeder Bewegung an meiner Unterwäsche hochrutschte, und statt den Rock den ganzen Abend nach unten ziehen zu müssen, hatte ich beschlossen, überhaupt keine Unterwäsche zu tragen. Ich hatte deswegen allerdings immer noch Bedenken, als wir vor dem Haus von Victors Chef vorfuhren. Wir gingen die lange Einfahrt zur Villa hoch und ich sagte leise zu Victor: »Übrigens, ich trage keine Unterwäsche.« Er blieb wie vom Blitz getroffen stehen und runzelte in heller Panik die Stirn.

»Ich will dich nicht verführen«, beruhigte ich ihn. »Ich sage es nur, damit du, äh, aufpasst.«

Victor sah mich entsetzt an. »Bei *was* denn?«

»Na ja, falls du meinst, wir müssten die anderen irgendwie durch Herumhüpfen animieren«, erklärte ich. »Dann weißt du, aufgepasst, man darf die Vagina nicht sehen.«

Victor blieb vor der Haustür stehen und starrte mich mit halboffenem Mund an. Auf seiner Stirn hatte sich ein dünner Schweißfilm gebildet. »Wir animieren überhaupt niemanden durch Herumhüpfen. Ich wollte dieses alberne Kostüm sowieso nie anziehen, verdammt noch mal, und WARUM TRÄGST DU KEINE UNTERWÄSCHE, HIMMELDONNERWETTER?!« Daraufhin ermahnte ich ihn, leise zu sein, sein Chef könnte ihn hören, und Victor begann ein wenig zu zittern. Das beunruhigte mich, weil nur einer von uns eine Panikattacke bekommen durfte und ich die nächste schon für mich reserviert hatte. Ich überlegte, ob ich ihm erklären sollte, warum ich keine Unterwäsche trug, oder besser schwieg, denn er schien keinen vernünftigen Argumenten mehr zugänglich zu sein und ich hätte ihm die komplexen Probleme von sichtbaren Höschenlinien wahrscheinlich nicht verständlich machen können. Dann blickte ich durch die Glasscheibe der Haustür von Victors Chef und sah vier Personen auf einem Sofa sitzen und fernsehen.

Keine einzige trug ein Kostüm.

Am liebsten wäre ich weggerannt, denn seinen Mann zu zwingen, zu Halloween ein Cheerleader-Kostüm zu tragen, ist schon ein Scheidungsgrund, ihn aber als männlichen Cheerleader für eine Party bei seinem Chef zu verkleiden, zu der alle anderen in Freizeitklamotten kommen, ist absolut lebensbedrohlich. Dann fiel mir ein, wenn ich jetzt zu unserem Auto zurückrannte, merkte Victor wahrscheinlich, dass drinnen niemand verkleidet war, folgte mir still und heimlich zum Auto und ermordete mich dort in aller Ruhe. Das wollte ich aber keinesfalls zulassen, ich überlegte deshalb, dass ich unter Menschen wahrscheinlich sicherer war, und klingelte rasch, bevor Victor den Ernst der Lage erkannte. Er wandte sein (immer noch über mich entsetztes) Gesicht der Tür zu und bemerkte im selben Augenblick, dass drinnen niemand Kostüm trug.

»Ach du Scheiße ...«, brachte er gerade noch heraus, dann öffnete ein Mann Ende fünfzig die Tür. Er sah uns ein wenig befremdet an, was ich bei einem Gastgeber sehr unhöflich finde, und ich beschloss, die Flucht nach vorne anzutreten, und platzte heraus: »Erkannt? ... die Spartaner? Aus SATURDAY NIGHT LIVE?« Er starrte uns mit gerunzelter Stirn an, als versuchte er immer noch, uns einzuordnen, also hob ich resigniert die Schultern und sagte: »Na, egal, machen Sie sich nichts draus. Die Babysitterin kannte sie auch nicht.«

Victor räusperte sich und sah mich mit einem »Wirst-du-vielleicht-den-Mund-halten!«-Blick an, während der Mann an der Tür sagte: »Verzeihung, kann ich Ihnen irgendwie helfen?« Da erklärte Victor, wir wären zu der Party gekommen, hätten die Einladung aber offenbar falsch verstanden (ungerechtfertigt böser Blick in meine Richtung) und wären von einer Kostümparty ausgegangen, aber da fiel ihm der Typ ins Wort und sagte: »Hier ist keine Party.« Er wollte uns wahrscheinlich nur loswerden, aber da zog Victor die Einladung heraus und der Mann meinte hilfsbereit, wir wären hier in der North Cleveland Street, wollten aber in die South Cleveland Street. Er schien sehr erleichtert, dass das Missverständnis aufgeklärt war, da rief ich inbrünstig: *»Gott sei Dank!«* Daraufhin sah er mich wieder merkwürdig an. Wahrscheinlich weil er Atheist war und nicht verstehen konnte, wie dankbar ich Gott dafür war, dass ich nicht von meinem Mann ermordet wurde, weil ich ihn gezwungen hatte, zu einer zwanglosen Party ein Cheerleader-Outfit zu tragen. Atheisten verstehen so etwas nie.

Wenige Minuten später fuhren Victor und ich vor der richtigen Adresse vor. Das ganze Haus war für Halloween geschmückt und schon draußen waren einige Leute in Kostümen unterwegs. Ich sprach ein stummes Gebet, das wahrscheinlich nicht so stumm war, denn Victor sah mich mit seinem Stinkefinger-Blick an und schärfte mir ein, mich ab jetzt bitte tadellos zu benehmen. Er zählte auch gleich eine Liste von Themen auf, die bei einer gemischten Gesellschaft tabu waren. »Scheidung, Tod, Politik, Heroin, Sex, Krebs und Nadeln verschlucken«, leierte er herunter. »Darüber wird heute Abend nicht gesprochen.«

»Alles klar«, versicherte ich ihm.

Er beäugte mich misstrauisch. »Außerdem sind die meisten Gäste konservative Republikaner, sprich also *bitte* nicht davon, wie sehr du Obama magst. Ich muss mit diesen Menschen arbeiten. Und auch nicht von Vaginas oder Nekrophilie« – er war damals dabei gewesen – »oder Ninjas oder wie dein Ur-Ur-Großonkel deine Ur-Ur-Großtante mit einem Hammer erschlagen hat.« Ich nickte brav, aber die vielen Themen, die er aufgezählt hatte, setzten sich irgendwie in meinem Kopf fest und ich überlegte krampfhaft, über was ich noch reden durfte. Mir fiel nichts ein.

Zum Glück ging es auf der Party ziemlich laut zu, und da wir uns in Texas befanden, waren die meisten Gäste schon betrunken und sehr gesprächig, ich konnte mich also darauf beschränken, stupide zu lächeln und zustimmend zu nicken, wann immer jemand etwas sagte. Wir stellten uns zu einer größeren Gruppe von Victors Kollegen. Es wäre tatsächlich schwierig gewesen, überhaupt zu Wort zu kommen, da das Gespräch von einem als John McCain (kein Witz!) verkleideten Mann dominiert wurde, der sich in einer endlosen Tirade darüber erging, dass Obama uns unsere Waffen wegnehmen wollte (»Wo will er sie denn überhaupt aufbewahren?«, fragte ich mich). Ich sah, wie Panik in Victors Augen trat und er mich stumm anflehte, den Mund zu halten, also biss ich mir auf die Zunge und zwang mich zu einem Lächeln. Victor tat einen tiefen Seufzer der Erleichterung und ich lächelte und verdrehte die Augen über seine Ängstlichkeit, aber der kostümierte McCain musste unseren Blickaustausch bemerkt haben, denn er lachte meckernd und fragte mit misstrauisch hochgezogenen Augenbrauen: »Hoppla? Haben wir da etwa eine bekennende Liberale unter uns?« Und da konnte ich keinen klaren Gedanken mehr fassen, weil man mich doch ausdrücklich gewarnt hatte, nicht über Politik zu sprechen, ich erstarrte also in Panik und suchte angestrengt nach einer passenden Antwort, mit der ich zugleich das Thema wechseln konnte. Dann, nach einem peinlichen Moment des Schweigens, das irgendwie die ganze Gruppe erfasst hatte, platzte ich mit dem wahrscheinlich abstrusesten Satz heraus, der je auf einer Dinnerparty geäußert wurde:

»Mir hat mal ein Serienmörder das Gesicht zerschnitten.«

Und noch beunruhigender war, dass ich bei dieser zusammenhanglosen Bemerkung ganz ernst und geradezu gleichgültig klang. Als bekämen ständig Leute das Gesicht zerschnitten. Und? Ich habe nicht die geringste Ahnung, warum ich das gesagt habe. Victor sah mich an, als hätte er einen Schlaganfall, und sein Gesicht wechselte die Farbe. »Ha, ha, Schatz!«, würgte er heraus. »Was soll das jetzt?« Offenbar wollte er mir helfen, da wieder rauszukommen, oder er wollte sich einfach nur von mir distanzieren. Wahrscheinlich hätte ich alles auf den Alkohol schieben sollen, aber stattdessen versuchte ich die Situation zu retten, indem ich erklärte, der Nicht-McCain hätte von Waffen gesprochen und da wären mir Messer eingefallen und die hätten mich an damals erinnert, als der Serienmörder mit einem Messer über mich hergefallen wäre, aber meine Erklärungen machten alles nur immer noch verworrener und die Leute begannen schon Blicke zu wechseln und nervös zu lachen. Victor funkelte mich böse an und da redete ich erst recht weiter, schließlich WILL ICH DOCH IMMER ALLES WIEDER GUTMACHEN. Wenn überhaupt, hätte Victor auf McCain wütend sein müssen, der im Grunde doch an allem schuld war. Den Typen im Kostüm, meine ich, nicht den ehemaligen Präsidentschaftskandidaten. Der war überhaupt nicht da. Ich weiß jetzt nicht, warum ich das klarstellen muss.

Victor begann sich zu räuspern und wollte das Thema wechseln, aber mal ehrlich, wenn du von einem Serienmörder angefangen hast, kannst du nicht so einfach wieder aufhören. Die Leute wollen mehr wissen und dann bemerken sie die kleine Narbe auf deinem Gesicht und da musst du ihnen unbedingt die Geschichte mit dem Serienmörder erzählen. Bestimmt denken jetzt alle: »Wurde sie denn wirklich von einem Serienmörder überfallen?« Es hat keinen Sinn, das abzustreiten, ihr habt die Stelle gerade gelesen, also denkt ihr es natürlich. So funktioniert das mit Büchern. Und? *Velociraptor.* Ha! Ich habe gerade bewirkt, dass ihr an den Velociraptor denkt. *Wahnsinn!* Wahrscheinlich schreibt Stephen King deshalb so viele Bücher. Im Moment habe ich eure Gedanken total unter Kontrolle.

Aber die Antwort auf eure Frage lautet: »Ja sicher, selbstverständlich hat mich ein Serienmörder überfallen. Also, mehr oder weniger.« Genau das sagte ich auch den Leuten auf der Party. Victor hätte sich in diesem Moment am liebsten von mir scheiden lassen. Und das eigentliche Tragische an der Sache ist, dass im Grunde *er* an allem schuld war, denn ich wollte schon sagen, ich wäre betrunken, und mich dann im Bad verstecken, aber dann sagte Victor es zuerst und da wurde ich so wütend auf ihn, dass ich kein Blatt mehr vor den Mund nahm, weil er doch offensichtlich meine Serienmördergeschichte nicht ernst nahm. Er meinte, das liege daran, dass sie nicht ganz der Wahrheit entspreche, womit er ja auch recht hatte, aber inzwischen waren alle schon neugierig geworden. Und es wusste ja niemand, dass meine Beiträge zu Partygesprächen immer mit Horrorgeschichten enden. Statt also Victor zuzustimmen, dass ich mich ein wenig hinlegen sollte, wollten alle anderen die ganze Geschichte von mir hören. Die waren alle total knülle.

Mir wurde sofort klar, dass ich einen Fehler gemacht hatte, aber ich bildete mir ein, ich könnte die Situation noch retten, also holte ich tief Luft und sagte, ich hätte einen Dokumentarfilm über Serienmörder angesehen und wäre dabei eingeschlafen. Und der Film müsste mich wohl im Schlaf verfolgt haben, denn ich hätte diesen Traum gehabt, in dem mich der Nacht-Stalker mit einem langen Messer verfolgt hätte. UND DAMIT HAT DAS ARSCHLOCH MIR DANN DAS GESICHT

ZERSCHNITTEN. Und ich hätte wahnsinnige Schmerzen gehabt und geschrien und dann wäre ich aufgewacht und hätte gemerkt, dass alles nur ein Traum war.

An dieser Stelle lachen die Leute immer höflich. Zufälligerweise sollte ich an dieser Stelle auch aufhören, ich muss mir das fürs nächste Mal merken. Aber damals habe ich natürlich nicht aufgehört, weil meine innere Zensorin ja sieben Sekunden zurücklag und vor lauter Empörung darüber, dass ich eben »Arschloch« gesagt hatte, versäumte, mir rechtzeitig den Mund zu verbieten.

Ich beugte mich also verschwörerisch vor und sagte zu meinen erleichterten Zuhörern: »Aber dann hörte ich immer noch jemanden schreien und es stellt sich heraus, dass *ich* es bin, die da schreit, weil MIR TATSÄCHLICH JEMAND MIT DEM MESSER DAS GESICHT ZERSCHNITTEN HAT.«

An dieser Stelle hörten alle auf zu lachen und Victor sah auf einmal richtig krank aus. Und ich bekam Panik und sprach viel zu schnell, weil ich zum Ende kommen und dann wegrennen wollte.

»Und dann wacht Victor auf und sieht mein Gesicht voller Blut und sagt: ›Scheiße Mann, wer war das?!‹«, erzählte ich meinen faszinierten Zuhörern. »Und darauf ich: ›Ich weiß es, okay? Der Nacht-Stalker!‹, und Victor springt auf, zieht blitzschnell sein Schwert aus der Scheide und rennt den Flur entlang und hinter dem Nacht-Stalker her, was merkwürdig war, denn laut Dokumentarfilm saß der eigentlich noch im Gefängnis, aber wenn du aufwachst und jemand hat deine Frau überfallen, denkst du vermutlich nicht so streng logisch, und ich persönlich war wirklich beeindruckt, wie schnell er sein Schwert gezückt hatte und dem gefährlichen Serienmörder durch den Flur nachge...«

Victor fiel mir ins Wort. »Sei doch bitte still, um Gottes willen.«

Ich sah ihn verwundert an und wusste nicht, welcher Teil der Geschichte ihn so erschreckt hatte, und stellte dann rasch noch klar: »Ach so, als ich sagte, er hätte sein Schwert aus der Scheide gezogen, meinte ich damit nicht seinen Penis, Leute, sondern das Samuraischwert, das bei uns neben dem Bett liegt. Victor ist nicht den Flur entlanggerannt und hat den Serienmörder mit seinem Penis bedroht. ICH MEINE, DAS WÄRE JA WIRKLICH ALBERN.« Ich lachte. Außer mir lachte niemand.

»Jedenfalls«, fuhr ich fort, »hat Victor das ganze Haus abgesucht, aber da war niemand außer uns und die Türen waren immer noch abgesperrt. Victor wollte mir einreden, ich hätte mich versehentlich selber gekratzt, aber ich hatte meine Zweifel. Am nächsten Tag meinten meine Kollegen von der Arbeit, Victor hätte mich geschlagen, deshalb erzählte ich ihnen den Traum vom Serienmörder, aber natürlich glaubte mir niemand, was eigentlich ziemlich kränkend ist, denn ich versichere euch, wenn mein Mann mir wirklich das Gesicht zerschnitten hätte, hätte ich mir eine bessere Geschichte ausgedacht als die von einem Serienmörder, der mich im Traum überfällt.«

An diesem Punkt angelangt, wollte ich wirklich aufhören, aber ich konnte nicht, weil die Geschichte immer verworrener wurde, ich drehte fast durch und wollte unbedingt ein Ende finden, bekam das aber in meiner Panik nicht richtig hin. Ich wünschte mir irgendwie, Victor würde das Haus anzünden, um die anderen abzulenken, aber das tat er nicht, er ist bei so was überhaupt keine Hilfe.

Ich redete also weiter. »Natürlich hatte ich damals schreckliche Angst, dass mir alles, was mir im Traum passiert, auch im wirklichen Leben passieren würde, dass ich also in einem abartigen selbst genähten Kleid aus Essiggurken in meiner Highschool aufwachen könnte, oder mit Armen aus Marshmallows oder mit nur einem Bein. Dann, so ungefähr eine Woche später, als Victor und ich im Bett liegen, kommt vom Fenster über unseren Köpfen auf einmal so ein kratzendes Geräusch wie von einem Messer, das jemand ganz langsam über eine Wand zieht. Ich war vor Angst wie gelähmt, drehe mein Gesicht dann aber doch langsam in Richtung Fenster und sehe dort DEN FETTEN ARSCH MEINES KATERS. Es stellt sich heraus, dass Posey, unser Kater mit dem dicken Hintern, sich auf den schmalen Fenstersims hocken wollte, aber nicht draufpasste und sich deshalb verzweifelt mit den Hinterpfoten an der Wand festkrallte, weil er langsam abrutschte. Als ich das sah, wurde mir klar, was damals passiert sein musste. Mein dicker Kater war mir aufs Gesicht gefallen und hatte es mit seinen langen Katzenkrallen zerkratzt, während ich von Serienmördern geträumt hatte. Und deshalb habe ich heute noch, nach zehn Jahren, diese Narbe.«

Alle betrachteten mich verwirrt und Victor zerrte mich zum Ausgang und schwor, er würde mich nie wieder zu einer Dinnerparty mitnehmen. Dagegen konnte ich schwer etwas einwenden, aber ich sagte immerhin, die Party wäre doch wenigstens insofern ein »Erfolg« gewesen, als niemand meine Vagina gesehen hätte. Victor sagte, wir würden unter »Erfolg« unterschiedliche Dinge verstehen. Außerdem sagte er noch, Geschichten von Serienmördern, die in Wirklichkeit nur Katzen wären, stünden ab jetzt ganz oben auf der Liste des »Schwachsinns, über den ich nicht reden darf«, aber da wurde ich richtig ein wenig ärgerlich, denn eigentlich ist doch *er mir* was schuldig, weil er in meiner Serienmördergeschichte wie ein strahlender amerikanischer Held rüberkommt, wenn er den Serienmörder, der in Wirklichkeit eine Katze ist, durch das ganze Haus verfolgt. Er meinte darauf, Katzen wären keine Serienmörder, und ich erwiderte, theoretisch wären Katzen sogar noch gefährlicher als Serienmörder, weil sie so fluffig wären, dass niemand sie verdächtigen würde, und wenn Posey ein paar Zentimeter tiefer gelandet wäre, hätte er mir die Halsschlagader aufgeschlitzt. Im Prinzip ist Posey ein lautloser Killer. Ähnlich wie Cholesterin.

Um Victor zu beruhigen, sagte ich, sobald wir zu Hause wären, würde ich alles mit einer witzigen E-Mail an seine Kollegen wieder einrenken, in der dann niemand mehr überfallen würde.

»Wozu das denn?«, fragte Victor.

»Weil«, erklärte ich, »dann alles wieder gut ist, weil ich so charmant sein werde, dass sie mir verzeihen. Außerdem waren die meisten Gäste sowieso betrunken, und wenn sie morgen aufwachen, glauben sie bestimmt nicht mehr, dass ich ihnen wirklich eine solche Schauergeschichte erzählt habe.« Aber Victor wandte ein, selbst wenn ich seine Kollegen durch eine E-Mail davon überzeugen könnte, dass ich ganz normal wäre, würde mir so etwas doch immer wieder passieren, und er hat recht, und ich werde deshalb bei meiner nächsten Dinnerparty so tun, als hätte ich eine Kehlkopfentzündung, und alle müssten ihre Handys mitbringen, damit ich mich über SMS mit ihnen verständigen kann. Nur dass ich dann wahrscheinlich in Panik gerate, wie ich Victor gegenüber widerwillig einräumen musste, und der ersten Person, der ich begegne, mitteile, ich könnte nicht sprechen, weil ein Leopard meinen Kehlkopf gefressen hätte. Und dann würde ich mein Handy dazu benutzen, den anderen Gästen zu zeigen, wie sehr der vergrößerte menschliche Kehlkopf einer Vagina ähnelt. Victor sah mich resigniert an und ich zog mein Handy heraus, um Kehlkopfvideos als Beweise für meine These zu suchen. Da seufzte Victor tief und ich durfte nichts mehr sagen. Was vermutlich zu erwarten war.

Ich werde mich morgen bei ihm entschuldigen.

Per E-Mail.

Selbstporträt (in meinem Bad-Versteck)

DANKE FÜR DIE ZOMBIES, JESUS

— GESPRÄCH MIT VICTOR IM AUTO —

ICH Oh mein Gott, hast du den Namen des Friedhofs gelesen, an dem wir gerade vorbeigefahren sind? *Auferstehungs-Friedhof.* Was für ein grässlicher Name für einen Friedhof.

VICTOR Er heißt doch nur so, weil die Leute an die Auferstehung der Gläubigen glauben, Dummerchen.

ICH Trotzdem. Manche sollten einfach nicht auferstehen. Wir brauchen hier doch nicht noch einen Haufen verfluchter Zombies.

VICTOR Bei Zombies spricht man nicht von »Auferstehung«, sondern von »Wiederbelebung«.

ICH Das ist doch dasselbe. Obwohl »Wiederbelebungs-Friedhof« wahrscheinlich noch gruseliger klingen würde.

VICTOR Es ist eben nicht dasselbe. Zombies werden wiederbelebt, haben aber nicht mehr ihre früheren geistigen Fähigkeiten, also handelt es sich nicht um eine Auferstehung. Im Grund handelt es sich um Zombifizierung.

ICH Was ist dann mit Vampiren, wenn du schon so pingelig bist?

VICTOR Äh … was soll mit ihnen sein?

ICH Ich meine, Vampire haben doch noch ihre »früheren geistigen Fähigkeiten«, sie sind also nach deiner Logik »auferstanden«. Dann könnte dieser Friedhof genauso gut »Vampire-Jesu-Friedhof« heißen.

VICTOR Nein, das ist nicht dasselbe. Wenn du einen Toten zum Leben erweckst, ist das kein Untoter.

ICH Natürlich ist er das. Das ist doch geradezu die Definition von untot.
VICTOR Nein. Ein Vampir ist untot, ein Auferstandener nicht.
ICH Du scheinst nicht zu wissen, was »untot« bedeutet.
VICTOR DU SCHEINST ES NICHT ZU WISSEN!
ICH Mein Gott, so beruhige dich doch, Darwin. Raste doch nicht gleich aus, nur weil ich dich auf deine fehlerhafte Jesus-Zombie-Logik aufmerksam machte.
VICTOR [mit einem Seufzer]: Sieh mal, du vergisst die vielen Sonderfälle. Man kann jemanden wiederbeleben, ohne ihn zu einem wirklichen »Zombie« zu machen. Man könnte zum Beispiel jemanden nur für eine bestimmte Aufgabe ins Leben zurückrufen.
ICH Genau. Und das ist dann ein Zombie.
VICTOR Eben nicht, denn er bräuchte keinen Verstand. Er müsste ja nur diese eine Aufgabe erledigen. Schlag's nach.
ICH Oh ja, das tue ich ganz bestimmt. Und zwar im *Lexikon des Schwachsinns, den es nicht gibt.*
VICTOR [finsterer Blick]

Fünf Minuten wütendes Schweigen

ICH Also ich habe neulich mit der Dame von der Organspendeorganisation gesprochen und sie hat mir erklärt, wie ich heimlich dafür sorge, dass du nicht verhindern kannst, dass meine Organe gespendet werden.
VICTOR Weißt du was? Ich verstehe nur Bahnhof.
ICH Also ich weiß, dass du gegen Organspenden bist, deshalb habe ich ihr gesagt, ich hätte Angst, dass du dem Arzt meine Organe nicht gibst, wenn ich zuerst sterbe, aber sie meinte, wenn ich auf meinem Organspendeausweis meine Mutter als nächste Angehörige angebe, wirst du nicht gefragt.

VICTOR Wenn du deine Organe wegwerfen willst, werde ich dich nicht daran hindern. Aber beschwer dich nicht bei mir, wenn wir uns im Jenseits begegnen und du ständig am Jammern bist: »Oh mein Gott, jetzt habe ich mich schon wieder vollgepinkelt, weil jemand anders meine Blase hat.«
ICH Abgemacht. Und wenn du zuerst stirbst, spende ich deine Organe.
VICTOR Einen Teufel wirst du. Ich brauche sie vielleicht noch.
ICH Wozu denn? Du bist dann doch tot.
VICTOR Und wenn ich ein Zombie werde, du Klugscheißer? Ich wäre ein ziemlich schlechter Zombie, wenn sie mir die Augen herausnehmen würden. Ich würde Polen und Katzen und alles Mögliche beißen.
ICH Du willst also niemandem das Leben retten nur für den unwahrscheinlichen Fall, dass du ohne deine Organe einmal kein guter Zombie mehr wärst?
VICTOR Aus deinem Mund klingt das dumm.
ICH Also gut, ich spende nur die Organe, die ein Zombie nicht braucht. Wie deine Haut. Oder dein Gehirn.
VICTOR Zombies brauchen ein Gehirn.
ICH Nein, sie *fressen* das Gehirn von anderen. Und dann werden ihre Opfer wiederum Zombies, obwohl ihr Gehirn gefressen worden ist, du kannst dein Gehirn also spenden und wärst immer noch ein funktionstüchtiger Zombie.
VICTOR Ja, und dann müsste ich in alle Ewigkeit als hirnloser Idiot durch die Gegend ziehen.
ICH [unterdrücktes Lachen]
VICTOR Schnauze.
ICH Hab nichts gesagt.
VICTOR Wenn mein Zombie-Ich feststellt, dass mir Organe fehlen, bist du die Erste, die ich fresse.
ICH Und wenn du bei einem Autounfall stirbst und Hailey

ist schwer verletzt und kann nur durch eine Niere von dir gerettet werden?

VICTOR Mit meiner erwachsenen Riesenniere hätte sie als Kleinkind ein Problem.

ICH Und wenn sie schon sechzehn wäre?

VICTOR Wenn sie sechzehn ist und ich sterbe, kann sie natürlich gern Sachen von mir haben. Aber nur die unwichtigen ... also einen Arm oder ein paar Finger.

ICH In der Schule wäre sie mit deinem behaarten alten Männerarm bestimmt bei allen beliebt.

VICTOR Genau, und wenn ein Junge frech würde, bräuchte sie nur zu sagen: »Ich hole gleich die Hand meines Vaters heraus!«

ICH Ich glaube, so einen abstrusen Streit hatten wir noch nie.

VICTOR Das war doch gar nichts.

FRAUEN-FREUNDSCHAFTEN

Ich habe die meiste Zeit meines Lebens mit einem kleinen, schrecklichen Geheimnis gelebt: Ich mochte Mädchen und Frauen nie wirklich. Das klingt jetzt nicht ganz ernst gemeint, ich weiß, weil ich ja selber eine Frau bin, aber ich würde, wenn ich die Option hätte, meine Freizeit eher nicht mit mir verbringen.

Das war schon immer so. In meiner Kindheit und Jugend war ich viel zu sehr die schüchterne Außenseiterin, um richtige Freundinnen zu haben, und ich bin auch später nie auf den Geschmack gekommen. Ich habe mich damit getröstet, dass ich Weihnachten viel Geld sparte bei Geschenken für Freundinnen, die ich nicht hatte, und mir eingeredet, es wäre ganz normal, wenn man keine Brautjungfern hat oder Freundinnen, die den Junggesellenabschied mit einem feiern. Wenn ich von Frauen höre, die immer noch eng mit ihren ehemaligen Klassenkameradinnen befreundet sind, nehme ich mir gleich vor, sie zu meiden, weil sie wahrscheinlich zwanghaft lügen.

Sogar als erwachsene Frau hatte ich überwiegend männliche Freunde und fand die meisten anderen Frauen voreingenommen, gefühllos und zickig, von der Art, die deine Puppe ausleiht und sie nie mehr zurückgibt. Victor meinte immer, ich sollte mir Freundinnen suchen, aber für mich waren Frauen wie kleine Bären: niedlich anzusehen, aber viel zu gefährlich, um mit ihnen Mittag zu essen.

Das änderte sich allerdings, als ich das Bloggen entdeckte und online andere Frauen kennenlernte, die menschenfeindliche Außenseiter waren wie ich, und auf einmal erzählte ich Victor stolz von meinen neuen besten Freundinnen, die ich höchstwahrscheinlich nie kennenlernen würde.

»OHMEINGOTT, Raptor99 bekommt wieder ein Baby!«, rief ich zum Beispiel aufgeregt und Victor erwiderte, er hätte keine Ahnung, von wem die Rede sei. »Du weißt doch«, erklärte ich, »Raptor99 ist die Person, die letztes Jahr den Krebs überlebt hat und jetzt überlegt, ob sie sich als homosexuell outet. Erinnerst du dich noch, wie ich vergangenen Monat ständig am Computer war, um jemanden zu überzeugen, dass er wegen seiner Magersucht Hilfe brauchte? Das war Raptor99.«

»Aha. Ist Raptor99 ein Mann oder eine Frau?«, fragte Victor.

»Keine Ahnung«, sagte ich. »Sein Avatar ist ein Delfin.«

Victor meinte, man könne schwerlich von »enger Freundschaft« sprechen, solange man nicht einmal wüsste, ob der Betreffende Mann, Frau oder Delfin wäre. Ich musste ihm recht geben und beschloss, eine Mitbloggerin und Mutter namens Laura, mit der ich mich online über die beiderseitigen Schrecken der Kindererziehung ausgetauscht und dabei angefreundet hatte, persönlich zum Mittagessen zu treffen. Das Treffen war überraschenderweise voll der Hit, aber auch bedenklich, weil dadurch weiteren Treffen Tür und Tor geöffnet wurde. Meine vielen Ängste kollidierten mit der bloßen Vorstellung, mich mit anderen Menschen anzufreunden, vor allem Frauen. Laura wollte mich davon überzeugen, dass es tatsächlich interessante und einigermaßen vorurteilslose Frauen gab, die nicht darüber lachten, dass ich mich oft unter Tischen verstecken musste, wenn ich mit etwas überfordert war. Ich glaubte ihr zwar nicht, nahm aber meinen ganzen Mut zusammen und beschloss, ihr zu vertrauen und einen Versuch zu machen. Zumindest konnte ich dann beweisen, dass die meisten Frauen genauso gefährlich sind wie die Kinder auf dem Spielplatz, die dich nicht beim Tetherball mitspielen lassen, weil du nicht die Wonder-Woman-Höschen trägst.

In den folgenden beiden Jahren schloss ich versuchsweise Freundschaft mit den Bloggerinnen, mit denen Laura mich bekannt machte. Und dann wurde ich zu einem Wochenende nur für Frauen eingeladen, das in Wine Country in Kalifornien für eine kleine Gruppe von Bloggerinnen veranstaltet wurde. Auf dem Programm standen eine Weinprobe und Gruppenyoga. Beides interessierte mich herzlich wenig, aber Laura, eine der Gastgeberinnen, wollte das absolut nicht gelten lassen. »Außerdem«, sagte sie, »hast du dir für dieses Jahr doch vorgenommen, Freundinnen zu suchen.« Sie hatte recht, aber zugleich musste ich bei ihren Worten daran denken, warum Frauen großartige und zugleich schreckliche Freunde sind: Sie hören dir wirklich zu, allerdings auch dann, wenn du so betrunken bist, dass du gar nicht mitbekommst, was du sagst. Ich hatte tatsächlich gesagt, ich müsste mir mal Freundinnen suchen, dabei aber mehr an bodenständige Mädels gedacht, die auch gerne Weinschorle mit Erdbeergeschmack trinken und auf eine Einladung zu einer Weinprobe in einer Wellnesseinrichtung genauso entsetzt reagieren, als hätte man ihnen vorgeschlagen, zum Zirkus zu gehen, nur um ihn dann niederzubrennen.

Laura sah mich unverwandt an, während ich mir eine Entschuldigung ausdachte. »Stimmt, ich habe gesagt, ich wollte Freundinnen kennenlernen«, räumte ich zögernd ein, »aber könnten wir nicht eine Nummer kleiner und harmloser anfangen? Zum Beispiel mit einem Wochenende in einem Crack-Schuppen? Ich habe gehört, dass die Leute dort keine Vorurteile haben, und wenn man versehentlich etwas Falsches sagt, kann man immer behaupten, die anderen hätten eine Halluzination gehabt.«

»Klingt attraktiv ...«, meinte Laura, »aber lass uns zuerst das andere versuchen. Den Crack-Schuppen können wir immer noch später machen.«

Die viertägige Auszeit wurde von einer Bloggerin namens Maggie organisiert, die ich flüchtig kannte und die erst kürzlich einen großen Konzern als Sponsor für ihre Lebensliste gewonnen hatte. Verwirklicht hatte sie von ihren Zielen bereits eine Griechenlandreise, die Teilnahme an einer großen öffentlichen Essensschlacht und einen Ausflug zum Schwimmen nach Puerto Rico, finanziert durch den Sponsor und vielleicht ja auch den Verkauf ihrer Seele. Das nächste Ziel auf ihrer Liste war eine Auszeit für Frauen, also hatte sie den *Broad Summit* organisiert, den »Tussi-Gipfel«, wahrscheinlich weil wir ein Haufen Tussis waren. Ich kann nur vermuten, dass Vagina-Wellnesswochenende als Name schon vergeben war.

Frauen machen mir schon genug Angst, aber Bloggerinnen können noch schlimmer sein. Sie haben meist eine Persönlichkeitsstörung und kommen mit anderen Menschen nicht gut zurecht, was ja der Grund ist, warum so viele von uns überhaupt mit dem Bloggen angefangen haben. Außerdem sind sie ständig auf der Suche nach etwas, über das sie schreiben können, deshalb wird jeder Mist, den du baust, bis an dein Lebensende gebloggt, getwittert und gefacebookt. Das ist in etwa so, als würde Lindsay Lohan ein Wochenende lang von der Klatschpresse interviewt. Auf meinem Grabstein steht eines Tages vermutlich nur: JENNY LAWSON – SIE WURDE AUF TWITTER FALSCH ZITIERT.

Ein Wochenende in Wine Country klingt für die meisten wahrscheinlich sehr verlockend, ist aber nicht mein Ding. Weinproben, Massagen, Gesichtsbehandlungen und Pyjamapartys in einem kleinen Hotel schmeckten für mich nach etwas, das nur für Reiche lustig ist, die Pyjamas besitzen. Ich überlegte schon angestrengt, mit welcher Entschuldigung ich mich davor drücken konnte, da traf meine Einladung ein: in Form einer Mini-Weinkiste mit einer Flasche Sekt und einem verrückt gebogenen Strohhalm. Als Victor sie sah, redete er mir zu, hinzugehen und Frauen kennen zu lernen und ich u. A. w. g.-te »Ja«, weil ich mich mit dem Inhalt der Einladung betrunken hatte. Anschließend bereute ich die Zusage eine Woche lang.

__ GESPRÄCH MIT MEINER SCHWESTER __ DREI TAGE VOR DER VERANSTALTUNG

ICH Ich gehe zu einer Party in Napa Valley und habe total Schiss. Die anderen sind wahrscheinlich alle hip und cool und Designerinnen und ich habe nichts Designermäßiges anzuziehen.
MEINE SCHWESTER Tu einfach, als wärst du Künstlerin, dann halten dich alle für Avantgarde.

ICH Gut, ich habe eine ausgefallene Handtasche, die ich aber nie verwendet habe. Diese Erotikfirma hat mir einen Riesendildo aus Metall geschickt, der in eine Tasche von Kate Spade verpackt war, damit ich in meinem Blog darüber schreibe.

MEINE SCHWESTER Dass du eine Tasche von Kate Spade besitzt, ist verrückter als die Tatsache, dass dir jemand einen Dildo darin schickt.

ICH Ich weiß, deshalb habe ich Tasche und Dildo ja auch gleich in der Schachtel gelassen. Also ich nehme das Präsent auf jeden Fall mit und halte es wie einen Schild vor mich hin, dann denken die anderen, ich gehöre dazu. Ich mache das so, wie man es bei Draculas mit Kruzifixen macht.

MEINE SCHWESTER Mit dem Dildo?

ICH Mit der Tasche.

MEINE SCHWESTER Aha. Aber sag niemand, von wem du sie hast.

ICH Das sage ich wahrscheinlich als Erstes. In der letzten E-Mail zu unserem Treffen wurde angeregt, wir sollten an *einem* Tag mehrmals die Schuhe wechseln. Ich habe überhaupt nur *ein* Paar schöne Schuhe, und die haben keine Absätze.

MEINE SCHWESTER Gut, du hast Arthritis, also hast du eine gute Entschuldigung.

ICH Hm, vielleicht sollte ich das groß auf meine Bluse schreiben: »Bitte nicht meine Schuhe kritisieren, ich bin körperbehindert.« Ich habe nichts zum Wechseln, wenn alle anderen die Schuhe wechseln. Aber ich habe Socken. Ich könnte andere Socken anziehen.

MEINE SCHWESTER Du spinnst ja.

— ZWEI TAGE VOR DER VERANSTALTUNG —

ICH Also ich habe gerade die Gästeliste gesehen und bin total ausgeflippt. Die anderen sind irgendwie alle die großen Cheerleader und ich bin das hässliche Entchen mit der Zahnspange, das zu viel Klebstoff gefressen hat.
LAURA Hör auf mit dem Getue. Das wird alles super-relaxt und locker, entspann dich einfach und hab Spaß. Nimm ein paar Jeans und Blusen mit, das genügt vollkommen.
ICH Ich habe keine Jeans.
LAURA *Das ist eine verdammte Lüge.*
ICH Seit wie vielen Jahren kennst du mich jetzt schon? Hast du mich je in Jeans gesehen?
LAURA Wow, nein. Vielleicht stimmt mit dir was nicht.
ICH Genau das will ich dir doch die ganze Zeit sagen.

— AM TAG VOR DER VERANSTALTUNG —

Karen (eine ganz liebe Bloggerin, die ich über Laura kennengelernt habe) hat erfahren, dass ich keine Jeans besitze, und beschlossen, mit mir shoppen zu gehen.

KAREN Ich kann nicht glauben, dass du keine Jeans trägst. Jeans sind wunderbar und wahnsinnig bequem, wie Unterwäsche. Als ob du nur Unterwäsche trägst.
ICH (aus der Ankleidekabine) Nein, das ist mit *Röcken* so. Denn weißt du, was ich darunter trage? Nur Unterwäsche. Und manchmal *nicht mal das.*
(Ich trete aus der Ankleidekabine.)
KAREN Aha! Siehst du? Diese Jeans sieht total süß aus. Du solltest sie kaufen.
ICH Hm, nein. Meine Knie wirken darin so dick.
KAREN Äh ... wie bitte?
ICH Das kannst du nicht verstehen, weil du immer schlank

warst, aber wenn du dick bist, können die Kniescheiben das viele Gewicht irgendwann nicht mehr stützen, und wenn man die Knie durchdrückt, biegen sie sich nach hinten durch. Deshalb muss ich immer darauf achten, die Knie ganz leicht anzuwinkeln, damit ich keine Dicke-Mädchen-Knie habe.

KAREN Ich mag dich wirklich, aber ich kann dir gar nicht sagen, wie durchgeknallt du gerade klingst. Also die meiste Zeit bist du in Ordnung, aber jetzt? Total geisteskrank.

ICH Du hast mir die anderen Male wahrscheinlich nur nicht richtig zugehört.

— AM ERSTEN TAG DER PARTY — IM FLUGZEUG

Wer kennt das, wenn der Kapitän sich über die Bordsprechanlage meldet und sagt: »Wir starten in wenigen Minuten, müssen aber vorerst auf die Klimaanlage verzichten, weil das Hilfstriebwerk ausgefallen ist, und außerdem haben wir Probleme mit einem Triebwerk und müssen zuerst auf die Startbahn raus, bevor wir es anlassen können«? Wenn man das hört, sollte man wahrscheinlich einfach aussteigen. Das konnte ich aber nicht, weil ich vor Panik wie gelähmt war, ich fragte also stattdessen den Typen neben mir, ob er das für einen Witz hielt. Nein, sagte er, und dann sagte er noch, ich bräuchte mir keine Sorgen zu machen. »Keine Sorgen?«, sagte ich und meine Stimme klang schrill vor Angst. »Aber die haben gerade gesagt, dass ein Triebwerk nicht funktioniert. Und ich bin mir ziemlich sicher, dass eigentlich beide Triebwerke funktionieren sollten.«

Mein Nachbar tätschelte mir beruhigend die Hand und sagte, mir würde nichts passieren, und ich glaubte, er wollte mich anbaggern, und sagte: »Ich bin verheiratet.« Daraufhin sah er mich seltsam an und sagte: »Gratuliere.« Es klang fragend. Wahrscheinlich hat er mich überhaupt nicht angebaggert, sondern wollte nur, dass ich still bin. Dann meldete sich auch noch die Stewardess über die Sprechanlage, aber sie sagte nicht: »Schalten Sie bitte Ihre Handys aus«, sondern »Wenn sie gerade telefonieren, beenden Sie jetzt bitte das Gespräch.« Darauf ich zu meinem Nachbarn: »Das mit dem Beenden klang irgendwie so endgültig. Warum sagt sie das?« Der Typ reagierte nicht. Wahrscheinlich weil er wusste, dass wir den Flug nicht überleben würden.

Erstaunlicherweise landeten wir irgendwann trotzdem. Ich sollte mich bei der Gepäckausgabe mit einer Mitbloggerin treffen, um gemeinsam mit ihr zum Hotel zu fahren, aber ich kann mir Gesichter partout nicht merken und plötzlich wurde mir klar, dass ich ein Riesenproblem hatte, wenn sie nicht denselben Trenchcoat wie auf ihrem Blogbild trug. Also rief ich sie an und bat sie, stattdessen nach mir zu suchen. »Du erkennst mich an meinem schwarzen Hut«, sagte ich.

»Ich weiß schon, wie du aussiehst, Jenny.« Sie lachte gutmütig. »Dazu brauchst du keinen Hut aufzusetzen.«

Scheiße. Jetzt überlege ich, ob wir uns schon mal persönlich begegnet sind. Was habe ich ihr erzählt? Habe ich sie irgendwann mal gekränkt? Panik. Außerdem klang sie, als wollte sie sagen: »Aber *natürlich* kennen wir uns, Dummerchen.« Ich starrte also alle Frauen auf dem Flughafen an, die lächelten und irgendwie bekannt taten, bis sie verlegen den Kopf abwandten. Daran erkennt man, dass sie nicht nach einer fremden Frau mit Hut suchen. Wie sich dann herausstellte, trug Susan tatsächlich denselben Trenchcoat wie auf dem Bild ihrer Biografie, aber ich war an ihr vorbeigegangen, weil ich gar nicht damit gerechnet hatte. Da schrie sie: »JENNY! Wo willst du hin?« Ich war gleich bei der ersten Prüfung durchgefallen, obwohl es nicht einmal eine Fangfrage gewesen war.

Das Hotel war klein, urig und einfach, und bei unserer Ankunft begrüßte uns der Hund des Besitzers, den ich schon von der Hotelwerbung kannte. Er hielt das Hotel-Frisbee im Maul, und zwar so, dass wir das Logo bestens sehen konnten. »Oh mein Gott, ist der niedlich!«, riefen alle, aber ich konnte nur denken: »Bestimmt haben sie ihm das Frisbee an die Zunge getackert, damit er es immer genau so hält.« So bin ich eben. Ich überlegte, ob ich einen Blog-Sticker von mir auf das Frisbee kleben sollte, wenn die Besitzer wegsahen, aber solche Sticker gehen nicht mehr gut ab und dann sagen die Besitzer wahrscheinlich: »Mist, jetzt müssen wir ein neues Frisbee am Maul festtackern.« Das wäre es nicht wert. Vor allem weil bei so einem kleinen Hotel nur wenige Leute den Sticker sehen würden. Und auch weil es sich nicht gehört, Werbung am Maul von Hunden festzutackern.

Ich trug die Jeans, zu deren Kauf Karen mich überredet hatte, und einen schwarzen Hut im Stil der dreißiger Jahre, der, wie ich hoffte, in aller Deutlichkeit meine künstlerischen Neigungen und meinen erlesenen Geschmack demonstrierte. Erst dann stellte ich fest, das hinten am Hut noch ein orangefarbenes Preisschild klebte, auf dem »Jetzt 7,48 $« stand. Na prima. *Und* mir war jede Sekunde bewusst, wie dick meine Knie in den Jeans wirkten. Ich musste mich unbedingt hinlegen.

In der nächsten Stunde lernte ich Frauen kennen, die sehr herzlich und offen waren. Ich vergaß ihre Namen und Lebensgeschichten allerdings sofort wieder, so sehr war ich damit beschäftigt, nicht in irgendein Fettnäpfchen zu treten. Dann sah ich Evany Thomas und begann wie ein Teenager zu schwärmen, weil ich ihre Texte liebe. Ich hörte mich sagen, ich hätte sie als kleines Papiermodell, das ich selber ausgeschnitten hätte, auf dem Schreibtisch stehen. Im nächsten Moment wurde mir klar, dass das ziemlich pubertär und daneben klingen musste, aber Evany nahm es mir überhaupt nicht übel, weil sie genauso durchgeknallt ist wie ich. Das ist das Gute daran, wenn man mit Bloggerinnen abhängt. Die meisten sind genauso schräg drauf wie man selbst.

Das Abendessen holten wir uns von einem Taco Truck. Es schmeckte köstlich und ich wandte mich an meine Nachbarin und stellte mich vor. Sie sagte ihren Namen, aber er klang nicht vertraut, weil ich mir nur die Blog-Namen der anderen gemerkt hatte.

ICH Ah, ich kenne dich! Du hast diesen tollen Design-Blog!
SIE Nein, der ist von der anderen Asiatin hier. Ich schreibe einen Mode-Blog.
ICH So eine Scheiße, dass mir das passiert! Ich bin ja so was von einer Rassistin.
SIE Nichts passiert. Was machst du?
ICH Ich schreibe einen Blog über die vielen Arten, auf die ich mich öffentlich demütige. Die von eben kommt auch dazu.
SIE Bestimmt.
ICH Ich würde das ganze Gespräch wahrscheinlich jetzt gleich auf Facebook stellen, aber ich habe hier draußen keinen Empfang. Außerdem sind meine Kleider alle vom Discounter und ich weiß, dass meine Knie in diesen Jeans dick aussehen. Ich habe einfach das Gefühl, dass ich das alles gleich am Anfang sagen muss. Es tut mir ja so leid. Bin ich jetzt bei dir unten durch?
SIE Also nicht wegen der Kleider.
ICH Ich mag dich. Du bist ehrlich. Wir werden bestimmt Freundinnen.

Meine Nachbarin betrachtete mich zweifelnd. Ich überlegte, ob ich sagen sollte, ich hätte viele asiatischen Freundinnen, fürchtete aber, damit alles nur noch schlimmer zu machen. Die traurige Wahrheit ist, dass ich auch die weißen Frauen nicht auseinanderhalten konnte. Ich hatte inzwischen so viel getrunken, dass ich nicht einmal genau wusste, wer ich selber war. Evany Thomas, hoffte ich vage. Ich liebe diese Frau.

Zeit für die Pyjamaparty. Nur dass es scheißkalt war und ich keinen Schlafanzug besitze. Alle anderen hatten welche und wunderbar passende Morgenmäntel gleich dazu. Unsere Gastgeberin Maggie trug einen rotseidenen Morgenmantel über einer Art Brautkleid und dazu flauschige Pantoffeln. Sie sah aus wie einem Magazin für Luxusmoden entstiegen. Ich hatte einen Muumuu an und darunter Jogginghosen, außerdem einen übergroßen Männer-Kapuzenpullover und die rote Perücke zur Stärkung meines Selbstvertrauens. Ich hatte aus verschiedenen Gründen angefangen, in Gesellschaft Perücke zu tragen: Erstens sehe ich damit aus wie jemand, der keine Angst vor anderen Menschen hat, und zweitens, wenn ich einmal wirklich Scheiße baue, kann ich kurz verschwinden, die Perücke abnehmen und sagen: »Wer war die rothaarige Spinnerin und warum hat sie ständig von Dildos geredet? Die sollten wirklich besser aufpassen, wen sie hier hereinlassen.« Die Perücke ist eine Art Schutz, ein Talisman, der mir erlaubt zu tun, als wäre ich jemand anders. Nur dass ich mir keine teure Perücke leisten kann, deshalb sehe ich meist nur so aus, als spielte ich eine Krebspatientin.

Ich betrachtete mich unglücklich im Spiegel, aber Laura versicherte, ich sehe aus wie eine geheimnisvolle Spionin. Ich erwiderte ihren Blick misstrauisch. »Oder wie eine Pennerin, die sich auf eine vornehme Cocktailparty verirrt hat?«

Sie betrachtete mich sachlich. »Vielleicht ein wenig«, räumte sie ein. »Aber viel mehr wie eine Spionin.«

Ich habe gute Freundinnen.

Wir saßen alle zwanzig in unseren Pyjamas um ein offenes Feuer und niemand twitterte, textete oder telefonierte. Weil das Handynetz nur zeitweilig funktionierte, mussten wir uns in unserer Not unterhalten. Überraschenderweise klappte das ganz gut und niemand außer mir wirkte panisch. Der Alkohol half. Ich flüsterte Laura zu, ich wäre noch nie in einem Ferienlager gewesen und Serienmörder würden ihre Opfer immer abends am Lagerfeuer auswählen. Unserer Einschätzung nach war die Frau links von uns das erste Mordopfer, denn sie war zart und bezaubernd und die Zuschauer würden sie lieben. Ich würde sie vermissen. Dann kam die Frau aus dem benachbarten Blockhaus dran, denn sie war eine vollbusige Blondine, aber sie würde zuerst ihre Mitbewohnerin bitten, ihr beim Duschen zu helfen, denn für den zweiten Mord muss man immer nackt sein und das ist auch der blutigste. Wahrscheinlich weil man keine Kleider anhat, die das Blut aufsaugen. Ihre Mitbewohnerin tat mir leid. Wir beschlossen, dass im Lauf der Nacht auch alle anderen ermordet würden, mit Ausnahme der stillen Frau rechts von uns, die keinen Alkohol trank und die uns anschließend rächen und den Mörder niederschlagen würde, wozu sie auch perfekt geeignet war, denn sie war schwanger und Mormonin und strotzte nur so vor animalischer Gesundheit. Und dann würden wir noch entdecken, dass Maggie die Mörderin war, weil Serienmord ein Punkt auf ihrer Lebensliste war. Und sie hatte auch einen Sponsor dafür. Aber die Zuschauer würden ihr wahrscheinlich verzeihen, weil sie so wahnsinnig nett ist und weil man Menschen, die ihre Träume so zielstrebig verfolgen, einfach bewundern muss.

Drei Uhr morgens. Ich konnte nicht schlafen. Zum Glück teilte ich das Bett mit Laura, die schläft wie eine Tote. Trotzdem hatte ich ein schlechtes Gewissen, weil ich mich ständig hin und her warf, also mummte ich mich in zehn Schichten Kleider plus Kapuzenpullover ein, setzte mich an den Pool und sah mir auf meinem Handy Cartoons an, ohne jemanden zu stören. Nur dass der Wald mich an *Twilight* erinnerte und ich ein wenig Angst wegen der Vampire hatte.

Vier Uhr morgens. Ich fand, es wäre in Texas jetzt spät genug, um Victor anzurufen. Er machte Hailey gerade für die Schule fertig, aber als wir etwa zehn Minuten telefoniert hatten, wurde ich von einem Koloss von Bär angegriffen. Zwar nicht wirklich, aber es fühlte sich genauso an. Ich saß wie gesagt am Pool und diesen Riesending kam aus dem Wald zum Pool marschiert und ich flüsterte: »Alter Schwede, was ist das denn?!« Und Victor die ganze Zeit: »Wo ist Haileys Zahnbürste? Warum stellst du die Sachen eigentlich nie an ihren Platz zurück?«, und **ICH:** »DA SCHLEICHT SO EIN WILDES TIER AUF MICH ZU«, und **VICTOR:** »Was?«, aber ich konnte hören, wie er weiter nach der Zahnbürste suchte.

Da schrie ich: »ICH WERDE VON EINEM PUMA ANGEGRIFFEN. Moment, gibt es in Kalifornien Pumas?« Und **VICTOR:** »Doch, ich glaube schon. Schade! Dann kann ich dir ja gar nicht mehr von meiner Idee für eine iPhone-App erzählen.« Ich wollte ihn schon wüst beschimpfen, aber das Tier kam immer näher. Obwohl es dunkel war, sah ich, dass es keinen Schwanz hatte, ich flüsterte also: »Ein Luchs! Ich werde von einem Luchs angegriffen. Oder einem Puma, der seinen Schwanz verloren hat. Wahrscheinlich weil ein Vampir ihn abgebissen hat. Dann ist es jetzt ein Vampir-Puma. Ach du meine Fresse!« Aber ich sagte das alles nur in Gedanken, um das Tier nicht auf mich aufmerksam zu machen. Es hob den Kopf, sah mich und verschwand.

»Hallo?«, brüllte Victor. »Du da am Pool um vier Uhr morgens? Lebst du noch? SPRICH MIT MIR!« Und ich sagte zittrig: »Ich lebe noch. Es ist weggelaufen.« Aber bevor ich ausführlicher über mein traumatisches Erlebnis berichten konnte, redete er schon wieder von iPhone-Apps und ich brüllte: »WIE KANNST DU STÄNDIG VON COMPUTERN REDEN, WENN ICH UM EIN HAAR AUFGEFRESSEN WORDEN WÄRE?«

VICTOR Du lebst doch noch. Soll ich dir jetzt von der App erzählen, die mir eingefallen ist?
ICH Nein.
VICTOR Zu schade. Ich habe nämlich eine App entwickelt, die meldet, wenn sich ein Puma in der Nähe befindet. Sie funktioniert aber nur, wenn man nicht telefoniert.
ICH Ich hasse dich.

Sechs Uhr morgens:

ICH MEIN GOTT, LAURA, WACH AUF. Ich bin gerade von einem Puma angegriffen worden!
LAURA [noch verschlafen] *Was?*
ICH Es könnte auch ein Luchs gewesen sein.
LAURA DU HAST EINEN LUCHS GESEHEN?
ICH Aber einen ziemlich kleinen, also wahrscheinlich noch ein Baby.
LAURA [Schweigen]
ICH Vielleicht war es auch eine Hauskatze. ABER SIE WAR RIESIG. Und sie hat mich richtig bedrohlich angesehen.
LAURA Hat sie geknurrt?
ICH Nein. Aber ich habe gespürt, dass sie es wollte.
LAURA Wie groß war sie?
ICH Ich hätte sie in einen Pappkarton stecken und mit mir

herumtragen können, nur dass sie wahrscheinlich ziemlich schwer gewesen wäre. Sie hätte auch in meinen Koffer gepasst, aber nur ganz knapp. In deinen riesigen Koffer hätte sie gut gepasst, in dem hätte sie bequem einige Wochen lang leben können.

LAURA Ich werfe Pumas durch das Zimmer, wenn du nicht gleich aufhörst, dich über meinen Koffer lustig zu machen.

ICH [zu den zehn Gästen, die am nächsten Morgen ein frühes Frühstück zu sich nahmen]: Hat Laura erzählt, dass ich heute Nacht von einem Bären angegriffen wurde?

ALLE *WAS?*

LAURA Sie wurde *nicht* von einem Bären angegriffen.

ICH Bär ... Puma ... was ist der Unterschied?

LAURA Sie wurde überhaupt nicht angegriffen. Es ist nichts passiert.

ICH Ich finde, jemand sollte die Besitzer fragen, wie viele Pumas sie auf dem Hotelgelände halten.

LAURA Ich habe sie schon gefragt, was es gewesen sein könnte, und sie meinten, es gebe hier einige verwilderte Katzen.

ICH»Verwilderte Katzen« ist bestimmt nur ein Codewort für »Vampir-Pumas«.

ICH [zu denen, die eine Stunde später zum Frühstück kamen] Also ich wurde heute Nacht von einem Bigfoot angegriffen. Er sah aus wie eine kleinere Version des Ungeheuers von Loch Ness, aber eben auf dem Land. Ja, das war schon ein ziemlicher Schrecken.

Niemand antwortete, was mich aber nicht überraschte, denn was soll man in einer solchen Situation antworten? Das ist doch genauso, wie wenn jemand sagt, er wäre mit einem Messer überfallen worden. Darauf gibt es auch keine leichte Antwort.

Es sei denn, es ist gerade eben erst passiert. Dann schlage ich vor: »Beruhige dich erst mal und sage uns, wer der Mörder ist«, denn das spart den Leuten von der Kripo später eine Menge Zeit.

Als ich am Vormittag erfuhr, wir würden ein Weinseminar besuchen, kam ich mir vor wie auf einem Mädchenpensionat, für das mir alle Voraussetzungen fehlten. Geleitet wurde es von einer Autorin, die anscheinend viel in der TODAY SHOW aufgetreten war. Vor mir standen fünf volle Weingläser, aber unsere Lehrerin sagte, wir dürften sie erst trinken, wenn wir mit dem Unterricht fertig wären. Vermutlich geht es Hunden ähnlich, wen man ihnen einen Hundekuchen vor die Nase legt und sagt, sie dürften ihn nicht essen. Nur dass ich immer heimlich einen Schluck nahm, wenn die Lehrerin nicht hersah, weil ich als gehorsamer Hund lausig schlecht bin.

Wir verbrachten viel Zeit damit zu lernen, wie man den Wein im Glas schwenkt. Ich hatte das bisher immer für schlechten Stil gehalten, aber offenbar schmeckt der Wein besser, je mehr Sauerstoff man ihm zuführt, und beim Schwenken breitet er sich über das ganze Glas aus und kriegt mehr Luft. Die Frau, die rechts von mir saß, tat mir leid, denn ich bin beim Weinschwenken ziemlich übereifrig und sie bekam ein paar Mal etwas davon ab. Zum Glück nahm sie es ganz cool und leckte sich den überschüssigen Wein einfach vom Arm ab, was ich ökologisch und auch stilvoll fand. Unsere Lehrerin fand das offenbar nicht, und um sie abzulenken, fragte ich sie, warum man den Wein nicht gleich auf großen Tellern serviert und mit Strohhalmen aufsaugt. Sie lächelte ein wenig steif und sagte, diese Frage wäre ihr noch nie gestellt worden. Womit sie ziemlich sicher sagen wollte, dass sie mir diese geniale Idee klauen würde. Ich schrieb meine Telefonnummer auf eine Serviette und sagte, wenn sie in die Vermarktung der Weinteller einstieg, wollte ich eine Provision. Sie erklärte sich ein verstanden, ging dann aber schnell. Wahrscheinlich sehe ich von diesem Geld nie etwas.

Fünf mit Tussis besetzte Vans fuhren zur Weinprobe, *nur vier kehrten zurück.*[8]

Beim zehnten Glas begann ich zu überlegen, ob mit meinem Gaumen etwas nicht stimmte. Die anderen trugen Bemerkungen wie »angenehmer Abgang, würzig« auf die Weinliste ein, während ich Bilder von Vampir-Pumas kritzelte. Als die Kritzeleien die ersten Blicke auf sich zogen, begann ich ebenfalls Bemerkungen neben die Weine zu schreiben, wie »Schmeckt nach Hustenbonbon, aber auf angenehme Art«, »Macht dich total fertig«, »Ich spüre meine Füße nicht mehr« oder »Habe ich die Garagentür offen gelassen? Ich wüsste gern, ob die Katze brennt. Wahrscheinlich sollte ich aufhören zu trinken.« Die anderen hatten alle professionelle Gaumen. Meiner brauchte eine Behandlung und womöglich einen Eingriff.

Der letzte Weinkeller sah total verwunschen aus und die Enten draußen erinnerten mich daran, auf der Hut vor hungrig aussehenden Pennern zu sein, aber ich wurde rasch abgelenkt, als der Käse serviert wurde. Zu meiner Nachbarin sagte ich, ich wäre sehr gespannt auf meine erste Käseprobe, weil ich so gerne Käse essen würde. Vor allem Cheddar, den mag ich in allen Geschmacksrichtungen, »scharf«, »sehr scharf«, »geräuchert und scharf«, also da bin ich eine Art Expertin. Aber als der Käse dann kam, kannte ich keinen einzigen und ES WAR ÜBERHAUPT KEIN CHEDDAR DABEI. Ich daraufhin sofort: »WAS IST DENN DAS FÜR EINE BESCHEUERTE KÄSEPLATTE?«, aber nur in Gedanken (oder vielleicht nur in Zimmerlautstärke, denn ich hatte einen Schwips, wollte aber trotzdem professio-

8 **In Wirklichkeit kamen alle fünf zurück, aber so klingt es dramatischer.**

nell wirken). Die Kellner erklärten, es würde sich um mehrfach preisgekrönte Käse handeln, und sie schmeckten auch wirklich köstlich, nur hatte ich ein Stück mit einem Pflaster drauf. Ich sagte also: » Auf meinem Käste klebt ein Pflaster«, und die Asiatin, die ich am Vortag gedisst hatte, beugte sich darüber und sagte: »Aber nein, das ein speziell eingewickelter Bla-bla-französisch-irgendwas-bla-bla«, und ich bedankte mich, aß aber nur das am weitesten vom Pflaster entfernte Ende für den Fall, dass sie sich wegen meiner unabsichtlich rassistischen Bemerkung doch noch an mir rächen wollte. Aber eine Stunde später, als wir uns auf der verzweifelten Suche nach der Toilette in einem Labyrinth von Weinfässern verirrten, kamen wir uns näher und sie versicherte mir, sie hätte mich nicht dazu bringen wollen, dass ich das Pflaster esse. Wenn man so dringend aufs Klo muss, ist das ein großer Gleichmacher.

In einem der Weinkeller schien es eine Art Wespen-Seuche zu geben, denn überall waren Wespen. Der Typ, der den Wein einschenkte, meinte im Scherz, die Farbe dieses speziellen Weins käme von den vielen mitgepressten Wespen, die in die Weinfässer gefallen wären. Ich starrte schon misstrauisch in mein Glas, da lachte er und meinte, er hätte nur einen Witz gemacht, aber die Wespen würden den Wein tatsächlich mögen, es könnten also welche drin sein. Ich trank den Wein trotzdem. »Ich will niemanden erschrecken«, sagte ich beiläufig, »aber ich habe die totale Wespen-Allergie, ich werde also wahrscheinlich hier sterben.« Die anderen riefen sofort »Wirklich?«, und ich: »Nein, nicht wirklich, aber wäre das nicht ein großartiger Tod?« Die anderen verstummten, wahrscheinlich weil sie fortwährend denken mussten, ja, das wäre wirklich großartig.

Acht Uhr abends. Ich sollte eigentlich unten beim Grillen sein, aber ich stand kurz vor einer Angstattacke, also hatte ich mich zurückgezogen. Alle waren total lieb und verständnisvoll. Das ist das Tolle an solchen Veranstaltungen mit anderen Bloggerinnen. Sie wissen schon, dass du kaputt bist, und die meisten sind es selber, deshalb nicken sie nur und schicken dich mit einer Xanax ins Bett. Sie sind sehr hilfsbereit. Außerdem war es ihnen vermutlich recht, dass ich gehe, damit sie über mich reden konnten.

Laura kam mit einem Teller Essen und einem Glas Wasser und strich mir beruhigend über den Kopf, als ich sagte, es täte mir so leid, jetzt nicht unten zu sein. »Das macht überhaupt nichts, wirklich. Alle verstehen das total.« Sie ging zur Tür, drehte sich aber rasch noch einmal um und fügte trocken hinzu: »Aber du fliegst aus dem Cheerleader-Team.«

Ich liebe meine Freundinnen.

Vier Uhr morgens. Beim Aufwachen stellte ich fest, dass Laura fehlte. Ich sah draußen nach, fand sie aber nirgends und überlegte vage, ob ich sie in meinem alkoholisierten Zustand vielleicht zufällig ermordet hatte. »Aber wahrscheinlich nicht«, dachte ich, »weil hier ist nicht genügend Blut. Es sei denn, das Blut ist im Bad.« Ich beschloss, später nachzusehen.

Acht Uhr morgens. LAURA WAR NICHT TOT. Sie war irgendwo anders eingeschlafen und kam zurück, weil sie fürchtete, ich könnte denken, sie wäre entführt worden.

ICH Nein, ich dachte, ich hätte dich ermordet und das dann verdrängt.

LAURA Du hast gedacht, du hättest mich ermordet?

ICH Nur ganz kurz, aber im Zimmer war nicht genug Blut. Aber der Duschkopf hing schief, deshalb dachte ich, vielleicht habe ich das Blut ja in der Dusche runtergespült. Aber das hätte mir nicht ähnlich gesehen. Ich mache nie hinter mir sauber, es ist schrecklich.

LAURA Jedenfalls gut zu wissen, dass ich die Erste wäre, die du ermorden würdest.

ICH Überhaupt nicht. Ich bewundere dich, du wärst die Letzte, die ich ermorden würde. Deshalb habe ich ja auch gedacht, ich hätte das verdrängt. Ich dachte, später würde das alles im Zug einer Therapie wieder hochkommen, und gleich auch noch, dass Außerirdische mich entführt und Experimente mit mir gemacht haben. Was echt nervig wäre. Aber ich bin froh, dass du lebst, weil ich auch ohne die Erinnerung an unfreiwillige Experimente kaputt genug bin.

LAURA Und die beste Freundin ermordet zu haben wäre wahrscheinlich auch ziemlich belastend.

ICH Das auch. Aber mehr noch die Experimente.

Zehn Uhr morgens: Yoga im Regen.
Wir hatten alle die »abwärtsgerichteter-Hund«-Haltung eingenommen und mich beherrschte nur ein Gedanke: »Mein Gott, hoffentlich muss ich jetzt nicht furzen.« Ich hatte gerade angefangen, zum Jesuskind zu beten, er möge mich vor einem versehentlichen Furz bewahren, da furzte jemand anders. Obwohl ich es nicht selber gewesen war, konnte ich mich doch total in die betreffende Person einfühlen, und ich hätte auch gern gesagt, dass ich das nicht war, aber das wäre wahrscheinlich falsch gewesen, weil wir doch eigentlich meditieren sollten.

Ich nahm meinen ganzen Mut zusammen und bedankte mich bei Maggie für die Einladung, und dann hörte ich mich sagen, wenn hier jemand ein Massenmörder wäre, dann wäre sie das. Sie schwieg, und ich erklärte, ich hätte das positiv gemeint, weil sie am besten organisiert wäre. Maggie bat den Koch um ein

Hackmesser und da wurde ich ein wenig nervös, aber wie sich herausstellte, fand sie meine Idee genial und wollte den Mord gleich aufführen. Was wir dann auch taten ...

Und es war der Wahnsinn.

Am letzten Morgen saßen wir alle in Decken eingewickelt, ungekämmt und ohne Make-up am Pool, und ich hörte genau wie damals in der Highschool den Gesprächen um mich zu, aber statt sie zu verdrängen oder innerlich darüber zu lästern, lächelte ich und nickte. Ich zwang mich, daran teilzunehmen und den anderen zuzuhören, statt den Kopf in ein Buch zu stecken, um einer möglichen Ablehnung zuvorzukommen. Und ich stellte fest, dass Frauengespräche ganz schön abgefahren sein können. Hier einige zufällig mitgehörte Gesprächsfetzen.

»Ich habe das noch nie zu jemandem gesagt, aber manchmal denke ich, mein Baby ist ein richtiges Arschloch. Ist das normal?«
»Klar. Meins ist manchmal ein Vollidiot.«

»Kennst du das, wenn du in Nepal bist und überall sind diese Japaner und es ist zwei Uhr morgens und du bist in einem Keller und suchst nach etwas zum Frühstück und plötzlich steht ein Zauberer vor dir?«
»Oh ja, ich weiß ganz genau, wovon du sprichst.«

»Mein Dad war manchmal ziemlich aggressiv, deshalb empfahl sein Arzt ihm, auf eine Pantomimenschule zu gehen und zu lernen, wie man mit seinen Gefühlen ganz ruhig umgeht. Mir wurde erst als Erwachsener klar, dass nicht alle mit ihrem aggressiven Dad einen Pantomimenkurs besucht haben.«

»Ich mag keine Pantomimen.
Ich mag nicht, wie sie eine Behinderung vortäuschen.«

»Genau? Warum sich damit begnügen, Stumme nachzuahmen?
Wo sind die Clowns, die so tun, als hätten sie Kinderlähmung?«

»Ich habe mal mit einem Typen geschlafen, der einen wirklich riesigen Penis hatte. Das war ein echtes Problem. Kein Kondom passte. Ich war so überwältigt, dass ich versehentlich lachte. Da schrumpfte er.
Der Typ fand das nicht lustig.«
»Das wäre ein guter Superman-Comic.
Der *Penis giganticus* verleiht ihm seine Superkraft, die Frauen, die darüber lachen, sind sein Kryptonit.«

»Passiert euch das auch, dass ihr in die U-Bahn einsteigt und denkt: ›Wer ist der Typ da hinten? Er kommt mir bekannt vor. Habe ich mit ihm geschlafen?‹
Also mir passiert das andauernd.«
»Nein, mir ist das noch nie passiert. Du *Hure.*
Dafür passiert es mir oft im Bus.«

Die letzte Stunde:

Wir schleppten unser Gepäck zu den wartenden Vans und ich betrachtete die anderen Frauen, über die ich vor wenigen Tagen noch gelästert hätte, weil ich sie versnobt oder gemein fand, mit einer überraschenden Zuneigung. Sie hatten alle ihre Geschichte und kämpften mit Problemen, die genauso schlimm und bizarr waren wie meine. Gut, ich war die Einzige mit nur einem kleinen Handkoffer und einem Paar Schuhe. Aber ich hatte zu meiner Schande erkennen müssen, dass die Dinge, die mich von anderen Frauen trennten und die ich wie persönliche Ehrenzeichen vor mir hergetragen hatte, in Wirklichkeit willkürlich errichtete Barrieren waren, mit denen ich mir die anderen vom Leib hielt. Ich hatte damit Menschen, von denen ich vermutete, dass sie mehr hatten als ich, verurteilt und abgewiesen, genauso wie ich selber verurteilt worden war, weil ich als Kind weniger gehabt hatte.

Ich warf meine kleine Tasche in den Van und ging noch einmal zurück, um meinen neu gewonnenen Freundinnen mit ihren voluminösen Koffer-Sets und Kleidersäcken zu helfen, und sie lächelten dankbar und ein wenig schockiert, dass ich auf einer so langen Reise mit einer so kleinen Tasche ausgekommen war. Ich lächelte stumm zurück und fühlte mich ein wenig schuldig. Ihre Koffer waren vielleicht dreimal so groß wie meiner, dafür wirkte das emotionale Gepäck, das ich mitgebracht hatte, neben ihrem beschämend groß. Jetzt, bei der Abreise, war es allerdings ein wenig leichter geworden.

Ich ließ die Vorurteile zurück, nur reiche Snobs würden gerne Wein trinken und die Menschen würden sofort Cliquen bilden, je nachdem, wer die richtige Unterwäsche besaß. Vor allem aber hatte ich mich von einer Vorstellung verabschiedet, die ich jahrelang mit mir herumgetragen hatte, dass man nämlich Frauen nicht trauen dürfe. Gut, es gab Frauen, die höllisch

nervten, aber das konnten Männer auch (und anscheinend sogar Babys), und so legte ich nach und nach ein Vorurteil ab, das mir bis dahin gar nicht bewusst gewesen war. Frauen waren in Ordnung (bis auf die, die erwiesenermaßen Arschlöcher waren) und verdienten mein Vertrauen. Sie waren großartig und vergleichsweise harmlos.

Auf der Hut sein sollte man vor allem vor den Vampir-Pumas um vier Uhr morgens im Wald.

ICH BIN DER ZAUBERER VON OZ DER HAUSFRAUEN

(INSOFERN ALS ICH »GROSS UND SCHRECKLICH« BIN UND WEIL ICH MICH MANCHMAL HINTER VORHÄNGEN VERSTECKE)

Victor und ich haben ganz verschiedene Ansichten darüber, was ein sauberes Haus ausmacht.

Nach Victors Definition gehört dazu, dass alles absolut aufgeräumt ist (nur nicht die achttausend Verlängerungs- und sonstigen Kabel, die an den elektronischen Geräten in unserem Haus hängen und für ihn anscheinend unsichtbar sind). Weiterhin gehört dazu, dass diese Ordnung sich auf wundersame Weise von selbst einstellt, ohne dass er einen Finger krumm machen muss (bis auf das eine Mal, als ich ins Wohnzimmer rannte, weil ich glaubte, er würde sich Schlagsahne aus dem Sahnespender in den Mund spritzen,[9] aber dann stellte sich heraus, dass er nur Möbelspray versprühte. Es ist erstaunlich, wie ähnlich Schlagsahne, die man sich direkt in den Mund spritzt, und nach Zitrone duftendes Möbelspray klingen. Ich hatte ganz kurz Schuldgefühle, weil Victor ohne mich putzte, aber dann merkte ich, dass er nur den Schalthebel seines Autos polierte, und kehrte wieder zu meinen Zombie-Filmen zurück).

Meine Definition eines sauberen Hauses ist viel einfacher. Von mir aus können überall Post, Zeitschriften und Spielsachen herumliegen, solange es darunter sauber und hygienisch zugeht. Für mich darf ein Haus ruhig bewohnt aussehen, und es ist für mich sauber, solange ich nicht daran festklebe oder davon die Cholera bekomme. Die Kleiderstapel auf dem Bett im Gästezimmer ignoriere ich getrost, weil ich weiß, dass sie geradewegs aus dem Trockner kommen und nur darauf warten, zusammengelegt zu werden. Victor dagegen starrt den wachsenden Haufen finster an und schnaubt immer lauter, bis ich schließlich einknicke und frage, warum er klingt, als verliere er ständig Luft. Wir betrachten dasselbe Gästezimmer und sehen zwei völlig verschiedene Dinge. Victor sieht einen gefährlichen Vulkan, der Kleider spuckt, die ich absichtlich nicht aufhänge, weil ich faul bin und ihn in einen Nervenzusammenbruch treiben will. Für mich ist der Haufen eine persönliche Errungenschaft ... eine physische Manifestation der vielen Wäsche, die ich in den vergangenen Monaten gewaschen habe, eine Art Trophäe aus Kleidern, von denen ich schon nicht mehr wusste, dass ich sie überhaupt besitze. Victor sagt, ihm komme es vor, als würde in unserem Haus eine Verrückte leben, die aus Pullovern einen Vesuv baut. Ich rufe ihm dann ins Gedächtnis, wozu Türen erfunden wurden, und schließe die Gästezimmertür. »Siehst du?«, sage ich. »Problem gelöst.«

»Du kannst nicht ein Problem lösen, indem du Zimmer

9 **Als ich dieses Kapitel meiner Lektorin vorlas, meinte sie, das sei ein vergleichsweise harmloser Einsatz eines Sahnespenders. Sahnespender würden oft auch dazu verwendet, mithilfe des darin enthaltenen Lachgases high zu werden, was einen total umbringen kann. Was**

im Haus nicht mehr benutzt«, erwidert er, worauf ich sage, das wäre lächerlich, ich würde das Gästezimmer doch die ganze Zeit verwenden. Ich verwende es als Riesenschublade für Kleider, die aufgehängt werden müssen, und auch zur Aufbewahrung meines Crosstrainers. Victor findet, dass ich den Trainer ja gar nicht mehr »für seinen ursprünglichen Zweck« verwende, und ich erkläre ihm ganz ruhig, dass er sich irrt, weil ich das Gerät nämlich vor Jahren gekauft habe, um damit zu trainieren *und* es anschließend, wenn das Trainieren mir langweilig geworden ist, als Ständer zur Lufttrocknung unserer frisch gewaschenen Stepp- und sonstigen Decken zu verwenden. Wenn überhaupt, müsste ich also Pluspunkte für meine Weitsicht bekommen und auch dafür, dass ich die Daunendecken nicht in den Wäschetrockner stecke, wo sie einlaufen. Wenn es nach Victor ginge, müssten wir alle mit taschentuchgroßen Steppdecken schlafen. Ich weiß gar nicht, warum ich das überhaupt erklären muss. Victor sagt, er weiß es auch nicht, aber wir reden vermutlich nicht über dasselbe.

Genau dieses Gespräch ging mir durch den Kopf, als ich heute Morgen im Haus Ordnung schaffte. Ich hatte den Geschirrspüler eingeräumt und angestellt, und kurz darauf sah ich den Karton mit dem Waschpulver auf der Arbeitsplatte neben dem Geschirrspüler stehen, obwohl ich seit Tagen keine Wäsche mehr gewaschen hatte. Mir wurde ein wenig mulmig, weil ich dachte: »Scheiße, habe ich eben Waschpulver in den Geschirrspüler gefüllt?«

Und da bekam ich irgendwie Panik, weil ich im vergangenen Jahr versehentlich Handseife in den Geschirrspüler gefüllt hatte, und als ich nach Hause kam, stand das ganze Haus unter Schaum wie bei einer Schaumparty von Jugendlichen, nur dass die Stimmung nicht so gut war, denn Victor war sauer und ich hatte weder coole Techno-Musik noch Ecstasy. Das Sauber-

auch erklärt, warum die Leute mich so seltsam ansehen, wenn ich sage, eine meiner schönsten Kindheitserinnerungen wäre, wie ich mich zusammen mit meiner Großmutter am Sahnespender bediene.

machen danach war ein Albtraum, deshalb hatte ich furchtbar Angst, dass mir dasselbe jetzt wieder passiert war, also betete ich darum, Victor möge einfach im Schlafzimmer bleiben, und loggte mich bei Twitter ein. (Für alle, die nicht wissen, was das ist: Twitter ist so ähnlich wie Facebook, nur einfacher, und man kann über Twitter anderen Leuten mitteilen, was die Katze tut, oder sie auch um Rat fragen. Man zapft so eine Art Schwarmdenken an und es ist großartig und bedrohlich zugleich.) Ich loggte mich also ein und schrieb: »Mal rein hypothetisch, wenn ich versehentlich Waschpulver in den Geschirrspüler fülle, explodiert er dann? Ich sollte das möglichst schnell wissen.« In der Hälfte der Antworten stand: »Da kann doch nichts passieren, Dummerchen«, und in der anderen Hälfte: »WENN DU NOCH IM HAUS BIST, RENNE SOFORT NACH DRAUSSEN.« Ein Typ schrieb: »Damit kriegt man die Blutflecken raus«, und ich überlegte, wozu er seinen Geschirrspüler wohl verwendet. Aber ich machte mir trotzdem noch Sorgen, deshalb wickelte ich eine Steppdecke um den Geschirrspüler für den Fall, dass er leckte, denn Steppdecken sind in vielem wie riesige Damenbinden. Ich war ziemlich stolz auf meinen genialen Einfall, aber nur zehn Sekunden lang, denn dann kam Victor herein und fragte: »Warum ist der Geschirrspüler in eine Bettdecke eingewickelt?«, und ich wollte nichts erklären, weil er immer noch vom letzten Mal redet, als ich den Backofen in Brand gesetzt habe, *obwohl das schon Jahre her ist, Leute.* Also lass uns doch lieber in der Gegenwart bleiben, okay? Aber da fiel mir ein, ich hatte in der Gegenwart vielleicht gerade unseren Geschirrspüler geliefert, weil ich Waschpulver hineingeschüttet hatte. Ich wollte es allerdings noch nicht zugeben, weil immer noch die vage Möglichkeit bestand, dass ich doch das richtige Mittel verwendet hatte, also sagte ich zu Victor nur, dem Geschirrspüler wäre kalt. Er starrte mich an. »Hä?«

»Also«, erklärte ich, »er muss doch aufheizen, damit er das Geschirr richtig wäscht, ja? Und da dachte ich, es spart vielleicht Energie, wenn ich ihn isoliere, damit er schneller warm wird. Und unser Geschirr wäre dann sauberer. Könnte ich mir denken.« Victor sah mich mit verschränkten Armen unverwandt an, und nach etwa zehn Sekunden brach ich zusammen und gab zu, dass ich *vielleicht* Waschpulver eingefüllt hätte, weil ich mir anders nicht erklären könnte, woher das Waschpulver auf der Arbeitsplatte kam. Da seufzte Victor und schüttelte den Kopf. »Du wärst eine schreckliche Spionin. Wirklich, du bist die schlechteste Lügnerin aller Zeiten. Aber keine Sorge, ich habe das Waschpulver rausgestellt, nachdem du den Geschirrspüler angemacht hattest, um mich daran zu erinnern, dass ich welches kaufen muss.«

Bild der eingewickelten Geschirrspülmaschine, das ich auf Twitter gezeigt habe. Man beachte, wie schön und überhaupt nicht eingegangen die Decke aussieht. Das war mein Verdienst, Leute.

»DANN IST ALSO ALLES DEINE SCHULD«, rief ich, und Victor sagte: »Wie bitte? Wie kann das *meine* Schuld sein?« Aber ich brüllte *»J'accuse!«* und rannte aus dem Zimmer, bevor er noch etwas sagen konnte, denn es ist eine erfrischende Abwechslung, wenn Victor mal etwas versaut, und ich wollte diesen Moment für mich genießen.

Ich behaupte mal, dass wir uns über den Zustand des Hauses mehr streiten als über alles andere, was wirklich etwas heißen will, weil wir uns wochenlang darüber gestritten haben, ob Franken Berry ein Mädchen ist (ist er nicht) und wer von den Chipmunks einmal als Erster stirbt (Alvin, wahrscheinlich an einer Überdosis). Aber über das Haus streiten wir am häufigsten. Hier ein ganz typischer Streit kurz nach meinem Entschluss, in der PA aufzuhören und Vollzeitschriftstellerin zu werden.

VICTOR Dieses Haus ist ein Saustall.
ICH Es ist eine kreative Oase.
VICTOR Nein, nichts als ein Saustall.
ICH Also ich weiß nicht, warum du das zu *mir* sagst. Putzen und Aufräumen ist nicht meine Aufgabe.
VICTOR Ist es eben doch. Schon vergessen? Dass du kündigen und an deinem Buch arbeiten wolltest? Und putzen und die Einkäufe erledigen. So war es abgemacht, schon vergessen?
ICH Unmöglich. Das klingt nicht nach einer Abmachung, die ich treffen würde.
VICTOR »Ich werde die beste Hausfrau aller Zeiten sein. Ich werde nur schreiben und putzen und kochen.« Klingt das irgendwie vertraut?
ICH Vage. Wahrscheinlich war ich betrunken, als ich es gesagt habe.
VICTOR »GRATIS-BLOWJOBS FÜR ALLE!«
ICH Oh, das klingt tatsächlich nach mir. Bist du wegen der Blowjobs sauer auf mich?
VICTOR Nein. Ich bin sauer, weil wir beide zu Hause arbeiten und dieses Haus ein verdammter Saustall ist.
ICH So schlimm ist es nicht. Du überreagierst, weil du ein absoluter Pedant bist.
VICTOR Du verwendest ein Frisbee als Teller.
ICH *Wie bitte?* Doch nicht ein – oh, Moment, das ist tatsächlich ein Frisbee. *Merkwürdig.*
VICTOR [wütender Blick]
ICH Bleib cool, Alter. Ich spüle es danach ab. Es ist ziemlich sicher spülmaschinenfest.
VICTOR Es geht nicht darum, ob das Frisbee spülmaschinenfest ist, sondern darum, dass du von einem bescheuerten Frisbee isst, weil es keine sauberen Teller mehr gibt.
ICH Natürlich gibt es die. Ich habe das Frisbee einfach auf dem

Tresen liegen sehen und genommen. Außerdem ist das doch ein super Teller. Es hat sogar einen Rand, dann kann man nichts verschütten.

VICTOR *Dass dir das überhaupt nichts ausmacht?!*

ICH NATÜRLICH MACHT ES MIR WAS AUS. Ich kann nicht glauben, dass ich je zugestimmt habe, meinen Job zu kündigen, um dafür das Haus zu putzen. Wie kannst du überhaupt einen Moment glauben, das würde funktionieren? Wenn überhaupt, dann hättest du es besser wissen müssen, als du das abgemacht hast. Es ist alles deine Schuld.

VICTOR Ich könnte dich erwürgen.

ICH Und ich würde am liebsten alle Teller durch Frisbees ersetzen. *Weil ich verdammt noch mal eine Vision habe.*

VICTOR Ich meine das total ernst.

ICH ICH AUCH. FRISBEE-TELLER SIND DER WAHNSINN. Außerdem habe ich keine Zeit zum Abspülen, weil ich wichtige Sachen für Social Media mache.

VICTOR Ach wirklich? Was hast du heute gemacht?

ICH Viel. Eben Sachen für ... Social Media.

VICTOR Aber was genau? In Zahlen.

ICH Das kann man nicht in Zahlen ausdrücken. Für das, was ich mache, gibt es keine Maßeinheit.

VICTOR Versuche es.

ICH Äh ... also ich habe diesen Cartoon über Hitler gezeichnet.

VICTOR Der ist ... nicht mal *entfernt* lustig.

ICH Der ist total lustig, Mann. Verstehst du denn nicht? Man sagt doch immer: »Die mögen mich nur deshalb nicht, weil sie eifersüchtig sind.« Aber dann ist es Hitler, und den mag nun wirklich niemand und niemand ist auf ihn eifersüchtig.

VICTOR Nicht lustig.

ICH Ich glaube, ich muss nur Zeichenunterricht nehmen. Ich habe zwei Stunden gebraucht, bis ich heraus hatte,

Die Wahrheit: Wir sind alle ein bisschen eifersüchtig auf Hitler. Anscheinend.

wie man einem Strichmännchen eine Fliege umbindet. Und genau deshalb hatte ich keine Zeit, die Suppe aufzuwischen, die ich in der Mikrowelle verschüttet habe. Sieh übrigens nicht in die Mikrowelle.

VICTOR Ich lege mich jetzt hin, bis das Bedürfnis wieder weg ist, dich umzubringen.

Er ging und kam nicht mehr zurück. Und ich musste die Mikrowelle putzen, weil in unserer Beziehung *ich* die Verantwortung trage und auch weil es sogar in den Toiletten schon nach Muschelsuppe gestunken hat. Genau deshalb bin ich manchmal so genervt. Außerdem ist mein Mann ziemlich sicher Antisemit.

PS: Victor meint zwar, wer nicht über einen Witz über Hitler lacht, wäre deshalb noch kein Antisemit, aber ich bin ziemlich sicher, dass ein Antisemit genau das sagen würde. Antisemiten haben einen ganz schrecklichen Humor. Victor meint auch, wir würden im Grunde darüber reden, dass ich mich nicht wie eine Erwachsene benehmen kann, aber ich glaube, in Wirklichkeit geht es darum, dass er so verdammt viel von Hitler hält.

PPS: Ich gebe nur zu bedenken, dass ich eigentlich eine ziemliche gute Hausfrau bin und dass ich den Backofen nur deshalb in Brand gesteckt habe, weil wir unser Haus verkaufen wollten und ich gelesen hatte, dass man vor der Besichtigung Plätzchen backen soll, weil es dann im Haus so heimelig riecht. Ich habe also den tiefgefrorenen Plätzchenteig auf einen Teller gegeben und in den Ofen gesteckt, und zehn Minuten später stinkt es furchtbar und ich renne zum Ofen und stelle fest, wenn man den Teig nicht vorher in einzelne Plätzchen aufteilt, explodiert er über den ganzen Teller. Und auch, dass die Leute, die den Backofen anschließen, den ganzen Papierkram in den Ofen legen, weil du offenbar eines schrecklichen Todes sterben sollst, wenn wegen der brennenden Bedienungsleitung, die du gerade backen wolltest, das ganze Haus in Flammen aufgeht. Außerdem stecken sie die Bedienungsanleitung in eine Plastikhülle, die furchtbar stinkt, wenn sie schmilzt, und du kriegst das Haus kaum noch verkauft, wenn du potenziellen Käufern sagen musst, dass der Backofen zwar nur einmal verwendet wurde, aber eben zum Backen einer Plastikhülle, und dass es deshalb bei der Hausbesichtigung so furchtbar stinkt. Victor äußerte sich überraschend kritisch, wenn man bedenkt, dass ich doch nur helfen wollte, und meinte, die Versicherung würde uns zwingen, in dem neuen Haus eine Halon-Feuerlöschanlage zu installieren, wenn ich nicht zusichern würde, die Küche in Zukunft zu meiden. Ich fand das überhaupt nicht witzig und war entsprechend sauer, bis ich am folgenden Tag den Backofen wieder aufheizen wollte, um das ganze geschmolzene Plastik abzukratzen, das noch drinnen klebte, und dabei versehentlich ein Geschirrhandtuch im Ofen einschloss und ihn wieder in Brand setzte. Ich war wirklich froh, als wir das Haus verkauften, denn der Ofen war ehrlich gesagt eine richtige Todesfalle.

PPPS: Ich will zu meiner Verteidigung nur noch sagen, dass ich wirklich eine ganze Mahlzeit kochen kann, nur vielleicht nicht das, was andere darunter verstehen. Ich habe zum Beispiel noch nie in meinem Leben absichtlich einen Salat als Hauptgericht für meine Familie gemacht und gedenke das auch nicht zu tun. So viele Zutaten und Utensilien für die Zubereitung eines Gerichts zu verwenden, das sowieso nur roh serviert wird, finde ich eine Verschwendung, und bei den Familien, die ich kenne, ist Salat nur etwas, das man überstehen und in möglichst viel Soße ertränken muss, bis man dann mit dem »richtigen Essen« weitermachen kann. Damit gebe ich mich nicht ab. Stattdessen fange ich lieber gleich mit dem richtigen Essen an. Vor kurzem habe ich in der Mikrowelle Käsemakkaroni zubereitet, und als meine Familie das nicht angemessen würdigte, habe ich mir die Bemerkung erlaubt, dass ich dazu eine halbe Stunde gebraucht hätte. Victor wollte es nicht glauben, aber dann öffnete er den Mülleimer und fand darin zehn Einzelportionen Makkaroni vom Typ »Nur-Wasser-hinzufügen«. Er starrte mich ungläubig an und ich klopfte mir auf die Schultern, weil ich den Vorgängermüllsack schon herausgenommen hatte, der weitere zehn Portionen Makkaroni enthielt, die sich zu einer zähen Pampe verbunden hatten. Wenn man zehn in Plastikschalen verpackte Portionen jeweils drei Minuten lang erhitzen will, darf man sie offenbar nicht alle zugleich für dreißig Minuten in die Mikrowelle geben und dann duschen gehen. Das ist mein Rat an meine Leser und Leserinnen, ein Rat, den ich noch in keiner Kochsendung gehört habe.

PPPPS: Und wenn man einen Shrimp Boil machen will und das Tütchen mit der Gewürzmischung reißt und man die Shrimps dann einfach mit den Gewürzen reintut, die man in der Vorratskammer findet, kann man selbst eine Art Pfefferspray herstellen. Unabsichtlich. Die Gäste rennen hustend und spuckend nach draußen und bleiben eine Stunde lang dort, als hätte man sie damit eingesprüht. Was im Grunde auch stimmt. Denn Pfeffer war unter den Gewürzen, die ich in der Speisekammer gefunden hatte. Ich versuchte meine japsenden Gäste damit zu beruhigen, dass ich jedenfalls nicht in böser Absicht gehandelt hätte, sondern auf althergebrachte Hausfrauenart. Selbstgemacht. *Mit Liebe.*

DER PSYCHOPATH AUF DER ANDEREN SEITE DER BADEZIMMERTÜR

Vor ein paar Wochen sagte meine Freundin Lotta, ihr Arzt hätte gemeint, ihre Antidepressiva würden deshalb nicht wirken, weil sie zu viele Giftstoffe im Körper habe, und er hätte sie eine Darmreinigung machen lassen, um das Gift loszuwerden. Es klang vollkommen gestört und ich sagte ihr das auch, aber dann meinte sie, sie hätte bei der Darmreinigung noch am selben Tag anderthalb Kilo abgenommen – was mich sofort überzeugte. Ich redete mir ein, ich wäre es meiner Familie schuldig, dass meine Psychopillen auch wirkten, aber in Wirklichkeit wollte ich nur anderthalb Kilo abnehmen. Und der ganze letzte Satz zeigt irgendwie, warum ich die Psychopillen brauche. Beeindruckend.

Ich ging also in den Supermarkt, konnte aber kein Darmreinigungsmittel finden. Dann wollte ich in der Apotheke nachfragen, aber während ich noch in der Schlange anstand, spielte sich in meinem Kopf folgendes Gespräch ab:

ICH Also ich hätte gern ein Darmreinigungsmittel.

APOTHEKER Nie gehört. Klingt irgendwie pervers.

ICH Es soll den Darm reinigen, damit die Antidepressiva besser wirken.

APOTHEKER Vermutlich nehmen Sie Ihre Tabletten falsch ein. Man steckt sie in den Mund.

ICH Für jemanden im Gesundheitswesen sind Sie erstaunlich unkooperativ.

APOTHEKER Ich rufe jetzt die Polizei, Sie perverse Tusse.

Ich weiß nicht, wie ich darauf kam, der Apotheker könnte gleich die Polizei rufen, jedenfalls wurde ich den Gedanken nicht mehr los und war einer Panik nahe, als der Apotheker mich fragte, was ich bräuchte. Ich machte eine verlegene Pause und fragte dann, wo die Lesebrillen wären, worauf der Apotheker meinte, Lesebrillen hätten sie nicht, was seltsam ist, weil die meisten Apotheken doch welche haben und ich sie immer ausprobiere und so tue, als wäre ich eine notgeile Bibliothekarin. Ich beschloss also, statt der Darmreinigung eine Packung Abführtabletten zu nehmen, also eben das Nächstbeste, okay? Ich nahm sie in extrastark, weil das genauso viel kostete wie normal stark und ich damit also im Grunde Geld sparte, was mir als Argument nützen konnte, wenn Victor wissen wollte, warum ich für zwanzig Dollar ein »überflüssiges« Abführmittel kaufte (obwohl ihn das Preis-Leistungsverhältnis dann doch gar nicht interessierte, entweder weil er nicht wirtschaftlich denken will oder weil ich dick sein soll oder sonst was). Dass er gegen die Darmreinigung sein würde, wusste ich deshalb, weil er auch schon damals so kritisch gewesen war, als ich die chinesischen Pflaster kaufen wollte, die das Gift aus deinen Füßen herausziehen, während du schläfst. Er behauptete, die Pflaster wären Humbug, aber ich glaube, in Wirklichkeit wollte er mich einfach nur leiden sehen oder vielleicht ist er auch ein Rassist. Als ich das sagte, begann er wütend herumzuschreien und ich schrie zurück: »ICH WEISS DOCH GAR NICHT MEHR, WAS ICH SAGE! AUS MIR SPRICHT DAS GIFT«, aber ich durfte die Pflaster trotzdem nicht kaufen. Und genau deshalb wartete ich mit der Darmreinigung bis zu der Woche, in der Victor geschäftlich nach New York musste.

Am Abend nahm ich zwei schokoladenstückgroße Tabletten, las dann aber auf dem Beipackzettel von einer »sanften Wirkung«. Eine erfolgreiche Darmreinigung hatte für mich nichts mit »sanft« zu tun, deshalb nahm ich gleich noch mal drei Tabletten. Sie hatten dieselbe Konsistenz wie Schokolade und schmeckten köstlich, und weil ich Hunger hatte, aß ich noch eine. Und es passierte überhaupt nichts. Ich nahm also am folgenden Morgen noch mal zwei (weil ich zu diesem Zeitpunkt schon glaubte, dass vielleicht mit *mir* etwas nicht stimmte und ich eine abnorm hohe Abführmitteltoleranz hatte) und ging dann zu Starbucks und kaufte einen großen Frappuccino. Das war vielleicht ein Fehler, denn Kaffee hat offenbar auch eine abführende Wirkung, obwohl ich damals leider nicht daran dachte, weil mir ein Telefongespräch über Frappuccinos durch den Kopf ging, das ich in der Woche davor mit Victor geführt hatte. Er hatte mich auf der Arbeit angerufen.

[Läuten]

ICH Hier Jenny.
VICTOR Warum machen die eigentlich keine Schokoladen-Slurpees?
ICH Äh ... wie bitte?
VICTOR Schokoladen-Slurpees. Warum gibt es die nicht?
ICH Die gibt es doch. Sie heißen Mokka-Frappuccinos.
VICTOR Quatsch, das ist nicht dasselbe. Frappuccinos haben nicht den kleinen Löffel am Ende des Strohhalms wie Slurpees.
ICH Das mit dem Löffel sind Icees. Nicht Slurpees.
VICTOR Wenn ich das nächste Mal bei Starbucks bin, sage ich »Ich will einen Löffel an meinem Strohhalm, Sie Arsch!« Wie kommt man sonst an den letzten Rest ganz unten? Nur damit!
ICH ?
VICTOR Die müssen sich unbedingt zusammentun, 7-Eleven und Starbucks.
ICH Mokka-Slurpeeccino?

VICTOR Oder vielleicht Slurpeemacchiato. Das wäre vielleicht eine teuflische Mischung.
ICH Wolltest du mich wegen etwas Bestimmtem sprechen oder ...?
VICTOR *Doo-doo, wa-wa.*
ICH Huch? Was war das?
VICTOR Meine Teufelsmusik.

Er fängt das Gespräch wohlgemerkt nicht einmal mit »Hallo« an, was mich mehr aufregt als die Teufelsmusik, weil eine Begrüßung zu den Grundbausteinen einer zivilisierten Gesellschaft gehört und zu den wenigen Dingen, die uns von Bären unterscheiden.

Ich fuhr also nach Hause zurück, trank dabei meinen Frappuccino und nahm mir vor, Victors Anrufe in Zukunft nur noch per Mailbox entgegenzunehmen. Da explodierten meine Eingeweide. Ich meine das nicht wörtlich, aber es fühlte sich absolut genauso an. Zuerst dachte ich noch: »Okay, Schmerzen sind gut, das muss schon sein«, aber dann wurde mir klar, dass das hier kein Yoga war und ich einen wirklich fürchterlichen Fehler gemacht hatte. Ich will hier nicht ins Detail gehen, aber meine Beine fühlten sich an, als würden sie schmelzen, und in meinem Magen fuhrwerkte ein Elefant herum, der unbedingt nach draußen wollte. Und dieser Elefant hatte offenbar Krallen. Und sein Rüssel bestand aus lauter Schlangen.

Da Victor in New York war und Hailey in der Schule, hatte ich das Haus für mich, was gut war, denn mal ganz ehrlich, wer die Geräusche gehört hätte, die aus dem Bad kamen, hätte wahrscheinlich jeden Glauben an das sinnliche Geheimnis der Frau verloren. Irgendwann machte ich mir dann Sorgen, ich könnte mir eine Art goldenen Schuss gesetzt haben. Ich wusste zwar nicht, was eine Überdosis in Sachen Abführmittel bedeutete, aber es war ziemlich sicher eine Schweinerei, bei der man seinen kompletten Darm von sich gab. Da ich nicht wusste, ob das medizinisch überhaupt ging, wollte ich schon Lotta anrufen und fragen, ob sie bei ihrer Darmreinigung auch das Gefühl gehabt hätte, ihren Darm auszuscheiden. Ich war mir nur nicht sicher, ob ich noch sprechen konnte, ohne zu schreien, außerdem hatte ich ihre Telefonnummer nicht. Also saß ich nur da und dachte, was für ein schrecklicher Tod mich erwartete, denn egal was ich in meinem Leben zustande gebracht hatte, es würde stets durch mein Ende überschattet werden: »Und sie starb auf der Toilette, auf der sie ihren Darm rauspresste.« Wenn das Thomas Edison passiert wäre, würde sein Wikipedia-Artikel wahrscheinlich gleich damit eröffnet. Also in etwa so: »Thomas Edison, der seinen kompletten Darm ausgeschissen hat, veränderte die Welt, in der wir heute leben, mit zahlreichen Erfindungen. Haben wir schon gesagt, dass er seinen Darm ausgeschissen hat? Ja, wirklich. Thomas Edison hat seinen Darm ausgeschissen. Doch, man kann das nicht oft genug wiederholen.«

Inzwischen war mir klar, dass ich handeln musste, ich holte mir also eine Packung Pepto-Bismol und nahm die volle Dosis. Eigentlich wollte ich noch mehr nehmen, aber ich fürchtete, dass ich vielleicht noch den Notarzt rufen musste, und wollte ihm nicht erklären müssen, warum ich das Dreifache der empfohlenen Menge Abführmittel und das Dreifache der empfohlenen Menge des Gegenmittels genommen hatte, weil das selbst für mich nach einem schlecht geplanten Selbstmordversuch klang. Nur *eine* Dosis des Mittels gegen Durchfall zu nehmen erschien mir dagegen vergleichsweise vernünftig. »Damit klinge ich bestimmt viel glaubhafter«, dachte ich, »und man stellt mich nicht wegen Selbstmordgefährdung unter Beobachtung.«

Natürlich war das Pepto-Bismol der rohen Gewalt des Abführmittels nicht gewachsen, es war ein wenig so, als hätte ich mir in einem Tornado Schienbeinschützer angezogen, nur noch weniger wirksam, denn mit Schienbeinschützern kann man, wenn die Leiche danach gefunden wird, im Sarg immer noch einen Rock tragen (es sei denn, die Beine wurden komplett abgerissen, was natürlich auch jederzeit passieren kann). Das Pepto-Bismol hat jedenfalls überhaupt nichts bewirkt, nur meine Zunge ist davon schwarz geworden.

Dann fiel mir ein, dass es vielleicht half, Käse zu essen, denn ich bin einmal mit einem Mädchen zur Schule gegangen, das zu viel Käse aß und davon solche Verstopfung bekam, dass ein Arzt ihr im Krankenhaus den Darm leeren musste. Ich sah sie ab da mit anderen Augen und habe mich oft gefragt, ob sie das Aa, das man ihr herausgenommen hatte, behalten durfte, wie man ja auch die Mandeln behalten darf. Und dann fiel mir ein, dass ich ja gar keinen Käse im Haus hatte, und selbst wenn ich welchen gehabt hätte, hätte es nichts genützt, weil ich die Toilette nicht lange genug verlassen konnte, um ihn zu holen. Und in diesem Augenblick hörte ich das Geräusch an der Badezimmertür.

Es klang, als lehnte sich jemand dagegen und klopfte ganz leicht mit den Knöcheln darauf. Ich sofort: »Oh mein Gott, ich habe die Tür nicht abgeschlossen.« Dann dachte ich: »Moment mal, warum sollte ich die Tür abschließen, wenn ich doch allein zu Hause bin?« Meine erste Befürchtung war, dass mich jemand ermorden oder vergewaltigen wollte. Im nächsten Augenblick dachte ich, wenn mich jemand vergewaltigen wollte, würde er furchtbar enttäuscht sein. Und dann dachte ich, wie seltsam es doch war, dass ich die Tür überhaupt zugemacht hatte, obwohl ich doch allein war, aber im Grunde sollte man die Tür nie offen lassen, wenn man auf die Toilette geht, denn das wäre das Ende der Zivilisation. Dann hörte ich den potenziellen Vergewaltiger wieder. Ich hustete, denn ich dachte, vielleicht ist es ein Einbrecher, der nicht weiß, dass ich zu Hause bin. Das Husten sollte ihm zu verstehen geben, dass er wieder gehen musste, obwohl die anderen Geräusche aus dem Badezimmer wahrscheinlich viel schlimmer klangen als das Husten, aber ich wollte einfach höflich sein, ich weiß schließlich, was sich gehört.

Und dann schob jemand einen Zettel unter der Tür hindurch.

Ich starrte ihn nur an, denn mal ehrlich ... das gibt's ja wohl nicht! Ich war so perplex, dass ich nicht einmal Angst hatte. Ich streckte den Fuß nach dem Zettel aus (einem kleinen, weißen Stück Papier), bekam ihn aber nicht zu fassen und stöhnte nur schwach: »Hallo? Haben Sie ... haben Sie mir gerade einen Zettel zugesteckt?« Aber niemand antwortete und da bekam ich es langsam wirklich mit der Angst zu tun. Ich dankte Gott stumm dafür, dass ich daran gedacht hatte, das Telefon ins Bad mitzunehmen nur für den Fall, dass ich wegen der Überdosis Abführmittel doch einen Arzt brauchte. Ich nahm das Telefon, um die Polizei anzurufen, überlegte dann aber, wie es klang, wenn ich denen erzählte, dass ich von der Toilette aus anrief, in die ich mich wegen einer Überdosis Abführmittel geflüchtet hatte, und dass ein stummer Vergewaltiger Nachrichten unter der Tür hindurchschob. Und dann dachte ich, dass es dem Ganzen die Krone aufsetzen würde, wenn auf dem Zettel stünde: »Magst du mich? Bitte Ja oder Nein ankreuzen.« Ich hätte wahrscheinlich gelacht, wenn mir die Kombination aus Vergewaltiger und Abführmittel nicht derart zugesetzt hätte. In diesem Augenblick erschien ganz langsam die Ecke einer zweiten Nachricht unter der Tür und ich merkte, dass es sich gar nicht um eine Nachricht handelte, sondern um das Abziehpapier eines Pflasters. Mir wurde klar, dass ich es vermutlich mit einem Psychopathen zu tun hatte, denn *wer außer einem komplett Verrückten sollte mir das Papier eines Pflasters zuschieben?*

Ich brüllte also: *»ICH RUFE DIE POLIZEI! UND ICH HABE DURCHFALL! Von ... AIDS!«* Ich dachte, damit könnte ich zumindest einen Vergewaltiger abschrecken. Zwar wusste ich nicht sicher, ob man von Aids Durchfall bekam, aber ich vermutete es stark. Daraufhin wurde es totenstill, dann zerrte plötzlich jemand heftig an dem Papier. Es verschwand und ich fuhr zusammen. »Was soll das?« Im nächsten Augenblick tauchte es wieder auf, doch diesmal sah ich, dass es von einer Katzenpfote unter der Tür hindurchgeschoben wurde, so bescheuert das klingt, und da begriff ich, dass der Kater meine Handtasche umgeworfen hatte und Quittungen und das ganze Sammelsurium von Dingen, die sich darin angesammelt hatten, unter der Tür hindurchschob. Daraufhin ermordete ich ihn, allerdings nur in Gedanken.

Mir fiel ein, dass ich das alles aufschreiben sollte, aber ich hatte nichts zum Schreiben, nur das Papier, das der Kater unter die Tür geschoben hatte, deshalb brüllte ich: »He du, schieb den Zettel noch ein Stück weiter!«, aber er gehorchte nicht, weil er ein Arschloch ist. Und außerdem eine Katze, weshalb er kein Englisch spricht. Also schrieb ich stattdessen alles mit Lippenstift auf Toilettenpapier (nur die Schlüsselwörter, nicht den ganzen Text, das wäre ja wirklich albern). Dann dankte ich Gott in einem kleinen Gebet dafür, dass er mich vor einem Überfall bewahrt hatte, und auch dafür, dass ich keinen Sanis erklären musste, dass ich meinen Kater versehentlich für einen Vergewaltiger gehalten hatte, nachdem ich zuvor absichtlich eine Überdosis Abführmittel genommen hatte, damit meine Antidepressiva besser wirkten. Vor allem, weil angehende Sanitäter genau solche Geschichten ständig zu hören bekommen. Aber dann fiel mir das Mädchen aus der Highschool ein, dem man die Kacke herausgeholt hatte, und im Vergleich dazu erschien mir mein Erlebnis gar nicht mehr so gruselig.

Als Victor nach Hause kam, erzählte ich ihm alles (wie

könnte man so etwas für sich behalten?), und er schimpfte auf die Abführmittel und meinte, man könnte mich nicht unbewacht im Haus allein lassen. Darauf erwiderte ich wütend: »*Mach mal halblang, du Arsch*, immerhin wurde ich nicht vergewaltigt.« Und er: »Diese Gefahr bestand doch überhaupt nie.« Aber ich glaube, er wollte mich damit nur kränken, deshalb gab ich zurück: »Oh doch, diese Gefahr besteht IMMER, *bestendankauch.*« Und er: »Das bestreite ich doch gar nicht. ICH SAGE NUR, SOBALD ICH ZWEI TAGE AUS DEM HAUS BIN, NIMMST DU EINE ÜBERDOSIS ABFÜHRMITTEL.« Und da nahm ich mir fest vor, dass ich ihm ab sofort nie mehr sagen würde, wenn ich eine Überdosis von irgendwas genommen hatte. Und auch, dass ich mich vermutlich mit Sanitätern anfreunden sollte, weil die bestimmt Wahnsinnsgeschichten erzählen können.

OFFENER BRIEF AN MEINEN MANN, DER IM ZIMMER NEBENAN SCHLÄFT

Hi.

Ich weiß. Das seltsame Muster in der Butterschale, richtig? Du hast es inzwischen sicher bemerkt und drehst wahrscheinlich schon durch. Also, gestern Abend habe ich herausgefunden, dass ich, wenn ich Eggo-Waffeln backe, das Buttermesser überspringen und die Waffel gleich in die Butterdose fallen lassen kann. Voll der Wahnsinn. Nur dass die heiße Waffel so ein komisches Muster in die Butter schmilzt, so eine gelbe Steppdecke, und dass auch die Plastikschale ein wenig schmilzt. Ich weiß, es wäre dir lieber, wenn ich ein Messer benutze, weil du bei so was schon immer pingelig warst, aber mal ehrlich, *ich gehöre nicht zu* diesen *Frauen.* Vor allem weil ich die Umwelt schützen will, indem ich ein Messer nicht schmutzig mache, das sonst abgewaschen werden müsste. Das ist irgendwie heroisch. Außerdem befinden sich die Messer alle am anderen Ende der Küche. Schlechte Planung deinerseits. Mit »deinerseits« meine ich, dass du beim Einzug mich die Küchensachen hast einräumen lassen. Gut, natürlich *könnte* man den Inhalt der Besteckschublade mit dem der Schublade mit den Speisekarten vom Pizzaservice tauschen, aber das wäre wahrscheinlich ein ziemlicher Aufwand. Es sei denn, man zieht die Schubladen gleich ganz heraus und vertauscht sie!

Okay, es liegen jetzt also zwei Schubladen auf dem Küchenboden. Ich habe beide herausgezogen, kriege sie aber nicht wieder rein, tut mir leid. Keine Ahnung, was mit mir nicht stimmt. Mach die Butterdose lieber nicht auf.

PS: Wenn überhaupt, solltest du dich für die Butterverzierung bei mir *bedanken*. Weißt du noch, wie wir das Auto mit dem total albernen Schottenkaro gesehen haben und du vor lauter Bewunderung den Mund nicht mehr zugekriegt hast? »Ich wollte, jemand würde das mit meinem Auto und/oder meiner Butter machen!«, hast du gesagt. Na also, *frohe Weihnachten, du Arsch.*

PPS: Sorry für das Arschloch. Das war unnötig. Außerdem hast du inzwischen sicher diesen Brief gelesen und behauptest, du hättest mich nicht gebeten, das Auto oder sonst was mit Karos zu verzieren, du musst dich ja auch wirklich um wichtigere Dinge kümmern. Zum Beispiel die drei Schubladen auf dem Küchenboden.

Ich weiß.

Aber ich habe gedacht, wenn ich noch eine ganz langsam herausziehe, könnte ich sehen, wie das funktioniert, und dann die anderen wieder reinschieben, bevor du aufwachst, aber das hat eben nicht hingehauen. Aber bei Nummer drei habe ich aufgehört. *Keine Ursache.*

PPPS: *Scheiße.* Okay, ich dachte, noch eine letzte, dann kriege ich es bestimmt hin. War leider nicht der Fall. Ich überlege jetzt, ob ich die Küche anzünde, um meine Spuren zu verwischen, aber dann würdest du mir bestimmt auch noch daran die Schuld geben. Also tue ich das nicht, weil ich weiß, du würdest wieder Zustände kriegen. Und auch, weil es falsch wäre. Ich würde doch nie unser Haus anzünden.

PPPPS: Okay, ich habe das Haus gerade angezündet, aber wirklich nur aus Versehen. Ich wollte dir eine Pizza zum Frühstück backen und habe versehentlich einen Stoß Handtücher in den Ofen geschoben. Ich weiß, das klingt jetzt nicht überzeugend, weil ich doch eben noch davon geredet habe, das Haus anzuzünden, aber das ist wirklich nur ein ganz, ganz blöder Zufall. Ich denke auch immer wieder, dass es nie passiert wäre, wenn der Bauherr das Bad nicht so nahe an den Ofen gelegt hätte. Geradezu als hätte er gewollt, dass ich das Haus anzünde. *Der* ist das Arschloch, nicht *du.* Ich *liebe* dich.

PPPPPS: Ich kaufe auf dem Nachhausweg eine Butterdose nur für dich, damit du dir nicht die mit den geschmolzenen Karos ansehen musst. Tut mir leid, ich weiß nicht, warum ich nicht gleich daran gedacht habe.

PPPPPPS: Bis auf das mit der Butter ist übrigens alles erfunden. Bist du erleichtert? Weiß ich doch. Und jetzt flippst du wahrscheinlich nicht mehr wegen der Butter aus, weil, mein Gott, es ist ja nicht so, als hätte ich das Haus angezündet (bis auf das eine Mal, wo ich es getan habe, aber das war wirklich nur aus Versehen und auch die Schuld des Bauherrn, denn wer zum Kuckuck lässt die Gebrauchsanweisung für den Ofen im Ofen liegen? Jemand, der uns alle umbringen will, jawohl). Das war jetzt übrigens alles nur eine Übung in der richtigen Einstellung. Es ist eben alles eine Frage der Perspektive.

PPPPPPPS: Mach die Butterdose lieber nicht auf.

NUR UM DAS ZU KLÄREN: WIR GEHEN NICHT MIT ZIEGEN INS BETT

»Ich glaube, in unserem Haus ist eine Ziege«, sagt meine Schwester. Sie steht aber nicht auf, sondern hebt nur den Kopf ein wenig und lauscht auf die seltsamen Geräusche, die aus dem Wohnzimmer kommen.

Sie irrt sich, ich weiß es. Nicht weil unmöglich eine Ziege im Haus sein kann, sondern weil dies nicht mehr *unser* Haus ist. Es ist zwar das Zuhause, in dem wir aufgewachsen sind, und wir fühlen uns hier immer noch geborgen, aber ich fühle mich nicht mehr dafür verantwortlich, streunende Ziegen aus einem Haus zu scheuchen, in dem ich seit über zehn Jahren nicht mehr wohne.

»Nein«, erkläre ich deshalb und wende mich wieder den Fotoalben zu, die wir auf dem Fußboden unseres alten Kinderzimmers ausgebreitet haben. »*Im Haus von Mom und Dad* ist eine Ziege.«

Meine Schwester zeigt mit dem Finger auf mich und zwinkert. »Stimmt, du hast recht. Eh, sieh dir diese Bilder von dir als Baby mit Perücke an. Was sollte das denn?« Ich kneife die Augen zusammen und will gerade etwas antworten, da wird das Trampeln nebenan lauter und Geschrei setzt ein.

»Da ist tatsächlich eine Ziege im Haus«, sagt meine Schwester. »Oder vielleicht ein Pony.«

Wir wären beide schockiert gewesen, wenn es bei einer von uns zu Hause passiert wäre, aber in dieser Woche sind wir bei unseren Eltern in Wall zu Besuch, und in einem kleinen Haus mit acht Leuten, einer Dusche und zu vielen Ziegen muss man mit so was rechnen.[10]

Ich blättere weiter durch das Fotoalbum, als wäre alles in bester Ordnung. »Ich bleibe einfach hier im Zimmer, bis die Ziege weg ist. Damit habe ich absolut nichts mehr zu tun.« Etwas Schweres poltert gegen die Wand. »Mein Gott, wie mir meine Kindheit plötzlich wieder vor Augen steht.«

Das Geschrei wird lauter und Lisa seufzt. »Da spricht die posttraumatische Belastungsstörung. Aber« – ihre Stimme verrät aufkeimende Unsicherheit – »unsere Kinder sind im Wohnzimmer, also sollten wir vielleicht doch nachsehen.«

Lisa ist offenbar der Ansicht, dass wir unsere Kinder vor dem schützen müssen, was mein Vater gerade mit ihnen anstellt, aber ich folge in dieser Hinsicht eher dem Vorbild meiner Mutter. »Wie sollen sie etwas lernen, wenn wir sie ständig retten?«, frage ich. »Wir wussten in ihrem Alter schon, dass man in einem solchen Fall in Deckung geht, bis der Lärm endet. Außerdem bin ich ziemlich sicher, dass es sich hier um Freudengeschrei handelt, also ist wahrscheinlich alles in bester Ordnung. Oder aber in den nächsten Stunden passiert etwas richtig Schlimmes.«

»Ach, da fällt mir ein«, sagte Lisa und betrachtete stirnrunzelnd ein Foto von sich als Einjähriger inmitten leerer Bierflaschen. »Am Tag bevor du kamst hat Daddy meine Kinder gefragt, ob sie seine neuen ›Haustiere‹ sehen wollten, und als sie wollten, hat er einen Sack voller lebender Entenküken auf dem Wohnzimmerboden ausgeleert, die die Kinder dann wieder einfangen sollten. Mom war richtig sauer. Und Daddy hatte die Küken nicht abgezählt, wir wissen also nicht, ob wir alle erwischt haben.«

»Wer befördert Enten in einem Sack?«, fragte ich mich in Gedanken, aber mir fiel nur eine Antwort ein. Das Geschrei

10 **Gerade hat meine Mom dieses Kapitel gelesen und mich gebeten klarzustellen, dass die Ziegen draußen leben, nicht drinnen im Haus bei uns. Ich weiß nicht genau, warum ich das klarstellen soll, aber ich habe das Kapitel daraufhin noch einmal mit neuen Augen gelesen und wahrscheinlich wären Ziegen, die am Fußende unserer Betten schlafen, in diesem Zusammenhang wirklich gar**

war verstummt und ich hörte Kichern, Herumlaufen und womöglich Quaken. »Scheiße«, sagte ich resigniert. Ich sorgte mich nicht um die Kinder (die zwischen zwei und neun Jahre alt waren und gewöhnlich aufeinander aufpassten), sehr wohl aber um die Entenküken. Ich sah Lisa an und ergab mich mit einem Augenaufschlag in mein Schicksal. »Also gut, ich hole den Besen. Du bewachst die Haustür, damit die Ziegen nicht reinkommen, wenn ich die Küken nach draußen scheuche.«

Das Seltsame an diesem Bild ist, dass meine Eltern keinen Alkohol trinken. Ich kann nur vermuten, dass Lisa ein Problem hatte.

Im Wohnzimmer herrschte ein vertrautes Chaos. Entenküken rannten quakend in alle Richtungen und gingen unter dem Fernsehsessel und dem dekorativen, aber funktionslosen Klavier in Deckung. Sobald die Kinder sie in eine Ecke trieben und aufhoben, kackten sie ihnen in die Hand, worauf die Kinder vor Lachen kreischten, die Küken fallen ließen und alles wieder von vorn anfing.

»*HENRY, was fällt dir ein?*«, schrie meine Mom, aber mein Dad lachte nur über das Durcheinander, das er angerichtet hatte, und seine Augen funkelten auch jetzt noch, nach so vielen Jahren, vergnügt über den gelungenen Streich.

»Was ist denn?«, zog er meine Mom auf. »Ich habe doch eine Zeitung ausgelegt.«

Was auch stimmte. In der Mitte des Wohnzimmers lag ein kleines, leeres Rechteck aus Zeitung.

»Und du hast geglaubt, die Küken würden auf der Zeitung bleiben?«, fragte meine Mutter sarkastisch, während sie ein panisches Küken aus der klebrigen Faust eines Kleinkinds befreite.

»Nein, eigentlich nicht«, gab mein Dad zu, aber er freute sich wie ein Schneekönig, weil die Kinder lachten, und wir wussten alle, dass solche Dinge immer wieder passieren würden. Meine Mutter scheuchte ihn nach draußen, weil er mit

nicht so seltsam. Deshalb also nein, die Ziegen leben nicht bei uns im Haus. Das wäre krank. Und unhygienisch. Außerdem gehören die Ziegen gar nicht uns. Sie sind gemietet, weil mein Dad zu viel Gras hat und sein Freund zu viele Ziegen. Wer auf dem Land lebt, der versteht das. Wahrscheinlich.

Es würde mir leichter fallen, diese Schwarzbrennerei zu verurteilen, wenn meine Tochter nicht beim Aufbau mitgeholfen hätte.

seinen anfeuernden Rufen – »WER DAS GESPRENKELTE FÄNGT, BEKOMMT EINEN SILBERDOLLAR« – alles nur noch schlimmer machte.

Das Ganze kam einem Karneval schon gefährlich nahe und ich war froh, dass Victor zum Arbeiten zu Hause geblieben war, denn er hätte mich mit Vorwürfen überschüttet. Endlich hatten wir das letzte zappelnde Küken eingefangen. Wir stellten die Tiere in einem Eimer in das stille, dunkle Schlafzimmer, wo sie sich beruhigen konnten (und Daddy sie nicht gleich wieder auf das Haus loslassen konnte, sobald wir draußen waren), machten es uns wieder auf unserem alten Bett bequem und nahmen die Fotoalben zur Hand, als wäre nichts passiert. Es gibt schon zu denken, wenn so etwas zur Gewohnheit wird, aber so ist es nun mal und man muss die Dinge nehmen, wie sie kommen, auch wenn einem wütende Küken dabei mit ihren Krallen die Hände zerkratzen, weil sie nicht kapieren, dass man ihnen nur helfen will.

Wenn wir meine Eltern besuchten, spielte Hailey immer mit der Hausdestille meines Vaters. Sie ritt im Garten auf Jasper, dem kleinen Esel, und spielte mit Cousin und Cousine auf den alten Traktoren und den noch älteren Kutschen, die auf dem Gelände hinter dem Haus herumstanden. Die Kinder zogen lachend durch die Präparatorenwerkstatt meines Vaters und setzten Kuhschädel als Masken auf. Sie suchten anhand von alten Karten, die mein Dad »gefunden« hatte, nach vergrabenen Schätzen und stießen auf mit Münzen, Modeschmuck und Pfeilspitzen gefüllte Kisten, die Daddy für sie vergraben hatte. Sie erforschten jeden Winkel des Grundstücks, jagten Ziegen und amüsierten sich königlich, und Lisa und ich mussten zugeben, dass ihre Freude die Entenküken wettmachte, die sich gelegentlich nachts in unser Schlafzimmer verirrten.

Am nächsten Tag kam Victor zu meinen Eltern, damit wir unseren Hochzeitstag feiern konnten, nur dass ich nichts mit dieser Unglückszahl feiere, weil ich immer noch zwangsneurotisch bin. Victor musste mir deshalb hoch und heilig versprechen, anderen gegenüber nur von unserem »zweiten zwölften Hochzeitstag« zu sprechen, was auch hervorragend geklappt hätte, wenn Victor meine Phobien ernst nehmen würde. Er hat offensichtlich einen Todeswunsch. Er wiederholte die Unglückszahl also bei jeder Gelegenheit, und ich schimpfte: »Genau deshalb wollte ich dieses Jahr überhaupt nicht feiern, denn wenn du diese Zahl weiter sagst, lasse ich mich scheiden, und genau so was passiert in einem Unglücksjahr, also hör endlich auf, das Schicksal herauszufordern.« Victor zog nur die Augenbrauen hoch und fragte unschuldig: »Was für eine Zahl? Meinst du ...?« UND SCHON SAGTE ER SIE WIEDER. Da beschloss ich, dass ich ihm irgendwann in diesem Jahr eins seiner Eier abschneide, weil wir damit auf einen Schlag unser ganzes Pech los sind und dann bleiben wir trotzdem verheiratet, weil mit einem beabsichtigten Hoden-Entfernungs-Unfall unser ganzes Unglück aufgebraucht ist. Victor meinte zwar, es gebe keine »beabsichtigten Unfälle«, und verstand auch nicht gleich, wie ich von der Scheidung ohne Übergang zur Entfernung eines seiner Hoden komme, aber es ist unser zweiter zwölfter Hochzeitstag, er sollte an so was inzwischen wirklich gewöhnt sein. *Und* man braucht ja gar keine zwei Hoden. Lance Armstrong scheint mit einem auch ziemlich gut zurechtzukommen.[11] Und außerdem RETTE ICH DADURCH UNSERE EHE, DU ARSCH.

An unserem Hochzeitstag passte meine Mom auf Hailey auf, damit Victor und ich die SUMMER MUMMERS besuchen konnten, eine Mischung aus Melodrama und Varieté, die seit den vierziger Jahren jeden Sommer in Midland in Texas gespielt wird. Der Alkohol fließt in Strömen und man soll den Helden

11 **Diesen Satz bitte ignorieren, wenn Lance Armstrong zum Zeitpunkt der Lektüre schon tot ist. Ich schwöre, er sah total gesund aus, als ich das geschrieben habe, aber der Typ wird nicht ewig leben,** er ist schließlich kein Vampir, Leute. **Deshalb dachte ich, ich stelle klar, dass Lance Armstrong jetzt, also zum Zeitpunkt, wo ich das schreibe, wirklich super gut drauf ist. Sogar mit nur einem Hoden. Nein, gerade** weil **er nur einen hat. Jetzt höre ich aber auf.**

anfeuern und den Bösewicht in seinem Umhang ausbuhen und Tüten mit Popcorn kaufen, das man dann auf die Bühne wirft, sobald der Böse mit dem finsteren Schnurrbart herauskommt. Leider habe ich einen schwachen Wurfarm, mein Popcorn landete deshalb auf den Zuschauern in der Reihe vor uns. Sie drehten sich um und Victor zeigte verstohlen auf die Leute neben uns, als wären die schuld, aber die merkten das und eine erbitterte Popcornschlacht brach aus. Victor stellte sich auf seinen Stuhl und brüllte: »ICH MACHE EUCH ALLE FERTIG!« Dann kaufte er für dreihundert Dollar Popcorn. Es war einer der Momente, in denen mir klar wurde, was für ein Glück ich hatte, einen zweiten zwölften Hochzeitstag mit einem Mann feiern zu können, der bereit war, von dem ganzen Geld, das eigentlich für ein schönes Hotelzimmer gedacht war, eimerweise Popcorn zu kaufen, nur um in einem Anfall napoleonischen Größenwahns wildfremde Menschen darunter zu begraben. Wir haben die so was von fertig gemacht!

Der Abend war perfekt, bis auf das eine Mal, als Victor sich noch mal mit Munition versorgen musste (wieder ein Eimer Popcorn) und ich von einem Typen angegriffen wurde, der genauso aussah wie Sam Elliott. Ich bekam so viel Popcorn auf mein Kleid, dass ich aussah, als hätte ich lauter schreckliche Tumore. Und wer kennt das, wenn einem so ein nervendes Stück Popcorn zwischen den Zähnen steckt, aber man kann es nicht herauspuhlen, weil das vor fremden Menschen peinlich wäre? Man stelle sich vor, dass so was passiert, aber das Popcorn hängt nicht zwischen den Zähnen fest, sondern im Gehörgang. Und mit »Gehörgang« meine ich »Vaginaltrakt«.

Dann kamen die Cancan-Girls heraus und die Zuschauer sangen bei »Deep in the Heart of Texas« und »The

Yellow Rose of Texas« mit dem Live-Orchester mit. Dann zitierte ein Mann auf der Bühne Sam Houston, der gesagt hatte: »Texas braucht die Vereinigten Staaten nicht, ABER DIE VEREINIGTEN STAATEN BRAUCHEN TEXAS!« und das ganze Publikum brüllte wie bescheuert mit ihm mit und ich dachte: »Wow, es ist wirklich kein Wunder, dass die anderen Amerikaner uns nicht leiden können.«

Als das Stück/Melodrama/Varieté zu Ende war, entdeckte ich auf dem Boden kleine Blutflecken und bekam einen Schreck, weil Victor damit gedroht hatte, Steine in sein Popcorn zu mischen, um die ganze erste Reihe auszulöschen. Aber dann stellte sich heraus, dass der Teppich rot war und dass die Flecken die wenigen Stellen waren, an denen man den Teppich unter den Haufen von Popcorn noch sah.

Beim Rausgehen ging vor uns eine Frau, die seitlich versetzt in einer Ecke gesessen hatte. Sie hatte sich unter dem für diesen Abend angekündigten »Live-Theater« offenbar etwas anderes vorgestellt und schien über das rüpelhafte Benehmen der anderen Zuschauer gleichermaßen verängstigt wie empört. Während sie über die Popcorn-Dünen stieg, murmelte sie zu ihrem Begleiter: »Igitt ... was für eine furchtbare Verschwendung von Lebensmitteln. Denk doch nur an die vielen hungernden Kinder in Afrika.« Sie hatte wohl nicht ganz unrecht, andererseits fand ich es auch nicht richtig, hungernden Menschen Popcorn zu geben, das schon in einer Vagina gesteckt hat. »Bitte sehr«, hörte ich die Frau in Gedanken herablassend zu den Eingeborenen sagen. »Esst noch etwas Vaginalpopcorn. Das hier hat nur eine Stunde lang auf dem Boden gelegen. Ihr habt es nötiger als wir.« Das hörte sich für mich unverschämt an und ich war mir ziemlich sicher, dass auch hungernde Menschen darüber die Nase gerümpft hätten. »Nein danke, wir kommen

schon zurecht, wirklich. Bitte kein Vaginalpopcorn mehr.« Außerdem war das Popcorn alt und zäh, ich weiß das, weil ich welches gegessen habe und mir später sehr schlecht wurde. Victor meinte, dass wäre logisch. Ich hatte ja aus derselben Tüte gegessen, aus der ich auf andere geworfen hatte, und die anderen hatten zurückgeworfen und das Popcorn war auf meinem Schoß gelandet und ich hatte es wieder geworfen und die anderen hatten es wieder zurückgeworfen und dabei war ein Teil unweigerlich in der Tüte gelandet, aus der ich aß, und ich bin ziemlich sicher, dass ich davon die Schweingrippe bekommen habe.

Im Garten meiner Eltern. Die Zapfsäule funktioniert nicht, Kanone und Hühner schon.

Am folgenden Tag kehrten wir zu meinen Eltern zurück und brannten zur Feier des vierten Juli ein Feuerwerk ab, und als wir mit den römischen Lichtern fertig waren, meinte Dad: »Ach, ich habe den Enkeln ja versprochen, wir würden heute Abend die Kanone abschießen«, und Hailey schrie gleich: »Ja, hurra!«

»Du hast meinem Vorschulkind versprochen, dass sie eine Kanone abfeuern darf?«, fragte ich ungläubig.

»Nein, natürlich nicht«, erwiderte er, »ich habe Tex gesagt, er könnte das tun.« Was natürlich etwas ganz anderes ist, denn Tex war verdammt noch mal sechs. Ich sah meine Schwester an, ob sie erlaubte, dass ihr Sohn eine Kanone aus dem Bürgerkrieg abfeuerte, aber sie zuckte nur mit den Schultern, so sehr ist sie solche abstrusen Unternehmungen schon gewöhnt. Es muss schon etwas Schlimmes passieren, dass sie sich aufregt.

»Kann auch wirklich nichts passieren?«, fragte sie Daddy und er versicherte uns, er würde Tex die Kanone nur vorbereiten und schussfertig machen lassen. Dabei stand Tex die ganze Zeit direkt vor dem geladenen Monster, aber meine Schwester wirkte trotzdem ziemlich unbesorgt, weil sie wusste, dass Daddy das rostige Ding wahrscheinlich sowieso nicht zum Schießen bringen würde. Und sie behielt recht. Aber dann meinte Daddy, dass er lediglich stärkeres Feuer bräuchte, er holte also den Schweißbrenner. Ich rannte sofort los, meine Kamera holen, denn ich wusste, das würde mir niemand glauben. Es würde bestimmt einen mordsmäßig lauten Krach geben, eine Zumutung für die Nachbarn um diese Zeit am Abend, aber dann fiel mir ein, dass die Nachbarn ja schon die ganze Woche immer um Mitternacht Feuerwerk abgebrannt hatten, es war also nur die gerechte Vergeltung, wenn die Kanone tatsächlich losging. Was sie auch tat. Und es war der Wahnsinn und niemand kam dabei ums Leben oder wurde verletzt, was den Abend für uns zum Höhepunkt der Woche machte.

Es war unser letzter Abend bei meinen Eltern. Auf dem Weg ins Haus zeigte Victor auf einen Tisch, der an Ketten unter der Decke des Carports hing, und meinte, darauf liege offenbar ein toter Bär. Ich nahm an, dass er betrunken war, aber als wir am nächsten Vormittag nach draußen gingen, um das Auto zu packen, sah ich, dass er recht gehabt hatte. Mein erster Gedanke war, dass ich wahrscheinlich eine Brille brauchte, weil es schon merkwürdig ist, wenn man einen Bären übersieht, der die ganze Woche lang auf einem Tisch im Garten schwebt. Aber dann fiel mir ein, dass ich auch die Kanone am Anfang gar nicht bemerkt hatte, bestimmt lag das daran, dass andere Dinge mich abgelenkt haben. Denn meine Eltern haben so einen Garten, in dem Kanonen und schwebende Bären nicht weiter auffallen.

Ich starrte den Bären an und überlegte, ob Daddy ihn von den Toten auferwecken wollte wie Frankenstein, der sein Monster zum Dach hinaufgeschafft hatte, damit es einen Blitz anzog. Dann fiel mir ein, dass er den Bären wahrscheinlich nur für die

Zeit unseres Besuchs aus dem Weg schaffen wollte, eine Methode, die ich wiederum geradezu genial fand. Wie eine Jalousie, nur mit toten Bären.

Das leuchtete auch Victor ein, aber dann wurde er auf einmal ganz hektisch und bestand darauf, dass wir sofort nach Hause fahren. Denn wenn uns bei meinen Eltern alles ein leuchtet, ist das gewöhnlich ein Zeichen, dass wir gehen sollten.

VON EINEM HÜHNCHEN DURCHBOHRT

Vor zwei Jahren schwoll einer meiner Finger an wie ein riesiges Wiener Würstchen, eins von der Sorte, die man im Baseballstadion kriegt, diese Dinger, die beim Heißmachen ganz prall werden. Nicht von der anderen Sorte, das wäre merkwürdig. Ich weiß gar nicht, warum ich das klarstelle. Wisst ihr was? *Wir fangen noch mal an.*

Vor zwei Jahren schwoll einer meiner Finger an wie eine riesige Vagina. *Scherz.* Er schwoll in Wirklichkeit nur an wie ein dicker geschwollener Finger. Es sah aus, als würde ich einen dieser ausgestreckten »We're number one!«-Finger aus Schaumstoff tragen, nur dass ich eben keinen trug. Irgendwann im Verlauf der Nacht war bei mir ein tödlicher Fingerkrebs ausgebrochen. Victor verdrehte die Augen und brummte etwas von chronischem Hypochonder und ich sah ihn wütend an, strich ihm mit meinem überdimensionalen Nicht-Schaumstoff-Finger über die Wange und flüsterte: »Auf mir lastet ein Fluch.« Daraufhin schickte er mich zum Arzt. Allein. Weil er offenbar glaubte, ich wäre so stark, dass ich mit einer Fingerkrebsdiagnose ohne jede Unterstützung fertig werde. Oder weil er emotional dicht gemacht hatte und nicht an meinen Tod denken wollte. Oder weil er glaubte, ich hätte mir nur wieder den Finger verletzt wie damals, als unser Hund mich mit einem Hühnchen in den Finger gestochen hat. Wahrscheinlich Letzteres.

An dieser Stelle wollte ich eigentlich ausführlich über meinen Fingerkrebs berichten, aber als meine Lektorin das las, sagte sie, wenn man schreiben würde, man wäre von seinem Hund mit einem Hühnchen in den Finger gestochen worden, müsste man das auch vernünftig erklären. Ich erwiderte, mit Vernunft hätte das nichts zu tun, und sie nickte, aber wahrscheinlich aus anderen Gründen. Also gut, hier die Vorgeschichte zu meinem explodierten Krebsfinger. Ich übernehme sie mehr oder weniger aus meinem Blog, weil sie schon vor Jahren passiert ist und ich mich an die Details nicht mehr genau erinnere. Weil ich sie verdrängt habe. Weil mein Hund mich umbringen wollte. Mit einem Hühnchen.

Blogeintrag: Ich kann kaum tippen, so geschwollen ist meine Hand. Ich wollte gerade meinen Mops (Barnaby Jones Pickles) zum Bett tragen, da machte er plötzlich so eine ruckartige Bewegung, die mir fast den Mittelfinger brach, und dann rannte er mir zwischen die Beine und ich stürzte so schwer, dass ich mich nicht mehr bewegen konnte. Und wie um dem Ganzen die Krone aufzusetzen, sprang er mir dann auch noch auf den Kopf (wahrscheinlich damit es so aussah, als kämpften wir nur zum Spaß und als wollte er mich gar nicht umbringen, nur für den Fall, dass wir Zuschauer hatten), aber ich fiel darauf nicht herein und schrie nach Victor, der mich auf dem Bauch liegend vor dem Kühlschrank vorfand. Victor gleich: *»Was hast du denn jetzt schon wieder angestellt?«* Und ich: »Der Hund wollte mich umbringen.« Victor beugte sich über mich, zog ganz unnötig die Augenbrauen hoch und fragte ungläubig: *»Unser Hund?* Unser *liebes kleines Hundilein?«* Und ich: »ER IST EIN NINJA!« Darauf Victor: »Er ist ein Mops, verdammt noch mal. Er kommt nicht mal aufs Sofa.« Und ich: »ER HAT MICH VERLETZT, DU ARSCH.« Victor wollte mir aufhelfen, aber ich schrie, denn ich bin ziemlich sicher, dass man Unfallopfer nicht bewegen soll, weil sie vielleicht gelähmt sind.

Victor erklärte sich bereit, mich auf dem Boden liegen zu lassen, allerdings nur, wenn ich für ihn mit den Füßen wackelte, aber ich hatte inzwischen schon viel zu sehr Angst, meine Wirbelsäule könnte bei der kleinsten Bewegung meiner Beine brechen. Also ging Victor zum Telefon. »NICHT DEN KRANKENWAGEN RUFEN«, brüllte ich und er seufzte und sagte: »Wenn du die Beine nicht bewegst, rufe ich ihn. Nur dass ich dann wahrscheinlich wegen häuslicher Gewalt verhaftet werde, denn was ist eigentlich passiert?!« Darauf ich: »Oh mein Gott, unter dem Kühlschrank sind so viele Murmeln, hatten wir in diesem Haus je Murmeln?« Da machte Victor das Geräusch, das er immer macht, wenn er die Hände an das Gesicht legt und den Kopf schüttelt, als könnte er nicht fassen, was er gerade erlebt, aber nach einigen Sekunden Pause sagte er: »Moment mal, *woher kommt das ganze Blut?«* Und da merkte ich erst, dass ich an der Hand eine lange, oberflächliche Schnittwunde hatte. Ich stützte mich auf die Ellbogen, betrachtete sie und sagte: »Wie ist denn das passiert?« Und so fanden wir heraus, dass ich nicht gelähmt war.

Ich hatte schon halb geargwöhnt, Victor könnte mich mit Kunstblut übergossen haben, um mich zu einer Bewegung zu verleiten, aber er hat fast nie Kunstblut dabei. Er ist nicht der Typ dazu. Er trägt vielleicht ein Maßband oder eine abgelaufene Kreditkarte mit sich herum, aber wenn man einen künstlichen Arm oder eine Bärenklaue braucht, ist man bei ihm an der falschen Adresse. Es war allerdings schön zu sehen, dass ich blutete, denn dann nahm Victor mich wenigstens ernster. Ich merkte allerdings rasch, dass er vor allem deshalb so unglücklich über das Blut war, weil wir die Fugen des Küchenbodens noch nicht versiegelt hatten und das Blut bestimmt Flecken hinterließ. Das war vielleicht nicht besonders einfühlsam von ihm, aber ich verstand seinen Ärger, denn wenn ich je entführt wurde, würde der Verdacht aufgrund der Flecken sofort auf ihn fallen, aber das sagte ich nicht, denn ich wollte ihn gar nicht erst auf Gedanken bringen. Vielleicht war er ja auch nur wegen der vielen Murmeln unter dem Kühlschrank sauer. Aber ich vergaß sein ganzes Theater wegen der Flecken, als mir plötzlich klar wurde, dass ich blutete, WEIL EIN HÜHNCHEN MICH DURCHBOHRT HATTE.

Gleichzeitig begriff ich, dass mir das niemand glauben würde und auch dass Victor auf jeden Fall ins Gefängnis kommen würde, weil *wer wird schon von einem Hühnchen durchbohrt?* Offenbar ich. Ich hatte eins dieser Leckerli aus getrockneter Hühnerbrust in der Hand gehalten, um sie Barnaby Jones zu füttern, und dieses Leckerli war ein wenig ziemlich *wahnsinnig* spitz, sodass man sich bei genügend Kraftaufwendung durchaus damit stechen konnte. So unglaublich es klingt, aber so was kann jedem passieren, der auf ein spitzes Stück Geflügel fällt. Nur dass bei näherem Nachdenken ich wahrscheinlich die einzige Person auf der Welt bin, der es tatsächlich passiert ist. Also gewinne ich. Oder verliere. Oder beides.

Ich erklärte Victor, dass mich nur ein Hühnchen durchbohrt hätte, worauf er gleich wieder die Sanitäter rufen wollte, weil er meinte, ich hätte eine Gehirnerschütterung. Ich seufzte, zog an seinem Hosenbein, um ihn auf mich aufmerksam zu machen, packte mit der unverletzten Hand das spitze Geflügelteil und führte mit einer stechenden Bewegung vor, was passiert war. Victor starrte mich entgeistert an und legte auf, weil er endlich kapierte oder vielleicht auch weil er glaubte, ich wollte ihn erstechen. Er sagte dann noch, er hätte sowieso nicht gewusst, was er den Sanitätern hätte sagen sollen. »Niemand glaubt doch, dass ein so braver Hund gewalttätig wird.« Er klang so richtig abfällig und gemein, und wahrscheinlich habe ich deshalb aus Protest geschrien: »DU WEISST JA GAR NICHT, WIE ER IST, WENN DU NICHT DA BIST.« Daraufhin nahm Victor Barnaby Jones auf den Arm, sagte zu ihm: »Hör nicht auf Mommys Geschrei, Mr Jones«, und trug ihn zum Bett, um gemeinsam mit ihm die Dokumentarsendung *Mythbusters – Die Wissensjäger* anzusehen. Kann sein, dass ich vom Boden aus gekreischt habe: »Er hätte mich die Treppe runtergestoßen, wenn wir eine hätten.« Vielleicht habe ich auch noch angedeutet, dass Barnaby Jones uns jetzt, wo er mensch-

Darauf fällt niemand rein, Barnaby Jones.

liches Blut gekostet und auf den Geschmack gekommen war, wahrscheinlich die Kehle durchbeißen würde, wenn wir schliefen. Victor brüllte jedenfalls zurück, Barnaby Jones könnte wegen meines Geschreis den Fernseher nicht hören und er unterhalte sich nicht mit jemandem, der auf dem Fußboden lag und überreagierte. Ich erklärte, »Überreaktion« wäre typisch für Verletzte im Schockzustand. Victor bestritt das und deshalb musste ich selber in meinem medizinischen Lexikon nachsehen, mit meinem kaputten Finger, und ich konnte nicht mal was finden. Ich dürfte das alles eigentlich überhaupt nicht tippen. Jemand sollte mich in eine warme Decke wickeln und aufpassen, dass ich nicht einschlafe. Oder dafür sorgen, dass ich einschlafe. Eins von beidem. Oder vielleicht brauche ich einen heißen Grog. Bevor der Hund mich mit dem Hühnchenteil umbringen wollte und ich die Gehirnerschütterung bekam, wusste ich wahrscheinlich, was man in einem solchen Fall macht.

PS: Victor ist mir total was schuldig, denn er wäre automatisch ins Gefängnis gekommen, weil er nur ein Half-Shirt anhatte, und wer so was anhat, wenn die Polizei kommt, der wandert ins Gefängnis. So funktioniert das mit dem Gefängnis.

PPS: Nur der Klarstellung halber, mit Half-Shirt meine ich ein ärmelloses T-Shirt, nicht so ein Teil, das direkt unter den Brustwarzen endet. Dafür ist Victor wirklich nicht der richtige Typ. Ob man wegen so einem T-Shirt auch ins Gefängnis kommt, weiß ich nicht. Wahrscheinlich nur dann, wenn zu einem bauchfreien T-Shirt noch ein Hund und ziemlich viel menschliches Blut kommen.

PPPS: Woher weiß man, ob man erweiterte Pupillen hat? Wie sehen Pupillen denn normal aus? Warum findet man das im Internet so schwer heraus? Warum muss ich immer gleich noch über Krebs nachlesen, wenn ich Gehirnerschütterung nachschlagen will? Toll. Jetzt habe ich Krebs. Besten Dank auch, Barnaby Jones.

Update: War heute Morgen in der Notaufnahme und habe alles erklärt. Die schrieben auf meine Krankenblatt: »Von Hühnchen gestochen.« Dann fragten sie mich, ob ich eine veränderte Wahrnehmung hätte, und ich sofort: »Sie meinen … ob ich Ihre Gedanken lesen kann?«

Daraufhin bekam ich ein Einzelzimmer. Man kann daraus vermutlich lernen, dass man eine geistige Krankheit vortäuschen sollte, um schneller behandelt zu werden. Dann stellte sich allerdings heraus, dass ich mir nur die Hand verstaucht hatte. Ich musste eine Schiene tragen, bis alles abgeheilt war, und sollte die Hand möglichst nach oben halten. Hier ein Bild, wie ich nach Hause fahre:

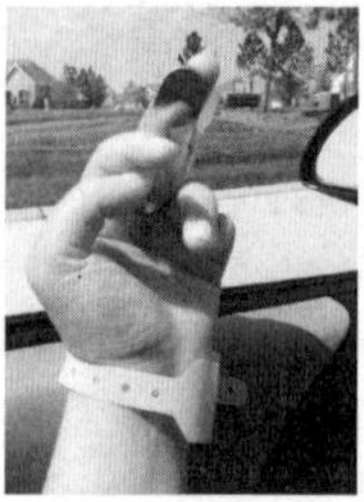

Hört auf zu hupen. Ich bin körperbehindert, ihr Idioten.

Wahnsinn. Die Leute in der Nachbarschaft können sich glücklich schätzen, dass ich dort wohne.

PPPPS: Einige meiner Freunde und Freundinnen meinten, Barnaby Jones hätte wahrscheinlich nur aus Notwehr gehandelt, weil man Hunden keine Hühnerknochen geben soll, aber es handelte sich hier um feinste Hühnerbrustfilets ohne Knochen. Ich selber esse gerade asiatische Fertignudelsuppe und Barnabys Pullover hatte mehr gekostet als mein gesamtes Outfit. Von wegen ich bin selbst schuld, Leute. *Ich kann jetzt vielleicht nie mehr Ukulele spielen.*

Und das ist das Ende der Hühnergeschichte. Es sei denn, ich bin auf einer Party. Dann kann niemand mich daran hindern, sie immer wieder zu erzählen, weil sie nie langweilig wird. Höchstens Victor, der sie am liebsten nie mehr hören würde. Wahrscheinlich weil er weiß, dass sie klingt, als habe er mit Barnaby Jones gemeinsame Sache gemacht. Außerdem ist es ihm glaube ich peinlich, wenn ich von den vielen Trauben spreche, die ich unter dem Kühlschrank gefunden habe. Ich habe deshalb in diesem Buch »Murmeln« daraus gemacht. *Gern geschehen, Victor.*

Also ... ihr fragt euch jetzt wahrscheinlich, wie oft diese Frau sich eigentlich die Finger verletzt hat, und die Antwortet lautet: »Oft.« Aber die einzige Fingergeschichte, die ich jetzt noch erzähle (abgesehen von der mit dem Huhn), ist die, mit der ich das Kapitel angefangen habe, die anderen spare ich mir für den zweiten Band auf. Aber diese beiden Geschichten sind absolut die besten, nur als Vorwarnung, denn wenn dann der zweite Band herauskommt, steht in PUBLISHERS WEEKLY sicher: »Wer weitere geniale Meistererzählungen von verletzten Händen der über Nacht bekannt gewordenen, leidgeprüften heiligen Jenny Lawson erwartet, wird enttäuscht sein, denn der zweite Band hat weder Hand noch Fuß.« Oder vielleicht schreiben sie auch »ist nicht Fisch noch Fleisch«, bei PUBLISHERS WEEKLY weiß man nie. Sie schreiben nur ganz schreckliche Kritiken, ehrlich. Ich wette sogar, sie schreiben in diesem Moment an einer schrecklichen über dieses Buch, aber wahrscheinlich nur, weil ich sie gerade so runtergemacht habe *und* weil ich genau die Formulierung gebraucht habe, die sie eigentlich verwenden wollten. Jetzt jammern sie: »Was sollen wir denn noch schreiben, verdammt? Die hat uns die ganzen guten Formulierungen weggenommen. Denn das mit ›Hand und Fuß‹, *also das ist doch genial, Leute.*« Also tut mir wirklich leid, PUBLISHERS WEEKLY, aber ich bin eben Schriftstellerin, so einfach ist das. (Anm. der Lektorin: Ich geb's auf.)

Also. Wie bereits erwähnt sitze ich mit meinem Fingerkrebs mutterseelenallein in der Arztpraxis und überlege, ob ich nicht lieber gleich zum Onkologen hätte gehen sollen. Aber dann halte ich dem Arzt tapfer meinen geschwollenen Finger hin und er sieht mich herablassend an und sagt: »Oh, haben wir ein Aua, ja?« Da gebe ich ihm einen Tritt in die Eier, aber nur in Gedanken, weil bei einem Arzt hast du sofort eine Klage wegen Körperverletzung am Hals, er kann sich ja selber was Schlimmes ausdenken. Er könnte zum Beispiel behaupten, ich hätte seine Eier platt gemacht, und keine Jury im ganzen Land würde das bezweifeln, aber wenn *ich* darauf bestehe, dass ich Fingerkrebs habe, starren mich die Leute an, als wäre ich verrückt (übrigens genauso, wie der Arzt mich in diesem Moment ansah. Als wäre *ich* hier verrückt). Obwohl wohlgemerkt er mich gerade wegen »plattgemachter Eier« verklagt hat. Allerdings auch das nur in meinem Kopf. Jetzt, wo ich darüber nachdenke: Vergesst den ganzen Absatz am besten gleich wieder. Ich tu mir damit irgendwie keinen Gefallen.

Der Arzt tat meine Krebsdiagnose rasch ab, aber ich bestand darauf, dass er mich zuerst auf Digitalkrebs untersuchte, weil ich ziemlich sicher war, dass ich daran tödlich erkrankt war.

»Was soll das sein? Sie glauben, Sie hätten Krebs, der durch eine digitale Belastung verursacht wurde?« Dr. Roland sah mich über seine Brillengläser hinweg an.

»Nein«, erwiderte ich gereizt. »Ich bin ziemlich sicher, dass ›digital‹ lateinisch ist und ›fingeral‹ bedeutet und dass Fingerkrebs deshalb dasselbe wie Digitalkrebs ist. *Anatomie für Anfänger, Dr. Roland.*« Dr. Roland fand, ich würde überreagieren und das Wort »fingeral« gebe es gar nicht. Daraufhin meinte ich, er würde *unter*reagieren, wahrscheinlich weil er nicht wüsste, wie Latein geht. Da behauptete er, »unterreagieren« wäre auch kein Wort. Der Mann hat vom Umgang mit Kranken wirklich keine Ahnung.

Er räusperte sich irgendwie skeptisch und da hielt ich ihm meinen riesigen ET-Finger hin und rief: »Das sieht für Sie nicht nach Krebs aus?!« Er versicherte mir, es handle sich nicht um Krebs, sondern um den Biss einer Spinne. Einer heimtückisch, gefährlichen Spinne, die mit ihrem giftigen Biss die Eier ihrer Jungen überträgt, auf dass sie im Fleisch des Fingers einer arglosen jungen Schriftstellerin wachsen und gedeihen, die wahrscheinlich demnächst auch noch einen lästigen Prozess wegen eines ärztlichen Kunstfehlers am Hals hat. Der Arzt sagte das nicht laut, aber ich konnte es an seinen Augen ablesen.

Als Victor zu Hause fragte, was der Arzt gemeint hätte, erklärte ich, er hätte mich zum Sterben nach Hause geschickt.

»Er hat was?«

»Ich meine, er hat mich mit einer Salbe nach Hause geschickt.« Was irgendwie keine gute Steigerung war.

Wie sich allerdings herausstellte, lag Dr. Roland völlig falsch, und nach vielen Blutbildern (und einem neuen Arzt) stand schließlich fest, dass ich weder Fingerkrebs noch Fingerspinnen hatte, sondern Arthritis.

Wenn ich anderen sage, ich hätte Arthritis, bekomme ich meist zu hören: »Aber du bist doch noch so jung«, ein ziemlich zweischneidiges Kompliment, das ich nie leiden konnte. Wahrscheinlich kann ich es noch weniger leiden, wenn ich erst in dem Alter bin, wo die Leute stattdessen sagen: »Ach Arthritis, natürlich hast du das.« Dann fahre ich sie mit meinem Rollstuhl über den Haufen. Ich erkläre immer, dass es sich um rheumatoide Arthritis handelt (abgekürzt RA), an der sogar Kinder erkranken können, und ich weiß nicht einmal, warum man das überhaupt Arthritis nennt, wo es doch mit der Arthrose, an der die Urgroßmutter leidet, nichts zu tun hat. Ich habe überlegt, ob ich in der Ärzteschaft dafür werben soll, der rheumatoide Arthritis einen spannenderen, jugendlicheren und exotischeren Namen zu geben. Etwas wie »Mitternachtstod« oder »Pseudovampirismus«. Oder vielleicht den Namen einer berühmten Person, wie »Lou-Gehrig-Syndrom, Teil zwei: Die Abrechnung«. Schließlich ist rheumatoide Arthritis auch ohne die zusätzliche Peinlichkeit eines nach Oma klingenden Namens schon schmerzhaft genug, es ist von daher nur gerecht, wenn wir den Leuten, zu deren Party wir nicht gehen konnten, sagen könnten, wir hätten einen unerwarteten Anfall von Pseudovampirismus gehabt.

Mein neuer RA-Arzt war sehr nett und versicherte mir, eine RA-Diagnose wäre nicht mehr wie früher ein Todesurteil, worauf ich plötzlich ein wenig hyperventilierte, weil der Arzt mir gegenüber gerade von »Todesurteil« gesprochen hatte, und die Praxishilfe musste mir helfen, den Kopf zwischen die Knie zu stecken und tief einzuatmen. Dann sagte er, RA wäre zwar nicht heilbar, aber es gäbe eine Menge experimenteller Behandlungsmethoden, die wir »ausprobieren« könnten. Daraufhin wurde ich ohnmächtig, allerdings wahrscheinlich weniger wegen der Mitteilung, dass ich eine unheilbare Krankheit hätte, sondern mehr weil ich schnell mal ohnmächtig werde, wenn ich jemand in einem Arztkittel sehe. Ich bin auch schon auf Schulausflügen zu Kliniken ohnmächtig geworden, beim Optiker, beim Frauenarzt und einmal sogar beim Tierarzt, und zwar so überraschend, dass ich auf meine Katze gefallen bin. (Das war insofern besonders unangenehm, als ich im Wartezimmer wieder zu mir kam und sich dort eine Menge Hunde und fremde Menschen über mich beugten, während die Sanitäter mein Herz abhörten, wozu sie mir die Bluse ganz aufgeknöpft hatten. Meine Katze kauerte unter einem Stuhl und starrte mich vorwurfsvoll an.) Als ich in der Arztpraxis zu mir kam, durfte ich mich hinlegen, während der Arzt mir erklärte, es gebe keinen Grund zur Panik, man wisse zwar nicht, was die Krankheit verursachte, sie wäre aber vermutlich kongenital. Ich hatte nur mit halbem Ohr zugehört, so beschäftigt war ich damit, mich nicht zu übergeben, aber jetzt sah ich ihn mit großen Augen an und fragte: »Entschuldigung, *genital?*«

»Äh ... wie bitte?«, fragte der Arzt.

»Sagten Sie, meine Arthritis wäre genital?«

»Nein.« Er grinste. »*Kon*genital, angeboren. Oder vielleicht auch erblich.« Ich seufzte erleichtert, denn seine Antwort bot wenigstens einen gewissen Trost, und überlegte unwillkürlich, wie wohl eine arthritische Vagina aussah. Der Arzt versicherte mir, meine Geschlechtsorgane wären nicht betroffen, wirkte aber ein wenig alarmiert, um die Wahrheit zu sagen. Wahrscheinlich weil er noch nie daran gedacht hatte, Vaginas auf Arthritis zu untersuchen. Sollte er aber. Bisher hatte ich Arthritis schon in Fingern, Armen, Beinen und Füßen und am Hals und an einem Ohr. Ich kann nur vermuten, dass die vaginale Arthritis schon hinter der nächsten Ecke lauert und zuschlägt, wenn ich am wenigstens damit rechne. Also im Grund jederzeit, denn wer rechnet schon mit vaginaler Arthritis.[12]

Mein Arzt meinte, ich hätte eine seltene, Polyarthritis genannte Art der Krankheit, was heißt, dass die Arthritis nicht an einem bestimmten Ort bleibt, sondern praktisch fast täglich von Körperteil zu Körperteil springt. Am einen Tag wache ich mit einem geschwollenen Fußknöchel auf, der aussieht, als würde ich einen hautfarbenen, mit Äpfeln ausgestopften Fußwärmer tragen. Am nächsten Tag ist der Knöchel wieder abgeschwollen, dafür kann ich die linke Schulter nicht bewegen, ohne dass es mir gleich wie mit Messern reinfährt und ich am liebsten alles fallen lassen würde. Ich kann es am besten so beschreiben, dass ich abends beim Schlafengehen immer schon weiß, dass Freddy Krueger mich gleich mit einem Baseballschläger windelweich schlagen wird und ich mit den furchtbaren Verletzungen aufwachen werde, die er mir zufügt. Nur dass es sich nicht um einen Film über Elm Street handelt, sondern um mein Leben. *Und* dass Johnny Depp nicht mit von der Partie ist. Das nervt alles wirklich kolossal.

Der Arzt hatte recht mit den vielen Behandlungsmöglichkeiten. Zu meiner Enttäuschung gehörte zu keiner Therapie ein medizinisch verordneter Segway oder ein Affendiener, der einem beim Dosenöffnen hilft. Stattdessen bekam ich ein Medikament, das mit »Meth« anfing und mit »die-Haare-werden-Ihnen-ausfallen-und-Sie-werden-ständig-kotzen-wenn-Sie-nicht-täglich-ein-Gegenmittel-nehmen« aufhörte, weil es offenbar auch in der Chemotherapie eingesetzt wird. Interessanterweise ist eine der vielen Nebenwirkungen, dass es, obwohl es zur Bekämpfung von Krebs eingesetzt wird, AUCH KREBS VERURSACHT. Der Arzt meinte zwar, das wäre nur sehr selten der Fall, aber in Anbetracht der Tatsache, dass bei mir soeben eine höchst seltene Form einer seltenen Krankheit diagnos-

12 **Oder der spanischen Inquisition.**

tiziert worden war, hatte ich das Gefühl, dass ich ein solches Lotteriespiel unbedingt vermeiden sollte. Der Arzt überzeugte mich allerdings, dass der mögliche Nutzen das Risiko wert war, sagte aber vorbeugend, ich sollte nicht in Panik geraten, wenn ich die Warnung auf dem Etikett las und einen Schreck bekam. Er hatte recht. Da stand: »DU WIRST STERBEN, VERDAMMTE SCHEISSE.«[13] Ich gebe das frei wieder, aber das in etwa war die Aussage. Im Kopf hörte ich dabei die Stimme von Samuel L. Jackson, ich hatte deshalb Angst und war zugleich amüsiert.

Besonders nervt mich, dass NIEMAND WEISS, WARUM DIESES MEDIKAMENT WIRKT. Man vermutet, vielleicht deshalb, weil es das Immunsystem auf den Kopf stellt und das Wachstum der Zellen hemmt, und deshalb greift der Körper das Immunsystem an und nicht deine Gelenke. Denn wer braucht ein funktionierendes Immunsystem, wenn er aufgrund einer Autoimmunerkrankung so krank ist, dass er nur noch Medikamente nehmen kann, die ihn umbringen können? Man lässt sich gewissermaßen in den Hals stechen, um sich von einem gequetschten Zeh abzulenken. Immerhin schienen die Medikamente ein wenig zu helfen, ich nahm sie also und versuchte nicht daran zu denken, wie es ohne sie wäre.

Ich habe jetzt seit Jahren Arthritis und manchmal ist sie ganz weg und manchmal liege ich im Bett, aber egal was, ich muss ständig Blut- und Röntgenuntersuchungen machen lassen, und das Beste, was der Arzt mir sagen kann, ist, dass ich keine Gifte im Blut habe und dass »noch keine Missbildungen« zu sehen sind. Das fasst das ganze Elend zusammen. Wenn der Facharzt dich damit trösten will, *dass du noch keine so starken Missbildungen hast wie erwartet.*

Die ersten Jahre habe ich mich so durchgewurstelt und immer gehofft, ich könnte eines Tages plötzlich wieder gesund sein.

13 **Wörtlich lautete die Warnung: »Einige Nebenwirkungen können tödlich sein. Sie sollten dieses Medikament nur zur Behandlung von lebensbedrohlichem Krebs einnehmen oder gegen bestimmte andere, schwere Krankheiten, die nicht anders behandelt werden können.«**

»Das verstehe ich nicht«, sagte ich zu meinem Arzt. »Ich mache jetzt schon seit Jahren die verschiedensten Therapien und habe immer noch Schmerzen.«

»Man lässt sich leicht entmutigen«, erwiderte er freundlich, »aber Sie dürfen nicht vergessen, dass Sie eine degenerative Krankheit haben.«

»Schon, aber ich dachte, inzwischen sollte es mir doch eigentlich besser gehen.«

»Hm, vielleicht verstehen Sie nicht, was ›degenerativ‹ bedeutet.«

Fantastisch. Ich wurde nicht geheilt *und* meine Sprachkompetenz wurde in Frage gestellt.

Als mein letztes Blutbild aus dem Labor kam, sagte der Arzt, er wäre nicht überrascht, dass ich solche Schmerzen hätte, denn laut Blutbild hätte ich eine »doppelt positive« Arthritis. Ich verstand nicht genau, was er meinte, vermute aber, dass ich eine übereifrige Arthritis habe.

Ich schluckte täglich ergänzende pflanzliche Präparate und Fischölkapseln, und als Victor klagte, ich würde Geld zum Fenster hinauswerfen, erwiderte ich, Fischöl wäre gut für die Gelenke, weil Fische ... hm, so gut geschmiert und gleitfähig sind? Er starrte mich nur entgeistert an.

»Es schadet jedenfalls nicht«, fügte ich hinzu. »Es gibt kaum Fische, denen die Knöchel wehtun. Oder die hinken.«

»Ich glaube, da hat dir jemand einen ziemlichen Bären aufgebunden. Wurde nicht im achtzehnten Jahrhundert Fischöl für alle möglichen Gebrechen verkauft?«

»Nein«, widersprach ich, »das war Schlangenöl. Obwohl ich nie verstanden habe, wie man von einer Schlange Öl bekommt. Das klingt ziemlich aufwendig für etwas, das sowieso gar keine Wirkung hat. Stell dir vor, wie viele Menschen täglich beim Schlangenölen gebissen wurden.«

»Von was redest du? Man ölt Schlangen doch nicht.«

»Tut man doch. Ich bin ziemlich sicher, dass man ölen in diesem Fall auch als Verb verwendet. So wie man von einer Kuh Milch durch melken bekommt, bekommt man von einer Schlange Öl durch ölen. Das ist doch nur logisch.«

Da fragte Victor, was für pflanzliche Präparate genau ich nehmen würde, und verbot mir, die weiter zu nehmen, die nicht Englisch beschriftet oder in Tüten aus fragwürdigen Gesundheitsläden verpackt waren. Er hatte ja recht, aber ich war verzweifelt und in meiner Verzweiflung stimmte ich zu, mich von einem Akupunkteur behandeln zu lassen.

Ich hatte noch nie eine Akupunktur gemacht, aber so viel davon gehört, dass ich glaubte zu wissen, was mir bevorstand. Es stellte sich dann allerdings heraus, dass alle, die gesagt hatten, Akupunktur wäre voll der Wahnsinn und würde überhaupt nicht wehtun, elende Lügner sind. Oder vielleicht war nur mein Akupunkteur schlecht oder er konnte Weiße nicht leiden, schwer zu sagen.

Jedenfalls finde ich, die Menschen haben ein Recht darauf, von mir zu erfahren, was bei einer Akupunktur in Wirklichkeit passiert, damit sie besser vorbereitet sind als ich.

1. Die Praxishilfe bittet einen, alles auszuziehen bis auf die Unterwäsche. Man sollte also vielleicht Unterwäsche tragen. Und die von der Praxis sollten einem das vielleicht sagen, wenn man einen Termin ausmacht.

2. Hinweis für Leute, die ihre kleinen Kinder mitbringen: Seid ihr von allen guten Geistern verlassen? Die »Puppenstube« im Wartezimmer ist keine Puppenstube, sondern ein Schrein. Wer seinem Sohn erlaubt, sie mit seinen Spielzeugsoldaten »im Namen der Vereinigten Staaten zu erobern und in Besitz zu nehmen«, kommt wahrscheinlich in die Hölle. Außerdem sollte man es sich eher nicht mit dem Typen verderben, der gleich Nadeln in einen reinsticht. Nur ein Tipp, nichts für ungut.

3. Der Akupunkteur kommt herein und du willst ihm erklären, wo es dir wehtut, und er schüttelt den Kopf, weil er kein Englisch spricht. Er ruft die Praxishilfe, und du erklärst ihr, wo dein Rheuma sitzt und wie lange es schon wehtut und was für Medikamente du nimmst, und sie sieht den Arzt an und schreit: »SIE SAGT, SIE HAT SCHMERZEN«, und geht wieder raus. Daraufhin sieht der Arzt dich an, als wollte er sagen: »Warum verschwenden Sie meine Zeit? Natürlich haben Sie Schmerzen. Warum sollten sich vollkommen normale Menschen sonst Nadeln reinstecken lassen?« Dann musst du dich auf einen Tisch legen und er steckt Nadeln in dich rein.

4. Die Nadeln sind klein und tun überhaupt nicht weh, sie fühlen sich sogar gut an. Ha, ha! Sie fühlen sich wie Nadeln an. *Weil sie welche sind.*

5. Der Arzt steckt dir eine Nadel ins Ohr und es fängt an zu bluten. Du wirst aus dem Ohr bluten. Ich kann das gar nicht genug betonen. AUS DEM OHR BLUTEN. Dann öffnet er ein englisches Buch über Akupunktur und lässt dich einen Abschnitt darüber lesen, dass das Ohr die Gestalt eines umgekehrten Fötus hat und es deshalb gut ist, Nadeln reinzustecken. Ich hoffe inständig, dass dieser Abschnitt falsch übersetzt ist, denn man soll doch wohl kaum Nadeln in Föten stechen. Ich nehme mir in Gedanken vor, meine Frauenärztin danach zu fragen. Dann beschließe ich, es doch nicht zu tun, denn selbst wenn ich den Abschnitt korrekt wiedergebe, macht die Frage, ob man Nadeln in Föten stechen darf, den nächsten PAP-Abstrich nur noch peinlicher.

6. Vierundvierzig Nadeln später. Einige Einstiche bluten, die anderen kribbeln nach einiger Zeit so komisch. Der Arzt geht und du willst an dir hinuntersehen, aber das geht nicht, weil du damit die Nadeln in deinem Hals stärker in dich hineindrückst. Weil du unter Schock stehst, wirst du ohnmächtig. Der Akupunkteur kommt zurück und behauptet dreist, du wärst wegen des vielen Qi eingeschlafen. Ich stimme ihm zu, wenn Qi im Chinesischen »massiven Blutverlust« bedeutet.

7. Die vierundvierzig Nadeln werden gezogen. Du willst gehen, aber der Arzt lacht und sagt, er hätte gerade erst angefangen und jetzt wäre die »Lückenseite« dran. Du fragst »Meine *Lücken*seite?« und er: »Nein, Ihre *Lücken*seite.« Daraufhin ruft die Praxishilfe von draußen: »IHRE RÜCKSEITE«, und er nickt. »Ja, Ihre Lückenseite.« Wahnsinn.

8. Noch einmal zweiundvierzig Nadeln. Alle in meine Lückenseite. Zwei davon tun höllisch weh und bluten heftig. In dir keimt der Verdacht, der Akupunkteur könnte einfach wütend auf dich sein. Du versuchst zu erklären, dass du nicht zu der Frau im Wartezimmer gehörst, deren Sohn mit seinen Soldaten den Schrein beschlagnahmt hat. Er glaubt dir kein Wort.

9. Die zweiundvierzig Nadeln kommen wieder heraus. Der Akupunkteur gießt eine Art Flüssigkeit auf die Haut, der ich den Namen »Stinkesaft« gegeben habe. Anschließend massiert er sie ein, bis man stinkt wie eine alte, in Patschuli und Wick Vaporub gelagerte Socke.

10. Anschließend hört man ein Feuerzeug klicken und befürchtet, dass er als Nächstes deine Haare anzündet, aber dann erklärt er, er wollte dich jetzt noch ein wenig »schröpfen«. Das klang überhaupt nicht passend und ich wollte schon protestieren, aber da hatte der Arzt schon einen mit Alkohol getränkten Wattebausch in einem Glas angezündet und das Glas anschließend auf die Haut gesetzt, wo es ein Vakuum erzeugte und einen riesigen Knutschfleck. Was bei längerem Nachdenken auch irgendwie unpassend ist.

11. Dann faltet der Akupunkteur ein mit einem weißen Pulver gefülltes Papiertaschentuch auf, reicht es dir und sieht dich erwartungsvoll an. Darauf du: »Ich ... *ich soll das wirklich schnupfen?«* Und er schüttelt den Kopf über deine Begriffsstutzigkeit, lässt dich den Mund aufmachen und schüttet das Zeug hinein, das aussieht wie das Innere eines Pediküreraspels. Er lacht über deinen entsetzten Blick und reicht dir ein Wasserglas, mit dem du dir den Mund ausspülen und das Pulver hinunterschlucken sollst. Dann sagt er: »Ginseng-Tee zum Entgiften.« Und du: *»Aber Tee macht man doch ganz anders.«* Und er lächelt nur und geht hinaus und du wunderst dich, warum du gerade einem wildfremden Chinesen erlaubt hast, dich mit einem mysteriösen, in Papier eingeschlagenen Pulver zu füttern, obwohl er noch nicht einmal weiß, wie man Tee kocht. Und weil es auf diese Frage überhaupt keine gute Antwort gibt, wunderst du dich immer weiter.

12. Der Akupunkteur geht und du ziehst dich an und bist ein wenig verärgert und ratlos, aber dann merkst du auf einmal, dass du zum ersten Mal in dieser Woche deine Bluse anziehen kannst, ohne vor Schmerzen aufzuschreien. Daraufhin machst du gleich einen zweiten Termin für die nächste Woche aus. Nur dein Mann schreit, er wird dich nie wieder hinbringen, weil sein Auto jetzt angeblich nach »altem, ungewaschenem Hippie« stinkt.

Du machst einen Deal: Im Austausch gegen pflanzliche Präparate, Öl, Akupunktur und Krebsmedikamente hast du gelegentlich schmerzfreie Tage. Tage, die du genießt, weil niemand am Morgen sechsundachtzig Nadeln in dich hineingesteckt hat. Tage, an denen du spontan im Garten picknickst, weil du die Knie beugen kannst. Tage, an denen Studien erscheinen, denen zufolge Alkohol arthritische Anfälle lindern kann. Das sind die goldenen Tage.

Und selbst an Tagen, an denen ich im Bett liege und mich nicht rühren kann, bin ich dankbar dafür, dass meine Tochter sich an mich kuschelt und mit mir alte Folgen von UNSERE KLEINE FARM ansieht. Ich versuche, dankbar für das zu sein, was ich habe, statt damit zu hadern, was ich nicht mehr habe. Ich versuche, diese Krankheit mit Würde zu tragen und geduldig auf den Tag zu warten, an dem ein Heilmittel gefunden wird. Und an dem ich meinen Affendiener bekomme.[14]

14 **Außerdem sollen ab jetzt alle Behindertenparkplätze wirklich Leuten in Rollstühlen gehören und nicht denen, die sich nur behindert fühlen, weil sie an diesem Tag einen wirklich ganz schlimmen Krampf im Fuß haben. Und wer im Rollstuhl sitzt, darf sich ab jetzt beim Schlangestehen im Schnapsladen vordrängeln. Und bekommt kostenlos sexy Schuhe. Der Kongress muss das alles noch verabschieden, ~~bevor ich im Rollstuhl sitze, denn dann sähe es so aus, als würde ich es nur für mich tun~~ weil Jesus das auch tun würde.**

DAS CRACK WAR NICHT MAL VON MIR

Kurz nachdem ich meine Stelle gekündigt hatte, um Schriftstellerin zu werden, kündigte auch Victor und ging zu einer Firma für medizinische Software. Es war fantastisch, abgesehen davon, dass wir jetzt beide zu Hause arbeiteten und einander ständig an die Gurgel gingen. Ich schrieb viele Artikel als freie Mitarbeiterin, damit wir unsere Rechnungen bezahlen konnten, darunter einmal auch eine Besprechung schlechter Pornografie. Victor marschierte mit seinem Britney-Spears-mäßigen Headset durchs Haus, schloss Geschäfte ab und schrie Dinge wie »KAUFEN! VERKAUFEN! FÜR DIESES PROJEKT BRAUCHEN WIR MEHR ELEFANTEN!« oder etwas in der Art. Ich habe ehrlich gesagt nicht mal richtig zugehört. Ich weiß nur, dass nichts die Konzentration mehr stört als ein Mann, der ziellos durchs Haus wandert und laut mit sich selber über Tabellen und Rendite spricht, während man selbst versucht, einen satirischen Artikel über die unvergängliche kulturelle Bedeutung von *Edward mit den Penishänden* zu schreiben.

Auf seinen Gängen durch das Haus stürmte Victor immer wieder unabsichtlich in mein Arbeitszimmer und es sah dann so aus, als diskutiere er mit den Katzen, die sich erschrocken unter meinem Schreibtisch versteckten, erregt über irgendwelche Projekte. Ich fixierte ihn mit einem wütenden Blick, auf den er aber nie reagierte, deshalb rief ich auf meinem Computer rasch einen Porno-Clip auf, der mit meiner Arbeit zu tun hatte, spulte zum Höhepunkt vor und drehte die Lautstärke voll auf. Victor sah mich entsetzt an, deckte die Sprechmuschel ab und verließ fluchtartig das Zimmer. Dabei drückte er verzweifelt auf die Stummtaste und zischte an mich gerichtet etwas von einer wichtigen Telefonkonferenz. Draußen fragte er – wieder mit seiner professionellen Telefonstimme –, ob noch alle da wären, es würde so klingen, als wäre jemand verletzt. Er reagierte ziemlich gut, das musste ich ihm lassen. Dann kam er noch einmal zurück und erklärte, dass er für seine Telefonkonferenzen absolute Ruhe bräuchte, und ich erklärte, dass er bitte sehr gefälligst in seinem eigenen Arbeitszimmer telefonieren sollte. Daraufhin empfahl er mir, zu arbeiten, statt um drei Uhr nachmittags Pornos anzusehen, worauf ich erwiderte, ich würde sie nicht zum Spaß ansehen, sondern müsste eine Rezension darüber schreiben. ICH SAH SIE AUS BERUFLICHEN GRÜNDEN AN. Dafür, dass wir während der Arbeit überwiegend im Schlafanzug dasaßen, während im Hintergrund Pornos liefen, hatten wir erstaunlich viel Stress.

Victor brummte noch etwas von Sitte und Anstand und ging und ich schrie ihm nach: »DAS IST MEINE ARBEIT, DU ARSCH. HÖR AUF, MICH ZU STÖREN, SONST KRATZE ICH DIR DIE AUGEN AUS.« Er drückte wieder auf die Stummtaste und drohte, meinen Kaffee zu vergiften. Es ging also ganz ähnlich zu wie in einem richtigen Büro, nur dass es bei uns Katzen gab und man laut sagen konnte, was man in einem Büro mit abgetrennten Zellen und Sicherheitsbeamten nur in Gedanken gesagt hätte.

Davor, als wir beide noch außer Haus gearbeitet hatten, hatten wir beim Nachhausekommen einträchtig über die Idioten unserer jeweiligen Firmen geschimpft, die uns offenbar fertig machen wollten. Jetzt ging nicht einmal mehr das. Wir waren allein und von daher war vollkommen klar, wenn uns

Hailey entdeckt die Freuden von Matsch und Dreck.

jemand fertig machen wollte, waren wir es selber. Nach vielen Monaten, in denen wir uns bis aufs Messer bekriegten, kamen wir endlich überein, dass wir ein größeres Haus mit weiter auseinanderliegenden Arbeitszimmern brauchten. Zugleich wurde uns klar, dass uns nichts an Houston band. Wir waren frei und konnten ziehen, wohin wir wollten. Victor schlug Puerto Rico vor, aber als ich in mich ging, wusste ich auf einmal, wohin ich wollte, und niemand erschrak darüber mehr als ich selbst, denn es widersprach allem, was ich mir Jahre zuvor bei Haileys Geburt vorgenommen hatte.

Damals war mein erster Gedanke gewesen, dass ich einen Drink brauchte und dass es in Krankenhäusern Bars geben sollte. Anschließend hatte ich mir vorgenommen, dass Hailey eine ganz andere Kindheit haben sollte als ich. Beim Anblick ihres kleinen Gesichts gelobte ich, nie große, tote wilde Tiere auf dem Küchentisch zu deponieren oder Pumas frei im Haus herumlaufen zu lassen. Victor wirkte etwas verwirrt, stimmte aber zu, weil er glaubte, dass ich wegen der Medikamente noch nicht ganz da wäre. Das stimmte auch, aber es änderte nichts an meinem festen Vorsatz. Haileys Leben sollte von Ballettunterricht und Museumsbesuchen bestimmt sein, sie sollte nie nach draußen zu den Käfigen im Garten gehen, um Luchse anzusehen, und dabei feststellen müssen, dass ein wilder Waschbär ihrer zahmen Ente den Schnabel weggefressen hatte.

Nach Haileys Geburt hatten Victor und ich uns in einem Vorort von Houston niedergelassen und ich hatte mich nach Kräften bemüht, dort heimisch zu werden, allerdings vergeblich. Jetzt war Hailey fast vier, ein behütetes Mädchen, nur ein wenig blass von dem Mangel an Sonne in ihrer kleinen privaten

Vorschule, wo sie Musik- und Tanzunterricht hatte und lernte, genauso zu sein wie alle anderen. Wir schickten sie auch zum Turnen, aber die anderen Vorschüler trainierten offenbar für Olympia und gleich mehrere Mütter sprachen davon, ihr Kleinkind auf Diät zu setzen, was nun wirklich eine vollkommene Schnapsidee war. Also nahmen wir Hailey wieder heraus und ließen sie auf dem Sofa zu Hause hüpfen. Trotzdem war sie auf dem besten Weg in ein wunderbar angepasstes, normales und angenehmes Leben, *was wiederum mir eine Heidenangst machte.* Weil ich nicht sicher war, ob ich ihr wirklich einen Gefallen tat, wenn ich sie vor einem Leben schützte, das ich, wie ich jetzt feststellte, tatsächlich vermisste, und auch weil Hailey mir zugegebenermaßen ein wenig leid tat. Weil sie keine Kanäle erkunden oder Rehe im Garten füttern konnte und sich später nicht daran erinnern würde, wie sie im Haus mit kleinen Waschbären gespielt hatte. Natürlich hatten wir unsere Katzen und Hailey liebte unseren süßen Mops Barnaby Jones Pickles heiß und innig, ein Wahnsinnstier (kein anderes unserer Tiere kam Laura Ingalls gescheckter Bulldogge so nahe), aber er konnte keine Badewanne voller Waschbärenjungen ersetzen, was er vermutlich sogar selber eingesehen hätte.

Deshalb redete ich auf Victor ein, wir sollten aufs Land ziehen, auf ein großes Grundstück. Dort konnte Hailey sich bewegen und die Umgebung erkunden und das verkorkste Landleben kennenlernen, das Victor und mich geprägt hatte, die wir so taten, als wären wir in den verschiedensten gesellschaftlichen Kreisen zu Hause, ohne es je wirklich zu sein. Wir dachten beide voller Liebe an unsere Kindheit inmitten der weiten, offenen Landschaft zurück und mir wurde zu meinem Schrecken klar, dass mir jetzt, wo ich das angenehme, aber langweilige Leben in der Stadt kennengelernt hatte, meine Kindheit auf dem Land, vor der ich Hailey hatte bewahren wollen, auf einmal sehr viel bedeutete. Hitze, wilde Tiere und Einsamkeit hatten mich zu der Person gemacht, die ich heute war, und ich war stolz auf die holprigen Stellen auf dem Weg, den ich gekommen war. Es kam mir auf einmal unfair vor, Hailey ein solches Leben vorzuenthalten. Aufs Land zu ziehen schien die perfekte Lösung.

West-Texas hatte sich so sehr verändert, dass es sich nicht mehr wie Zuhause anfühlte, aber wir fanden schließlich ein Haus in Hill Country, eine Stunde außerhalb von Austin. Es lag in einem kleinen Dorf, fünfzig Kilometer vom nächsten Lebensmittelgeschäft entfernt, aber war es dort ruhig und schön, und zum Haus gehörten einige Morgen bewaldetes Gelände und eine schöne, weitläufige Wiese voller blauer Lupinen. Ich fühlte mich wie zu Hause. Und unsere beiden Arbeitszimmer lagen an entgegengesetzten Enden des Hauses und hatten beide Türen, die man tatsächlich zumachen konnte.

Und es gab Sonne:

Wie immer beim Kauf eines neuen Hauses erkundigte Victor sich nach Steuern und besonderen Auflagen, während ich die beiden Fragen stellte, die in mein Ressort fielen: »Ist in diesem Haus schon mal jemand gestorben?« und »Wie viele Leichen sind auf dem Grundstück beerdigt?« Ich gehe immer davon aus, dass Immobilienmakler die erste Frage ehrlich beantworten, weil sie das vom Gesetz her wahrscheinlich müssen, aber für die zweite Frage gilt das vermutlich nicht. Früher habe ich gefragt, ob *irgend*jemand auf dem Grundstück beerdigt wäre, ich glaube aber nicht, dass die Makler darauf ehrlich geantwortet haben, deshalb frage ich inzwischen, *wie viele* auf dem Grundstück begraben sind, weil das klingt, als rechnete ich damit als etwas völlig Normalem, und dann sind die Makler erleichtert und lassen in einer Nebenbemerkung fallen, dass es nur zweieinhalb sind. Victor meint, dass meine Fragen in Wirklichkeit das Gegenteil bewirken und dass ich nur alle verlegen mache, aber ich erwidere darauf, dass mir Leichen auf dem Grundstück egal sind, solange ich weiß, wo sie liegen, nur für den Fall einer Zombie-Apokalypse. Die meisten Makler entschuldigen sich an dieser Stelle und gehen. Wahrscheinlich weil es langweilig ist, wenn Paare sich ständig über die verdammte Zombie-Apokalypse streiten. So was ist vermutlich der Nachteil an der Arbeit eines Immobilienmaklers.

Schließlich kauften wir das Haus und begannen mit den fünf Stationen des Umzugs:

1. TAG: Alles schön in Luftpolsterfolie einpacken. Davor noch putzen, damit es beim Auspacken wie neu ist. Kartons auf allen Seiten beschriften.

2. TAG: Absichtlich Dinge kaputt machen, damit man sie nicht einzupacken braucht.

3. TAG: Entdeckung von achtzehn Hackmessern in den Küchenschubladen. Forderung an Victor, dass er spätabends beim Teleshopping keinen solchen Schrott mehr kauft. Absichtlich siebzehn Hackmesser zerbrechen.

4. TAG: Frage, warum man je mit dem Sammeln kleiner Glastiere angefangen hat und wer einem erlaubt hat, tausendvierhundert davon zu kaufen. Außerdem: Warum haben wir drei mit Ramsch gefüllte Schubladen? Zeigt das, dass wir es »geschafft« haben oder dass wir nichts wegwerfen können? Versuch, die Freundinnen auf Twitter zu fragen, dann feststellen, dass dein Mann die Computerkabel bereits eingepackt hat. Gesteigertes Gefühl der Einsamkeit. Tränen auf dem Klo, aber Schnäuzen unmöglich, weil Karton, in den man das Toilettenpapier eingepackt hat, unauffindbar.

5. TAG: Großes Freudenfeuer im Wohnzimmer. Unter manischem Gelächter Kartons ins Feuer schieben.

Bis auf den letzten Punkt spielte sich alles genauso ab. Am fünften Tag kam in Wirklichkeit mein Schwiegervater (Alan), um uns beim Einpacken der Kartons zu helfen und mich daran zu hindern, mit Hackmessern auf Victor zu zielen, der geschlagene vier Tage lang die Garage »eingepackt« hat, die ziemlich sicher überhaupt nichts an Wert enthielt und die ich im Fall von Victors Tod für zwanzig Dollar im Internet verkauft hätte. Mir ist nicht ganz klar, wozu ein Mann zwei Werkzeugschränke braucht, wo ich fünfunddreißig Jahre lang mit Klebeband und einem Schraubenzieher ausgekommen bin. Victor meint, man könnte einen Vergaser nicht mit Klebeband reparieren, aber ich glaube eher, Victor kennt die vielseitigen Verwendungsmöglichkeiten von Klebeband nicht.

Wir packten alles in den Möbelwagen und die lange Fahrt in unser neues Zuhause begann. Nach ein paar Minuten räusperte Alan sich und zog verlegen etwas aus der Brusttasche. »Ach, übrigens, ich hab da was gefunden ... äh ... Crack vielleicht?« Er hielt mir zögernd ein Reißverschlusstütchen mit

Crack hin. Ich verstand zuerst gar nicht, wie mein sehr konservativer Schwiegervater dazu kam, mir Crack anzubieten, und überlegte, ob er mich damit womöglich prüfen wollte. Mein zweiter Gedanke war, dass der Inhalt des Tütchens bestimmt viel wert war, obwohl ich noch nie mit Crack zu tun gehabt hatte, und dass es sich um eine ziemlich große Menge auf einmal handelte. Es sei denn, Alan wollte es verkaufen, was aber merkwürdig gewesen wäre, denn er war ja schon ein sehr erfolgreicher Geschäftsmann. Immerhin hatte er einen ganzen Tag drangegeben, um uns zu helfen, ich durfte ihn also nicht gleich verurteilen. Krampfhaft überlegte ich, wie ich sein Angebot höflich ablehnen konnte, bis ich plötzlich meine Handschrift auf dem Tütchen erkannte. Erleichtert dachte ich, dass Alan das Tütchen offenbar beim Packen gefunden und es netterweise als Proviant für die Fahrt mitgebracht hatte. »Ach, das gehört nicht mir, sondern Hailey«, erklärte ich lachend, worauf er mich noch erschrockener ansah, bis ich erklärte, was ich wirklich meinte, dass es nämlich Hailey gehörte *und* dass es sich nicht um Crack handelte. Hailey spielte damit immer im Winter, weil wir in Texas keinen echten Schnee hatten, und man konnte es wiederverwenden, aber in getrocknetem Zustand sah es aus wie Crack. Ich ließ ein kleines Korn in eine fast leere Wasserflasche fallen, die sich daraufhin augenblicklich mit Schnee füllte, und Alan seufzte erleichtert. Es war zwar ein wenig kränkend, dass er automatisch angenommen hatte, das Crack gehöre mir, aber dann dachte ich an die anderen Hausbewohner und zollte ihm stattdessen Bewunderung dafür, dass er mich so gut kannte.

Kurz nach unserem Einzug recherchierte ich die Geschichte unserer neuen Umgebung und fand heraus, dass wir am Rand des »Devil's Backbone« wohnten, einer besonders verwunschenen Gegend von Texas. Geistergeschichten haben mich immer fasziniert, deshalb machte mir das nichts aus, bis eine Nachbarin mir von den Toten erzählte, die man an der Straße begraben hätte. »Wer wurde wo begraben?«, fragte ich. Wie sich herausstellte, war eine Familie in ihrem Garten begraben worden, der inzwischen allerdings vollkommen zugewachsen war, weshalb niemand mehr genau wusste, wo die Gräber lagen. Das ließ mir keine Ruhe. Nicht dass irgendwo an der Straße ein improvisierter Friedhof lag (tote Nachbarn sind ruhige Nachbarn ... ich glaube, das hat Robert Frost gesagt), sondern dass es irgendwo hier einen Friedhof gab, den niemand mehr finden konnte. Hatte man ihn überbaut? Waren die Gräber noch frisch? Ich war so froh gewesen, dass wir weit draußen auf dem Land lebten und nicht mehr von Horden von Zombies aus überbevölkerten Städten überfallen werden konnten, aber jetzt machte mir zu schaffen, dass wir im Fall einer Zombie-Apokalypse womöglich ganz in der Nähe einheimische Zombies hatten, aber nicht wussten, aus welcher Richtung sie kamen. Ich machte mir Sorgen. Victor auch. Er meinte, er wäre froh, wenn ich vor unseren Nachbarn nicht mehr von der Zombie-Apokalypse sprechen würde. »Aber unsere Nachbarin muss es wissen«, erwiderte ich und ich sagte, wir müssten diese Gräber finden, sonst könnte ich nicht mehr schlafen.

»Nein«, sagte Victor entschieden. »Wir ziehen nicht durch den Wald und suchen nach Gräbern für den unwahrscheinlichen Fall einer Zombie-Apokalypse.«

»SEI WACHSAM«, sagte (oder schrie) ich. *»Ich tu das für uns alle, du Arschloch.«* Was auch stimmte. Wir hatten irgendwo in der Nähe einen Zombiegarten und ich wollte sichergehen, dass die Zombies aufgrund seines Alters keine Bedrohung mehr darstellten. Wir stritten uns einige Tage, bis Victor sich schließlich bereiterklärte, nach den Gräbern zu suchen, wahrscheinlich weil er eingesehen hatte, dass der Beschützer des Hauses eben für einige unangenehme Dinge zuständig ist. Oder vielleicht weil ich ihn durchgehend alle drei Stunden weckte und fragte, ob er auch dieses schlurfende Geräusch von der hinteren Veranda gehört hätte, das irgendwie hungrig klang.

Victor trieb einen Einheimischen auf, der behauptete zu wissen, wo die Gräber lagen, und der meinte, wir bräuchten nur der Landstraße am Ende der Straße zu folgen. Nur dass am Ende der Straße nirgends eine weitere Straße zu sehen war. Ich zeigte auf zwei überwachsene Spuren im Gras. »Wahrscheinlich meint er die.«

»Das ist doch keine Straße«, erwiderte Victor abschätzig, aber sonst war nichts zu sehen.

»Es ist sehr wohl eine Straße«, erklärte ich. »Und zwar deshalb, weil daneben ein Hydrant steht.«

Victor starrte mich entnervt an, dann biss er grimmig die Zähne zusammen und bog in die Straße ein, die keine war. Einige Minuten und eine eingedellte Ölwanne später war auch sie zu Ende. Victor warf mir einen bösen Blick zu. Da kam plötzlich etwas aus den Büschen gerannt und ich schrie: »CHUPACABRA!« Victor stieg voll auf die Bremse und sah mich an, als hätte ich den Verstand verloren. Wahrscheinlich weil ich so durcheinander war, dass ich versehentlich »CHALUPA!« gerufen habe, was nun wirklich verwirrend ist, wenn man von einem gefährlichen Tier angegriffen wird. Zu meiner Verteidigung sei gesagt, man kann von niemandem erwarten, dass man sich korrekt ausdrückt, wenn man soeben ein mexikanisches Monster durch den Wald hat laufen sehen, das Ziegen das Blut aussaugt. Victor meinte, er würde mir ja recht geben, wenn der Chupacabra nicht in Wirklichkeit nur ein kleines Reh gewesen wäre. Er deprimierte mich kolossal. Zum einen wohnten wir demnach in einer Gegend, in der es nur so vor Chupacabras[14] wimmelte, die sich hervorragend darauf verstanden, Rehe zu imitieren, zum anderen fanden wir die Gräber nicht. *Und* ich hatte jetzt Appetit auf eine Chalupa, aber es gab im Umkreis von hundert Kilometern keinen Taco. Es war ein Misserfolg auf der ganzen Linie, aber ich tröstete Victor damit, dass wir wenigstens keine Ziegen hätten und deshalb auch nicht zu fürchten bräuchten, dass ihnen das Blut ausgesaugt würde. Victor verbot mir daraufhin, noch etwas zu sagen, und meinte dann noch (zum ersten von insgesamt achttausend Mal), es wäre ein kapitaler Fehler gewesen, aufs Land zu ziehen.

Ich verteidigte unser neues Zuhause zwar und beharrte darauf, wir müssten uns erst einleben, aber er behielt recht. Wir waren dem Landleben ganz klar nicht mehr gewachsen und ich spürte, es war nur eine Frage der Zeit, bis einer von uns die Ruhr oder Gelbfieber bekam. Doch blickten wir unserem Schicksal einigermaßen gefasst entgegen, getröstet durch das Wissen, dass wir dem Tod durch unseren Umzug ja schon mal ein Schnippchen geschlagen hatten ... und in der Gewissheit, dass wir uns, wenn das Ende kam, wenigstens nicht vor lauter Arbeitsstress gegenseitig umbringen würden, sondern wahrscheinlich der unwegsamen Wildnis vor unserer Tür (und womöglich Chupacabra-Zombies) zum Opfer fielen. Wir trösteten uns damit, dass unsere Arbeitszimmer jetzt jedenfalls weit genug auseinander lagen und wir voreinander sicher waren. Trotzdem hatten wir ein ungutes Gefühl.

Und das vollkommen zu Recht.

14 **Die Rechtschreibprüfung akzeptiert das Wort »Chupacabra« nicht. Wahrscheinlich wegen Rassismus. Von Seiten der Rechtschreibprüfung, meine ich, nicht der Chupacabras. Chupacabras sind Monster aus Mexiko, die Ziegen das Blut aussaugen. Denen ist es egal, welcher Rasse du angehörst. Merkwürdigerweise ist die Rechtschreibprüfung mit dem Wort CHUPACABRA in Großbuchstaben vollkommen einverstanden, was nun überhaupt**

KEINE AHNUNG, WOHER ICH DIESE MACHETE HABE, EHRLICH – KOMISCHE TRAGÖDIE IN DREI ~~TEILEN~~ TAGEN

— 1. TAG —

Der Tag, an dem Barnaby Jones Pickles starb, war schwer.

Wir waren immer noch damit beschäftigt, uns in unserem neuen Haus einzuleben, und wollten einen Gartenzaun bauen, der Barnaby drinnen und die Skorpione draußen hielt. Bis dahin ließen wir ihn im Haus frei herumlaufen und die Katzen terrorisieren. Ein wenig später legten wir ihn dann an eine unglaublich lange Leine, die am Geländer der hinteren Veranda befestigt war und mit der er bis zu der Wiese hinter unserem Haus hinunterrennen konnte. Aber einen Hund im Garten laufen zu lassen und sei es auch nur wenige Stunden täglich, ist riskant und auf dem Land verdammt gefährlich, wie ich erfahren musste.

Lernt aus meinen Fehlern, Leute.

Ich glaubte fest, ihm könnte nichts passieren. Er hatte eine überdachte Veranda, unter der er ausruhen konnte, verschiedene Außenventilatoren, die ständig liefen, und einen Rasensprenger zur Erfrischung. Ich war überzeugt, dass ihm keinerlei Gefahr drohte, höchstens von ihm selbst. Wenn ich aus dem Wohnzimmer nach draußen sah, tollte er übermütig herum, und wenn ich zwei Minuten später wieder nachsah, war von der Leine nichts mehr übrig, denn Barnaby hatte da-

keinen Sinn macht. Es sei denn, sie erkennt, dass man dieses Wort nur verwendet, wenn man schreit. Eins zu null, Rechtschreibprüfung. PS: Weitere Wörter, die in diesem Buch stehen, die es der Rechtschreibprüfung zufolge aber gar nicht gibt: Chalupa, Zahnfee, Spoilerwarnung. Als ob sie überhaupt verhindern wollte, dass ich meine Memoiren schreibe.

raus eine Art riesiges, chaotisches Spinnennetz geflochten, in dem in unnatürlich schiefen Winkeln sämtliche Verandastühle hingen, und sah mich mit seinem kleinen Mopskopf schief an, als wollte er sagen: *»Wie konnte das passieren?«* Ich entwirrte die Leine mühevoll und stellte die Stühle vor das Haus, aber als ich wieder nach hinten kam, hatte er sich am Grill verheddert und sah mich mit genau demselben Blick an.

Mir kam der Verdacht, er könnte in einem vergangenen Leben ein kleiner, nicht besonders erfolgreicher Pirat gewesen sein, dessen Spezialität darin bestand, sich in den ungünstigsten Momenten am Mast festzubinden. Ich sah förmlich, wie der Kapitän ihn mit demselben mitleidigen und zugleich genervten Blick musterte, wenn er vom Mittagschlaf an Deck kam und feststellen musste, dass Pirat Barnaby sich an das Steuerruder gebunden hatte im Glauben, ein Wirbelsturm wäre im Anmarsch, der sich dann allerdings als Vogelschwarm entpuppte. Ich wusste genau, wie dem Kapitän zumute war. Bestimmt seufzte er tief und entwirrte dann eine halbe Stunde lang Seile, während Barnaby Jones ihm unbeherrscht das Gesicht ableckte. Wenigstens tat Barnaby Jones Pickles das immer bei mir, wenn ich ihn befreite. Der Pirat tat vermutlich dasselbe. Weibliche Piraten gab es kaum, ich erlaube mir deshalb kein Urteil über die Leckgewohnheiten von Piraten. Ich bin total für gleichgeschlechtliches Lecken. Und für Piraten, aber gegen Vergewaltigungen und Plünderungen. Dafür aber für Männer mit Hakenhand und Holzbein. Was mich vermutlich zu einem Piratenagnostiker macht.

Trotzdem habe ich Barnaby nie angeschrien, denn wie kann man auf jemanden wütend sein, der sich so verdammt freut, dich zu sehen. »Na, mein Lieber«, sagte ich in solchen Fällen schroff und kraulte ihn hinter den Ohren, während er freudig an meinen Schuhen nagte und sie mir von den Füßen ziehen wollte. Er lächelte auf die ein wenig dümmliche Art, die Möpse so perfekt beherrschen, und ich bemühte mich krampfhaft, nicht das wütende Kaninchen zu sehen, das sich in seinen Stirnfalten versteckte (und mich ständig vorwurfsvoll anstarrte), einmal weil es dem Hund peinlich zu sein schien, aber auch weil Victor meinte, auf der Stirn deines Hundes ein wütendes Kaninchen zu sehen wäre wahrscheinlich eine Art Rorschachtest und Beweis einer geistigen Krankheit, zu deren Behandlung uns sowieso das Geld fehlte. Dabei war das Kaninchen total wirklich. Hier der Beweis:

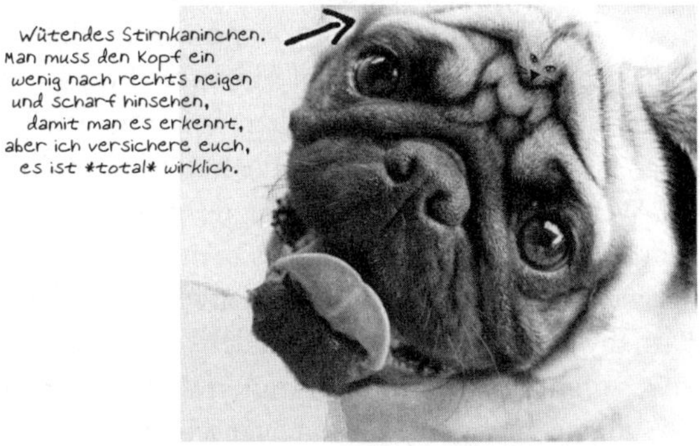

Für Leute mit wenig Fantasie habe ich das Kaninchengesicht eingezeichnet, aber wer es einmal gesehen hat, kriegt es nicht mehr aus dem Kopf.

Und dann kam der schreckliche Tag, an dem ich Barnaby Jones nach drinnen rufen wollte und ihn tot im Garten liegen sah. Mit ihm ging seine runzlige Kaninchenstirn. Sein Gesicht war geschwollen und der Tierarzt sagte später, er wäre wahrscheinlich von einer Schlange gebissen worden. Ich würde hier ja gern schwarzen Humor zur Schau stellen, damit das Ganze nicht zu trübselig wird, aber ich kann nicht, ich habe diesen verdammten Hund wirklich geliebt.

In Gedanken stieß ich die heftigsten Verwünschungen gegen mich selber aus, weil ich ihn überhaupt je draußen gelassen hatte, aber äußerlich musste ich ruhig bleiben, damit Hailey nichts merkte. Sie sollte ihn nicht in diesem Zustand sehen. Victor war verreist und die Tierarztpraxis hatte laut Anrufbeantworter über das Wochenende geschlossen, deshalb nahm ich Barnaby auf den Arm und trug ihn zu der Wiese hinter dem Haus hinunter. Dort weinte ich, bis keine Tränen mehr kommen wollten, dann grub ich eine mörderisch anstrengende Stunde lang ein Loch in den fast nur aus Steinen bestehenden Boden und beerdigte Barnaby auf der Wiese, auf der er so gern herumgetollt war. Das Grab kennzeichnete ich mit einem Steinhaufen. Ich machte alles allein und es war schlimm.

Erst als ich damit fertig war, erzählte ich Hailey von Barnabys Tod und hielt sie in den Armen, während sie weinte. Wir lagen eng umschlungen auf dem Sofa und alle paar Stunden fragte sie mich, ob nicht alles doch nur ein schlimmer Traum sei. Wenn es doch so wäre. Sie fragte, ob wir nicht wieder einen Mops kaufen, ihn Barnaby Jones nennen und so tun könnten, als wäre Barnaby gar nicht tot. Ich erwiderte, das wäre nicht fair Barnaby gegenüber, aber in Wirklichkeit wusste ich, dass ich so etwas nicht noch einmal verkraften würde, und ich nahm mir fest vor, nie mehr einen Hund anzuschaffen.

Ich rief Victor an und erzählte ihm alles und er weinte auch. Ich erzählte ihm, dass ich Barnaby Jones auf unserer Wiese begraben hätte, und da wurde er plötzlich ganz still, denn er wusste genau, dass der Boden fast nur aus Steinen besteht. Ich vermutete, er wäre deshalb so still, weil ihm klar geworden war, in was für eine schreckliche Situation er mich durch seine Abwesenheit gebracht hatte, aber dann sagte er mysteriös: »Behalte die Stelle im Auge, an der du ihn begraben hast.« Er sagte es genauso wie der Typ in FRIEDHOF DER KUSCHELTIERE es sagen würde, wenn man einen lieben Angehörigen versehentlich auf dem Teil des Friedhofs beerdigt, auf dem die Leichen zum Leben erweckt werden. Ich seufzte und weinte wieder los, weil ich auf keinen Fall meinen bereits toten Mops noch einmal töten wollte, wenn sein seelenloser Körper sich aus dem Grab wühlte, und da sagte Victor: »Wovon redest du eigentlich?«, und ich: »Du weißt doch ... SIE KOMMEN MANCHMAL WIEDER.« Da meinte Victor, er würde seine Eltern anrufen, sie sollten mich abholen, weil ich offenbar eine Art Nervenzusammenbruch hätte. Ich dachte damals, dass er das sagt, weil ich die ganzen Geschichten von Stephen King im Kopf durcheinanderbrachte, aber rückblickend könnte der Grund auch gewesen sein, dass ich ohne Zusammenhang einfach losschimpfte, ich müsste unseren toten Hund noch einmal töten. Was auch immer, das Schlimmste war jedenfalls überstanden und ich versicherte Victor, dass ich mich schon erholen würde.

Was ich auch absolut getan hätte. Wenn Barnaby Jones Pickles nicht aus dem Grab auferstanden wäre.

— 2. TAG —

Meine Nachbarin kam herüber, um zu sagen, sie hätte mich gestern auf der Wiese ein Grab schaufeln sehen und wollte sich nur erkundigen, ob alles in Ordnung wäre. Ich war gerührt, einmal weil sie überhaupt gekommen war, aber auch weil sie das mit dem Grab ganz richtig gesehen und trotzdem nicht die Polizei alarmiert hatte. »Genau das liebe ich am Leben auf dem Land«, dachte ich. Dann meinte die Nachbarin noch, wahrscheinlich hätte eine Klapperschlange Barnaby gebissen, weil das auch zweien ihrer Hunde passiert wäre. »Und genau das hasse ich am Leben auf dem Land«, dachte ich.

Ich rief Victor an, der die ganze Woche verreist war. »Barnaby Jones wurde übrigens von einer Klapperschlange getötet. Die gibt es hier offenbar überall und sie töten mit Vorliebe Hunde. Ich gehe nicht mehr aus dem Haus. Wie mache ich das mit den Gewehren, wenn ich schießen muss?« Die vielen Fragen ließen Victor ausrasten und er wollte mir die Zahlenkombination des Waffenschranks nicht verraten, offenbar sollten die Klapperschlangen Hailey und mich ruhig fressen. Dann meinte er noch, dass Klapperschlangen keine Menschen fressen und dass Barnaby genauso gut einer allergischen Reaktion auf einen Bienenstich zum Opfer gefallen sein könnte und ich mit meiner Fixierung auf Klapperschlangen wahrscheinlich nur die Trauer um Barnaby verdrängte. Daraufhin legte ich auf und gab bei Google ein: »Wie mache ich, dass die Klapperschlangen mich in Ruhe lassen?«

Laut Wikipedia verabscheuen Schlangen Mottenkugeln und laufen auf jeden Fall vor ihnen weg (eine fragwürdige Aussage, da Schlangen keine Beine haben). Offenbar verwechselte Wikipedia Schlangen mit Motten, aber die Mottenkugeln wurden auch auf anderen Seiten empfohlen, ich kaufte also sechs Großpackungen davon und verstreute sie so zahlreich um das Haus, dass es aussah, als hätte es Mottenkugeln gehagelt. Außerdem stank es, als hätte eine Armee alter Damen das Haus umzingelt, was unangenehm war, aber ich stellte mir lauter mit Streitäxten bewaffnete wütende Omas vor, die den Schlangen die Köpfe abschlagen wollten, und das machte den Geruch erträglicher.

Ich rief auch einen Kammerjäger an, der die Mottenkugeln einen guten Anfang fand und einen extragroßen Kanister eines speziellen Mittels mitbringen und auf dem Grundstück versprühen wollte, um die Schlangen abzuhalten. Ich fragte ihn: »Woher wissen Sie, dass die Schlange sich nicht schon *im* Haus versteckt hat und dann hier bei mir eingesperrt ist?«

Er überlegte kurz und meinte dann: »Respekt, gute Frage. Woher weiß man das?« Darauf ich: »Das ist kein Quiz. Ich frage das *Sie* ... woher wissen Sie das?« Da sagte er, wenn die Schlange nicht schon weg wäre, würde sie über das Schlangenabwehrmittel kriechen, nur um von dem Mottenkugelgeruch wegzukommen. Ich: »Es ist also nicht so, wie wenn man Salz streut, um Dämonen abzuhalten?« Darauf er: *»Das wirkt?«* Und da dachte ich, dass ich mir vielleicht einen anderen Kammerjäger suchen sollte.

Ich ging nach draußen, um eine zweite Linie von Mottenkugeln zu streuen, und da merkte ich, dass mit dem Grab von Barnaby Jones etwas nicht stimmte. Der Steinhaufen, den ich aufgeschichtet hatte, war umgefallen und zu meinem Entsetzen ragte eine kleine Pfote aus der Erde. Eine Schrecksekunde lang glaubte ich schon, Barnaby wäre im Begriff, aus dem Grab zu steigen. Ich erstarrte und überlegte, ob ich ihm dabei helfen oder einen Exorzisten rufen sollte. Doch dann stieß vor meinen Augen ein riesiger schwarzer Vogel zu ihm hinunter und zerrte an dem Bein. Ich ging langsam hangabwärts auf die Wiese zu und ein großer Schwarm von Raubvögeln stieg kreischend aus einem Baum auf.

Geier.

Ich rannte zur Garage und holte eine Machete, und sobald ich mich von Barnabys Grab entfernte, kehrten die Geier zurück. Ich rannte schreiend auf sie zu und fuchtelte wütend mit meiner Machete und sie wichen einen Schritt zurück und sahen mich an, als könnten sie nicht verstehen, warum ich mich so albern aufführte. »Du hast uns etwas zu essen hingelegt«, schienen sie zu sagen. »Hör bitte auf, mit der Machete herumzufuchteln. Es ist schon schlimm genug, dass du den Snack *vergraben* hast. Wirklich, du blamierst uns alle.«

Ich kam mir vor wie Laura Ingalls bei dem Versuch, die Heuschrecken von dem Weizenfeld zu verscheuchen, nur dass mein Weizenfeld ein toter Hund war und ich keinen Sonnenhut aufhatte. Ich ging schließlich ins Haus und rief meine Mom an und sie war sehr verständnisvoll und hilfsbereit. Sie denkt allerdings auch pragmatisch und schlug vor, ich sollte das Haus für ein paar Tage verlassen und Barnaby Jones einer Art zufälligen tibetanischen Himmelsbestattung überlassen. Meine Mom ist die schlimmste Atheistin, die man sich vorstellen kann. Außerdem ging es ihr womöglich gar nicht so sehr um die tibetanische Himmelsbestattung, sondern sie war vor allem darüber beunruhigt, dass ich eine eigene Machete besitze. Seltsam, als würde meine Mom mich überhaupt nicht kennen.

Sie hatte allerdings nicht ganz unrecht. Was sich hier vollzog, war der Kreis des Lebens, mir gefiel nur nicht, dass Barnaby Jones in diesem Kreis das Appetithäppchen war. Außerdem fürchtete ich, Hailey könnte mitbekommen, wie die Geier Barnaby aus dem Grab zerrten. Sie hatte schon misstrauisch zu den großen Vögeln hinausgesehen und gefragt, warum sie da wären. »Sie ... beten«, sagte ich, weil mir das als Erstes einfiel. »Sie beten und halten eine Totenfeier für Barnaby ab.« Zum Glück leuchtete das einer mit abstrusen Disneyfilmen aufgewachsenen Sechsjährigen vollkommen ein.

Ich rief wieder Victor an. »Barnaby Jones Pickles wurde übrigens von einem Hai getötet.«

»Wie bitte?«, fragte er entgeistert.

»Nur ein Scherz. Aber er steigt gerade aus dem Grab.«

»Ich bin hier mitten in der Arbeit«, flüsterte Victor. Er klang ein wenig gestresst. »Bist du betrunken?«

»Ich war in meinem ganzen Leben noch nicht so nüchtern *oder habe so dringend einen Drink gebraucht.*« Victor legte auf und kehrte an seine Arbeit zurück, und ich erwog, unsere sämtlichen Hauskatzen nach draußen zu verlegen, um die Geier zu verjagen, aber ich hatte Angst, sie könnten nicht mehr zurückfinden, weil sie noch nie draußen gewesen waren, oder die Geier könnten sie als leichter zugänglichen Snack betrachten und mitnehmen. Das wäre nicht nur niederschmetternd gewesen, sondern mir war auch völlig klar, wenn ich an einem einzigen Wochenende versehentlich all unsere Haustiere tötete, würde Victor mich nie mehr allein lassen und wahrscheinlich auch die Machete verstecken. Ich beschloss deshalb, nur die Vorhänge zuzuziehen und so zu tun, als wäre draußen absolut nichts los.

— 3. TAG —

»Ach du heilige Scheiße«, dachte ich. »Da ist absolut doch was los.«

Ein Dutzend Geier umschwirrten Barnabys Grab und stießen die Steine zur Seite. Ich rief bei einer Million (eine Million = vierzehn) Stellen an, weil jemand kommen und meinen Hund ausgraben sollte – teilweise hatten das bereits die ekligen Geier erledigt, die ich mit meiner Machete angegriffen hatte –, aber niemand war dazu bereit, denn es war Wochenende. Offenbar besteht der Bedarf, Hundekadaver auszugraben, nur von Montag bis Freitag. Dann stieß ich im Internet auf die Anzeige eines Typen, der behauptete, gegen entsprechende Bezahlung »absolut jeden Job« zu übernehmen, aber bei weiteren Recherchen zu seinem Namen fand ich heraus, dass er auch Anzeigen für Leute schaltete, die Prostituierte suchten, er war also im Grunde ein Zuhälter, und ich wollte keinen Zuhälter kommen lassen, wenn Hailey und ich allein zu Hause waren. »WARUM IST VICTOR IMMER NOCH VERREIST?«, schrie ich in Gedanken.

Ich rief ihn wieder an. »Barnaby Jones wurde übrigens von einer Horde von ... ach, ich weiß auch nicht. Ich habe nicht einmal mehr die Kraft, mir irgendeinen Unsinn auszudenken. Aber ich habe einen Zuhälter gefunden, der kommt und Barnaby ausgräbt.« Victor gab zu bedenken, dass die »Jobs« des Zuhälters sich wahrscheinlich weniger auf auszugrabende tote Tiere bezogen und mehr mit Händen und Blasen zu tun hatten und dass er womöglich auch noch drogensüchtig war, worauf ich sofort sagte: »Ich kann ihn nicht mit Kokain bezahlen. ICH WÜSSTE NICHT MAL, WO ICH WELCHES HERKRIEGE.« Da meinte Victor, ich sollte doch in ein Hotel ziehen, und er würde sich um alles kümmern, wenn er in ein paar Tagen zurückkäme. Ich war versucht, darauf einzugehen, sagte dann aber, ich hätte schon ein schlechtes Gewissen, weil ich bei Barnabys Tod nicht dagewesen wäre, deshalb könnte ich ihn jetzt, wo er gefressen würde, unmöglich im Stich lassen. Victor sagte, ich sollte mich beruhigen, ich würde klingen, als hyperventilierte ich. Ich erwiderte, ich wäre nur außer Atem, weil ich draußen stehen und die Geier mit der Machete verscheuchen würde.

Da begriff Victor, dass ich offenbar seine Freisprechanlage benützte, und wurde richtig stinksauer, weil ich sie bestimmt mit meinen Schweiß schmutzig machte. Und da beendete ich das Gespräch. Weil ein verschwitztes Headset doch wirklich Peanuts ist im Vergleich dazu, dass ich mit einer Machete riesige Raubvögel verscheuchen und zugleich überlegen musste, ob ich einen Zuhälter mit der Exhumierung unseres toten Hundes beauftragen wollte. Victor brüllte mich allerdings trotzdem weiter an, weil ich nicht wirklich wusste, wie man mit einem Headset ein Gespräch beendet, aber ich erklärte, er könnte sich die Worte sparen, ich hätte in Gedanken schon aufgelegt und würde ihm nicht mehr zuhören. Daraufhin wurde er noch lauter, also begann ich, »Total Eclipse of the Heart« zu singen, um ihn zu übertönen, und in diesem Augenblick erschien wieder meine Nachbarin.

Sie wirkte diesmal noch besorgter, vielleicht weil ich so laut Bonnie Tyler schmetterte, heulte und mit einer Machete über einem teilweise geschändeten Grab herumfuchtelte. Oder vielleicht weil sie dachte: »Du machst doch das Headset ganz schmutzig.« Die Menschen sind schon seltsam und man weiß nie, was in ihren Köpfen vorgeht. Dann sah sie zu den Geiern hinauf, begriff sofort, was los war, und holte eine große, blaue Plastikplane, mit der wir Barnaby zudeckten. Die Ränder der Plane beschwerten wir mit großen Steinen. Die Geier waren sauer, aber ich war so dankbar, dass ich heulte. Dann ging ich nach drinnen und duschte eine halbe Ewigkeit. Als ich nach draußen zurückkehrte, musste ich erkennen, dass Geier überraschend starke Vögel sind und dass die blaue Plane für sie eine Art Zauberwürfel war: Jeder Vogel zog an einer Ecke, um das Rätsel zu lösen. Ich war mit den Nerven am Ende, aber wenigstens sorgte ich für Zusammenhalt unter den Geiern.

Meine Freundin Laura (ja, dieselbe, die mich zu dem Wochenende in Wine Country geschleppt hatte) merkte, dass ich auf Twitter nur noch Beiträge über Geier, Macheten und tote Hunde schrieb und wie froh ich wäre, dass es Cartoon Network gebe, und deshalb rief sie mich an. Ich meinte sofort, es gehe mir gut und so weiter, worauf sie vorwurfsvoll erwiderte: »Aber du klingst gar nicht so. Ich komme zu dir und helfe dir, deinen toten Hund auszugraben.« Darauf ich sofort: »Nein! Den braucht niemand zu sehen. Vor allem du nicht, weil du ihn gekannt hast.« Da sagte sie: »Du klingst schrecklich. Wir sind gleich da. Ich bringe meinen Vierjährigen mit. Und eine Schaufel.« Was sie auch tat.

Ich konnte sie schlecht alleine schuften lassen, also setzten wir Hailey und Harry vor ein Videospiel und sagten, wir würden draußen im Garten arbeiten. Dann zogen wir beide Handschuhe an und Laura band sich gegen den Gestank noch ein Tuch vor die Nase. Dann brachten wir es hinter uns. Und damit meine ich, dass wir meinen Hund ausgruben und in eine Kühlbox steckten. Nur dass ich die Augen die meiste Zeit geschlossen hielt, weil ich nichts sehen wollte, und Laura mich dirigierte. »Okay, hochheben. Schaufel nach links. DAS ANDE-

RE LINKS! NICHT HINSEHEN, VERDAMMT. Weiter ... noch weiter ... in die Box hinunterlassen ... GESCHAFFT! GLÜCKWUNSCH, TEAM.«

Und dann waren wir fertig, und Laura, eine Emmy-gekrönte Frau von Welt, die Schuhe besitzt, die mehr gekostet haben als meine Hochzeit, sah mit trotzig vorgerecktem Kinn zu den Geiern hinüber (die uns aus einigen Schritten Entfernung finster anstarrten) und murmelte drohend: »Richtig, ihr Arschlöcher, es ist vorbei.« Wir fühlten uns beide supergut.

Wir schlossen die Kühlbox luftdicht ab und trugen sie in die Garage, wo sie niemanden störte, bis der Typ vom Krematorium Barnaby Jones am Montag abholte. Die ganze Aktion kam mir gleichzeitig albern und schrecklich traurig vor, aber Laura sah mich verständnisvoll an und sagte: »So. Friede den Pfoten. Kapiert? Jetzt wird gelacht.« Und das tat ich auch. Ich lachte zum ersten Mal seit Tagen, während ich meinen süßen, toten Hund aus seinem geschändeten kleinen Grab in die Garage trug. Und dabei wurde mir auch klar, was für ein unglaubliches Glück ich hatte, Freundinnen wie Laura zu besitzen. Weil sie mit etwas so Schrecklichem und Traumatischem so umgeht, dass es ... erträglich wird. Und auch weil sie, als ich mich zum achtzehnten Mal dafür entschuldigte, sie in so was reingezogen zu haben, nur sagte: »Das macht überhaupt nichts«, mit einer wegwerfenden Handbewegung, als hätte ich nur meinen Martini auf dem Tisch verschüttet. Dann sagte sie noch: »Eh, dein Hund ist wie Jesus. Er ist am dritten Tag auferstanden.« Und ich sagte, dann wäre sie wie Maria Magdalena, nur »weniger Hure«. Darauf LAURA »Gut, wir machen hier keinen Wettbewerb.« Dann gingen wir nach drinnen und schrubbten uns zwei Stunden lang die Hände, und dann sagte Laura, sie hätte in ihrer Handtasche alles dabei, um eine frische Salsa zuzubereiten, inklusive Bier und einer ganz kleinen Küchenmaschine, weil sie weiß, dass ich so was nicht besitze. Ihre Handtasche war wie eine Wundertüte. Ich sah hinein und fragte, wo das Pony wäre. »Igitt«, sagte sie und musterte mich zum ersten Mal an diesem Tag kritisch. »Wer tut denn ein Pony in Salsa? Du bist mir vielleicht eine lausige Köchin.« So kam es, dass ich am Ende einer Woche, die so schrecklich war, dass ich schon geglaubt hatte, ich würde sie nicht lebend überstehen, plötzlich ein Gefühl verspürte, mit dem ich überhaupt nicht gerechnet hatte.

Schaufel, Laura, Zwergenschaufel, ich.

Ich war *glücklich.*

Mir fiel ein, was mein Vater immer sagte, wenn ich mich über seinen Geschmack bei der Auswahl seiner Freunde beklagte (zu denen gelegentlich auch Mörder und Obdachlose gehörten). Ausnahmsweise einmal konnte ich seinem Standardsatz zustimmen: »Ein Freund ist jemand, der weiß, wo du deine Leichen begraben hast. Denn er hat dir dabei geholfen.«

Mein Vater hatte recht. Und manchmal, wenn man ganz großes Glück hat, helfen die Freunde einem, die Leichen auch wieder auszugraben.

NACHWORT: Hailey und Harry wollten unbedingt ein Bild von Laura und mir nach Beendigung der »Gartenarbeit« machen. Es ist das schlechteste *und zugleich beste* Bild, das ich habe.

Es ist irgendwie ein ziemlich schräges Porträt im Stil von *American Gothic*, aber mit weniger Mistgabel und dafür mehr Rap. Wenn es einen Song für dieses Kapitel gäbe, wäre es der Titelsong der *Golden Girls*, nur weniger schmalzig und mit einem Wahnsinnsschlagzeugsolo in der Mitte. Und der Liedtext ginge so: »Du würdest sehen, das größte Geschenk käme von mir, und auf der beiliegenden Karte würde stehen: ›Danke, dass du mir geholfen hast, meinen toten Hund auszugraben.‹« Das ist echt Grammy-verdächtig, Leute.

Ein paar Wochen später kam ein Paketbote mit einem Päckchen an die Haustür, für das ich unterschreiben musste, und ich freute mich schon, weil ich ein Halstuch bestellt hatte, aber dann machte ich es auf und es war ein Karton mit der Asche von Barnaby Jones. Auf solche Päckchen ist man einfach nie vorbereitet. Sollte man aber sein, im Ernst. Es gibt gute und schlechte Tage und an manchen Tagen bekommt man per Post einen toten Hund. Es kann nicht nur gute Tage geben.

Einen Teil der Asche verstreuten wir später in Devil's Backbone, wo wir wohnen, weil dort angeblich viele Indianer und spanische Mönche herumspuken und ich mir gerne vorstelle, dass die Leute über eine Begegnung mit dem Geist eines einsamen Indianers weniger erschrecken, wenn er von einem lächelnden Mops begleitet wird, der sich verdammt freut, dich zu sehen.

Gern geschehen, Texas.

ICH BRAUCHE EINEN ALTEN PRIESTER UND EINEN JUNGEN PRIESTER

Es folgen eine Reihe tatsächlicher Begebenheiten aus meinem Tagebuch, aufgrund derer ich glaube, dass in unserem Haus Dämonen ihr Unwesen treiben und/oder das Haus auf einem indianischen Friedhof steht. (Dabei ist zu beachten, dass der erste Teil des Kapitels *vor* dem vorangegangenen Kapitel spielt und der zweite Teil *danach*. Das mag dem einem oder anderen als »schwerfällig und ungeschickt« vorkommen, aber ich sehe darin lieber eine »geistige Herausforderung und surrealistische Zeitfolge. Eine Art *Memento* in Buchform. Über tote Hunde und Vaginas und aus toten Eichhörnchen gemachte Puppen.« Wer über das Kapitel schreibt, kann das gern zitieren, auch ein Schüler, der von seinem Lehrer gefragt wird, was die Autorin uns hier sagen will. Genau das. Also genau das wollte ich sagen. Das und: »Verwendet um Himmels willen Kondome, wenn ihr Sex habt. Es gibt hier so viele Schlampen.« Darüber schreibe ich in diesem Buch zwar nicht, aber es ist trotzdem ein guter Rat.)

Fangen wir also an.

WISST IHR, WAS ECHT NERVEN WÜRDE? Wenn einem nach dem Umzug plötzlich einfällt, dass man vielleicht eine Zigarrenkiste mit einem zehn Jahre alten Joint in der Garage vergessen hat und dein Mann sich nicht daran erinnern kann und du nicht weißt, ob die Möbelpacker sie gefunden und eingepackt haben und dass es also sein kann oder auch nicht, dass du irgendwo im Haus illegale Drogen hast. Und du willst einen Drogenhund mieten, der den Joint erschnüffelt, damit nicht dein Kind die Kiste eines Tages findet, aber du kennst niemanden, der Drogenhunde vermietet. Und eigentlich würdest du am liebsten die Bullen rufen, damit sie die Kiste finden, und du würdest sagen, sie können die Kiste gern behalten, wenn sie sie finden, aber du weißt nicht, ob sie dich dann gleich verhaften, auch wenn du ja eigentlich nur illegale Drogen loswerden willst. Das ist alles natürlich nur hypothetisch. Es ist auch der Grund, warum wir den Kampf gegen Drogen verlieren. Ist Pot eigentlich noch illegal, wenn das Haltbarkeitsdatum abgelaufen ist? Und woher weiß man, wann das ist? Das sind die Fragen, die ich der Polizei gerne stellen würde, wenn ich nicht solche Angst hätte, sie zu rufen.

Scheiße Mann, Leute. Ich habe gerade nach draußen gesehen und da war ein Fuchs in unserem Garten. *Hallo,* ein *Fuchs?* Ich weiß, für die meisten ist das nichts Besonderes, aber mich haut es um, dass wir so weit draußen auf dem Land wohnen, dass es hier echte Fuchse gibt. Die Rechtschreibprüfung moniert »Fuchse«, obwohl es sich ganz klar um ein Wort handelt. Ein Luchs, *zwei Luchse.* Ein Fuchs, *zwei Fuchse.* Das sind sprachliche Basics, also wirklich.

Victor und ich streiten erbittert darüber, ob wir die Fuchse füttern sollen oder nicht. Victor sagt Ja, weil sie so süß sind und – laut Nachbarn – ganz zahm. Ich sage nein, weil wir einen dicken kleinen Mops haben, der manchmal draußen herumtollt und nicht gefressen werden soll. Ich dachte schon, wir wären uns einig, da steht Victor auf und wirft dem Fuchs einen Apfel hin. Ich sofort: »Hallo? Wir wollten die Fuchse doch nicht füttern«, und Victor: »Ich wollte ihn mit dem Apfel nur vertreiben.« Aber Victor ist ein mieser Lügner und er hat den Apfel auch nicht zurückgeholt, wahrscheinlich weil er weiß, dass Fuchse Apfelmost lieben. Auch ich beziehe mein ganzes Wissen über Fuchse aus *Der fantastische Mr. Fox*, ein wirklich großartiger Film, obwohl vermutlich nicht alles auf Tatsachen beruht. Was wahrscheinlich sowieso klar ist, auch ohne dass ich darauf hinweise.

Die Fuchse geben nicht auf und hängen im Garten herum wie eine Meute von Teenagern auf Jobsuche. Ich schreie: »Verschwindet von meinem Rasen«, aber sie sehen mich nur fragend an und rollen sich auf den Rücken, als wollten sie sich den Bauch kraulen lassen. *Ich kraule euch nicht den Bauch, Fuchse.*

Victor ist auf ihre Anmache hereingefallen und schafft heimlich Essen in den Garten, um sie zu füttern. Weil er mich für blöd hält. Er durchsucht den Kühlschrank, zieht Würstchen und Eier heraus, die noch vollkommen in Ordnung sind, und ruft laut, die wären verdorben. Und dann wirft er sie durch die Hintertür und verfolgt aufmerksam, ob sich draußen was bewegt. Er sagt, er wollte einen Kompost anlegen, aber diesen Quatsch nehme ich ihm nicht ab. »Du darfst sie nicht füttern«, erkläre ich noch einmal. »Für Fuchse ist das, als wolltest du dich mit ihnen anfreunden. Aber ich locke sie doch nicht an und lasse dann Barnaby Jones Pickles in den Garten. Dann sehen wir beim nächsten Mal einen Fuchs, der auf dem Ende einer leeren Leine kaut.«

»ABER ICH WILL DOCH NUR EINEN VON NAHEM SEHEN«, brüllt Victor.

»Sie sehen wie Katzen aus«, sage ich. »Wie gräuliche, intrigante Katzen.« Victor wollte mir nicht glauben, aber am folgenden Tag fuhren wir an einem Bussard vorbei, der am Straßenrand an einem Fuchs fraß, und ich rufe: »DA! FUCHS!« Und sage zufrieden: »So, jetzt hast du einen gesehen. Gar nicht so aufregend, oder?« Victor gab zu bedenken, das tote Tier wäre

Echter Fuchs bei mir hinter dem Haus. Vermutlich auf der Suche nach Apfelmost.

eine Katze gewesen, und ich: »*Eben.* SO ÄHNLICH SEHEN SIE SICH.« Es hätte auch wirklich eine Katze sein können. Schwer zu sagen, was ein Bussard frisst, wenn man mit hundert Stundenkilometern an ihm vorbeibrettert.

Die Fuchse müssen unbedingt weg. Barnaby Jones Pickles scheint sie für niedliche Kätzchen zu halten und will immer wieder zu ihnen rennen und mit ihnen spielen. Zum Glück ist sein Auslauf begrenzt und er kommt nicht an sie ran. Die Fuchse starren ihn nur geduldig an wie das Kind von jemandem, das endlich weggehen soll. Ansonsten ignorieren sie ihn und wirken auch gar nicht bedrohlich, aber mir ist Barnabys Begeisterung inzwischen schon ein wenig peinlich. Er will unbedingt mit den Fuchsen spielen, aber die halten sich ganz offensichtlich für etwas Besseres. Das sind doch Arschlöcher, ich lasse mir das nicht bieten.

Meine Freundin Karen sagt, wenn Fuchsen in England aufdringlich werden, pinkelt der Hausherr einmal ums Haus herum, denn im männlichen Urin steckt etwas, das sie irgendwie wahnsinnig abschreckt. Das klingt einleuchtend, ich sage also zu Victor, er soll zum Schutz des Hundes einmal ums Haus pinkeln. Victor geht aus dem Zimmer und schließt sich in seinem Büro ein. Ich *höre* ihn förmlich durch die Tür den Kopf schütteln. Rückblickend hätte ich meine Bitte wahrscheinlich besser begründen sollen.

Ich habe dieses Kapitel gerade einer Freundin vorgelesen und sie hat mich unterbrochen und gesagt: »Moment, ist Barnaby nicht im letzten Kapitel gestorben? Jetzt bin ich ganz durcheinander. Warum willst du einen toten Hund beschützen?« Deshalb sei hier (noch einmal) angemerkt, dass das mit den Fuchsen vor Barnabys Tod passiert ist. Ich beschütze doch nicht einen toten

Zombie-Hund vor eingebildeten, faul herumlungernden Fuchsen. *Das wäre ja wirklich bekloppt.*

Das geht jetzt schon seit Tagen so und die Fuchse schlafen mit Vorliebe dort, wo Barnaby ganz knapp nicht an sie rankommt. Victor meint, sie würden das tun, weil sie so zahm wären, aber in Wirklichkeit wollen sie ihn wahrscheinlich nur mit einer Fuchskrankheit anstecken, die durch die Luft übertragen wird. »GEH DOCH EINFACH PINKELN!«, brülle ich verzweifelt. »Wenn du Barnaby Jones lieb hättest, würdest du ihn jetzt gleich selber vollpinkeln.«

Victor hob den Kopf. »Hörst du dir manchmal eigentlich auch selber zu?«

»Ich vermeide es nach Möglichkeit«, räumte ich ein. »Aber in diesem Fall habe ich wirklich recht. Du musst den Garten vollpinkeln. Und möglichst auch den Rasen vor dem Haus. Und den Hund.«

Victor schüttelte den Kopf. »Ich pinkle nicht im Garten. Wir haben keinen Zaun. Dafür kann man verhaftet werden. Und ich kann gar nicht so viel pinkeln.«

»WEISST DU WAS?«, rief ich und verschränkte wütend die Arme. »TOLL. Ich will unseren Hund retten und du hortest dein Pipi. PIPIHORTER!«

»Ich horte kein Pipi«, brüllte Victor. »Ich spüle es die Toilette hinunter. WO ES HINGEHÖRT.«

»DAS IST VERSCHWENDUNG.«

»Ist es nicht.«

»Na prima«, sagte ich. »Es ist bestimmt sehr tröstlich für Barnaby Jones zu wissen, dass er an einer Fuchskrankheit gestorben ist, weil du ihn nicht vollpinkeln wolltest.«

Ich rief meine Mom an und fragte, ob Daddy nicht für ein paar Stunden zu uns kommen und als Schutz um das Haus herum pinkeln könnte, aber das ging nicht, weil die Tierpräparatoren Hochsaison hatten. Aber Mom meinte, wenn ich es »wirklich bräuchte«, könnte sie mir wahrscheinlich was per Post schicken. Ich überlegte, lehnte dann aber ab, erstens weil ich für ein solches Päckchen nicht unterschreiben will und zweitens weil ich schon jetzt weiß, dass Victor dann angepisst ist (Wortspiel unbeabsichtigt), weil ich meinen Vater um Hilfe gegen die Fuchsen gebeten habe. Er zetert dann bestimmt rum von wegen: »IN DIESEM HAUS BIN *ICH* DAS ALPHA-MÄNNCHEN UND HIER PINKELT NIEMAND HIN AUSSER MIR.« Und wenn mein Vater dann das nächste Mal kommt, pinkeln sie bestimmt um die Wette. Ganz wörtlich. Nur dass Victor im Eifer des Gefechts wahrscheinlich wieder übertreibt und sagt: »Ach ja, pinkeln? Geschenkt. *Ich kotze überall hin!*« Und ich dann: »Du übertreibst mal wieder maßlos.« Solange wir in der Stadt lebten, hatten wir solche Probleme nicht.

Vergangene Woche starb Barnaby Jones den Heldentod aufgrund eines Wespenstichs/Schlangenbisses/Haifischangriffs. Es war schrecklich und ich muss immer noch weinen, wenn ich darüber schreibe. *Ich habe diesen Hund wirklich geliebt.* Die Fuchsen sind von jedem Verdacht freigesprochen worden, an seinem Tod beteiligt gewesen zu sein. Durch Victor. Der allerdings womöglich parteiisch ist, weil er mit ihnen offenbar einen Fuchszirkus aufziehen will. *Das kann so nicht weitergehen.* Hand aufs Herz, ich weiß zwar, dass die Fuchsen nicht an Barnabys Tod schuld sind, aber wenn Victor sie nicht die ganze Zeit gefüttert hätte, hätten sie wahrscheinlich vor Hunger die Wespe/die Schlange/den Hai gefressen, die/der Barnaby getötet hat. Ich habe Victor verboten, weiter Essen in den Garten zu werfen. Er meint, ich würde mir Sachen einbilden, er täte das schon längst nicht mehr. Drei Stunden später sah ich einen Fuchs am

Schlafzimmerfenster vorbeilaufen, der einen Hamburger im Maul hielt. *Arsch. Loch.*

Unser Haus scheint mit Skorpionen verseucht zu sein. Ihr Stich ist zwar nicht tödlich, aber wenn sie einen stechen, tut es höllisch weh, und sie sind gruselig und Geschöpfe des Teufels. Zum Glück sind Katzen gegen Skorpiongift immun (schon gewusst?), es kann ihnen also nichts passieren. Leider wissen Katzen nicht, dass ich nicht immun bin, und statt die Skorpione zu töten, scheuchen sie sie nur in Richtung meiner nackten Füße, wenn ich gerade fernsehe. Wahrscheinlich weil ich mit ihnen spielen soll. Oder weil sie auch Arschlöcher sind. Ich neige zu Letzterem, weil dieselben Katzen heute Haileys Lieblingsfrösche ermordet haben. Was für ein Gemetzel. Erst die Schlangen, dann die Frösche, dann eine Skorpionplage. Mir kommt langsam der Verdacht, das Ende der Tage könnte bevorstehen. Oder unser Haus steht auf einem indianischen Friedhof. Ich suche weiter nach den Gräbern, die angeblich in der näheren Umgebung liegen, aber wenn ich sie nicht bald finde, muss ich wohl davon ausgehen, dass unser Haus auf ihnen steht.

Die Kammerjäger haben im vergangenen Monat vier Mal ein Mittel gegen Skorpione gesprüht, aber es bewirkt nichts. Ich lese im Internet, dass Hühner Skorpione fressen und überlege, ob ich welche kaufe, bis Victor mich an die Fuchse erinnert. Ich kann nicht Hühner auf die Skorpionplage ansetzen, weil dann die Hühner von der Fuchsplage gefressen werden. Offenbar brauche ich zuerst einen Löwen, der die Fuchse frisst. Nur leider dürfen wir aufgrund der Auflagen auf dem Grundstück keinen Löwen halten.

Ich weiß gar nicht, warum wir überhaupt aufs Land gezogen sind, wenn man dort keine Löwen halten darf.

Der Kammerjäger meint, die Skorpione kommen wahrscheinlich vom Dachboden, weil Skorpione gerne in Dachböden leben, also habe ich in einem Chatroom im Internet um Rat gefragt.

INTERNET-TYP Kauf dir Enten. Die fressen dir alle Skorpione weg.
ICH Aber die Skorpione leben unter dem Dach.
INTERNET-TYP Schaff so ungefähr fünfhundert Enten rauf und du hast nie mehr Skorpione unter dem Dach.
ICH Nein ... stimmt wahrscheinlich. Aber dann habe ich dort stattdessen fünfhundert Enten.
INTERNET-TYP Hast du ein Gewehr?

Und genau deshalb sollte man im Internet nicht um Rat fragen.

Victor kaufte einen riesigen Sack Kieselerde, mit der er die Skorpione töten will. Anscheinend begehen die Skorpione auf dieser Erde Selbstmord. So was bekommt man sonst bei einem Zauberer.

»Hat man dir beim Kauf auch gesagt, wie man *›Avada Kedavra‹* ausspricht?«, frage ich. Victor sieht mich nur verwirrt an. Wahrscheinlich weil er keinen einzigen Harry Potter gelesen hat. »Entschuldigung«, erkläre ich, »ich bin nur ziemlich sicher, dass das Mittel, das du da gekauft hast, von einem Zauberer zusammengemischt wurde. Besteht es aus Zauberbohnen?«

»Das ist kein Zaubermittel, das sind nur gemahlene Muscheln«, erwidert Victor. »Skorpione mögen das angeblich nicht.«

»Aha«, sage ich. »Gut, das erklärt, warum Skorpione nie am Meer Urlaub machen.«

Die Skorpione haben den Dachboden verlassen. Und sind ins Haus umgezogen. Ich bestelle einen Flammenwerfer, den ich neben dem Bett in Bereitschaft halte. Allerdings nur einen kleinen, aus Gründen des Brandschutzes. Einen von der Art, mit der man die Oberfläche einer Crème brûlée schön knusprig macht. Und jede Menge Flüssiganzünder. Spinnen und Motten befördere ich weiter in Plastiktassen aus dem Haus, aber die Skorpione sollen einen qualvollen Tod sterben.

Nachbarn raten uns, die Bettpfosten in Einweckgläser zu stellen, damit die Skorpione nicht nachts zu uns ins Bett krabbeln, denn Glas ist die einzige Oberfläche, an der sie nicht hinaufkommen. Ich überlege, was es kosten würde, alles im Haus mit einer Glasschicht zu überziehen, aber Victor überzeugt mich, dass ein gläsernes Sofa an schwülen Sommertagen fragwürdige Spuren hinterlassen würde. Ich notiere auf meinem Merkzettel »gläserne Schuhe machen lassen«, damit die Skorpione nicht an mir hinaufkriechen, wenn ich zu lange an einer Stelle stehe. Cinderella hatte bei sich zu Hause vermutlich auch einen problematischen Skorpionbefall. Obwohl, wie ich sie kenne, hat sie die Skorpione wahrscheinlich gezüchtet. Oder wenigstens würde ich das tun, wenn ich in meinem eigenen Haus als Sklavin arbeiten müsste. Und sie hat sich von Ratten, Mäusen und Tauben Kleider machen lassen, also hat sie den Skorpionen vermutlich auch Kunststücke beigebracht. Vielleicht haben sie ihr mit ihren Zangen Handspiegel vorgehalten. Und die faulen Mäuse bestraft, die lieber Käse suchten, als eine Schärpe zu nähen. Bei näherem Nachdenken war Cinderella wirklich ein ziemliches Biest.

Heute kam der Kammerjäger wieder mit seinem Skorpionspray und er hinterließ eine Nachricht des Inhalts, dass er neben dem Haus eine große Schlangenhaut gefunden hätte. Ich schrie: »AUF DEM LAND TRACHTET EINEM ALLES NACH

DEM LEBEN«, und Victor sagte, ich solle mich hinlegen. Aber dann wollte ich mir doch noch die Schlangenhaut ansehen, und ich sagte: »Das ist ein gebrauchtes Küchenpapier. Aber Victor sagte: »Mann, das ist voll die abgelegte Haut einer Schlange. Sieh doch das rautenförmige Muster der Schuppen.« Und ich: »Das ist ein strukturiertes Papier mit Rautenmuster, das mehr Feuchtigkeit aufnehmen kann. Man sieht, dass es Papier ist, denn Schlangenhäute sind nicht viereckig. Oder perforiert.« Ich breitete es auf dem Boden aus und daraufhin Victor auf einmal: »Hm, das ist ja Küchenpapier, verdammt. Ich glaube, wir brauchen einen neuen Kammerjäger.«

Wir werden das Jahr wahrscheinlich nicht überleben.

Ich will immer noch den Familienfriedhof in unserer Nachbarschaft finden und streife über leere Felder und halte nach Grabsteinen Ausschau. Eine Nachbarin, die ich noch nicht kannte, bremste kürzlich neben mir, stellte sich vor und meinte, ich sollte beim Wandern wegen der vielen Schlangen aufpassen. Ich bedankte mich, erklärte aber, ich würde nicht wandern, sondern nur nach Leichen suchen. Victor sagt, ich dürfte ohne ihn nicht mehr mit den Nachbarn sprechen.

Gestern Abend war Victor weg, deshalb hinderte mich niemand am Ausrasten, als gegen Mitternacht etwas Großes heftig von außen gegen die Schlafzimmerwand schlug. Ich rief den Kammerjäger an und jammerte, etwas sehr Lautes werfe sich andauernd gegen die Wand. Er meinte, wahrscheinlich würde es sich um eine in der Wand eingesperrte Feldmaus handeln. Darauf ich: »Nein. Es klingt wahnsinnig gefährlich und *riesig*. Wie ein Dämon, der einen Bären gegen die Wand schleudert. Oder ein Chupacabra ... mit einem Gewehr.« Darauf der Typ verwirrt: »Ein Chupa-*was?*« ER HATTE NOCH NIE VON EINEM CHUPA-

CABRA GEHÖRT. Ich: »Augenblick mal, *ist das Ihr Ernst? Sind sie neu?*« Denn ich erwarte doch von meinem Kammerjäger, dass er das weiß. Ich rief sofort Victor an. »Hör mal, unser Kammerjäger weiß nicht, was ein Chupacabra ist«, und Victor: »Wirklich? Wir leben hier doch in Texas. So was sollte Prüfungsthema sein«, und ich: »ABER HALLO.« Diese ganze Woche stinkt zum Himmel.

In meinem Schlafzimmer stinkt es furchtbar. Die schrecklichen Geräusche haben seit einer Woche aufgehört und es ist doch klar, dass der Chupacabra in der Wand gestorben ist. Der Kammerjäger ist zum Dachboden hinaufgestiegen und er meint, es hätte sich vermutlich um ein Eichhörnchen gehandelt, das in den Spalt zwischen den Wänden gefallen wäre, und er würde versuchen, es mit einem Haken vom Dachboden aus herauszuziehen. Nach zwanzig Minuten sagte er, er könnte es nicht erreichen, und gab auf. Er meinte auch, auf dem Dachboden liege viel Dreck, um den wir uns bei Gelegenheit kümmern sollten.

Am folgenden Tag kam ein zweiter Eichhörnchenangler von derselben Firma, der von dem Problem gehört hatte und sich selber daran versuchen wollte. Es ging in meinem Haus zu wie in einem großen Greifautomaten und der Preis war ein totes Eichhörnchen. Nach ungefähr einer halben Stunde kam mir die Befürchtung, die übrigen Chupacabras könnten den Angler getötet haben, aber dann stellte sich heraus, dass er nur aufgegeben und eine Flasche *Rat-sorb* Geruchsvernichter in die Wand geschüttet hatte. Das gibt es nämlich wirklich, Leute. Um den Gestank toter Tiere zu absorbieren. So steht es auf dem Etikett. Ich werde also offenbar den Rest meines Lebens mit einem toten Eichhörnchen in der Schlafzimmerwand verbringen müssen. Der Kammerjäger meint, das wäre oft so und

Mein Fuß, meine Fußmatte, mein ungeladener Gast (ein im Wesentlichen toter giftiger Tausendfüßler). Am selben Tag bin ich noch vier Skorpionen begegnet. Wahrscheinlich werde ich hier sterben.

alle Häuser hätten ausgetrocknete Tierkadaver in den Wänden. Was auch eine positive Seite hat. Denn wenn ich das nächste Mal auf einer vornehmen Dinnerparty eingeladen bin und keinen Ton herausbringe, denke ich einfach daran, dass das Haus wahrscheinlich voller toter Tiere steckt. Das ist in etwa so, wie wenn man vor einer Gruppe sprechen muss und sich die anderen alle nackt vorstellt. Nur dass die toten Tiere in der Wand nicht eingebildet sind und dafür wirklich nackt. Ich weiß nicht, ob das die Sache besser oder schlimmer macht.

Das mit dem Geruchsvernichter ist jetzt eine Woche her und der Gestank ist endlich verschwunden, aber vor ein paar Minuten habe ich in der Wand ein scharrendes Geräusch gehört. Ich wollte nicht noch einmal von vorn anfangen, deshalb beschloss ich, das Tier durch Schreien, Knurren und An-die-Wand-Hämmern zu vertreiben, als wäre ich ein gefährliches Raubtier. Aber als ich mich dann umdrehte, starrten mich die beiden Katzen nur empört an, als wollten sie sagen: »Du bringst uns hier alle in Verlegenheit«, und ich darauf: »Ach haltet doch die Klappe, wenigstens unternehme ich was.« Im selben Moment merkte ich, dass der Postbote mich durch die Glasscheibe der Haustür ebenfalls anstarrte. Ich erklärte, ich hätte gerade versucht, ein Tier zu verscheuchen, bei dem es sich womöglich um einen Chupacabra handelte, der sich in meiner Wand häuslich niederlassen wollte, und da sagte der Postbote: »Nein, das ist wahrscheinlich W. C. Fields.« Ich stand nur stumm da, denn sonst sage in Gesprächen immer *ich* die sonderbaren Sachen, und ich wollte diesen Moment auskosten. Wie sich allerdings herausstellte, gab es tatsächlich einen entlaufenen Klammeraffen namens W. C. Fields, der unsere Gegend unsicher machte und vor Kurzem eine Frau angegriffen hatte, die dann eine Stunde nicht aus ihrer Garage herauskonnte. Das stimmt jetzt wirklich, Leute.[15]

15 **MSNBC titelte: »Entlaufener Klammeraffe in San Antonio unterwegs: ›W. C. Fields konnte aus Wildpark fliehen, nachdem Unwetter sein Gehege beschädigt hatte.«**

Ich habe »Klammeraffe« im Internet nachgesehen und die haben offenbar Angst vor Pumas, ich habe deshalb heute Vormittag auf meinem Computer in einer Endlosschleife Pumagebrüll abgespielt und bisher ist es in der Wand ruhig geblieben, was meiner Meinung nach eindeutig bestätigt, dass wir es wirklich mit einem Klammeraffen zu tun haben. Victor findet, bestätigt würde nur, dass man nichts hören kann, wenn im Haus Pumas herumbrüllen. Und dann brüllte er plötzlich selber herum, weil die Küche angeblich ein Saustall war, aber ich konnte ihn wegen der vielen Pumas ganz leicht ausblenden. Das ist eine Art Puma-Bonus. Brüllende Pumas sind mein neuer Soundtrack.

PS: Aktueller Kommentar von MSNBC zu W. C. Fields, dem entlaufenen Klammeraffen: »Verlassen Sie das Haus nicht. Versuchen Sie nicht, ihn zu streicheln. Kommen Sie ihm nicht zu nahe.« Heilige Scheiße! Der Klammeraffe ist gerade zum Helden von *Menschenjagd* geworden.

Was voll der Wahnsinn ist? Wenn du in ein (für dich) neues Haus einziehst und im Bad riecht es muffig und du lässt Leute kommen, die sich die Flecken ansehen, die hoffentlich kein Schwarzschimmel sind, und die Leute sagen: »Scheiße Mann, Sie haben da echt ein Problem.« Und ein Techniker kommt und entnimmt Laborproben und fragt: »Sie haben aber nicht in der Nähe dieses Zimmers geschlafen?« Und sie versiegeln gleich mehrere Zimmer und sichern die mit einer Reißverschlusstür, damit die Pilzsporen nicht in den Rest des Hauses gelangen. Dann ziehen sie sich genauso an wie die Typen vom FBI, als sie versehentlich fast E. T. getötet hätten, und reißen Rigipsplatten und Einbauschränke heraus und du willst Fotos machen, aber sie lassen dich nicht, weil du keinen Schutzanzug trägst, und dann sagen sie: »Nein, gnädige Frau, ein Schlafoverall reicht auch nicht.« Du willst dich ins Bad schleichen, um die Zahnpasta zu holen, aber du stolperst in der Türöffnung, weil es fast unmöglich ist, ein Zimmer zu betreten, das einen Reißverschluss als Tür hat. Du fällst hin und es tut höllisch weh und du vergisst, dass du ja nicht einatmen sollst, also atmest du tief ein und daran wirst du wahrscheinlich sterben. Dir wird schlecht, aber dann fällt dir ein, dass du hier ja monatelang geduscht hast, du hast also wahrscheinlich sowieso schon Tuberkulose und für das Krankenhaus reicht das Geld nicht mehr, weil du es schon für Luftproben und Labortechniker ausgibst und für die Leute, die wahrscheinlich E. T. umgebracht haben. Du legst dich also hin und weinst kurz und die Schimmelexperten sagen: »Sie sollten dieses Zimmer wirklich nicht betreten.«

Ja, das ist schon der Wahnsinn.

PS: Mit »Wahnsinn« meine ich, ich würde mich ja gern *unter* dem Haus verkriechen, aber ich vermute mal, dass dort jetzt die Skorpione leben, nachdem die Chupacabras das Dach übernommen haben. Und ja, natürlich habe ich Bilder:

Dann war der Schimmel endlich beseitigt und ich war sehr erleichtert, bis die Schimmelexperten sagten, als sie ein Loch in die Wand gemacht hätten, wäre ein Haufen toter Skorpione herausgefallen. Ich werde nie wieder schlafen können. Wahrscheinlich wegen einer Kombination aus Angst, Gehirnerschütterung und Tuberkulose.

Victor ist verreist und ich höre im Haus und von draußen weiterhin seltsame Geräusche. Mein Verstand sagt mir, dass sich wahrscheinlich nur das Haus setzt, trotzdem bin ich mir ziemlich sicher, dass wir hier alle sterben werden, und ich vermute mal, dass wir einen Exorzisten brauchen. *Wir hatten im vergangenen halben Jahr Skorpione, Schimmel, getötete Haustiere und in den Wänden womöglich Chupacabras. Das Haus steht vermutlich auf einem indianischen Friedhof.* Ich frage mich, was ein Exorzismus kostet und ob er teurer ist, wenn ich nicht katholisch bin. Gibt es einen Gutscheincode, den ich verwenden kann? Wahrscheinlich lernt man genau so was im Katechismusunterricht.

Das Internet empfahl eine indianische Räucherzeremonie, bei der Salbei verbrannt wird, der dann eine reinigende Wirkung entfaltet, ich verbrannte also in einer Schale getrocknete Salbeiblätter, wanderte damit durch das Haus, deklamierte Bibelstellen, die ich aus dem EXORZISTEN kannte, und schwenkte den rauchenden Salbei. Außerdem sagte ich den Geistern, sie sollten gehen, sie könnten sich ja mal Hawaii ansehen, das wäre angeblich hammergeil. Dann intonierte ich noch einen Gesang im gregorianischen Stil, nur dass ich den Text nicht kannte, deshalb ersetzte ich ihn durch die Worte »Ihr braucht ja nicht nach Hause zu gehen, aber hier könnt ihr nicht bleiben«. Plötzlich ertönte ein ohrenbetäubendes Pfeifen und ich schrie auf und dankte Gott, dass Hailey bei meinen Schwiegereltern übernachtete, denn ich rechnete schon damit, dass als Nächstes Blut von den Wänden tropfen würde, aber dann wurde mir klar, dass nur der Brandmelder losgegangen war. In unserem letzten Haus war etwas ganz Ähnliches passiert, nur dass diesmal böse Geister den Alarm ausgelöst hatten und nicht Geschirrtücher, die ich in Brand gesteckt hatte.

Es ist wie Zelten – wenn das Zelt mit Sporen gefüllt ist, die dich töten können.

So sehen die Schimmelexperten aus, wenn man sich heimlich anschleicht. Womöglich schlagen sie einen auch mit einem Brett, aber nicht absichtlich, wahrscheinlich nur im Reflex.

»Ich habe gerade Ihren Alien getötet und in diese Tüte gesteckt. Jetzt lasse ich Sie mit ihm allein, dann können Sie weinen und ihn wieder zum Leben erwecken. Außerdem habe ich gerade E.T. für Sie verdorben. Spoilerwarnung.**«**

Ich rief meine Mom an und fragte sie, wie man Brandmelder abstellt, aber es war so laut, dass sie mich kaum hören konnte. Man klingt ja schon reichlich abstrus, wenn man erzählt, dass man bei sich zu Hause Salbei verbrennt, um die Geister eines indianischen Friedhofs zu besänftigen, der sich vielleicht unter dem Haus befindet, aber man macht sich vollends zum Idioten, wenn man dabei auch noch schreit, während im Hintergrund ein Brandmelder Radau macht. Ich versuchte zu erklären, dass in Anbetracht der vielen Ungereimtheiten der letzten Zeit ein Poltergeist die einzig logische Schlussfolgerung wäre. Meine Mom meinte, wahrscheinlicher wäre eine Folge zwar trauriger, aber doch alltäglicher Vorkommnisse, die eben zufällig alle zugleich stattgefunden hätten. Ich erwiderte, seinen toten Hund gegen Geier mit einer Machete verteidigen zu müssen, wäre ja wohl kaum »alltäglich«. Darauf meine Mom: »Sei nicht albern. Woher sollte ein Geier eine Machete haben?« Dabei hatte sie wohlgemerkt durchaus kapiert, was ich meinte ... sie hielt nur die Notlage für nicht so gravierend, dass sie mir schlampige grammatikalische Konstruktionen durchgehen ließ.

Dann fügte sie noch hinzu, die Indianer hätten Geier verehrt, wenn also tatsächlich ein indianischer Friedhof unter meinem Haus liegen würde, hätte ich die Geister wahrscheinlich erst recht erzürnt. Sie empfahl, den Geiern ein Opfer zu bringen, was ich auch liebend gern getan hätte, wenn Victor unsere Hamburger nicht schon an die Fuchse verfüttert hätte. Dann erklärte sie mir noch, wie man einen Brandmelder abstellt, aber es klang sehr kompliziert, ich nickte deshalb nur, bis sie fertig war, und holte dann einen Besen und schlug damit auf den Brandmelder ein wie auf eine Piñata, bis er leise war, was mich sehr erleichterte (und unsere Nachbarn vermutlich auch, schließlich war es schon elf Uhr abends).

Als Victor am folgenden Tag nach Hause kam, sah er

die Drähte des zertrümmerten Brandmelders von der Decke hängen. Ich erklärte, dass ich versucht hätte, die Geister auszuräuchern, und dass der Alarm vermutlich bedeutete, dass sie zufriedengestellt waren. Victor sah mich entgeistert an und meinte dann, der Alarm bedeute wohl eher, dass der Rauchmelder korrekt funktioniert hätte, bis ich ihm den Garaus machte, nachdem ich das Haus absichtlich mit Rauch gefüllt hatte. Es klang viel schlimmer, wenn Victor es so aus dem Zusammenhang gerissen formulierte.

Heute Nachmittag bin ich in sein Büro marschiert und habe triumphierend verkündet: »Also mein ›verrückter‹ Plan mit dem Feueralarm zur Besänftigung der Geister scheint doch aufgegangen zu sein, weil rate mal, du Klugscheißer, wer die Leichen gefunden hat, nach denen ich schon so lange suche? ICH SELBER. *Ich* habe sie gefunden.« Ich hob die Hand für den unvermeidlichen High five, aber Victor drückte stattdessen nur die Stummtaste seines Bürotelefons und ließ den Kopf in die Hände fallen. Was für uns beide enttäuschend war. Und natürlich wäre es besser gewesen, wenn ich gemerkt hätte, dass er gerade eine wichtige Telefonkonferenz hatte, aber wenn Victor nicht weiß, wie man die Stummtaste richtig drückt, ist das wirklich nicht meine Schuld.

Nach einer Weile blickte er wieder auf und sagte, ich sollte die Hand runternehmen, er würde mich nicht dafür abklatschen, dass ich Leichen ausgrub. Als er das sagte, dachte ich, er ist schon ein sonderbarer Mensch, mein Victor, denn warum um alles in der Welt sollte ich Leichen ausgraben? Ich erklärte, ich hätte gemeint, dass ich endlich den verschollenen Friedhof gefunden hätte, nach dem ich schon seit unserem Einzug suchte, und dass die Gräber so alt wären, dass die Leichen bei einer Zombie-Apokalypse keine Bedrohung mehr darstellten. Victor

Unsere extrem ruhigen Nachbarn.

schien darüber nicht so erleichtert zu sein wie ich, ich beschloss also, für uns beide erleichtert zu sein.

Dann sagte ich ihm noch, ich wollte das Grundstück mit dem Friedhof kaufen, um ganz bewusst *nichts* darauf zu bauen, als eine Art Ausgleich auf einer kosmischen Ebene für den Fall, dass wir tatsächlich versehentlich in einem über Gräbern erbauten Haus wohnten. Victor leuchtete das nicht ein, aber ich fragte bei den Besitzern an und die lehnten sofort ab. Das Grundstück gehörte offenbar den Angehörigen der dort begrabenen Leute und die wollten ihre toten Verwandten nicht verkaufen. Was auch wieder supergut passte, denn ich hätte gar kein Geld für ein Grundstück gehabt, auf dem ich sowieso nichts bauen konnte, und außerdem habe ich mir mit der Anfrage ein karmisches Guthaben verdient. Victor meinte zwar, das hätte mit Karma nichts zu tun, aber im nächsten Augenblick sagte er, er hätte an diesem Morgen etwas gefunden, das vermutlich mir gehörte, und zog die Zigarrenkiste mit dem zehn Jahre alten Joint heraus, die ich schon vermisst hatte. Ich rief: »DU MEINE FRESSE, JA. Danach habe ich schon überall gesucht!« Victor sah mich böse an und ich fügte hinzu: »Damit ich sie wegwerfen kann. Ich tue das jetzt gleich.« Er sah mich weiter streng an, weil ich einen zehn Jahre alten Joint in einer Zigarrenkiste aufbewahrte, deshalb sagte ich schließlich: »Von dir, Dad. Ich habe das von dir gelernt.« Aber Victor sah mich nur verwirrt an. Offenbar hat er in den Achtzigerjahren nicht viel ferngesehen und kennt den Anti-Raucher-Spot nicht.

Die ganze Woche war eine Befreiung gewesen und ich spürte, wie es endlich wieder aufwärts ging. Ich nahm die Zigarrenkiste mit dem Uralt-Joint und ging nachdenklich nach draußen. Ich überlegte ihn wegzuwerfen, änderte dann aber meine

Meinung, zündete ihn stattdessen an und ließ ihn auf derselben Glasschale vor sich hin glimmen, auf der ich auch den Salbei verbrannt hatte. Mit diesem letzten Opfer versöhnte ich die geierliebenden Indianer, die uns vielleicht die Skorpione auf den Hals geschickt hatten, hoffentlich endgültig.

Während der Joint herunterbrannte, dachte ich über unser neues Leben auf dem Land nach. Wir hatten unseren geliebten Hund verloren, dafür aber ein freches Kätzchen gerettet, das ein Talent zu haben schien, Skorpione aufzuspüren. Wir hatten gegen Schwärme von Insekten kämpfen müssen, aber auch ein Rudel Fuchse adoptiert und nachts Rehe beobachtet, die zu Dutzenden lautlos an unserer Veranda vorbeizogen. Wir hatten alte Freunde zurückgelassen und neue kennengelernt. Wir empfanden ein stilles Glück, wenn wir Hailey über das Gras tanzen sahen, während die untergehende Sonne unser neues Haus in tiefrotes Licht tauchte. Ohne uns dessen bewusst zu sein, waren wir Laura Ingalls nachgefolgt und hatten ein wenig von der genügsamen, aber hart erkämpften Zufriedenheit gefunden, von der sie vor hundert Jahren geschrieben hatte. Ich holte tief Luft und dachte: »Ich bin zu Hause.«

Da kam Victor nach draußen und sagte: »Warum rieche ich Pot? Rauchst du einen zehn Jahre alten Joint? WAS FÄLLT DIR EIN?« Das hat vielleicht die Romantik des Augenblicks ein bisschen ruiniert, aber dafür eine andere Stimmung geschaffen, die besser zu uns passt. Ich lachte und versicherte ihm, nur die Indianer rauchten im Garten hinter dem Haus. Das verstand er nicht und ich erklärte es ihm auch nicht, weil ich das Gefühl hatte, man konnte diese indianische Version des Trinkens auf die gefallenen Kameraden nicht beschreiben, ohne dass es lächerlich klang, und auch weil ich fürchtete, dass ich vom Rauch des Joints schon ein wenig high war. Stattdessen klopfte ich nur lächelnd auf den Stuhl neben mir und Victor sah mich an und

Zu Hause. Diese Aussicht entschädigt für die Skorpione. Mehr oder weniger.

setzte sich dann neben mich auf die Veranda und gemeinsam sahen wir die Kolibris um die Zaunwinden flitzen und lauschten auf den Wind und wussten auf einmal, warum niemand je von hier wegziehen will ... nicht einmal nach Hawaii.

UND DESHALB SOLLTE MAN DIE RICHTIGEN PRIORITÄTEN SETZEN

Heute Morgen hatte ich mit Victor einen Streit um Handtücher. Die Details weiß ich nicht mehr, weil der Streit nicht so interessant war, dass ich ihn dokumentiert hätte, aber es ging im Grunde darum, dass ich Victor sagte, ich müsste neue Badetücher kaufen und Victor unbedingt wollte, dass ich KEINE Handtücher kaufe, weil ich »gerade erst neue gekauft« hätte. Als ich erwiderte, die letzten Handtücher, die ich gekauft hätte, wären knallrote Strandtücher, sagte er »EBEN«, und daraufhin schlug ich meinen Kopf eine Stunde lang an die Wand.

Als Laura kam, mit der ich zum Discounter gehen wollte, gab Victor mir einen Abschiedskuss und flüsterte liebevoll: »Und bringe mir nicht noch mehr Handtücher mit, sonst bringe ich dich um.« Genau das ging mir immer noch durch den Kopf, als Laura und ich eine Stunde später unsere Einkaufswagen anhielten und in stummer Ehrfurcht auf einige riesige, aus verrosteten Ölfässern gemachte Hühner starrten.

LAURA Ich finde, du brauchst unbedingt so ein Huhn.

ICH Du machst Witze, aber sie sind wirklich der Hammer.

LAURA Das war kein Witz. Wir sollten dir unbedingt eins kaufen.

LAURA Der anderthalb Meter große Hahn hat ursprünglich dreihundert Dollar gekostet und ist auf hundert Dollar heruntergesetzt. Das macht zweihundert Dollar Hähnchen *gratis*.

LAURA Du wärst verrückt, ihn nicht zu kaufen. Ich meine, sieh ihn dir an. SO WAS VON ABGEFAHREN.

Hier bitte zweideutigen Witz mit »cock« einfügen.

ICH Victor wäre stinksauer.

LAURA Stimmt.

ICH Andererseits ... es wären keine Handtücher.

LAURA Stimmt.

ICH Wir nennen ihn Henry. Oder Charlie. Oder O'Shaughnessy.

LAURA Oder Beyoncé.

ICH *Oder Beyoncé*, ja. Und wenn Freunde von uns traurig sind, stellen wir ihnen Beyoncé vor die Haustür, um sie aufzuheitern.

LAURA *Genau*. Das ist dann, als ob du sagst: *»Ihr habt geglaubt, gestern wäre schlimm gewesen? Bitteschön, jetzt habt ihr ein blechernes Riesenhuhn am Hals. Alles eine Frage der Perspektive. Da habt ihr es.«*

»Klopf, klopf, jemand zu Hause?«

Wir holten einen Verkäufer und fragten aufgeregt: »Erzählen Sie uns was über die Hühner«, als wären wir in einer Kunstgalerie und nicht in einem Kaufhaus, das auf Badematten vom letzten Jahr spezialisiert ist. Der Verkäufer hatte keine Ahnung, meinte aber, sie hätten bisher erst eins verkauft, und zwar an eine Dame, die schon ziemlich beschwipst gewesen wäre. Daraufhin riefen Laura und ich sofort: »GEKAUFT. Der Hahn hier gehört jetzt uns.«

Der Verkäufer lud Beyoncé auf einen Einkaufswagen, aber Beyoncé war überraschend instabil und krachte mit seinen ganzen anderthalb Metern Blech auf den Boden. Laura und ich krähten: »HAHN AUS DEM KORB GEFALLEN! BITTE AUFRÄUMKOMMANDO NACH GANG DREI«, aber der Verkäufer lachte nicht. Der Manager kam, um zu sehen, was den Aufruhr verursachte, und wurde Zeuge, wie sein humorloser Verkäufer krampfhaft versuchte, das Tier aufzurichten, das fast so groß war wie er. Er hatte dabei seine liebe Not und forderte die Umstehenden auf, Abstand zu halten, »sonst verletzt der Hahn Sie«. Ich dachte zuerst, er wollte ihnen drohen, wie in: »Dieser Hahn hat ein Messer«, aber wie sich herausstellte, meinte er nur, die Kanten des Hahns wären scharf und rostig. Es war der Wahnsinn und Laura und ich fanden beide, selbst wenn wir Tetanus bekamen, hatte der Kauf sich schon bezahlt gemacht, noch bevor wir ihn in Lauras Truck verstaut hatten.

Anschließend fuhren wir zu mir, schafften den Hahn leise zur Haustür hinauf, klingelten und versteckten uns um die Ecke.

Victor öffnete die Tür und betrachtete den Hahn mit versteinerter Miene etwa drei Sekunden lang. Dann seufzte er, ging wieder nach drinnen und schloss die Tür.

LAURA Was zum Teufel war das? *War das alles? Kriegen wir keine andere Reaktion?*
ICH Nein. Diesen Mann haut nichts so leicht um.

Victor war überraschend sauer, dass ich Geld für ein Riesenhuhn aus Blech »verschwendet« hatte. Er hatte keinen Sinn dafür, wie saukomisch ein anderthalb Meter hoher Gockel ist, der an der Haustür klingelt. Also sagte ich: »Gut, wenigstens sind es keine Handtücher«, was aber offenbar erst recht falsch war, denn Victor stürmte schreiend aus dem Zimmer und schloss sich in seinem Büro ein. Von draußen hörte ich ihn auf die Tasten einhämmern. Ich brüllte durch die Tür: »Ich wollte es dir zum Hochzeitstag schenken, du Arsch. Zwei Wochen im Voraus. FÜNFZEHN JAHRE SIND BLECHERNE GOCKEL-HOCHZEIT.«

Er schrie zurück, der Gockel müsste weg, aber ich konnte ihn nicht allein verrücken, also zuckte ich nur mit den Schultern und setzte mich vor den Fernseher. Als dann der Typ von UPS kam, versteckte ich mich, aber der Typ sagte: »Eh Mann, schönes Huhn«, und Victor schrie: »DAS IST KEIN SCHÖNES HUHN«, was den Typen von UPS wahrscheinlich ziemlich verwirrte, *denn er wollte doch nur höflich sein, Victor.* Aber Victor war diesmal offenbar richtig verärgert, deshalb schleppte ich den Gockel schließlich in den Garten hinter dem Haus und klemmte ihn zwischen ein paar Bäumen ein. Dort konnte er die Schlangen abschrecken. Als ich ins Haus zurückkehrte, zog Victor mich wütend in sein Büro und ich sah, dass ich ihm Beyoncé direkt vor das Fenster gestellt hatte. Ich sagte: *»Genau.* BITTE SCHÖN.« Er könnte Beyoncé ja verrücken, wenn er wollte, was er aber doch nicht gemacht hat. Wahrscheinlich wegen der vielen großen Steine, mit denen ich Beyoncés Füße beschwert habe, damit niemand ihn klaut. Oder weil ihm Beyoncé inzwischen doch ans Herz gewachsen ist. Ich muss trotzdem immer denken, wenn Beyoncé ein Handtuch gewesen wäre, wäre es gar nicht zu diesem Streit gekommen. Wirklich, diese ganze Hühnergeschichte ist im Grunde eine Lektion darin, dass man genauer aufpassen sollte, wo man seine Prioritäten setzt. *Und* er ist wirklich der Hammer und ich muss jedes Mal kichern, wenn ich ihn sehe. Also ich meine Beyoncé.

Das war mein absolut schönster fünfzehnter Hochzeitstag.

NACKTE RATTEN GRATIS, NUR FÜR KINDER

Der heutige Morgen fing an wie immer. Victor und ich standen auf, fuhren Hailey in den Kindergarten und machten an der örtlichen Tankstelle auf einen Kaffee und ein Schwätzchen Halt. Auf dem Nachhauseweg hielten wir an der Anschlagtafel, die als Zeitung unseres Dorfes dient. Dort hängen immer Einladungen zu Grillfesten in der näheren Umgebung oder jemand verkauft Teile eines kaputten Traktors oder sucht »saubere Erde« (was immer das ist), aber heute stellten wir fest, dass die Person, die uns schon im vergangenen Jahr mit ihren bizarren Anzeigen fasziniert hatte, sich zurückgemeldet hatte. Man fragte sich beim Lesen ihrer Anzeigen, wie es wohl bei ihr zu Hause aussah und ob man selber noch ganz normal war. Eine lautete zum Beispiel:

»FLUGHÖRNCHEN – PREISWERT, KOSTENLOSE LIEFERUNG.«

Einen Monat später hieß es stattdessen:

»NORMALE EICHHÖRNCHEN – GRATIS IN GUTE HÄNDE ABZUGEBEN. *NICHT ZUM ESSEN.*«

Ich ziehe den Hut vor dieser Verzichtserklärung, war aber trotzdem verwirrt. Waren die Flughörnchen auch die ganze Zeit »normale« Eichhörnchen gewesen? Hatte der Verkäufer einen Monat gebraucht, bis er gemerkt hatte, dass sie keine Flügel besaßen? Wie viele Eichhörnchen hat er vom Dach hinuntergeworfen, bis er endlich aufgegeben und eingesehen hatte, dass sie nicht nur so taten, als könnten sie nicht fliegen? Waren die normalen Eichhörnchen nur deshalb gratis, weil sie eine posttraumatische Belastungsstörung hatten und an Höhenangst litten?

Ich stellte mir vor, wie eine ganze Schar von Eichhörnchen auf dem Boden hockte und entsetzt zu ihren früheren Freunden hinaufstarrte, die mühelos von Ast zu Ast sprangen. »IHR HOLT EUCH DEN TOD!«, würden sie rufen und ihre früheren Kameraden würden nur mitleidig die kleinen Köpfe schütteln und sich fragen, was ihre Freunde Schreckliches erlebt haben konnten, dass sie sich so verändert hatten. In meinen Gedanken glichen die Eichhörnchen verstörten und schwerbeschädigten Veteranen aus Vietnam, die nach ihren schrecklichen Erlebnissen nicht mehr mit dem wirklichen Leben zurechtkamen.

Victor hielt das für lächerlich, aber ich erwiderte, es wäre genauso lächerlich, Eichhörnchen zu verschenken, die man auch einfach freilassen könnte, und er musste zugeben, dass er darauf keine Antwort wusste.

Das mit den Anzeigen ging den ganzen Sommer lang so, dann brachen sie plötzlich ab. Wahrscheinlich (so vermuteten

Victor und ich) weil der Mann (der vermutlich die besten Absichten hatte) zuletzt von seinen eigenen Eichhörnchen ermordet wurde. Doch heute Morgen, fast ein Jahr nach seiner ersten Anzeige, hing wieder ein Zettel in derselben, unverwechselbaren Handschrift an der Tafel. Der Mann lebte und wir konnten uns alle glücklich schätzen.

Die Telefonnummer habe ich zensiert, um den Mann vor Telefonstreichen zu schützen. Und weil ich die ganzen Kurzkopfgleitbeutler für mich behalten will. Gleitbeutler, bei denen es sich vermutlich in Wirklichkeit nur um Mäuse mit wabbeligen Unterarmen handelt, die den Sturz vom Dach überlebt haben.

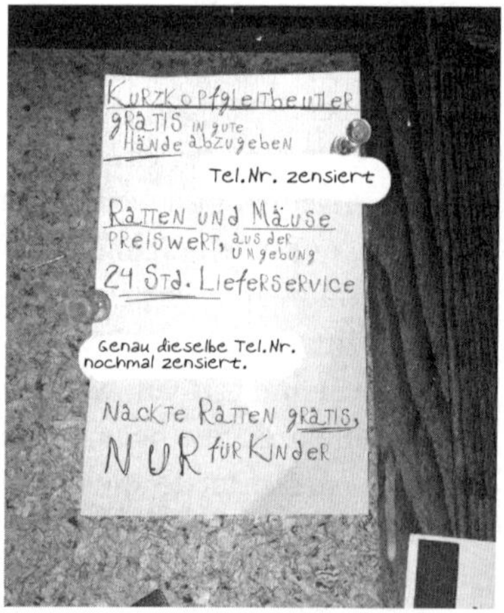

VICTOR Wow. Ich will gar nicht wissen, in was für einer Situation man stecken muss, wenn man so dringend eine Ratte braucht, *dass es nicht bis zum nächsten Tag warten kann.*

ICH Nicht? Ich schon.

VICTOR Das war ja klar.

ICH Aber das ist doch interessant – ein Rattennotstand, der darin besteht, dass man unbedingt eine Ratte BRAUCHT. Also das genaue Gegenteil einer normalen Rattenplage. Klingt doch faszinierend. Wir sollten diesen Typen anrufen und näher kennenlernen. Bestimmt kann er tolle Geschichten erzählen.

Ich meine, wer verschenkt haarlose Ratten an Kinder? Klingt schon ziemlich schräg.

VICTOR Dann ruf ihn doch an. Tu, als würdest du dich für ein Gratis-Eichhörnchen interessieren und hör dir an, was er zu sagen hat.

ICH Ob man irgendwelche Voraussetzungen erfüllen muss? Es wäre doch wirklich deprimierend, wenn man kein Gratis-Hörnchen bekommt.

VICTOR Stimmt. *Leider müssen wir Ihre Anfrage abschlägig bescheiden. Ihr Haus ist nicht einmal für Eichhörnchen geeignet.*

ICH Es ist zwar nicht aufgeräumt, aber für Eichhörnchen käme es auf jeden Fall in Frage, denke ich. Ich würde sagen: »Aber *unsere* Eichhörnchen fühlen sich hier sehr wohl.« Eine Ablehnung würde ich nicht akzeptieren.

VICTOR »Tut mir leid, aber Ihre Referenzen haben einer Überprüfung nicht standgehalten.«

ICH »Aber unsere Referenzen *sind* die Eichhörnchen.«

VICTOR »Genau. Und die fühlen sich bei Ihnen eben nicht wohl. Außerdem sind Sie verschiedentlich durch Hetzreden aufgefallen.

ICH *»Wie bitte?«*

VICTOR »Vergangene Woche haben Sie bei Tisch die Gabel hingeworfen und ›Ihr Ratten‹ gebrüllt. Und als im Januar Ihr Computer streikte, meinten Sie, Sie würden sich von ihm keine Hörnchen aufsetzen lassen. Wir haben Beobachter vor Ort, wissen Sie.«

ICH »Moment, meinen Sie damit die Eichhörnchen, die bei mir unter dem Dach leben? Also die sind alle high und wissen nicht, was sie sagen. Das sind Junkies, denen man nicht trauen darf.«

VICTOR »Das war eben üble Nachrede, gnädige Frau. Der Rechtshilfeverein der Eichhörnchen wird Sie deshalb kontaktieren. Und sprechen Sie bitte nicht in diesem abschätzigen Ton über Eichhörnchen. Jetzt reißen Sie sich aber mal zusammen.«

ICH Wow, wir klingen ... völlig ungeeignet zur Haltung von Eichhörnchen. Ich will diesen Typen gar nicht anrufen, weil ich Angst vor seiner Kritik habe. Wahrscheinlich würde ich schon beim Gespräch durchfallen.

VICTOR Und wir sollten uns vermutlich kein weiteres Eichhörnchen zulegen, solange in unserem Haus immer noch Horse konsumiert wird.

ICH ?

VICTOR So sagt man auch für Heroin.

ICH Weiß ich doch, ich frage mich nur gerade, wie es kommt, dass ich mich hier gegen die imaginären Vorwürfe eines Mannes verteidige, der hier in der Gegend nackte Ratten an Kinder verschenkt und den nicht existierenden Junkies bei uns im Dach offenbar vertraut.

VICTOR Stimmt. Ich kann mich nicht erinnern, dass wir solche Gespräche vor unserem Umzug aufs Land geführt hätten.

ICH Ich auch nicht. Außerdem merke ich gerade, dass ich im Schlafanzug zum Kaffeetrinken in der Tankstelle war. Das macht mich zu einer eindringlichen Warnung für andere. Ich weiß nicht, ob das ein Problem ist, oder ob ich mich hier einfacher wohler fühle als in der Stadt. Vielleicht beides?

VICTOR Keine Ahnung. *Was ist nur mit uns passiert?*

ICH [nach kurzem Schweigen] Gewachsen?

VICTOR [nickt langsam] *Gewachsen.*

UND DANN HABE ICH EINEN TOTEN KUBANISCHEN ALLIGATOR IN EIN FLUGZEUG GESCHMUGGELT

NOVEMBER 2009:

Er war mein Erster. Groß, mit einem Stiernacken wie ein Footballspieler und einem Lächeln, das sagte: »Da bist du ja! Ich habe dich schon überall gesucht.« Victor starrte mich an, als hätte ich den Verstand verloren, und wies darauf hin, dass er bereits die Haare verlor und ihm einige wichtige Zähne fehlten, aber das änderte nichts. *Ich war verliebt.*

»Zahle jeden Preis«, sagte ich zu Victor. »James Garfield MUSS MIR GEHÖREN.«

Sie machte sowohl Victor wie auch mir Angst, meine plötzliche unbändige Lust auf einen verstaubten ausgestopften Wildschweinkopf, der hier bei dieser Haushaltsauflösung, in die wir zufällig geraten waren, an der rissigen Wand hing.

Victor weigerte sich, für einen in seinen Augen so hässlichen Gegenstand Geld auszugeben, aber dieses zahnlose Lächeln appellierte an mich: »Ich freue mich so verdammt, dich zu sehen«, und als wir ohne ihn gingen, fühlte ich mich vereinsamt. Die ganze nächste Woche lang musste ich mich immer wieder nach der leeren Stelle an der Wand umdrehen, von der James Garfield mich angelächelt hätte. Immer wenn Victor mich mit einem Scherz oder einem Video über Menschen, die sich selbst verletzten, aufheitern wollte, zwang ich mich zu einem Lächeln und sagte: »Das hätte James Garfield auch gefallen.«

Endlich war meine Schwermut nicht mehr auszuhalten und Victor gab wütend nach. Er fuhr mich zu der Haushaltsauflösung zurück und war überhaupt nicht überrascht festzustellen, dass James Garfield noch nicht verkauft worden war. Er ließ mich im Auto warten, weil er meinte, mein sehnsuchtsvoller Blick würde sein Verhandlungsgeschick beeinträchtigen, und bot dem Typen vom Verkauf fünfundzwanzig Dollar an. Der Mann lehnte verächtlich ab und sagte, er könnte auch die Hauer aus dem Maul herausreißen und sie allein schon für diesen Preis bei Ebay verkaufen. Victor kehrte zum Auto zurück und sagte, die Verhandlungen wären gescheitert. »ER WILL JAMES GARFIELD VERSTÜMMELN?«, schrie ich. »DAS MUSST DU VERHINDERN. ZAHLE IHM, WAS ER WILL. ER GEHÖRT DOCH SCHON ZUR FAMILIE.« Victor sah mich entgeistert an. »Ich würde das für dich auch tun«, erklärte ich. »Ich würde den Terroristen alles zahlen, um dich zurückzubekommen.« Victor legte mit einem Seufzer den Kopf auf das Lenkrad.

Angespannte zwanzig Minuten später kehrte er zurück. In den Händen hielt er den schönen Kopf von James Garfield, der seinem präsidialen Namensvetter alle Ehre machte. Ich weinte ein wenig und Hailey klatschte entzückt in die Hände. »Du bist jetzt mein bester Freund«, sagte sie und streichelte seine Schnauze.

Victor sah uns an, als wären wir beide verrückt, und ließ mich dann mit starr geradeaus gerichtetem Blick schwören, dass dies nicht der Anfang einer Sammlung von Wildschweinköpfen war. »Sei nicht albern«, sagte ich. »James Garfield ist ein Unikat.«

Als meine Eltern uns ein paar Wochen später besuchten, schüttelte meine Mutter nur verwirrt den Kopf. Ich hatte erwartet, dass mein Vater wenigstens eine gewisse Genugtuung darüber empfinden würde, dass seine Liebe zu ausgestopften Tieren doch nicht eine Generation übersprungen hatte, doch war

er offenbar genauso ratlos wie Victor. Er betrachtete zweifelnd das räudige Fell, das James Garfield in Büscheln ausging, und meinte, wenn ich jetzt auf Wildschweinköpfe stehen würde, könnte er mir einen viel schöneren Kopf machen. »Nein«, erwiderte ich, »ich will den.« Ich war kein Fan ausgestopfter Tiere und würde nie einer sein. Ein totes Tier im Haus ist Zeichen eines ausgewählten künstlerischen Geschmacks, mehr als eins schmeckt schon nach Serienmörder. Es ist ein schmaler Grat, auf dem man hier wandelt.

APRIL 2010:

Heute kam mit der Post ein halbes Eichhörnchen. Es handelte sich um die obere Hälfte bis fast zum Bauchnabel, und sie war auf eine kleine Holztafel montiert.

Das war seltsam. Einmal, weil ich keine Eichhörnchenteile erwartete, und zweitens, weil das Eichhörnchen eine Cowboymontur trug. Es hielt eine kleine Pistole in der ausgestreckten Pfote, die drohend auf den Betrachter gerichtet war (wahrscheinlich um die gezinkten Karten zu verteidigen, die es in der anderen Pfote hielt) und seine Augen folgten einem überallhin wie die Augen dieser 3D-Jesusbilder aus den Siebzigerjahren.

»He, Victor?«, brüllte ich vom Wohnzimmer. »Hast du mir ein halbes Eichhörnchen gekauft?«

Victor kam aus seinem Büro und blieb abrupt stehen, als er den kleinen Gangster sah, der mit einer Pistole auf ihn zielte. »Was hast du jetzt wieder getan?«, fragte er.

»Weihnachten verdorben?«, vermutete ich. Ich konnte allerdings keine übergroßen Gewissenbisse wegen der verdorbenen Überraschung empfinden, schließlich war das Päckchen an mich adressiert gewesen. Aber dann fand ich noch einen Zettel und mir wurde klar, dass das Päckchen von einer Frau kam, die meinen Blog las und die genauso wie ich fand, dass es ungerecht von Victor gewesen war, mir das in einem Kanu paddelnde ausgestopfte Eichhörnchen[16] nicht zu kaufen, das ich im vergangenen Monat in einem Antiquitätengeschäft entdeckt hatte.

»Egal«, sagte ich. »Dieses halbe Eichhörnchen ist offenbar das Geschenk einer Frau, die sich in Kunst auskennt.«

»Das ist nicht dein Ernst.«

»Es wäre unhöflich, es NICHT aufzuhängen«, erklärte ich. »Ich werde es Grover Cleveland nennen.« Victor sah mich an und schien für einen Moment nicht mehr zu wissen, wie er an eine Person wie mich geraten war.

»Hast du nicht selber gesagt, mehr als ein totes Tier im Haus würde nach Serienkiller schmecken?«, fragte er.

»Ja, aber das hier trägt ja einen Hut«, erklärte ich trocken. Gegen diese Logik konnte er nichts einwenden. Das kann niemand.

JANUAR 2011:

»Ich bin eine einigermaßen erfolgreiche Schriftstellerin, und wenn ich eine nach ethischen Grundsätzen ausgestopfte Maus kaufe, will ich das vor niemandem rechtfertigen müssen.«

Das schrie ich, während Victor mich wütend anstarrte und das Regenwasser an ihm hinunterlief und auf den Boden tropfte. In Wirklichkeit stritten wir gar nicht darum, ob ich das Geld ausgeben durfte, sondern darum, wo die ausgestopfte Maus, die ich gekauft hatte, abgeblieben war. Auf der Website des Lieferunternehmens stand, sie wäre auf der Veranda abgestellt worden, aber dort war sie nicht. Mein Verdacht war gleich auf Diebe gefallen, aber selbst wenn ich mir die verwirrten Gesichter der Diebe beim Öffnen des Päckchens mit der toten Maus vorstellte, war das nur ein kleiner Trost und konnte mich nicht besänftigen. Dann hatte ich herausgefunden, dass bei der Auslieferung meine Hausnummer verwechselt worden

16 **Ich hatte es »Pocahontas Wikipedia« nennen wollen. Victor meinte, die Katzen würden ihm die Hände abfressen, aber ich erwiderte, selbst wenn das passierte, würde ich es nur noch viel mehr lieben, weil es dann nicht mehr paddeln konnte und ohne Hände auf einem Bach dahintrieb, was mir zunehmend als Metapher für mein eigenes Leben vorkam.**

war, und ich schickte Victor in die finstere, regnerische Nacht hinaus und auf die Suche nach dem entsprechenden Nachbarn, der wahrscheinlich schon rätselte, wer ihm eine tote Maus geschickt hatte. Victor hatte zunächst keinerlei Anstalten gemacht, aber nach ein wenig Herumschreien ... *keine Ahnung, ich habe mir das nicht gemerkt. Vom Haushaltgeld vielleicht?* ... zog er schließlich seinen Mantel an und machte sich auf die Suche nach der Maus. Er kehrte zwanzig Minuten später mit der Nachricht zurück, die Hausnummer existiere gar nicht und er hätte die Nachbarn dort, wo sie hätte sein sollen, gefragt, aber niemand hätte ein Päckchen gesehen. Er war nass und schlecht gelaunt, was wahrscheinlich sein irrationales Verhalten erklärte, als ich ihn wieder zur Tür hinausschob, um die gesamte Nachbarschaft zu befragen.

»Du hast mir nicht einmal gesagt, dass du eine ausgestopfte Maus gekauft hast«, brüllte er und ich sagte: »Weil du geschlafen hast, als ich sie im Internet gefunden habe, und sie war so billig, dass ich wusste, wenn ich die nicht gleich kaufe, ist sie weg. Ich wollte mich nicht um drei Uhr morgens ins Schlafzimmer schleichen und flüstern: ›He, Schatz, da gibt es ein Wahnsinnsschnäppchen, eine ausgestopfte Maus, die eines natürlichen Todes gestorben ist. Kannst du mir bitte deine Kreditkartennummer geben?‹ Weil das wäre wirklich fies gewesen. Deshalb habe ich auch *meine* Kreditkarte benutzt. Aus Respekt vor deinem Schlafrhythmus. Aber dann habe ich vergessen, dir davon zu erzählen, weil ich die Maus um drei Uhr morgens gekauft habe und betrunken und einsam war. Genau wie du bei den vielen Hackmessern, die du immer im Teleshopping kaufst. Nur dass die ausgestopfte Maus viel besser ist, weil ich sie wirklich *gebrauchen* kann. Oder *hätte gebrauchen können* ... wenn – *Scheiße* – wenn sie nicht verloren gegangen wäre.« Ich konnte nur noch flüstern.

»Äh ... heulst du jetzt etwa?«, fragte Victor entgeistert.

Ich wischte mir die Augen. »Ein wenig. Ich mag nur nicht daran denken, wie sie jetzt da draußen im Regen herumliegt. Ganz allein.« Meine Stimme zitterte und Victor schloss die Augen. Und rieb sich die Schläfen. Und seufzte tief. Dann sah er mich an und kehrte nach draußen in den Regen zurück. Vierzig Minuten später kam er mit einer kleinen nassen Schachtel wieder. Sein Blick sagte so viel wie: »Ab jetzt sperre ich deinen Computer, wenn ich ins Bett gehe.« Aber ich eilte nur zu ihm und bedeckte ihn mit Küssen, die er mürrisch entgegennahm, während er sich mit einem Handtuch abtrocknete.

»Es lag vor dem verlassenen Haus am Ende der Straße«, sagte er. »Dort hat jemand offenbar die ganze Post abgeladen, die nicht richtig adressiert war. Auf der Veranda lagen um die fünfundzwanzig Päckchen.«

Aber ich hörte ihn schon nicht mehr, so beschäftigt war ich damit, Hamlet von Schnitzel aus der wasserdichten Verpackung zu ziehen.

»Du meine Güte«, stöhnte Victor. »Was ist denn das?« Allzu schwer war es nicht zu erraten: eine als Hamlet verkleidete Maus. An ihrer Shakespeareschen Halskrause war ein kleiner Samtumhang befestigt und sie schien mit dem ausgebleichten Mäuseschädel zu sprechen, den sie in der theatralisch ausgestreckten Pfote hielt. Ich streckte sie Victor hin und deklamierte: »Ach, der arme Yorick! Ich kannte ihn gut.«

Victor musterte mich besorgt. »Du hast ein Problem.«

»HABE ICH NICHT.«

»Genau das sagen Leute, die Probleme haben. Probleme abzustreiten ist das erste Anzeichen dafür, dass man welche hat.«

»Und dafür, dass man keine hat«, konterte ich.

»Uneinsichtigkeit dürfte ziemlich sicher das zweite Anzeichen sein.«

Ich stellte Hamlet von Schnitzel unter eine Glasglocke, um seine kleine Ohren vor Victors kränkenden Anschuldigungen zu schützen. Allerdings musste ich zugeben, dass ich meine neue Sucht nach bizarren ausgestopften Tieren selber nicht ganz verstand. Sie machte mir sogar ein wenig Angst. Was meinen Vater an toten Tieren so sehr faszinierte, war mir nach wie vor ein Rätsel, und ich kaufte selber nur welche, die schon sehr alt und eines natürlichen Todes gestorben waren. Spinnen und Geckos scheuchte ich weiterhin mit einer Zeitschrift aus dem Haus, begleitet von dem Hinweis, ein wenig frische Luft würde ihnen guttun. Ich betrachtete mich als Tierliebhaberin, die für Tierheime spendete und keine Pelze trug, doch stieß das mit einer anderen Seite meiner Persönlichkeit zusammen, die ständig in den verschiedensten Läden stöberte und nach Bibern in Präriekleidern oder Abendmahlsdioramen mit ausgestopften Ottern suchte. Victor hatte recht: Ich musste damit aufhören. Ich sagte mir also, dass ich nichts mehr kaufen würde, und nahm mir fest vor, nicht so zu werden wie mein Vater, der von den seelenlos starren Blicken toter Tiere umgeben war. Mit etwas Willenskraft würde ich meine sonderbare und schreckliche Leidenschaft schon in den Griff kriegen.

APRIL 2011:

Ich habe gerade einen fünfzig Jahre alten kubanischen Alligator in einem Piratenkostüm gekauft.

Was aber überhaupt nicht meine Schuld ist. Victor ist in Mexico eine Treppe hinuntergestürzt und hat sich den Arm gebrochen, also habe ich ihn auf eine Geschäftsreise nach North Carolina begleitet, um ihm zu helfen. Die Reise verlief ohne besondere Zwischenfälle, bis wir auf dem Weg zum Flughafen in einem kleinen Laden Halt machten. Während Victor die Toilette benutzte, entdeckte ich ein schon ziemlich ramponiertes Alligatorbaby, das vollständig angezogen war und auf den Hinterbeinen stand. Es trug mottenzerfressene Kleider aus Filz, außerdem ein Barett und einen Gürtel. Eine Hand fehlte und es sollte neunzehn Dollar kosten. Der winzige Gürtel hing traurig nach unten und ein Alligator mit einem Gürtel nicht aus Alligator kam mir herrlich ironisch vor. Er hatte das Maul zu einem breiten Grinsen geöffnet, als habe er schon sehr lange auf mich gewartet. Ich dachte an meinen Vorsatz, keine ausgestopften Tiere mehr zu kaufen, und suchte fieberhaft nach Schlupflöchern, während Victor mich bereits in den Gängen zwischen den Regalen suchte. Ich überlegte, ob ich einen Riemen an die Schultern des Alligators tackern, ihm meinen Lippenstift ins Maul stecken und ihn zur Alligator-Handtasche deklarieren sollte, aber zu spät. *Und ich war ihm mit Haut und Haaren verfallen.*

Ich hörte Victor auf der anderen Seite des Regals näherkommen und streckte den kleinen Alligator ängstlich darüber. »Hallo, *mon ami!* Isch bin Jean-Louise«, sagte ich. »Isch bin noch nie mit dem Flugzeug geflogen und möschte das gerne einmal probieren!«

»Ach ja?«, sagte die ältere Dame auf der anderen Seite verwirrt. »Na dann viel Glück.«

Victor klopfte mir auf die Schulter und ich schrie überrascht auf. Er musterte mich und Jean-Louise mit Widerwillen. »Nicht schimpfen«, murmelte ich kleinlaut und drückte den Alligator beschützend an mich. »Wir haben nur einander.«

Victor schüttelte den Kopf, sagte aber nichts und ging stumm zur Kasse, um zu zahlen. Jean-Louise beugte sich vor und flüsterte *»Merci, mon cher«*, aber Victor hielt dem verwirrten Kassierer nur seine Kreditkarte hin. Er spricht kein Französisch.

»Ich werde ihm als Ersatz für die fehlende Hand einen kleinen Haken basteln«, erklärte ich beim Hinausgehen. Jean-Louise war so spröde und brüchig, dass ich ihn nicht im Koffer verstauen wollte, also steckte ich ihn in die Handtasche. Victor beharrte darauf, dass man mich mit einem toten Alligator niemals ins Flugzeug lassen würde. Ich widersprach und sagte, er wäre doch nicht bewaffnet und eine Hand fehle ihm auch noch, aber die kleinen, blitzenden Zähne sagten etwas anderes und ich musste an den Nagelknipser denken, den wir bei der Sicherheitskontrolle einmal hatten wegwerfen müssen. Also zog ich Fachleute zu Rate (meine Follower auf Twitter).

Um es kurz zu machen, wenn du Leute auf Twitter fragst, ob es erlaubt ist, einen kleineren, ausgestopften Alligator ins Flugzeug mitzunehmen, antworten die meisten: »Äh, nein. Das geht nicht mal mit Muttermilch.« Du erklärst dann, dass der Alligator schon mindestens fünfzig ist und Kleider trägt und dass ihm eine Hand fehlt, und daraufhin ändern einige ihre Meinung, aber die meisten bleiben dabei, dass er trotzdem als Waffe gilt. Du schreibst: »Aber ich kann mir nicht vorstellen, dass jemand ernsthaft glauben kann, ich wollte nur mit einem kleinen, Kleider tragenden Alligator als Waffe ein Flugzeug entführen«, und darauf antworten alle sofort: »Wirklich nicht? Kennst du dich? Denn das klingt absolut nach etwas, das du tun könntest.« Womit sie nicht unrecht haben.

Aber ich machte mir trotzdem keine wirklichen Sorgen. Erst als wir schon an der Sicherheitskontrolle anstanden, fragte ich mich plötzlich, ob vor fünfzig Jahren womöglich jemand in diesem Alligator Kokain geschmuggelt und danach vergessen hatte, es herauszunehmen. Dann würde ich jetzt auf dem Flughafen verhaftet wegen Kokain, das älter war als ich und im Magen eines bröseligen Alligators steckte. Ich fragte Victor leise, ob man erkennen könnte, ob Kokain schon abgelaufen wäre, oder ob es immer frisch bleiben würde, und er flüsterte alarmiert: »LASS UNS DARÜBER BITTE NICHT BEI DER SICHERHEITSKONTROLLE SPRECHEN.« Darauf ich: »Aber ich frage doch nicht wegen mir, sondern wegen dem Alligator.« Victor funkelte mich nur böse an. Ich holte tief Luft, um mich zu beruhigen, und stellte mir vor, wie ich zu dem Sicherheitsbeamten sagte: »Ach das? Das ist altes Kokain. Es ist wahrscheinlich schon vor vierzig Jahren abgelaufen. Es gehört auch gar nicht mir, sondern dem Alligator. Und ich bin ja nicht verantwortlich für das ausschweifende Leben eines Alligators, zu dessen Lebenszeit ich noch gar nicht geboren war. Außerdem kennt er die hiesigen Bestimmungen nicht. Er kommt aus Kuba.« Ich war überzeugt, der Beamte würde das verstehen. Und ein gewisses Risiko geht man immer ein, wenn man einen toten Alligator an Bord eines Flugzeugs mitnimmt.

Natürlich kamen Jean-Louise und ich anstandslos durch die Kontrolle und niemand wunderte sich über den Alligator auf dem Laufband. Victor dagegen wurde komplett durchsucht. Wahrscheinlich weil er schwitzte und die Ader auf seiner Stirn hervortrat. In dem dadurch entstehenden Durcheinander passierten Jean-Louise und ich die Kontrolle völlig ungehindert. Victor konnte von diesem Alligator wirklich eine Menge lernen.

Als wir dann endlich im Flugzeug saßen, öffnete ich Victors Klapptisch und setzte Jean-Louise darauf, damit er nach draußen sehen konnte. »Nimm das verdammte Teil von meinem Tisch«, zischte Victor.

»Aber er ist noch nie geflogen«, erklärte ich.

»*Voulez-vous le* Fensterplatz?«, fragte Jean-Louise freundlich.

Victor durchbohrte mich mit einem Blick. »Ich meine es ernst. Die werfen uns aus dem Flugzeug. *Nimm ihn weg.*«

»Sei nicht albern«, sagte ich. Der Mann auf der anderen

Seite des Mittelgangs betrachtete Jean Louise verblüfft, also drehte ich mich zu ihm. *»Votre chemise est muy bueno«*, sagte Jean-Louise selbstbewusst. Der Mann starrte ihn mit leicht geöffnetem Mund an.

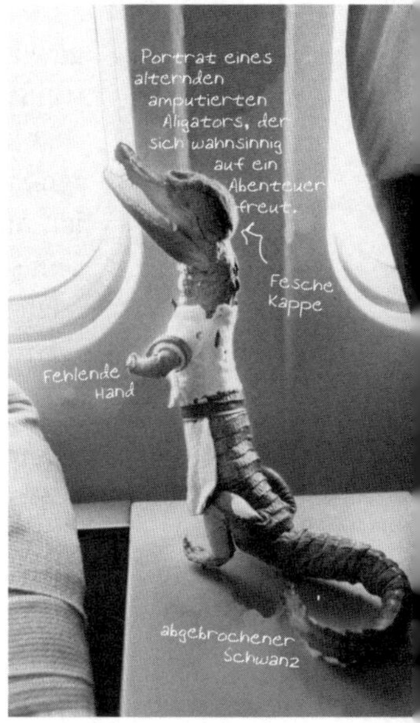

»Er sagt, er mag Ihr Hemd«, übersetzte ich.

Victor stützte den Kopf in die Hände. »Wenn ich deshalb meine Bonusmeilen verliere, bringe ich dich um.«

In diesem Augenblick kam die Stewardess geschäftig den Gang entlang. Sie sah aus, als könnte sie einen Cocktail gebrauchen. Ich winkte ihr und sah ihr mit einem breiten Lächeln entgegen. Jean-Louise saß auf meinem Schoß. »Entschuldigen Sie bitte, mein Sohn würde gerne das Cockpit sehen.«

Sie zögerte einen Moment, sah Jean-Louise an und sagte: »Oh, aber wir machen das nicht mehr.« Dann entfernte sie sich rasch.

»Solche Rassisten«, sagte ich zu Victor, der angestrengt so tat, als lese er den Duty-free-Einkaufskatalog.

»Mmm«, brummte er unverbindlich.

»Wenn wir nach Hause kommen, kaufe ich Jean-Louise ein kleines Piratenhemd mit Rüschen. Und einen Haken für die fehlende Hand. Und einen frechen kleinen Pferdeschwanz.«

Victor ließ die Zeitschrift sinken und betrachtete den toten Alligator finster. Wahrscheinlich dachte er an das viele Geld, das der kleine Pirat verschlingen würde. »Okay«, sagte er, »du hast es geschafft. Jetzt bist du genauso wie dein Vater.«

»Sei nicht albern«, erwiderte ich unbekümmert, während ich überlegte, wie viele Barbies ich für eine brauchbare Alligator-Perücke wohl skalpieren musste. »Mein Vater hätte überhaupt keinen Sinn dafür, wie man einen Alligator-Piraten anzieht. Ich bin ganz anders als er. Letzten Endes bin ich anders als alle.«

Victor betrachtete mich und Jean-Louise und die Strenge wich nach und nach aus seinem Blick. »Weißt du was? Du weißt ja gar nicht, wie recht du hast.«

Ich erwiderte seinen Blick, setzte Jean-Louise auf den leeren Sitz neben uns und legte den Kopf an Victors Schulter. Da ich nicht genau wusste, ob ich mich bedanken oder gekränkt sein sollte, schloss ich einfach die Augen und döste ein. Mein letzter Gedanke war, ob wohl irgendwo noch kleine Taschenuhren für Alligatoren hergestellt wurden.

DU KANNST NICHT NACH HAUSE ZURÜCK

(ES SEI DENN, DU WILLST VON WILDEN HUNDEN ZERFLEISCHT WERDEN)

»Also«, sagt meine Schwester und lässt sich in den Holzstuhl auf der vorderen Veranda unserer Eltern zurücksinken, »Victor meinte, du wärst letztes Mal, als du hier warst, von einem Rudel wilder Hunde angefallen worden.« Sie sagt es vollkommen gelassen, mehr wie eine Feststellung als eine Frage, genauso wie man sagen würde: »Du hast also beschlossen, deine Haare wieder wachsen zu lassen.«

»Mhm ... sozusagen. Das ist eine lange Geschichte.« Ich lehne mich schläfrig in einen baugleichen Stuhl zurück und lege die Füße auf den historisch korrekten Nachbau eines Küchenwagens in Kindergröße, den mein Vater angefertigt hat. In der Weihnachtszeit spannt mein Vater ein ausgestopftes kleines Reh davor, auf dessen Kopf mit einer roten Schleife ein großes Elchgeweih befestigt ist, eine etwas seltsame Hommage an den Film DER GRINCH, aber das restliche Jahr über steht er unbenutzt herum, als hätte man nach einem Werbespot für Hundefutter in den Siebzigerjahren keine Verwendung mehr dafür.

»Ich habe Zeit«, sagt Lisa.

Da hat sie recht. Wir waren beide die ganze Woche zu Besuch bei meinen Eltern. Lisa wohnt mit ihrem Mann und einem Wurf schöner Kinder jetzt in Kalifornien, aber sie verbringt jedes Jahr einige Wochen in Texas, und ich stoße mit meiner Familie dazu und wir improvisieren ein Familientreffen. Unsere Kinder reiten dann begeistert auf den Familienziegen, unsere Männer jammern, dass sie eingehen vor Hitze und weil sie kein WLAN haben, und meine Schwester und ich schütteln nur ungläubig den Kopf darüber, wie verweichlicht sie sind, und erinnern uns an die Zeit der Brotbeutel-Schuhe und wie die ganze Familie die Matratzen auf die Veranda gezogen hat, um in den heißen Sommernächten draußen zu schlafen.

»Du wurdest also wirklich angefallen oder haben die Hunde dich nur heftig abgeleckt?«, fragt Lisa.

»Sie haben mich nicht richtig angefallen, waren aber knapp davor«, sage ich. »Wie in PRETTY WOMAN, wenn Julia Roberts von George Costanza belästigt wird.« Lisa sah mich erwartungsvoll an, also erzählte ich ihr die Geschichte.

Am Morgen des Tages, an dem ich teilweise angefallen wurde, sahen Hailey und ich, als wir durch die hintere Tür im Haus meiner Eltern gingen, draußen einen fremden Mann mit einem schwarzen Hut und einer blutigen Gummischürze stehen, dem zur Vervollständigung seines Outfits nur noch eine Maske aus Menschenhaut und eine Kettensäge fehlten. Der

Mein Dad, Essen für mehrere Wochen, irgendein Landstreicher/ Cowboy/Pirat/ Tierpräparator

Mann schien für meinen Vater zu arbeiten und hatte einen Rehbock aufgehängt, dem er gerade das Fell abzog. Er lächelte Hailey und mich unbefangen an, während er die Hände tief in den Taschen des Bocks vergraben hatte, als suche er nach seinen Schlüsseln. Wie sich herausstellte, haben Rehe gar keine Taschen und er hatte nur einen Handschuh in ihm verloren. Man rechnet mit so etwas, wenn man in Wall lebt, und ist deshalb auch nicht übermäßig überrascht, wenn ein fremder Mann der eigenen Vorschultochter munter zuruft, sie solle ihm doch helfen, »Mr. Rehbock auszuziehen, weil das wahnsinnig Spaß macht!« Und wenn er dann noch sagt, sie sollte sich doch an die Rehhaut hängen und hin und her schwingen, damit er sie runterbekommt, hat man, weil man damit gerechnet hast, schon eine Hand am Ärmel der Tochter, um sie zurückzuhalten. (Anmerkung für Auswärtige: Wenn der Gehilfe eines Tierpräparators sagt, etwas mache »wahnsinnig Spaß«, heißt das übersetzt: »Das kostet dich einige Tausender an Psychoanalyse und dein Kleid ist danach wahrscheinlich auch ruiniert.«) Ich persönlich nehme nicht gern an Tätigkeiten teil, an deren Ende ein Fremder mir anbietet, mit einem Schlauch das Blut von mir abzuspritzen. Das ist einfach so eine Abneigung von mir. Ich bin eben wählerisch. Wann hat mein Vater überhaupt einen Piraten als Gehilfen eingestellt? Das Ganze war schon ziemlich krank.

Lisa fand es auch ungewöhnlich, aber nicht unbedingt »krank« im engeren Sinn. »Nimm zu Beispiel gestern«, sagte sie. »Victor trat in diese Pfütze hinter dem Haus und schimpfte gleich los: ›Igitt, ist das die Jauchegrube?‹ Und ich: ›Was glaubst du denn, wo du bist? Beverly Hills? Das ist das Wasser, das vom Schädelauskochen übrig geblieben ist.‹ Er wurde grün im Gesicht, aber ich fand, er sollte es wissen. Im Vergleich damit sind Rehtaschen eher harmlos.«

Sie hatte nicht unrecht, trotzdem fand ich das mit dem Reh gewöhnungsbedürftig. Hier ein Bild. Wer sich ekelt, muss selber wissen, ob er hinschaut.

Ich weiß. Tut mir leid. Zu meiner Verteidigung sei gesagt, ich habe euch gewarnt.

Jedenfalls rechne ich in einem Ort, der für Gürteltierrennen, Luchsurin-Sammlungen und von der Highschool durchgeführte Fruchtbarkeitsrituale mit Kühen bekannt ist, mit allen möglichen seltsamen Dingen, nur eins habe ich tatsächlich nicht erwartet: dass ich nämlich von einem Rudel wilder Hunde angegriffen werde. Und ja, vielleicht waren die Hunde weniger »wild« als »leicht erregbar«, und vielleicht wurde ich ja auch nicht von einem ganzen Rudel angegriffen, sondern von einem besonders schreckhaften Hund und von einem bissigen Hund. Ich kann aber auf jeden Fall sagen, dass der Hund, der mich gebissen hat, wahrscheinlich mit radioaktivem Spinnensaft verseucht war und dieselbetriebene Vampirzähne hatte. Und diamantharte Krallen. Außerdem war er zum Teil ein Bär und seine Schnurrhaare bestanden aus Skorpionen.

Lisa lachte, deshalb holte ich mein Handy heraus und zeigte ihr die Bilder von mir am nächsten Tag, als ich aus dem Krankenhaus kam. Ich hatte zur Verdeutlichung des Dargestellten einige Worte hinzugefügt.

»Scheiße Mann«, sagte Lisa. »Das sieht wirklich übel aus. Okay, ich entschuldige mich, weil ich wirklich dachte, du würdest übertreiben.«

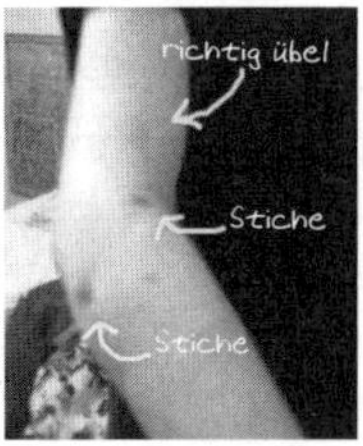

»Entschuldigung angenommen«, antwortete ich großzügig.

»Wo bist du den Bestien eigentlich begegnet?«, fragte sie.

»Hm«, meinte ich zögernd, »also ›*Bestie*‹ ist vielleicht zu stark.«

Sie hob die Augenbrauen. »Ich höre.«

Ich erzählte ihr also, Mom, Hailey und ich hätten Onkel Larry besucht, damit ich dessen neue Frau kennenlernen konnte, eine ganz reizende und bezaubernde Person und Besitzerin zweier riesiger Hunde.

»Stimmt, die kenne ich«, sagte Lisa. »Goldig.«

»Ja, man hat ihnen offenbar anerzogen, goldig *auszusehen* und wie verrückt mit dem Schwanz zu wedeln, wenn du kommst, damit du keinen Verdacht schöpfst und mit ihnen rausgehst, wo sie dich dann in Stücke reißen.«

»*Theresas* Hunde haben dich angefallen?«, fragte Lisa ungläubig. »Sind das nicht Collies oder so was?«

»Das sind *Tiere*, ganz buchstäblich«, versicherte ich ihr.

Sie betrachtete skeptisch wieder die Bilder.

»Nach dem Abendessen trug ich Hailey in den Garten, weil sie die Hunde sehen wollte. Es war stockdunkel, aber Onkel Larry wollte sie füttern, ich dachte also, sie wären abgelenkt und Hailey könnte sie in Ruhe ansehen. Aber dann sprang einer von ihnen mit dieser ›Ich-bin-ein-großer-Hund-und-will an-deinem-Kopf-schnüffeln‹-Mentalität an ihr hinauf und Hailey kreischte mit dieser ›Ich-bin-eine-total-überdrehte-und-ein-wenig-ängstliche-Dreijährige‹-Stimme und ich wusste auf einmal nicht mehr, warum ich draußen bei diesen ›Kötern-die-so-groß-sind-wie-Eisbären‹ stehe. Larry hörte das Bellen und beruhigte den einen Hund, während ich zur Tür zurückwich. Aber dann muss der andere Hund geglaubt haben, ich wollte ihn angreifen, denn er sprang an mir hoch und biss mich in den Arm, mit dem ich Hailey hielt. (Auf so eine ›Ich-würde-dich-am-liebsten-umwerfen-und-in-die-Nase-beißen‹-Art.) Ich wusste, dass er mich gebissen hatte, aber ich wusste auch, wenn ich um Hilfe schrie, drehte Hailey durch und ich konnte sie vielleicht nicht mehr halten, also biss ich die Zähne zusammen und drehte mich um und kehrte dem Hund den Rücken zu, damit er Hailey nichts tun konnte. Ich spürte, wie er mich noch einmal in den Arm biss, während ich die Tür aufdrückte und Hailey nach drinnen schob. Aus Angst, der Hund könnte sich auch auf sie stürzen, weil sie vor Aufregung kreischte, versperrte ich den Durchgang mit meinem Körper, damit sie Zeit hatte, nach drinnen zu laufen, und da biss er mich in den Rücken. Er biss sich fest und zerrte an mir und ich fürchtete schon, ich würde stürzen, und vor meinem geistigen Auge erschienen die Nachrichtenbilder von Frauen, die bei Zusammenstößen mit Hunden auf grässliche Weise zu Tode gekommen waren. Ich machte mit dem einen Bein einen Schritt zurück, um das Gleichgewicht nicht zu verlieren, vergewisserte mich, dass Hailey im Haus und in Sicherheit war, riss mit einem Ruck meinen Rücken aus dem Maul des Hundes und knallte die Tür hinter mir zu.«

Lisa sah mich stumm an. »Mannomann. Da sind die anderen bestimmt mordsmäßig erschrocken.«

»Nein. Die haben gar nichts gemerkt. Ich habe sofort Hailey hochgenommen und nach Blut und Bissen abgesucht, denn sie musste doch bestimmt was abbekommen haben, aber sie hatte keinen Kratzer. Wirklich seltsam. Mom meinte, ich würde überreagieren und es wäre doch nichts passiert, aber dann sah sie erst das Blut und begriff, dass ich gebissen worden war. Onkel Larry hatte auch gar nichts bemerkt, weil ich ja nicht geschrien hatte. Die beiden Bisse an meinem Arm waren so tief, dass man sogar ein wenig Fett sehen konnte, und auf meinem Rücken konnte man die Abdrücke der Hundezähne sehen, so eine Art Hunde-Gebissabdruck. Den restlichen Abend wurde ich dann in der Notaufnahme zusammengenäht und gegen Tetanus geimpft und ich wünschte, ich hätte meine Kamera dabeigehabt. Ich hätte Victor Bilder geschickt, um ihm zu zeigen, was er versäumte, während er mit seinen Kunden Hummeressen veranstaltete.«

»Und was haben sie mit den Hunden gemacht?«, fragte Lisa.

»Nichts. Larry und Theresa hätten sie bestimmt einschläfern lassen, wenn ich das gewollt hätte, aber sie sind ja schon seit zehn Jahren mit Theresas Kindern zusammen, ohne dass etwas passiert ist. Vermutlich haben sie nur einen ihnen unbekannten großen, schreienden Gegenstand gesehen, der sich ihrem Herrchen im Dunkeln näherte, und wollten Larry verteidigen. Außerdem hatte ich das Gefühl, dass ich die Biester irgendwie provoziert habe. Mit einer Dreijährigen im Dunkeln nach draußen zu gehen, um zwei wildfremden Riesenhunden beim Fressen zuzusehen, ist auch wirklich abartig blödsinnig. Ach ja, und wir hatten gerade gegessen, ich roch also wahrscheinlich wie ein Brathähnchen. Und ich bin ja auch irgendwie lecker. Als hätte ich ein Parfüm aufgelegt, das bewirkt, dass Hunde sich auf mich stürzen. Auf die schmerzhafte Art.«

Lisa nickte langsam. »Das dürfte jetzt zu den Top Ten unserer schlimmsten Familiengeschichten gehören.«

Ich hob die Augenbrauen.

»Okay«, lenkte sie ein, »zu den Top Fifty.«

»Es war im Grunde gar nicht so schlimm«, meinte ich. »Ich habe dabei einiges gelernt.«

Lisa nickte. »Stimmt. Und die Lektion war: Hunde fressen Fleisch, Menschen bestehen aus Fleisch, die Folgen kann sich jeder selbst ausrechnen.«

»Okay, aber das ist keine Lektion, sondern eine Textaufgabe. Und zwar eine wirklich schlechte. Nein, ich habe gelernt, dass ein anderes Leben mir wichtiger sein kann als mein eigenes. Natürlich bin ich auch bisher davon ausgegangen, ich würde mein Leben für Hailey opfern, aber im Hinterkopf nagte immer dieser Zweifel, ob ich mich im Ernstfall wirklich überwinden könnte, sie aus einem brennenden Haus zu holen oder vor einem geifernden Hund zu retten. Jetzt weiß ich, dass ich das kann. Ich hatte schreckliche Angst, aber es ist irgendwie beruhigend zu wissen, dass ich es notfalls kann.«

»Hm«, meinte Lisa. »Für einen Hundebiss ist das eine ziemlich tiefgehende Erkenntnis.«

»Und ich habe gelernt, dass es eklig ist, wenn man sein eigenes Fett sieht, und eine gute Motivation, auf die dritte Hähnchenkeule zu verzichten«, fügte ich hinzu. »Ach ja, und ich weiß jetzt, wenn ein scharfer Arzt reinkommt und sagt, er wolle ›deine Löcher ausspülen‹, darfst du nicht lachen, denn das gibt es offenbar wirklich und ist keine sexuelle Anspielung. Ach ja! Bei dieser Gelegenheit haben sie noch einen Zahn in meinem Rücken gefunden.«

»Von deiner Zwillingsschwester, von der bisher niemand wusste«, sagte Lisa mit verschwörerisch gesenkter Stimme.

»GENAU!«, rief ich. »Nur leider überhaupt nicht. Der Zahn kam von dem Hund, weil der schon so alt war. Aber ich habe dem Arzt tatsächlich gleich gesagt, er würde vielleicht von einem Zwilling kommen, den ich vor der Geburt zu mir genommen hätte, und ich habe ihn gebeten, meinen Rücken nach menschlichen Haaren oder einem Schädel abzutasten, wenn ich schon einmal nichts spürte, aber er tat, als wäre ich verrückt. Wahrscheinlich weil ich über seine sexuelle Anspielung gelacht habe.«

Lisa nickte. »Ja, das mögen Ärzte nicht.«

»Das Gute an dem Hundebiss ist wahrscheinlich die Erkenntnis, dass ich nicht ganz so egoistisch bin, wie ich vermutet habe. Bis dahin war das Selbstloseste, was ich getan habe, alle meine Wünsche Hailey zu überlassen. Immer wenn ich eine Sternschnuppe sehe oder Geburtstagskerzen ausblase, wünsche ich mir etwas für sie, was mir aber trotzdem noch irgendwie egoistisch vorkommt. Denn wenn ich weiß, dass es ihr gut geht, geht es ja auch mir gut, es fühlt sich deshalb wie Betrug an, so, wie wenn man sich statt etwas Bestimmtem ›mehr Wünsche‹ wünscht. Außerdem ist es ja kein großes Opfer, weil ich mir vor Haileys Geburt immer nur gewünscht habe, ein Einhorn zu sehen.« Ich hatte ein wenig gezögert, ob ich Lisa das überhaupt erzählen sollte, weil ich wusste, dass ein Wunsch, von dem man einem anderen erzählt, nicht mehr in Erfüllung geht, aber die Chance, dass ich je ein Einhorn sehe, ist sowieso gering. Zumal Einhörner der Überlieferung zufolge nur Jungfrauen erscheinen. Ich stelle mir vor, wenn ich je einem Einhorn begegne, ist es ganz senil und schmuddelig, absichtlich ungepflegt und ungeduscht, und will nur mit den anderen Einhörnern vögeln, denen das furchtbar peinlich ist. Es würde wahrscheinlich Harold heißen und Raucher sein. Mein Opfer war also nicht allzu groß. Aber von wilden Hunden angefallen zu werden und mein Kind zu beschützen? Das war wie ein Nicken des Universums, eine versteckte Anerkennung, ja, du *bist* eine gute Mutter. Ich als Empfängerin war darüber wahrscheinlich genauso überrascht wie das Universum als Geber und ich saß da in dem Zimmer im Krankenhaus und dachte, wenn ich jetzt eine Art Dankesrede halten müsste, wäre ich ganz durcheinander und verlegen und würde wahrscheinlich total in Tränen ausbrechen und das nicht nur, weil ich mit Wunden übersät war, die gerade genäht wurden. Ich würde meiner Mutter dafür danken, dass sie mich gelehrt hatte, andere an erste Stelle zu setzen, und meinem Vater dafür, dass er mich unabsichtlich gelehrt hat, nicht in Panik zu geraten, wenn ich von einem großen, mir unbekannten Tier angefallen wurde.

Victor würde ich dafür danken, dass er nicht überrascht war, dass ich mich für unsere Tochter geopfert hatte, und Hailey dafür, dass sie blind darauf vertraut hatte, in meinen Armen sicher zu sein. Und dann würde ich noch dem schmuddeligen Einhorn in der letzten Reihe zunicken und das Einhorn würde das Nicken erwidern, so wahnsinnig beeindruckt wäre es von mir.

»Das ging mir im Krankenhaus so durch den Kopf. Und auch, dass ich unbedingt wissen musste, was für Medikamente ich bekommen hatte, denn ich mag Medikamente, von denen man Halluzinationen von stolzen, ein wenig chaotischen Einhörnern bekommt, die zusehen, wie du dich dafür bedankst, dass du von Hunden angefallen worden bist.«

»Wow«, sagte meine Schwester, und da merkte ich erst, dass ich das Letzte laut gesagt hatte. »Das ist ja alles ganz schön ... verwickelt. Ich habe meine Geburtstagswünsche übrigens auch an meine Kinder abgegeben. Das ist vermutlich ein Zeichen für Erwachsensein. Meine Güte, stell dir vor, was aus uns geworden wäre, wenn Mom uns an *ihren* Geburtstagen nicht alle möglichen guten Dinge gewünscht hätte. Wir wären wahrscheinlich schon tot.«

»Wahrscheinlich«, stimmte ich zu. »Obwohl, jetzt wo ich daran denke, vielleicht hat Mom uns genau so ein Leben gewünscht, wie wir es hatten. Ein bescheidener Wunsch, aber deshalb sind wir jetzt hier, und ich wüsste keinen anderen Ort, an dem ich lieber wäre. Höchstens genau denselben Ort *mit* Klimaanlage.«

Lisa nickte. »Ich würde dir darauf ja die Ghettofaust geben, aber es ist zu heiß. Was wünschst du Hailey denn, wenn du deine Geburtstagskerzen ausbläst?«

»Das kann ich dir nicht sagen, sonst geht es ja nicht mehr in Erfüllung. Aber vermutlich dasselbe, was alle Eltern ihren Kindern wünschen. Ich wünsche ihr, dass sie Liebe erfährt und auch genügend Liebeskummer, um zu wissen, was sie an der Liebe hat. Ich wünsche ihr ein genauso gesegnetes Leben wie meines. Mit einem sprechenden Eichhörnchen als Handpuppe und mit Armen, die in der Vagina einer Kuh feststecken. Und dass sie erfährt, wie stolz es macht, sich von einem Hund anfallen zu lassen, um jemand anders zu retten. Also in etwa das würde ich mir für Hailey wünschen.«

Lisa betrachtete mich zweifelnd. »Hm, man wünscht seinem Kind wohl kaum, dass es von einem Hund angefallen wird oder in einer Kuhvagina stecken bleibt.«

»Das war nur bildlich gesprochen«, erklärte ich.

Lisa nickte, schloss die Augen und legte den Kopf an die Lehne ihres Gartenstuhls. »Dann ist es ja gut«, sagte sie schläfrig und streckte die Beine in die Sonne. »Denn im wirklichen Leben geht einem so was ewig nach. Solche Erinnerungen bleiben einem.«

Ich sah sie an, lehnte mich ebenfalls zurück, ließ mich von der Sonne bescheinen und hing ihren Worten nach. Dann lächelte ich still in mich hinein, schloss die Augen und dachte: »Das will ich aber hoffen.«

EPILOG

Fünfzehn Jahre Ehe und eine Tochter später passen Victor und ich immer noch genauso schlecht zusammen wie eh und je. Wir streiten uns und versöhnen uns und drohen einander gelegentlich mit einer im Briefkasten versteckten Kobra. Und das ist gut so. Weil ich nach fünfzehn Jahren weiß, wenn ich Victor aus der Notaufnahme anrufe, um ihm zu sagen, ich sei während eines Besuchs bei meinen Eltern von Hunden angefallen worden, atmet er tief durch und ruft sich in Erinnerung, dass in unserem Leben solche Dinge eben passieren.

Ich staune immer wieder über den Mann, der aus Victor geworden ist. Er bleibt vollkommen gelassen, wenn mein Vater ihn bittet, am Straßenrand zu halten, damit er ein totes Stinktier auflesen kann, weil er »vielleicht jemanden kennt, der dafür Verwendung hat«. Und Hailey wechselt mühelos zwischen der Welt des Ballettunterrichts und der Schwarzbrennerei, bei deren Aufbau sie ihrem Großvater hilft.

Ich merke schon, wie wir uns verändert haben. Dass für uns »normal« ist, was für niemanden sonst normal wäre, aber wir kommen gut damit zurecht. Mit unserem neuen »normal«. Wir gewöhnen uns langsam daran, dass wir anders funktionieren als andere und Erfolge anders messen.

Vor allem aber staune ich über mich ... oder genauer über die Person, die ich geworden bin. Denn ich verstehe jetzt endlich, dass die vielen schrecklichen Dinge in meinem Leben, die Peinlichkeiten, die ich am liebsten ungeschehen machen würde, und die Dinge, die mich so »anders« und »sonderbar« machen, in Wirklichkeit die wichtigsten Dinge in meinem Leben waren. Sie haben mich erst zu dem gemacht, was ich heute bin. Und genau deshalb habe ich dieses Buch geschrieben … um zu feiern, was in unserem Leben fremd und bizarr ist, und dafür zu danken, und damit meine Tochter eines Tages erkennt, dass ihre Mutter vermutlich aus demselben Grund fast nackt in Fox News aufgetreten ist (kommt erst im zweiten Band, sorry), aus dem ihr Großvater gelegentlich seinen Lieblingsesel in Bars mitnimmt: weil wir nicht durch die unvollkommenen Momente des Lebens definiert werden, sondern dadurch, wie wir mit ihnen umgehen. Und weil es so viel Freude bringt, sich der schieren Absurdität des Lebens zu stellen, statt schreiend vor ihr davonzulaufen. Und weil man einen Esel nicht unbeaufsichtigt im Auto lassen darf, nicht einmal, wenn man in Texas lebt.

Und wenn ich einem anderen Paar begegne, das normal und konventionell ist und sich beim Spazierengehen nicht ständig darüber streitet, ob Jesus ein Zombie war, empfinde ich keinen Neid. Stattdessen bin ich zufrieden und stolz und Victor und ich unterbrechen unseren Streit, wechseln ein selbstzufriedenes, wissendes Lächeln und gehen an dem verblüfften Paar vorbei, das uns auf dem Gehweg Platz macht. Anschließend lege ich den Kopf an Victors Schulter und er lacht leise und flüstert mir liebevoll zu: »Blutige Amateure.«

ENDE
(EINE ART VON)

Hi.

Ihr seid immer noch da, was bedeutet, dass ihr vermutlich zu den Leuten gehört, die ihre ungeduldigen Ehepartner im Kino zwingen, den ganzen Abspann abzusitzen für den unwahrscheinlichen Fall, dass am Ende doch noch irgendeine Bonusszene kommt, obwohl sie eigentlich zu denen gehören, die schon drei Minuten vor Filmende aufstehen, damit sie als Erste am Parkplatz sind, weil das offenbar wichtiger ist als zu erfahren, dass »Rosebud« der Name des Schlittens ist oder *Ey Mann, wo is' mein Auto?* ein *(Spoilerwarnung)* wirklich miserabler Film. Oder ihr lest deshalb weiter, weil ihr findet, so kann das Buch unmöglich enden, denn dann wäre es ja nie im Leben fünfundvierzig Dollar* wert, und ihr hofft, wenn ihr weiterlest, kommt noch was, das den Preis rechtfertigt. Gratuliere, ihr sturen Böcke und Nörgler, *das kommt wirklich noch.*

Wenn ihr ähnlich veranlagt seid wie ich, kennt ihr wahrscheinlich auch mindestens eine allseits bekannte Tatsache, die eurer Meinung nach zum Allgemeinwissen gehört, nur dass eure ungläubige Familie euch mit Spott und Hohn überschüttet, sobald ihr davon anfangt. Also googelt ihr den Begriff, um ihnen zu beweisen, dass sie unrecht haben, aber irgendwie haben die anderen in der Zeit, in der ihr sie davon überzeugen wolltet, dass »einige Nagetiere tatsächlich unter Wasser atmen können«, das ganze Internet umgeschrieben und jetzt sieht es so aus, als hätte es Wasserhörnchen überhaupt nie gegeben. Und danach lächeln sie bei jeder Meinungsverschiedenheit automatisch herablassend und sagen zueinander, ihr hättet damals ja auch behauptet, Nagetiere könnten unter Wasser atmen, und sie schütteln mitleidig die Köpfe und wollen sich eure Theorie, dass Jesus eigentlich ein Zombie war, nicht einmal mehr anhören. Das nervt schon ziemlich. Aber ihr habt Glück, denn die letzte Seite dieses Buches schafft hier Abhilfe.

Nehmt einfach einen Stift und schreibt die Tatsache, die ihr beweisen wollt, an die unten dafür vorgesehene Stelle. Bei Gelegenheit zeigt ihr das Buch dann mit einer überlegenen und leicht herablassenden Miene euren Kritikern. Dazu könntet ihr sagen: »Ich hab da gerade was gelesen und offenbar können einige Nager wirklich unter Wasser atmen. Ihr glaubt mir wahrscheinlich nicht, aber es muss stimmen, DENN ES STEHT VERDAMMT NOCH MAL IN EINEM BUCH, IHR BLÖDEN ARSCHLÖCHER.«

Bitte sehr, gern geschehen. Ich bin mir ziemlich sicher, das ist allein schon fünfundvierzig Dollar* wert.

*Meine Lektorin sagt eben, das Buch würde keine fünfundvierzig Dollar kosten. Ich weiß das, aber wenn die Leute lesen, das Buch würde fünfundvierzig Dollar kosten, nachdem sie fünfunddreißig Dollar dafür gezahlt haben, haben sie ein gutes Gefühl, weil sie ein so tolles Schnäppchen gemacht haben, obwohl sie ja eigentlich den vollen Preis bezahlt haben. So funktioniert Marketing.**

Meine Lektorin meinte eben, so würde Marketing überhaupt nicht funktionieren, das Buch würde auch gar nicht fünfunddreißig Dollar kosten, und wenn jemand das Buch seinen Kritikern geben würde, würden die beim ersten Blick auf den Umschlag wahrscheinlich sofort merken, dass es mit Nagetieren überhaupt nichts zu tun hatte. Ich erwiderte, sie müsste mehr das große Ganze sehen und wir müssten fünfunddreißig Dollar ansetzen, um die Kosten des abnehmbaren Schutzumschlags zu decken, laut dem das Buch sehr wohl mit Nagern zu tun hatte: *Nagerbezogene Fakten für die intellektuelle Elite, Band 2: Das schwer fassbare Wasserhörnchen.* Meine Lektorin meinte daraufhin, wenn wir das täten, hätten wir als Käufer höchstens »drei Hörnchen-Enthusiasten, die nach Büchern über Hörnchen suchten, die es dann nicht einmal gab, und entsprechend schnell enttäuscht sein würden«. Ich gab zu bedenken, solche Experten wären ein noch nicht erschlossener Markt, und fügte hinzu, ich wäre fest davon überzeugt, dass es Wasserhörnchen tatsächlich geben würde, weil ich (1) selbst schon eins gesehen hätte und (2) ihre Existenz durch ein Buch bewiesen wäre. Sie fragte, welches Buch ich meinte, und ich rief: »NA DAS HIER.« Damit dürften wohl alle Zweifel beseitigt sein. *

***Meine Lektorin sagt, der Verlag würde auf gar keinen Fall ein Buch mit einem falschen Umschlag über »Wasserhörnchen« drucken, nur damit ich in einem Streit mit meinem Mann recht bekäme. Also rief ich meine Mom an (die damals dabei gewesen war, als ich mit meiner Schwester in einem Bach in der Nähe schwimmen ging und uns eine ganze Familie von Wasserhörnchen begegnete) und die sagte, sie würde sich tatsächlich daran erinnern, aber sie und mein Vater hätten damals einfach nicht das Herz gehabt, einer begeisterten Achtjährigen (schwindlig vor Aufregung, weil sie gerade das bis dahin unbekannte Wasserhörnchen entdeckt hatte) zu sagen, dass da ein Nest toter Eichhörnchen den Bach hinuntertrieb, die höchstwahrscheinlich in der Sturzflut vom Vortag ums Leben gekommen waren. Na großartig. Das ist, als wäre mein ganzes Leben auf einer Lüge aufgebaut. *Und* ich bin mir ziemlich sicher, dass man davon Cholera bekommt.

TATSACHEN

— Milch hat keinen wahrnehmbaren Geruch ... überhaupt keinen.
— Das Wort »ebend« gibt es wirklich (Verwendung: wenn man ebend einer Sache besonderen Nachdruck verleihen will). Ist beim Scrabble absolut erlaubt.
— »Baff erstaunt« kann man dagegen nicht sagen, und wer es trotzdem tut, dem fallen ebend dann die Genitalien ab.
— Einige Tiere aus der Familie der Hörnchen haben Kiemen, was aber nur hochintelligenten Menschen klar wird, die genau hinsehen.
— ______________________________
— ______________________________

* WARNUNG: Aus Gründen des Umweltschutzes wurde dieses Buch aus recycelten Papiertaschentüchern von Tuberkulosepatienten hergestellt und sollte NICHT von Menschen ohne gültige Tuberkuloseimpfung in die Hand genommen werden. Einige Patienten hatten außerdem auch noch Grippe. Und vermutlich Dysenterie.

Familienporträt – 2005.

DANKSAGUNG

Das ist die Urlaubskarte, die wir in diesem Jahr verschicken, und zugleich ein besonderes Dankeschön an alle Leser meines Buches. PS: Hiermit habe ich euch auch schon eine Weihnachts-/ Chanukkakarte geschickt. Bitte sehr, keine Ursache.

Ein riesengroßes Dankeschön geht an meine sämtlichen Großeltern, verschiedene echt coole Familienmitglieder, Freunde, die mir Geld zum Saufen geliehen haben, und alle, die irgendwann ein nettes Wort zu mir gesagt oder mich (absichtlich oder versehentlich) nicht getreten haben. Ich möchte mich auch bei allen bedanken, die je etwas von mir gelesen haben und denen es gefallen hat oder die zumindest so getan haben, weil sie mit der Frau ins Bett wollten, die mich so furchtbar lustig fand. Danke und ich entschuldige mich für die Chlamydien.

Ein ganz besonderes Dankeschön geht an meine Leser, die mich so wunderbar unterstützt haben, und an die Menschen, die dieses Buch ermöglicht haben. Zu ihnen gehören Neeti Madan, Amy Einhorn, Laura Mayes, Karen Walrond, Maile Wilson, Katherine Center, Brene Brown, Jen Lancaster, Neil Gaiman, Stephanie Wilder-Tayler, Nancy W. Kappes, Donnell Epperson, Laurie Smithwick, der Bir-Clan, Bonnie und Alan Davis, Wil Wheaton, alle auf Twitter, die mir beim Schreiben des Buches geholfen haben, Maggie Mason, Tanya Svoboda, Stephen Paroli, Alice und Eden, Evany Thomas, Heather Armstrong, Debbie Gorman, Jeanie M., Mrs. Gilly, das Menger Hotel, Diana Vilibert, das Gruene Mansion und du. Ja, *du.* Du hast gedacht, ich würde dich vergessen, stimmt's? Du hast so wenig Vertrauen in mich. Ist gut, ich verzeihe dir.

Mein größter und innigster Dank gilt Mom und Dad, von denen ich alles habe, was ich über Mitgefühl und Luchse weiß, und meiner Schwester dafür, dass sie mit mir *und* über mich gelacht hat. Und ganz besonders meiner Tochter Hailey, die mir täglich das Leben rettet, und meinem Mann Victor. Meine Liebe zu ihm ist größer als der Wunsch, ihn zu erwürgen. *Ich danke euch allen für ein Leben, über das zu schreiben sich lohnt.*

ÜBER DIE AUTORIN

Autorin Jenny Lawson beim Relaxen zu Hause. Ihr Mann steht böse neben der Kamera und fragt, ob das seine Zahnbürste sei. Er sollte sich über seine Prioritäten klar werden. Und seiner Frau eine Margarita bringen. Auch wenn es drei Uhr morgens ist. Im Ernst, Victor, bring mir eine Margarita. Und die Leute, die dieses Buch veröffentlichen, hätten vermutlich nicht zulassen dürfen, dass die Autorin ihren Lebenslauf selber schreibt. Schlechte Planung ihrerseits, würde ich sagen.

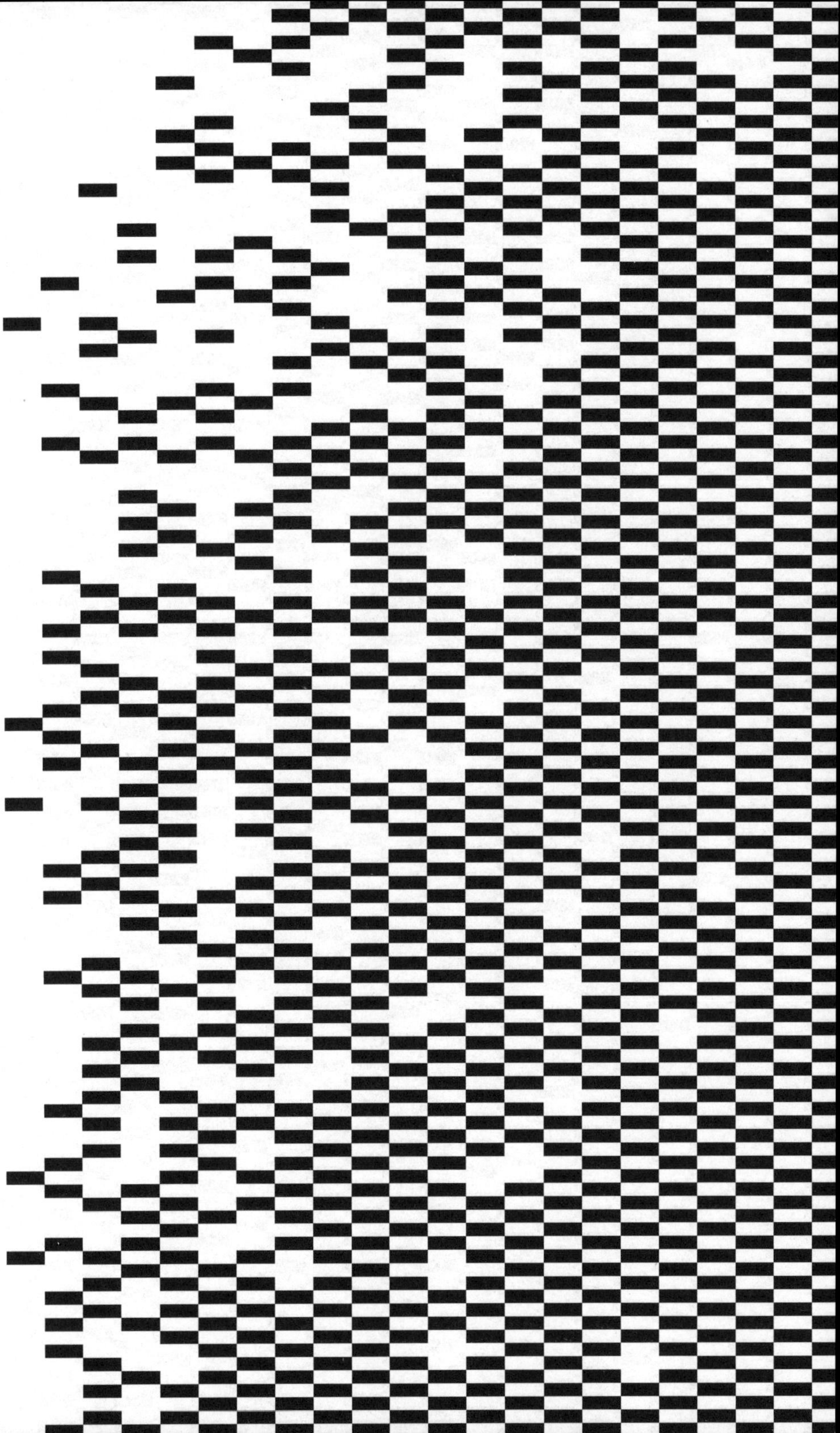